Harry Potter

Harry Potter

Mythologie et Univers Secrets

Gregory Bassham

SOMMAIRE

PARTIE UNE

L'HORCRUXE DU PROBLÈME : LE DESTIN, L'IDENTITÉ ET L'ÂME

L'ÂME DANS HARRY POTTER

Scott Sebon

Les âmes jouent un rôle important dans la saga *Harry Potter*. À plusieurs reprises, Harry, Sirius Black et Dudley Dursley sauvent de justesse leurs âmes des Détraqueurs. Barty Croupton, lui, n'a pas cette chance. Quant à Voldemort, il crée six Horcruxes, et un septième involontairement en la personne de Harry, divisant ainsi sa propre âme en huit parties qui doivent toutes être détruites afin de tuer Voldemort.

Alors, qu'est-ce que l'âme ? Dans le monde de Harry, les gens ont une âme qui peut généralement survivre à la mort physique. Mais la nature et la fonction des âmes n'apparaissent pas de façon évidente. À travers les siècles, les philosophes et les théologiens ont proposé de nombreuses théories. Dans ce chapitre, nous étudierons certaines de ces idées en se demandant comment les âmes fonctionnent dans les livres de J.K. Rowling et si sa vision de l'âme est plausible.

LES CONCEPTS PHILOSOPHIQUES DE L'ÂME

Puisqu'il existe de nombreux concepts de l'âme différents, nous nous concentrerons sur cinq définitions philosophiques.

L'âme source de vie

Selon certains philosophes de la Grèce antique, l'âme représente la vie. Ici, la différence essentielle entre les choses vivantes et non vivantes est que les choses vivantes ont une âme alors que les non-vivantes n'en ont pas. Alors, puisque même les plus petits animaux et les plantes sont vivants, cela signifie qu'ils possèdent une âme. Les Scroutts à pétard et même la branchiflore ont une âme, selon ce concept. De nos jours, peu de personnes approuvent cette définition.

L'âme « sentiente »

Selon un second concept, l'âme est responsable de la « sentience », la capacité de certains organismes de ressentir du plaisir, de la douleur et de percevoir le monde qui les entoure. Si un organisme est conscient de son environnement, alors il *sent*, il expérimente. Ici, l'âme est responsable de la « sentience », comme elle est responsable des pensées les plus nobles. Ainsi, pour certains, les plantes n'ont pas de conscience « sentiente » et donc, selon cette vision, n'ont pas d'âme. (Évidemment, dans l'univers de *Harry Potter*, certaines plantes magiques, comme le Saule cogneur, ressentent directement le monde et sont ainsi pourvues d'âme.)

La conception cartésienne

Un troisième concept de l'âme restreint encore l'éventail des organismes dotés d'âme. Selon une théorie associée au philosophe René Descartes (1596-1650), l'âme n'est pas responsable de la sensation et de la conscience. Pour Descartes, ces éléments de l'activité mentale peuvent être justifiés par des origines purement matérielles ; cependant, il croit que ces simples origines matérielles ne suffisent pas à expliquer notre capacité d'utiliser le langage et formuler des croyances complexes. Pour cela, nous avons besoin d'une âme. Alors Descartes dit que notre âme immatérielle est seulement responsable des plus nobles fonctions cognitives, c'est-à-dire les croyances, les désirs, et particulièrement notre capacité d'utiliser le langage.

L'une des conséquences du concept cartésien est que les animaux non humains n'ont pas d'âme, ou en tout cas que ces animaux n'ont pas la capacité d'utiliser le langage et la pensée élevée. Descartes partait de ce principe et pensait que les animaux ne possédaient pas d'âme. Certaines créatures magiques dans les histoires de *Harry Potter* peuvent brouiller cette distinction cartésienne. Par exemple, les hiboux semblent comprendre le langage humain, même s'ils ne peuvent pas répondre, et les animaux de compagnie magiques comme Pattenrond semblent bien plus intelligents que votre gentil matou.

Selon ces trois différents concepts, l'âme est considérée comme une sorte de substance immatérielle, quelque chose qui n'est pas fait de matière mais est pourtant toujours associé ou connecté au corps matériel d'une personne. Si les âmes sont en effet ainsi, alors il est possible qu'une âme survive à la mort corporelle d'un individu. D'autre part, de nombreux philosophes et scientifiques nient l'existence de l'âme, si l'on entend par là une sorte d'entité indépendante du cerveau et du corps. Cela nous mène à un quatrième concept de l'âme : le matérialisme.

Le matérialisme

Les matérialistes affirment qu'il n'y a rien d'autre que de la matière et des forces physiques. Tout le fonctionnement mental, y compris le langage et les émotions, est dû à des processus physiques qui opèrent dans le cerveau, et il n'y a tout simplement pas d'entité supérieure qui régisse cela. Inutile de dire que, selon le concept matérialiste, il n'y a pas de vie après la mort ; avec la mort corporelle, les processus qui permettent notre vie mentale et émotionnelle cessent, et c'est tout.

Le concept sentimental

Dans le langage courant, le mot « âme » est souvent utilisé dans un sens qui ne correspond clairement à aucun de ces concepts abstraits. Dans la chanson *Heart and Soul* de Hoagy Carmichael, les paroles disent : « Cœur et âme, je suis tombée amoureuse de toi. / Cœur et âme, comme le ferait un fou. »

Dans le même genre, on parle de personnes qui cherchent leur âme sœur. On dit de certaines personnes qu'elles ont une bonne âme. On décrit la musique ou l'art comme étant dotés ou dépourvus d'âme.

Ces usages courants du mot « âme » ne doivent pas être considérés comme liés à un quelconque concept métaphysique. En fait, cela ne correspond pas à un concept qui dirait que l'âme est une substance qui peut exister indépendamment du corps.

Lorsqu'on dit : « Contrairement à ses dernières œuvres, les premiers tableaux de l'artiste manquaient d'âme », on ne suppose évidemment pas que l'artiste n'avait pas d'âme immatérielle et qu'il en a obtenu une comme ça un jour. On évoque plutôt le fait que les premières œuvres de l'artiste manquaient d'inspiration ou de véritable profondeur émotionnelle. Tout comme si je dis que je l'aime, cœur et âme, ou que nous sommes des âmes sœurs, je commente la profondeur émotionnelle de mon attachement et le lien fort que nous ressentons l'un pour l'autre[1]. Si l'on dit d'une personne qu'elle a ouvert son âme, cela signifie qu'elle a laissé voir au-delà des apparences pour montrer ce qu'il y a de plus profondément enfoui en elle. Ces usages du mot « âme » sont essentiellement des moyens métaphoriques de parler de ce qui nous rend plus humain et remplit notre vie : nos émotions profondes, notre capacité d'aimer, notre conscience morale. Les philosophes matérialistes ne renient pas nécessairement ces expressions et ne s'évertuent pas à réécrire les paroles de Hoagy Carmichael pour en faire une sorte de thèse sur les différents états du cerveau (« Mes neurones se sont enflammés, je suis tombée amoureuse de toi… »).

Maintenant que ces diverses options ont été posées, nous sommes prêts à nous tourner vers *Harry Potter* pour essayer de replacer ces concepts d'âme dans l'histoire. Nous verrons que la description de l'âme que fait Rowling est un mélange intéressant de ces théories. De bien des façons, il semble que sa conception de l'âme soit plus proche du concept sentimental, mais elle la combine à la métaphysique qu'on retrouve dans les concepts cartésien et « sentient ».

LES FANTÔMES OU « CONTINUER » AU-DELÀ

Le matérialisme est le concept dominant chez les philosophes et les scientifiques dans notre monde actuel. Mais il ne s'applique pas dans le monde de *Harry Potter*, où les âmes survivent

1 À l'origine, l'idée semblait être différente : selon certains mythes, les âmes étaient scindées en deux, et trouver son âme sœur signifiait littéralement trouver sa moitié. Mais évidemment, une telle image métaphysique n'est pas considérée dans notre usage courant de cette expression.

naturellement à la mort physique. Voici l'explication d'Hermione Granger à propos des âmes : « Si je prenais brusquement une épée et que je te la passais au travers du corps, Ron, je n'infligerais aucun dommage à ton âme.

— Ce qui serait pour moi une grande consolation, assura Ron.

Harry éclata de rire.

— J'espère bien ! Mais ce que je veux démontrer c'est que, quoi qu'il arrive à ton corps, ton âme reste intacte, continua Hermione. »[2]

Donc, nous savons que dans le monde créé par Rowling, l'âme survit à la destruction du corps. Mais au-delà du fait qu'elle survit, nous n'avons pas d'informations claires à propos de l'âme d'une personne décédée. Dans *L'Ordre du Phénix*, dans la salle du ministère de la Magie où meurt Sirius Black, il y a une arche mystérieuse avec un voile, et Harry et Luna Lovegood entendent des voix venant de derrière le voile. L'interprétation qu'en fait Luna est qu'il y a des personnes mortes juste derrière et qu'on les reverra. Plus tard, Nick Quasi-Sans-Tête raconte à Harry que Sirius, qui s'est fait tuer récemment, a dû « continuer », mais il n'a pas d'autres explications à fournir sur ce qui se passe habituellement. Nick, bien sûr, est un fantôme, et il explique à Harry qu'un sorcier peut éviter de « continuer » en restant sur terre comme une sorte d'empreinte fantomatique de ce qu'il était. Il dit que peu de sorciers choisissent cette option, et il n'est peut-être pas si difficile de comprendre pourquoi. Nick continue de vivre, pour ainsi dire, dans une imitation fantomatique de son corps qui peut voir et être vue, entendre et être entendue, mais qui traverse les murs et n'a que peu d'influence physique sur ce qui l'entoure. Les fantômes de Rowling provoquent apparemment une sensation glaciale lorsqu'une personne entre en contact avec eux, et Mimi Geignarde semble être capable de faire des ploufs dans les toilettes. Mais en dehors de cela, ils n'ont pas d'influence physique sur leur environnement. Voldemort aurait très certainement pu avoir cette sorte d'immortalité, mais cette

2 *Reliques de la mort*, p. 129.

forme est dépourvue de réel contact physique, et, plus important pour Voldemort, de pouvoir.

À part chez les fantômes, il y a d'autres moyens pour les âmes d'apparaître sur terre après que leur corps a disparu. Tout d'abord, il y a le cas de Voldemort, qui, grâce à ses Horcruxes, survit à la mort corporelle que lui a infligée le sortilège mortel qui s'est retourné contre lui lorsqu'il a voulu le lancer sur Harry. Nous parlerons des Horcruxes plus tard, mais au point où nous en sommes, il est bon de noter que lorsque l'âme de Voldemort subsiste, c'est dans une forme très affaiblie ; il décrit plus tard son état à ce moment-là comme étant « réduit à moins qu'un esprit, moins que le plus infime fantôme »[3]. Sous cette forme, Voldemort a besoin de se lier à un corps vivant pour avoir une influence physique.

Ensuite, il y a la condition semi-fantomatique dans laquelle Harry voit à deux reprises les gens qu'il aime. Dans la scène du cimetière dans *La Coupe de feu*, Cedric Diggory, Bertha Jorkins, Frank Bryce et les parents de Harry apparaissent du bout de la baguette de Voldemort. Ces apparitions fantômes semblent bien plus concrètes que les fantômes auxquels est habitué Harry, et elles ont assez de consistance physique pour que James Potter dise à Harry qu'elles lui donneront un peu de temps pour qu'il s'échappe une fois la connexion rompue. De même, lorsque Harry utilise la Pierre de Résurrection dans *Les Reliques de la mort*, il voit Sirius, Remus Lupin et ses parents, et il lui semble qu'ils sont de nouveau, ou du moins d'une certaine manière, réels. Moins substantiels que des corps vivants et seulement présents d'une manière temporaire, ils ne sont toutefois pas des fantômes ; ils sont décrits comme « ni des fantômes, ni véritablement des êtres de chair »[4].

Il semble donc que, bien qu'habituellement les âmes « continuent » sur un chemin qui n'est pas décrit, des âmes désincarnées peuvent rester ou revenir sur terre dans certaines circonstances, et lorsqu'elles le font, elles prennent différentes formes, allant de l'état quasi éthéré de Voldemort à l'état fantomatique de Nick ou bien à la forme temporaire mais légèrement

---

3 *Coupe de feu*, p. 691.
4 *Reliques de la mort*, p. 814.

plus substantielle des âmes rapportées par la Pierre de Résurrection[5]. Tout cela serait impossible si l'on admettait le concept matérialiste. Donc, cette théorie ne s'applique pas dans l'univers de *Harry Potter*. Mais pour en apprendre plus sur la nature des âmes, étudions les Détraqueurs et les Horcruxes.

LE BAISER DU DÉTRAQUEUR

Les Détraqueurs aspirent les sentiments agréables et les souvenirs heureux des gens. Pire encore, ils peuvent détruire leur âme. Comme l'explique Lupin à Harry :

« [...] Lorsque les Détraqueurs soulèvent leur cagoule, c'est pour faire usage de leur arme ultime.

— Et qu'est-ce que c'est ?

— Ça s'appelle le Baiser du Détraqueur, dit Lupin en esquissant un sourire. Ils le font subir à ceux qu'ils veulent détruire définitivement. Ils doivent avoir une espèce de bouche là-dessous, car il paraît que leurs mâchoires se referment sur les lèvres de leur victime et qu'ils aspirent son âme.

— Quoi ? Ils tuent... ? [...]

— Oh, non, répondit Lupin. C'est bien pire que ça. On peut continuer à exister sans son âme, tant que le cœur et le cerveau fonctionnent. Mais on n'a plus aucune conscience de soi, plus de mémoire, plus... rien. Et plus aucune chance de guérison. On existe, c'est tout. Comme une coquille vide. L'âme, elle, s'est définitivement envolée, elle est perdue à jamais. »[6]

Ceci est très intéressant. L'âme d'un sorcier subsiste normalement à la mort corporelle, il serait donc naturel de supposer

5 Lorsque Harry « meurt » dans la Forêt interdite vers la fin des *Reliques de la mort*, il se retrouve avec Dumbledore dans un endroit qui ressemble à la gare de King's Cross. L'une des interprétations serait qu'il se trouve comme dans une gare où il doit choisir sa destination : la mort ou la vie après la mort. Même dans cette situation, Harry n'apprend rien sur ce qui se passera s'il décide de mourir en prenant le train, pourrait-on dire. Dumbledore se contente de lui dire que le train pourrait l'amener « plus loin ». De plus, Rowling reste délibérément ambiguë sur la nature réelle ou fantasmée de sa rencontre *post mortem* avec Dumbledore. On ne sait pas s'il l'a vraiment vu ou s'il s'agit d'une simple vision ou d'un rêve dans l'esprit de Harry.

6 *Le Prisonnier d'Azkaban*, p. 257.

que les âmes sont immortelles. Mais avec les Détraqueurs, toutes les âmes n'atteignent pas cette condition, car ils peuvent apparemment les détruire complètement. Cependant, on peut continuer d'exister sans âme. Les paroles de Lupin à ce propos peuvent être interprétées de bien des manières. Cela peut vouloir dire que le corps existe toujours et continue de fonctionner biologiquement tant que les organes sont intacts. Selon cette interprétation, le Baiser du Détraqueur laisserait la victime dans une sorte d'état végétatif permanent, dans lequel les fonctions basiques du métabolisme perdurent mais où il n'y aurait plus du tout de vie mentale. Pourtant, si c'est ce que veut dire Lupin, il est étrange qu'il décrive cet état comme étant pire que la mort tout en étant la suite de l'existence de la personne. Si l'âme est la source de la vie consciente et mentale, et si tout cela disparaît après le Baiser du Détraqueur, alors il serait plus approprié de dire que la personne n'est plus réellement une personne, que la coquille vide n'est finalement qu'un corps et non une personne.

Puisque Lupin insiste sur le fait qu'une personne peut continuer à vivre sans âme, une autre interprétation peut être évoquée. Ce n'est qu'une spéculation, mais c'est ce que j'en ai déduit. Une personne dépourvue d'âme éprouve encore des sensations et peut même encore penser à ce qui se passe autour d'elle. Après avoir reçu le Baiser, Barty Croupton Jr. percevait peut-être toujours qu'il y avait des personnes dans sa chambre, mais n'était pas capable de définir de qui il s'agissait, ni même qui il était, puisqu'il n'avait plus de mémoire ni la conscience de sa propre personne. Ainsi, on peut peut-être penser que l'existence après le Baiser du Détraqueur est semblable à un cas de démence sévère ou à la maladie d'Alzheimer (peut-être similaire à l'état dans lequel s'est retrouvé Lockhart après que l'un de ses sorts de mémoire s'est retourné contre lui).

Le Baiser du Détraqueur semble exclure deux, voire trois des concepts d'âme qu'il nous reste. Si l'on peut vivre sans âme, alors l'âme ne peut pas être source de vie, et donc cette option ne peut être retenue. Et si une victime du Baiser du Détraqueur a toujours des sensations (même un corps dans un état végétatif peut d'une certaine façon répondre à des stimulations sensorielles), alors le concept « sentient » est aussi à exclure. De plus, si le Baiser du Détraqueur permet à la personne de penser, sentir et être consciente de ce qui se passe, même sans mémoire ou conscience de soi, alors le concept cartésien ne peut être conservé. Selon la vision cartésienne, l'âme est responsable des fonctions les plus nobles, de notre capacité de croire et de comprendre le langage. Dans l'interprétation que j'ai suggérée, le Baiser semble laisser ces capacités au moins partiellement intactes, malgré le fait que l'âme elle-même soit totalement détruite.

HORCRUXES

L'un des éléments centraux de l'intrigue de la série *Harry Potter* est la quête de Tom Jedusor pour défier la mort en utilisant des Horcruxes. Le professeur Horace Slughorn explique au jeune Jedusor ce qui se passe lorsqu'un sorcier crée un Horcruxe : « Il s'agit de séparer son âme en deux, reprit Slughorn, et d'en cacher une partie dans un objet, en dehors du corps. Ainsi, même si son corps est attaqué ou détruit, on ne peut pas mourir parce qu'un morceau de l'âme reste attaché à la vie terrestre sans avoir subi de dommage. »[7]

En fait, plus tard, lorsque Voldemort attaque Harry bébé en utilisant le sortilège Avada Kedavra qui rebondit et détruit le corps de Voldemort, il reste vivant, mais « réduit à moins qu'un esprit, moins que le plus infime fantôme »[8].

Le jeune Jedusor insiste auprès de Slughorn pour en apprendre plus sur la méthode à utiliser pour diviser une âme. Slughorn répond : « Par un acte maléfique – l'acte maléfique suprême. En commettant un meurtre. Tuer déchire l'âme. Le sorcier désireux de créer un Horcruxe tourne à son avantage cette destruction : il enferme la partie arrachée… »[9]. Par la suite, Slughorn ne répond pas à Jedusor lorsqu'il lui demande comment exactement enfermer une âme. Il se contente de lui dire qu'il existe un sortilège. Alors Jedusor lui demande : « Ne peut-on séparer son âme qu'une seule fois ? N'obtiendrait-on pas un meilleur résultat, une plus grande force, si l'on parvenait à diviser son âme en plusieurs morceaux ? Par exemple, le chiffre sept n'est-il pas celui

7 *Prince de Sang-Mêlé*, p. 571.
8 *Coupe de feu*, p. 691.
9 *Prince de Sang-Mêlé,* p. 572

qui possède la plus grande puissance magique, est-ce que sept… »[10]. Slughorn est horrifié par le fait que Jedusor évoque l'éventualité de tuer à plusieurs reprises, mais il lui déconseille pour une autre raison. Il a déjà dit à Jedusor que « l'âme est censée rester entière et intacte » et que « la diviser est une violation, quelque chose contre-nature »[11].

Deux éléments dans les paroles de Slughorn méritent notre attention. Premièrement, déchirer une âme nécessite un acte extrêmement maléfique, et deuxièmement, l'âme se trouve alors endommagée ou instable ; la déchirer plusieurs fois accroît sans doute les dommages. C'est une remarque que fait aussi Hermione, après avoir lu *Secrets les plus sombres des forces du Mal*, un livre sur la magie noire qu'elle a récupéré dans le bureau de Dumbledore après sa mort : « Plus j'avançais dans ma lecture, reprit Hermione, plus je trouvais cela horrible, et moins j'arrivais à croire qu'il en ait véritablement créé six. Le livre explique que lorsqu'on en arrache une partie, l'âme devient très instable, même quand on ne fabrique qu'un seul Horcruxe ! »[12].

Bien qu'à la fois Slughorn et ce livre soient clairs sur le fait que déchirer une âme l'endommage, il n'est pas décrit d'une manière explicite que les dommages causés se traduisent par une douleur physique sur l'être humain. De même, il n'y a rien qui indique que les facultés mentales ou magiques de Voldemort sont diminuées. À dire vrai, Dumbledore prévient Harry : « N'oublie jamais, cependant, que même si son âme est à jamais dénaturée, son cerveau et sa puissance magique restent intacts. Il faudra une habileté et un pouvoir hors du commun pour parvenir à tuer un sorcier tel que Voldemort, même privé de ses Horcruxes »[13].

Cela semble assez clairement écarter la théorie cartésienne, qui dit que l'âme est à l'origine des plus hautes réflexions. Si une âme cartésienne était gravement endommagée, alors les pensées, talents, et très certainement les capacités magiques de la personne seraient eux aussi endommagés. Or ce n'est pas le

10 *Ibid.*, p. 573.
11 *Ibid.*, p. 572.
12 *Reliques de la mort*, p. 127.
13 *Prince de Sang-Mêlé*, p. 584-585.

cas pour Voldemort. Et puisque même les capacités sensorielles de Voldemort semblent indemnes malgré son âme détériorée, on doit pouvoir aussi exclure la théorie « sentiente ».

Plutôt que d'appliquer ces concepts, Rowling adopte la vision sentimentale de l'âme, selon laquelle l'âme est associée à ce qui nous rend humain, à notre capacité d'aimer et notre conscience morale. Cela était déjà suggéré par le fait que l'âme est déchirée et endommagée lorsqu'on commet l'acte maléfique suprême qu'est le meurtre. Si l'âme est associée avec ce qui nous rend profondément humain et bon, alors il paraît logique, du moins dans un sens poétique, que l'âme soit détériorée par le mal ultime. La plus grande preuve réside dans ce qui change chez Voldemort après que son âme a été si gravement détériorée : non pas ses fonctions cognitives, mais son humanité. Dumbledore dit à Harry : « Lord Voldemort semblait devenir de moins en moins humain à mesure que les années passaient et sa transformation ne pouvait s'expliquer à mes yeux que par la mutilation qu'avait subie son âme, au-delà des limites de ce qu'on appelle habituellement le royaume du Mal… »[14]. D'ailleurs, après avoir déchiré son âme et créé les Horcruxes, le jeune et charmant Tom Jedusor subit une importante transformation physique. Il est rare de s'embellir avec les années, mais pour Jedusor/Voldemort, le changement est extrême. Dans *La Coupe de feu*, lorsqu'il retrouve son corps dans le cimetière, il est décrit ainsi : « plus livide qu'une tête de mort, les yeux écarlates et grands ouverts, le nez plat, avec deux fentes en guise de narines à la manière des serpents… »[15].

Le changement d'apparence de Voldemort est une métaphore utilisée par Rowling pour exprimer ce qui est arrivé à Voldemort au niveau émotionnel et moral. Bien sûr, le Jedusor enfant à l'orphelinat avait en lui un côté sinistre très prononcé, et rien ne prouve qu'il ait vraiment aimé quelqu'un un jour, mais en tout cas, lorsqu'il est arrivé à Poudlard, il avait cette capacité de charmer les gens. C'était un leader auprès de ses camarades, et même auprès des élèves plus âgés, et il utilisait plus sa personnalité que la menace. Il charme le professeur Slughorn, qui prédit

14 *Ibid.*, p. 577.
15 *Coupe de feu*, p. 681

que Jedusor deviendra ministre de la Magie, et réussit à le faire parler des Horcruxes, qui sont pourtant un sujet interdit à Poudlard. Avec le temps, Jedusor commence son règne de terreur en tant que Lord Voldemort. Cependant, tout semble indiquer que les Mangemorts continuent à le suivre non pas par peur mais bien parce qu'ils sont animés par une sorte de dévotion. Même Bellatrix Lestrange, sa plus fidèle adepte, semble vénérer ses pouvoirs mais n'est pas vraiment charmée. Cette capacité, cet attribut très humain, Jedusor semble l'avoir perdu lorsque son âme a été divisée en sept parties (huit, si on compte Harry comme étant le septième Horcruxe).

Voldemort aurait pu réparer son âme endommagée, mais pas à l'aide d'une potion ou de l'incantation adéquate (ni même avec la Baguette de Sureau). En fait, selon *Secrets les plus sombres des forces du Mal*, une âme déchirée peut être réparée grâce au remords ; comme le fait remarquer Hermione : « Il faut ressentir profondément le mal qu'on a fait »[16]. Dans toutes les autres théories sur l'âme, il n'y a aucune raison pour que le remords ait un quelconque effet sur l'âme immatérielle. Mais avec le concept sentimental, l'âme est intimement liée à nos sentiments les plus profonds et notre conscience morale. Notre bonté et notre humanité sont détériorées par les mauvaises actions, mais on peut essayer de retrouver ces qualités en ayant de véritables remords. Dans la scène finale, Harry suggère à Voldemort d'« être un homme » et d'essayer « d'éprouver du remords »[17]. Évidemment, Voldemort étant allé trop loin dans le « royaume du Mal », il ne ressent aucun remords et est finalement tué lorsque son propre sortilège de mort, lancé avec la Baguette de Sureau dont Harry est le maître, rebondit à cause de l'Expelliarmus de Harry.

UNE THÉORIE PLAUSIBLE ?

Si Rowling adopte finalement la vision sentimentale de l'âme, elle le fait d'une manière intéressante. Le concept sentimental n'est pas une théorie philosophique développée par des théologiens ou des philosophes mais plutôt le condensé des différentes

16 *Reliques de la Mort*, p. 128.
17 *Ibid.*, p. 865

manières d'utiliser le mot « âme ». Ces usages communs du terme peuvent facilement être pris dans leur sens métaphorique et n'impliquent pas forcément qu'il y ait une entité indépendante et immatérielle à l'origine de nos plus profonds engagements émotionnels et de notre conscience morale. Même les matérialistes utilisent le mot « âme » avec ce genre de métaphore. Mais dans l'univers de *Harry Potter*, Rowling présuppose aussi clairement une vision métaphysique : l'âme serait indépendante du corps, ne serait pas endommagée par des atteintes physiques normales et pourrait même survivre à la destruction du corps. En d'autres termes, Rowling prend la description métaphysique normalement associée à la vision plus philosophique de l'âme (particulièrement avec les théories « sentiente » et cartésienne) et la combine avec la description métaphorique suggérée par la théorie sentimentale.

Alors, Rowling propose-t-elle une théorie sur l'âme crédible ? Probablement pas, mais la question est controversée. Tout d'abord, de nombreux philosophes et scientifiques prétendent, et c'est vraisemblable, qu'il n'y a aucune preuve tangible de l'existence d'une substance immatérielle qui serait à l'origine de tout ce que fait le corps humain. Peut-être aurons-nous cette preuve un jour : si les neuroscientifiques découvraient que des choses se passent dans le cerveau sans cause physique apparente, alors cela indiquerait que ces événements ont une cause immatérielle. Mais rien de ce type n'a jamais été vérifié.

De plus, les philosophes ont fait remarquer depuis des siècles qu'il est difficile de voir comment une âme immatérielle pourrait interagir avec un corps purement matériel. Si l'âme n'est pas faite de matière et n'a pas de propriétés physiques, alors comment pourrait-elle faire bouger le corps ou comment quoi que ce soit du monde matériel pourrait-il avoir un effet sur elle ? Ce genre de dualisme entre l'esprit et le corps dépasse tout ce qui a été étudié. Le dualisme n'est pas incohérent et il est possible qu'il soit vérifié, mais on rencontre des obstacles substantiels[18].

18 Pour lire des argumentations plus détaillées, voir Scott Sehon, *Teleological Realism : Mind, Agency, and Explanation*, Cambridge (MA), MIT Press, 2005, chap. 2 ; et Jaegwon Kim, *Philosophy of Mind*, Boulder (CO), Westview Press, 2005, chap. 2.

Finalement, la combinaison que fait Rowling entre la métaphysique et la vision sentimentale de l'âme ne fait qu'aggraver le problème plutôt que de le résoudre. Il est particulièrement peu plausible qu'il puisse y avoir une partie immatérielle en nous qui soit seulement à l'origine de nos émotions les plus profondes et de nos caractéristiques morales, mais pas des autres capacités psychologiques. Ces caractéristiques peuvent sembler liées à nous car elles sont ce qui rend humain, mais du point de vue de la psychologie scientifique, rien n'est moins différent. Il semble donc qu'il n'y ait aucune raison de postuler qu'il existe autre chose que le cerveau à l'origine de ces capacités. De plus, comme on l'a déjà mentionné, dans l'histoire, l'âme immatérielle peut parfois rester sur terre avec diverses capacités physiques, selon que l'âme apparaît comme un fantôme, comme quelque chose invoqué par la Pierre de Résurrection, ou comme une âme sauvée de la destruction par un Horcruxe. Si, comme nous l'avons vu, il est difficile d'expliquer comment une âme immatérielle peut interagir avec le monde physique, il est encore plus compliqué d'expliquer pourquoi l'âme aurait différentes capacités physiques selon le sort magique utilisé.

Bien sûr, le manque de plausibilité de la métaphysique de Rowling n'est pas une atteinte à son œuvre de fiction. Après tout, il est aussi extrêmement improbable de croiser des sorcières, des sorciers et de la magie dans le monde réel. Et la description de l'âme par Rowling a le mérite de rendre plus net ce qui nous importe, ou ce qu'on espère qui nous importe. D'ailleurs, parler d'âmes, d'Horcruxes, de Détraqueurs et de magie assure une histoire terrifiante, et c'est une raison bien suffisante[19].

---

19 Je remercie particulièrement Josephine Sehon et Hayden Sartoris pour ces années de lecture et de discussion autour de *Harry Potter* et pour leurs commentaires utiles aux premières ébauches de ce chapitre.

SIRIUS BLACK : HOMME OU CHIEN ?

Eric Saidel

Imaginez-vous emprisonné, cloîtré, incapable de sortir pendant plusieurs mois. Puis finalement, vous sortez. Vous êtes libre de faire ce que vous voulez ; vous pouvez courir dans tous les sens, apprécier l'air frais, aller au cinéma, faire ce qui vous chante. Que feriez-vous ?

Maintenant, supposez que vous avez une queue. Feriez-vous les choses différemment ? Est-ce que vous courriez en rond, en essayant de vous mordre la queue ? Pas moi. Pourtant, aussi étrange que cela puisse paraître, c'est exactement ce que fait Sirius Black dans *L'Ordre du Phénix* lorsqu'il se transforme en chien pour escorter Harry jusqu'au Poudlard Express au début de l'année scolaire. En tout cas, c'est ce que nous raconte J.K. Rowling. Ce comportement me paraît tellement bizarre que, si j'en avais l'occasion, je demanderais à Sirius si c'est vrai. Mais malheureusement, je ne peux pas, puisque Sirius est mort[20]. Alors nous allons devoir essayer de répondre à cette question en utilisant les outils que nous offre la philosophie. Heureusement, même si la plupart des philosophes sont des Moldus, nous pouvons utiliser les mêmes méthodes d'analyse rationnelle qui

20 La Pierre de Résurrection étant irrémédiablement perdue, nous ne pouvons pas utiliser cette possibilité. Bien sûr, vous allez me dire qu'il y a un problème bien plus grave : Sirius est un personnage de fiction. Ce n'est qu'un détail ! Malgré tout, j'estime qu'on peut apprendre beaucoup sur les vraies personnes en prêtant une attention particulière au mystère qui entoure Sirius. J'ai donc décidé d'ignorer ce satané détail qui fait que Sirius est un personnage de fiction et préféré traiter Rowling comme une historienne qui parlerait d'une partie de la réalité inconnue jusqu'alors. Je considérerai donc ses paroles comme justes, dans le but de comprendre le comportement de Sirius et peut-être au passage apporter la lumière sur nous-mêmes.

ont permis à Albus Dumbledore de découvrir les douze usages du sang de dragon. Alors, allons-y.

Essayer d'attraper sa queue ne serait pas si étrange que cela si Sirius était un chien. Mais ce n'est pas un chien. C'est un homme dans un corps de chien. Ou pas. Comment pouvons-nous décrire au mieux Sirius ? C'est un homme qui se retrouve parfois dans un corps de chien (et d'autres fois dans un corps d'homme), un chien qui se retrouve parfois dans un corps d'homme (et d'autres fois dans un corps de chien), ou quelqu'un qui est parfois un chien et parfois un homme ? Si cette dernière solution est la bonne réponse, alors quel est ce « quelqu'un » qui reste le même alors que Sirius passe de chien à homme ?

Sirius n'est pas le seul à se transformer dans la série *Harry Potter*. Au cours des sept livres, nous rencontrons d'autres Animagi (Peter Pettigrow, Rita Skeeter, professeur McGonagall), ainsi que des loups-garous (Remus Lupin et Fenrir Greyback), des épouvantards, ou l'utilisation fréquente du Polynectar[21]. Tous ces êtres capables de se métamorphoser agissent de manières bizarres et parfois édifiantes[22]. Par exemple, le Lupin transformé attaque Harry, Ron Weasley et Hermione Granger, et, dans la peau de Maugrey Fol Œil, Barty Croupton Jr. s'avère être l'un des meilleurs professeurs de Défense contre les forces du Mal que Harry ait eus, dépassant même toutes les attentes en lui enseignant comment résister au Sortilège de l'Imperium[23]. Pourquoi font-ils ces choses étranges ?

---

21 Contrairement à tous les autres de la liste, les épouvantards ne sont pas un exemple d'humains qui prennent une autre forme.

22 Les fans de Tolkien reconnaîtront des similarités entre les Animagi de Rowling et les « changeurs de peau » de Tolkien, comme Beorn dans *Bilbo le Hobbit.* Tolkien présente clairement Beorn comme un humain qui, grâce à la magie, peut transformer son corps d'humain en celui d'un immense ours. Son comportement en tant qu'ours est plutôt inhumain. Élément intéressant lorsqu'on le compare à la manière dont Rowling décrit ses Animagi, puisque Beorn garde certaines attitudes ourses lorsqu'il est sous forme humaine, comme un goût prononcé pour le miel, un manque flagrant d'intérêt pour la richesse ou les bijoux et un caractère « exécrable ».

23 Vous serez certainement d'accord avec moi pour penser que le comportement de Croupton/Fol Œil est incohérent par rapport au personnage de Croupton qu'on connaît. Dans ces conditions, vous devez trouver son attitude aussi dérangeante que celle de Sirius. Ou alors, peut-être pensez-vous simplement que Croupton essaie de s'adapter et passer inaperçu à Poudlard. Des statistiques aucunement scientifiques me disent que je fais partie de la minorité. Tant pis. Je reviendrai, sans

Il est ici question de leur identité, de ce qui fait qui ils sont. Il est aussi question de la relation entre l'esprit et le corps. Il semble évident que le corps de Patmol est un corps de chien, mais son esprit est-il celui d'un chien ou d'un homme ? Voyons si nous pouvons répondre à ces questions. Le chemin que nous allons suivre est plein de détours et d'embûches, comme celui d'un Vif d'Or qui essaie d'éviter un attrapeur, mais si nous gardons les yeux fixés sur l'objet doré, nous devrions pouvoir l'attraper.

LES DISTINCTIONS CORPS-ESPRIT

Lorsque Sirius se transforme en chien, il agit parfois comme un homme, parfois comme un chien. Pourquoi la personne transformée agit-elle parfois comme lorsqu'elle est dans sa forme normale et parfois comme si elle était la personne ou l'animal qui lui a donné sa forme ? Pour répondre à cette question, il nous faut déjà comprendre ce qu'est une personne transformée. Plus simplement, lorsque Sirius se transforme, devient-il un chien ou reste-t-il un homme ?

Ces deux options sont trop simplistes. Le Sirius transformé n'est pas simplement un chien : un chien ne ferait pas de nombreuses choses que fait Patmol (par exemple, se tenir droit sur ses pattes arrière, poser ses pattes avant sur les épaules de Harry et le regarder dans les yeux lorsqu'il part pour l'école dans *L'Ordre du Phénix*). De même, Patmol n'est pas un homme : il fait de nombreuses choses (par exemple, essayer d'attraper sa queue) qui sont plus appropriées à un chien qu'à Sirius. La personne transformée n'est ni complètement le sujet dans lequel elle se transforme, ni complètement la personne qu'elle était avant de se transformer. Alors, évidemment, la réponse est que Patmol est en partie homme, en partie chien.

Depuis l'époque de Renée Descartes (1596-1650), qui est considéré comme le père de la philosophie moderne, on a naturellement réfléchi à la composition de la personne : nous considérons chaque individu comme étant constitué de deux parties distinctes, que l'on nomme l'esprit et le corps. Alors

---

trop m'y étendre toutefois, sur le comportement de Croupton/Fol Œil plus tard.

peut-être que lorsqu'on dit que Patmol est en partie Sirius et en partie un chien, nous voulons dire qu'il a l'esprit de l'un d'entre eux et le corps de l'autre. Quatre possibilités s'offrent alors à nous :

Patmol a l'esprit de Sirius et le corps d'un chien.

Patmol a l'esprit d'un chien et le corps d'un chien.

Patmol a l'esprit de Sirius et le corps de Sirius.

Patmol a l'esprit d'un chien et le corps de Sirius.

Les deux dernières options semblent tout simplement stériles : rien qu'en le regardant, nous voyons bien que Patmol n'a pas le corps de Sirius. Il ne ressemble en rien à Sirius… ni à aucun homme d'ailleurs. Mais ce rejet est trop superficiel : si Patmol n'a pas le corps de Sirius, alors qu'arrive-t-il au corps de Sirius lorsqu'il se transforme ? Où va-t-il ? Nous ne pouvons qu'approuver le Professeur McGonagall lorsqu'elle affirme que les objets qui disparaissent vont « dans le non-être, c'est-à-dire dans le tout »[24], mais il semble improbable que le corps de Sirius vienne du non-être lorsqu'il se retransforme. Ce qui est plus probable c'est que ce soit le corps de Sirius qui change. Avant la transformation, c'est le corps physique d'un homme, et après, c'est le corps d'un chien. Mais c'est la même essence physique, réarrangée autrement. C'est-à-dire que si le corps a un effet sur ce que fait Patmol, l'effet ne doit pas venir du fait qu'il a le corps humain de Sirius, puisque même si Patmol a littéralement le corps de Sirius, c'est physiquement le corps d'un chien[25].

Qu'en est-il des deux autres options ? Elles sont toutes deux problématiques, et ce pour des raisons similaires. Si Patmol avait l'esprit de Sirius, pourquoi essaierait-il d'attraper sa queue ? Et s'il a l'esprit d'un chien, pourquoi se tient-il droit sur ses pattes

24 *Reliques de la Mort*, p. 689

25 Le cas du Polynectar est bien plus clair ; lorsque Harry devient Gregory Goyle, cela ne veut pas dire que Goyle a deux corps, un dans le placard et l'autre dans la salle commune des Serpentard. C'est juste que le corps de Harry ressemble maintenant à celui de Goyle, comme s'ils étaient de vrais jumeaux.

arrière à la gare de King's Cross ? (Mrs. Weasley le réprimande d'ailleurs en soupirant : « Pour l'amour du ciel, conduis-toi comme un chien, Sirius ! »[26]) Voilà les questions avec lesquelles nous débutons. Penser à Patmol comme un être divisé entre esprit et corps ne nous mène nulle part.

POUR QUELLES RAISONS ?

Sirius n'a aucune raison d'attraper sa queue, mais peut-être que Patmol oui. Lorsque Lupin est humain, il n'a aucune raison d'attaquer ses élèves, mais peut-être que lorsqu'il est un loup-garou, il a des raisons de le faire. Peut-être serait-il utile de revoir notre enquête en termes de raisons. Ainsi, nous ne devons pas nous demander si l'esprit en question est celui de Sirius ou de Patmol, mais plutôt si les raisons qui entraînent ce comportement appartiennent à Sirius ou à Patmol. Cette stratégie est cohérente : habituellement, poser des questions précises plutôt que générales apporte des réponses utiles plutôt que vagues. Pour cette raison, poser des questions sur la cause plutôt que sur l'esprit devrait apporter des réponses plus intéressantes. Malheureusement, tout en faisant cette suggestion, de nouveaux problèmes apparaissent.

Tout d'abord, la réponse à cette question semble nous faire suivre une mauvaise direction : si quelqu'un a des raisons d'attraper sa queue, c'est Patmol, et non Sirius. Mais, assurément, s'il reste quelque chose de Sirius après sa transformation en chien, alors ce seraient ses raisons qui le pousseraient à agir ainsi. Il serait étrange de dire qu'en se transformant, quelqu'un pert ses raisons d'agir. *A priori*, si quelqu'un se transforme, c'est pour atteindre un certain but, c'est l'expression d'une ou plusieurs raisons. Si la transformation vous empêche d'agir afin d'atteindre vos objectifs, alors pourquoi vous transformer ?

On peut voir cela d'une façon plus claire en considérant quelques exemples de transformations grâce au Polynectar. On s'attend à ce que l'individu transformé agisse en fonction de ses propres raisons et non pour celles de l'être en lequel il s'est transformé. C'est bien ce que l'on constate. Si la forme que l'on prend lorsqu'on se transforme est à l'origine de ses intentions,

26 *Ordre du Phénix*, p. 220

alors nous aurions dû nous attendre à ce que Harry et Ron agissent selon les volontés de Crabbe et Goyle lorsqu'ils se transforment dans *La Chambre des secrets*. Mais ce n'est pas le cas ; ils agissent selon leurs propres volontés. De même, lorsqu'ils se transforment dans *Les Reliques de la mort*, Harry prend la forme de Reginald Cattermole, un homme dont la femme est accusée de « voler la magie ». Runcorn et Cattermole n'ont aucune raison de coopérer et toutes les raisons de se détester l'un l'autre. En Runcorn, Harry n'a aucune raison d'enlever l'œil de Fol Œil de la porte de Dolores Ombrage ou de prévenir Arthur Weasley qu'il est surveillé. Mais Harry a des raisons de faire tout cela, et c'est ce qu'il fait, transformé en Runcorn. Ron et Harry agissent selon leurs propres intentions, et non selon les envies de Runcorn et Cattermole. Alors pourquoi Patmol suivrait des intentions canines, plutôt que celles de Sirius ? Envisager le problème sous l'angle des raisons et intentions ne nous rapproche pas de la solution.

Finalement, les raisons n'ont rien à voir avec le fait que Sirius essaie d'attraper sa queue. Les chiens n'attrapent pas leur queue parce qu'ils ont des raisons de le faire ; ils le font lorsqu'ils sont contents parce que, je suppose, c'est amusant et agréable. (Peut-être le font-ils parce qu'ils pensent que leur queue ne leur appartient pas, mais Sirius le sait, lui !) De même, je soupçonne que Lupin acquiert une raison d'attaquer Harry, Ron et Hermione lorsqu'il se transforme. Sinon, il les attaquerait parce que ce serait inné pour lui. Ses raisons le mèneraient à se retenir de les attaquer. Toutes les solutions qu'on peut trouver en termes de raisons ne parviennent pas à expliquer les comportements de Sirius et Lupin.

UN PAS DANS LA BONNE DIRECTION

Reconsidérons la distinction entre corps et esprit. Dans notre contexte, cette distinction suggère une stratégie explicative : certains de nos actes peuvent être expliqués en parlant de notre esprit, des causes mentales de l'action. D'autres actes peuvent être expliqués en parlant de notre corps, des causes physiques de l'action. Vue sous cet angle, peut-être que la raison pour laquelle Patmol essaie d'attraper sa queue est liée au fait d'avoir un corps de chien. Tout ce que fait Patmol ne peut pas s'expliquer par son esprit (c'est-à-dire celui de Sirius) ; certaines de ces actions ne s'expliquent que par le fait qu'il a un corps de chien.

Imaginons une autre version de l'histoire. Supposons qu'étant à Poudlard, Sirius apprend que son ami Lupin est un loup-garou et décide alors de devenir un Animagus pour lui tenir compagnie lorsqu'il se transforme, et Sirius décide de devenir un ours. (Sirius aurait eu les mêmes préoccupations en étant un ours : les ours sont différents des humains, alors les morsures de loup-garou ne l'auraient certainement pas infecté, et un ours aurait été assez puissant pour garder le loup-garou sous contrôle.) Maintenant, imaginez-le dans *L'Ordre du Phénix*, à l'extérieur pour la première fois après plusieurs mois. Aurait-il essayé d'attraper sa queue ? Cela semble peu probable. Il aurait fait ce qu'un ours fait lorsqu'il est excité et se sent particulièrement bien. Il aurait pu (si l'on prend Winnie l'Ourson comme modèle) écrire une chanson et se laisser tenter par un peu de miel. Mais en tant que Patmol, en tant que chien, il essaie d'attraper sa queue. Alors, peut-être que la bonne explication pour le comportement de Patmol réside en le fait qu'il a un corps de chien, et que les chiens essaient d'attraper leur queue lorsqu'ils sont contents.

Arrêtons-nous un instant pour analyser le chemin que nous avons parcouru. J'ai commencé par me poser des questions sur certains éléments du comportement de Patmol. On pourrait croire que la transformation n'est qu'un très bon déguisement, que c'est comme enfiler un costume. Dans ce cas, Patmol serait juste Sirius qui ressemblerait à un chien. Certains comportements nous prouvent le contraire : il y a certaines choses que Sirius ne ferait jamais, quel que soit son déguisement. Alors, nous pouvons déjà en tirer une conclusion : la transformation ne se limite pas à être un bon déguisement. Dans un sens, la transformation vous transforme, tout simplement. Mais nous nous posons toujours la même question : pourquoi Patmol agit-il ainsi ? Une possibilité pourrait être que les intentions de l'individu transformé deviennent les intentions de l'incarnation qu'il a choisie. Dans ce cas, Patmol agirait avec les mêmes intentions qu'un chien. Mais certaines des actions de Patmol sont des intentions émanant de Sirius (l'homme, et non le chien). Une autre solution possible est que Patmol est en partie homme et en partie chien. J'ai rejeté cette solution puisqu'elle n'est pas cohérente lorsqu'on prend en considération les comportements humains de Patmol. Mais peut-être me suis-je précipité : si nous adoptons la théorie selon laquelle certaines choses que l'on fait peuvent être motivées soit par l'esprit soit par le corps, alors on peut dire que les chiens (les corps de chiens) essaient parfois d'attraper leur queue, et comme Patmol a un corps de chien, il essaie d'attraper la sienne.

Poussons le raisonnement encore plus loin. Cette théorie apporte d'autres éléments, et certains d'entre eux risquent de ne pas nous plaire. Selon cette théorie, nous arrivons à expliquer les étrangetés dans le comportement de Patmol par le fait qu'il a un corps de chien. Sans doute le fait que Patmol ait un corps de chien explique-t-il son comportement car pour les animaux, le corps physique surpasse parfois la raison. Cela me semble étrange. Peut-être pensez-vous que certains animaux, dont les chiens, ne raisonnent pas très bien et ne font pas les choses parce qu'ils en ont l'intention. Donc, à leur propos, parler des raisons de leur comportement semblerait déplacé. Si c'est ce que vous pensez, alors vous estimez que les choses que fait un animal s'expliquent tout simplement par les fonctions de leur corps. Mais comment cela pourrait-il expliquer le comportement de Patmol ? Il a un esprit (un esprit humain !) et nous pensons que certains de ses actes ne sont possibles que parce qu'il en a un (comme tenir sur ses pattes arrière en disant au revoir à Harry à la gare de King's Cross). Qu'est-ce qui, dans le fait d'avoir un corps de chien, empêche apparemment Sirius de contrôler ce corps ?

Souvenez-vous que l'idée c'est que certains comportements sont causés par l'esprit et d'autres par le corps. Puisque Patmol est un chien, il essaie d'attraper sa queue, comme le font les chiens. Mais pourquoi les chiens essaient-ils d'attraper leur queue ? Certainement parce qu'ils trouvent ça agréable. Mais qu'est-ce que cela signifie dans ce cas ? Qui trouve ça agréable ? Sirius, l'être humain ? J'en doute ; Sirius n'a jamais essayé d'attraper sa queue. Patmol, le chien, trouve ça agréable ? C'est possible. Après tout, d'autres chiens trouvent agréable d'essayer d'attraper leur queue. Mais Patmol a un esprit humain. N'est-ce pas dans l'esprit que les sensations résident ? Si tel est le cas, cette explication nous indique que Patmol essaie d'attraper sa queue pour que l'esprit de Sirius ressente quelque chose d'agréable. Et cela semble bizarre, comme nous l'avons déjà fait remarquer, puisque Sirius ne fait jamais cela. Mais si les sensations résident dans le corps, alors on peut en conclure que le corps de Patmol a des raisons d'agir ainsi, et son esprit (qui est aussi celui de Sirius) a lui aussi ses raisons. Il est possible alors que ces raisons s'entrechoquent. Sirius pourrait finir par dire à Harry : « Je ne voulais pas essayer d'attraper ma queue… Je voulais juste marcher avec toi, mais mon corps voulait que j'essaie d'attraper ma queue ». Tout ce que l'on peut dire, c'est que ce serait pour le moins étrange.

UN SOI UNIFIÉ

Donc, je ne crois pas que cette théorie (selon laquelle l'esprit et le corps sont bien séparés et que certaines choses que l'on fait sont régies par l'esprit et d'autres par le corps) soit une bonne explication pour le comportement étrange de Patmol. Le problème, je pense, provient de la manière dont cette théorie nous amène à considérer les esprits et les corps. J'ai parlé de la relation entre l'esprit de Sirius et son corps (en tant que Patmol) d'une façon qui nous vient naturellement lorsqu'on accepte cette distinction : l'esprit dirige le corps comme un capitaine dirige son navire. C'est-à-dire qu'ils sont deux entités tout à fait distinctes et que l'esprit doit faire en sorte que le corps obéit à ses volontés. C'est parfois perçu ainsi. Par exemple, les athlètes disent qu'ils demandent à leur corps de courir plus vite ou de sauter plus haut. Mais même Descartes, qui est à l'origine de cette distinction, rejette cette manière de considérer la relation entre l'esprit et le corps. « Je ne suis pas seulement logé dans mon corps, ainsi qu'un pilote en son navire, mais, outre cela, je lui suis conjoint très étroitement et tellement confondu et mêlé, que je compose comme un seul tout avec lui. »[27] Même Descartes, ici, rejette l'idée que le corps et l'esprit sont complètement distincts. Ce sont des entités entrelacées, non distinctes, mais qui forment

27 René Descartes, *Méditations métaphysiques*, VI.

une véritable unité, et cela nous renseigne sur les effets de l'un sur l'autre. Pensez à comment vous vous sentez lorsque vous êtes malade, ou comment vous vous êtes senti lorsque vous avez appris à faire du vélo. L'état physique du corps a un effet direct sur la façon dont on perçoit le monde, sur l'état d'esprit. Je ne crois pas qu'il serait exagéré de dire que notre corps a un effet direct sur qui nous sommes[28].

Comment est-ce possible ? Laissez-moi attirer votre attention sur quelques détails des *Reliques de la mort*. Premièrement, lorsque Ron, Harry et Hermione prennent le Polynectar et s'infiltrent dans le ministère de la Magie, Harry se retrouve dans le corps de Runcorn, un homme à la corpulence bien plus imposante que la sienne. Il a une attitude très différente de celle de Harry. Il « vocifère » avec une « voix puissante », dominant tout l'atrium et terrifiant les sorciers s'y trouvant. Il frappe aussi un sorcier avec son « énorme poing ». Ce qu'il faut remarquer ici, ce n'est pas que le corps de Harry/Runcorn est grand et donc que l'énorme poing et la voix puissante sont adaptés à cet homme corpulent. Ce qu'il faut remarquer, c'est qu'il s'agit des actes de Harry, accomplis par la volonté de Harry (souvenez-vous que Runcorn est un Mangemort) mais ces actes paraissent naturels uniquement avec le corps de Runcorn. Avec son propre corps, Harry aurait « vociféré » un « stop ! ». Il aurait pu le hurler, mais il aurait très probablement choisi quelque chose de plus efficace étant donné que sa voix ne traduit pas la même puissance que celle de Runcorn. De même, frapper un sorcier ne semble pas être un choix évident. Ce sont des choix que Harry trouve adaptés à la situation, avec la raison de Harry et le corps de Runcorn. (Mettez cela en contraste avec un détail où, je trouve, Rowling se trompe : lorsque Harry se transforme en Runcorn, il se rend compte grâce aux « muscles puissants qu'il sentait dans ses bras » qu'il est « solidement bâti »[29]. Selon moi, Harry se sentirait

28 Soit dit en passant, je ne voudrais pas donner l'impression que Descartes partageait cet avis. Sa théorie était même plutôt à l'opposé, puisque, bien qu'il pense que l'esprit et le corps sont « étroitement conjoints », il pense aussi que l'esprit et le corps sont distincts par essence. La théorie que je propose est que l'esprit et le corps forment ensemble un tout qui est le soi. Je suggère que l'esprit ne peut exister sans le corps.

29 *Reliques de la mort*, p. 285-286

solidement bâti ; il ne devrait pas avoir besoin de remarquer ses bras puissants pour s'en rendre compte. D'un autre côté, les sentiments de Harry dans d'autres situations, comme le sentiment naturel qu'il ressent lorsqu'il plonge dans le lac après avoir mangé la branchiflore, sont bien rendus.)[30]

Deuxièmement, même si Harry a pris du Polynectar avant le mariage de Bill Weasley et Fleur Delacour, Luna Lovegood réussit à le reconnaître. Elle voit Harry dans les expressions du visage de « Barny Weasley ». Cela ne serait pas possible s'il y avait une distinction entre l'esprit de Harry et le corps de Barny. Les expressions de Barny devraient être les siennes ; ce devrait être celles que son corps fait, même lorsque c'est l'esprit de Harry qui les commande. Imaginez que vous soyez capable de connecter votre cerveau au corps de quelqu'un d'autre, de manière que votre cerveau et vos pensées contrôlent le corps de l'autre. De même, les stimuli sensoriels que reçoit le corps seraient relayés par votre cerveau. Puis supposez que l'on vous dise (*via* l'autre personne) un secret choquant, mais que l'autre personne le connaît déjà. Que se passerait-il ? D'abord, vous seriez surpris, mais votre hôte ne le serait pas. Ensuite, le visage de votre hôte montrerait votre surprise (pas celle de votre hôte, puisqu'il n'est pas surpris). Ce visage ressemblerait-il à votre visage lorsque vous êtes surpris ? Non : ce n'est pas votre visage. Il ressemblerait au visage de votre hôte, lorsqu'il est surpris. Les amis de votre hôte feraient cette remarque : « Pourquoi Marie semble-t-elle surprise ? Elle était déjà au courant ». Ils ne se demanderaient pas pourquoi Marie fait cette drôle de tête (l'expression que vous faites quand vous êtes surpris), parce que Marie ne montrerait pas cette expression ; elle adopterait l'expression qu'elle fait normalement lorsqu'elle est surprise. Mais quand Harry se transforme en Barny, l'expression de Barny devient celle de Harry. De la même manière, lorsque Harry et Ron percutent Arthur Weasley en s'infiltrant dans le ministère de la Magie, Harry remarque que

30 Lorsque Harry prend le Polynectar dans *La Chambre des secrets*, Rowling raconte que « la grosse voix rauque » de Goyle sort de sa bouche (p. 230). Comparez cela à la scène dans le film, qui montre Harry essayant d'imiter la voix de Goyle. J'espère que vous êtes d'accord avec moi pour dire que Rowling est ici plus exacte que le film : la voix avec laquelle parle Harry est déterminée par son corps. Si son corps a la forme de celui de Goyle, alors sa voix doit être celle de Goyle.

Ron ne regarde par son père dans les yeux de peur qu'il le reconnaisse.

Le premier scénario est un exemple d'un nouveau corps qui influe sur la manière de penser et agir. Le second est un exemple d'esprit qui influe sur l'apparence d'un nouveau corps. Je pars du principe que l'esprit et le corps de la personne transformée forment un tout unifié, et non une paire d'éléments distincts. Sinon, nous ne pouvons pas expliquer les comportements de la personne transformée. Est-ce que cela nous aide à comprendre les comportements de Patmol ? Il semblerait que oui : Patmol n'est ni un homme ni un chien, mais une combinaison des deux, et donc il essaie d'attraper sa queue parce que, comme pour d'autres chiens, c'est agréable.

Qu'en est-il de Croupton et Fol Œil ? Ce qu'il faut bien noter à propos des Animagi et des loups-garous, c'est qu'ils deviennent différentes sortes d'êtres lorsqu'ils se transforment. Ce n'est pas étonnant que certaines attitudes de Patmol soient bizarres. Lorsqu'il agit comme un humain, il fait des choses bizarres pour un chien, et lorsqu'il agit comme un chien, son comportement est bizarre pour un humain. Par contre, lorsque quelqu'un utilise le Polynectar pour se transformer, il ou elle reste un humain, et donc le corps de cette personne n'est pas vraiment concerné par des agissements aussi étranges. Mais je suis sûr que certains comportements qui ne semblaient pas normaux avant le sont après la transformation. Pensez donc aux transformations que nous, Moldus, pouvons subir : une activité qui nous paraissait cohérente avant de perdre beaucoup de poids nous paraît étrange après (et inversement). Faire du vélo semble étrange et compliqué avant d'apprendre à en faire, puis ensuite cela paraît être la chose la plus naturelle au monde. Nous faisons des choses qui modifient notre corps, et par conséquent, nous changeons notre manière d'interagir avec le monde. Lorsque nous changeons ainsi notre corps, nous changeons au fond qui nous sommes. Je pense que ce qui explique en partie le comportement de Croupton lorsqu'il est en Fol Œil est que certains de ses actes lui semblent cohérents. Croupton/Fol Œil est comme Patmol et comme nous tous : un tout indivisible, constitué d'un esprit et d'un corps, qui contribuent tous deux à l'identité de ce tout.

Donc, Sirius est-il un homme ou un chien ?[31] Cela dépend de ce à quoi il ressemble. Lorsqu'il ressemble à un homme, c'est un homme. Lorsqu'il ressemble à un chien, c'est ni l'un ni l'autre. Patmol (Sirius, lorsqu'il ressemble à un chien), est d'un troisième type, que l'on ne peut pas réduire à un chien ou un homme. C'est un genre d'être unique (un homme-chien) qui combine les traits à la fois des humains et des chiens. Cette théorie est, selon moi, celle qui explique le mieux le texte de Rowling et correspond plutôt bien aux meilleures théories contemporaines sur l'Être. Comme le dit Descartes, l'esprit et le corps forment véritablement « un seul tout ». La nature de cette entité est déterminée à la fois par l'esprit et le corps, même si ce corps se trouve être celui d'un chien.

31 Il y a d'autres questions dans le même genre particulièrement adaptées au monde de *Harry Potter* et qui mériteraient d'être étudiées. Par exemple, on peut remarquer que lorsqu'un sorcier ou une sorcière adopte le corps d'un Moldu, il ou elle garde ses pouvoirs magiques. Alors, d'où viennent les pouvoirs magiques ? Et comment la forme que prend un épouvantard influe-t-elle sur son identité ? Dans *Le Prisonnier d'Azkaban*, le Patronus de Harry le protège seulement des épouvantards/Détraqueurs mais, contrairement à ce qui se passe dans le film, Lupin doit utiliser le sort Riddikulus pour forcer l'épouvantard à retourner dans le coffre. Cela suggère que l'épouvantard peut être affecté par la forme qu'il adopte (l'épouvantard qui prend la forme de Severus Rogue bouge comment Rogue), tout en gardant une partie de son épouvantarditude, puisqu'on doit utiliser la magie appropriée aux épouvantards pour agir totalement sur eux. Ces questions méritent d'être développées, mais nous n'avons pas le temps ici. Ceux qui prendront la Métamorphose aux A.S.P.I.C. pourront écrire de longues dissertations sur ces sujets.

LE DESTIN DANS LE MONDE DES SORCIERS

Jeremy Price

Les histoires de *Harry Potter* décrivent Sibylle Trelawney, le professeur de Divination de Poudlard, comme une « mystificatrice » dont les prévisions prennent des apparences pseudo-scientifiques. Elle enseigne diverses techniques pour prédire l'avenir, dont l'interprétation dans les feuilles de thé, les orbites planétaires, les lignes de la main, les rêves, les cartes de tarot et les boules de cristal. Pour chaque méthode, les élèves doivent suivre des règles précises bien qu'elles n'aient que très peu de bases scientifiques. Les prédictions de Trelawney se révèlent bien souvent fausses, comme lorsqu'elle prédit à plusieurs reprises la mort prématurée de Harry. Elle accepte aussi d'autres prédictions inventées de toutes pièces pour appuyer ses propres idées, comme lorsqu'elle attribue les meilleures notes à Harry et Ron pour avoir prédit des événements tragiques dans leur avenir proche.

Cependant, pour au moins deux des prophéties de Trelawney, il en est tout autrement. Le professeur Dumbledore les appelle ses deux seules « prédictions vérifiées »[32]. Habituellement, Trelawney utilise des généralités tellement élastiques sur des événements ordinaires qu'il y a toujours quelque chose qui se vérifie. Un Moldu à l'esprit scientifique comme Vernon Dursley rejetterait la divination qu'il ne considérerait pas comme digne de confiance. Qu'est-ce que l'alignement des planètes et le tirage au hasard des cartes de tarot ont à voir avec les processus qui font qu'un événement va se produire et pas d'autres ? Mais c'est

32 *Prisonnier d'Azkaban*, p. 436.

un monde magique, même si les Dursley n'aiment pas ça. La magie ne pourrait-elle pas connecter les feuilles de thé ou les rêves à de vrais événements futurs ?

Malheureusement, Trelawney apparaît généralement comme une véritable affabulatrice, et ses méthodes sont probablement ni magiques ni dignes de confiance. Le professeur McGonagall dit à la classe de Harry : « [la divination] est l'une des branches les plus nébuleuses de la magie. Je ne vous cacherai pas que j'éprouve un certain agacement devant ce genre de pratiques. Les voyants véritables sont extrêmement rares et le professeur Trelawney… »[33]. Elle s'interrompt pour éviter de dire du mal de l'une de ses collègues, mais son avis est plutôt clair. Sibylle Trelawney n'est pas une voyante véritable.

De même, le centaure Firenze fait une distinction entre Trelawney et les vrais voyants. « Sibylle Trelawney a peut-être *vu*, je n'en sais rien… Mais dans l'ensemble, elle a perdu son temps à pratiquer cette complaisante absurdité qui consiste à dire la bonne aventure, selon l'expression humaine. » [34]Il respecte et pratique la prophétie, tout en reconnaissant sa faillibilité, mais la distingue de l'absurdité que représente le fait de dire la bonne aventure. Cela soulève une question à propos des véritables prophéties. Que signifie « véritable » ? Et en quoi sont-elles différentes des autres ? Même Dumbledore, sceptique face à la Divination, reconnaît que deux des prédictions de Trelawney son différentes, et Firenze admet cette éventualité. Alors, en quoi consiste cette distinction ?

DIVERSES PROPHÉTIES

Les « véritables prédictions » dérivent-elles de ce qui arrivera effectivement ? Le futur est-il « fixé » de manière qu'il n'y ait qu'un seul avenir ? Aristote (384-322 av. J.-C.) est connu pour avoir été le premier à soulever cette question[35]. Est-il décidé, lorsque Harry arrive pour la première fois à Poudlard, qu'il affrontera Voldemort en un combat final sept ans plus tard ?

---

33 *Ibid.*, p. 118.

34 *Ordre du Phénix,* p. 717.

35 Aristote, *De l'interprétation*, chap. 9.

Si le futur est fixé, il n'y a qu'un seul avenir et il se produira. Cela ne veut pas dire qu'il arrivera quoi qu'on fasse. Il pourrait arriver à cause de ce qu'on fait, et si on fait quelque chose d'autre, un avenir différent arrivera. Mais une partie du futur fixé est ce qu'on fera. Être fixé ne signifie pas non plus nécessairement que l'avenir est prédéterminé. Les personnes qui croient en un avenir fixé ne sont pas forcément déterministes, même si certaines le sont.

Les prophéties peuvent être faillibles ou infaillibles. Une prophétie infaillible est garantie. Elle ne pourrait pas ne pas se réaliser. À l'inverse, les prophéties faillibles peuvent ne pas se vérifier. Les fausses prophéties sont faillibles, puisqu'elles sont en effet non vérifiées, mais de véritables prophéties peuvent elles aussi être faillibles. Cela veut juste dire qu'elles peuvent être fausses. La faillibilité n'a rien à voir avec la probabilité qu'une prophétie se réalise. Je peux être très incertain d'une prophétie infaillible si je ne comprends pas ses bases stables. Je peux être sûr d'une prophétie faillible, même si elle se révèle fausse, s'il me manque des faits cruciaux.

Précisément, comment un voyant accède-t-il aux informations d'une prophétie ? Il y a diverses possibilités :

1. Une prophétie peut être une prédiction faillible fondée sur des observations humaines effectuées avec les cinq sens. C'est le cas pour les prévisions météorologiques des Moldus et les prophéties de Trelawney.

Si le futur n'est pas fixé, toutes les informations de l'univers ne seraient pas suffisantes pour garantir une bonne prédiction. Mais on peut en avoir assez pour s'attendre à des probabilités. Peut-être les voyants accèdent-ils à des avenirs possibles ou éventuels. Peut-être Trelawney voit-elle des avenirs possibles mais ne parvient pas à discerner lesquels sont les plus probables et préfère parler de vagues généralités. Dumbledore dit : « Les conséquences de nos actions sont toujours si complexes, si diverses, que prévoir l'avenir est une entreprise bien difficile… Le professeur Trelawney en est la preuve vivante »[36].

---

36 *Prisonnier d'Azkaban*, p. 436.

2. Une prophétie peut être une prédiction faillible fondée sur la compréhension limitée d'un monde déterministe. Si le futur est prédéterminé par les lois de la nature et l'état actuel du monde, et si le voyant n'a pas un accès parfait à l'avenir au travers des signes qui l'engendrent, alors le voyant voit un futur fixé. La magie tire les informations des forces naturelles qui mènent vers cet avenir, mais elle ne peut pas donner des informations parfaites. Ou le voyant peut être le spectateur d'un avenir fixé sans l'interpréter correctement, peut-être par manque d'informations.

Les devins peuvent avoir un don pour utiliser les prédictions pour faire faire des choses aux gens. De tels « voyants » peuvent influencer les personnes en sachant comment elles réagissent face à une prophétie. Comme nous le verrons succinctement, Dumbledore pense que la première « prédiction vérifiée » de Trelawney a conduit Voldemort à choisir Harry pour le tuer, en le marquant comme son égal. Trelawney n'avait rien de précis en tête, mais la prophétie joue un rôle dans son propre accomplissement.

Une prédiction infaillible peut venir d'une compréhension totale des processus déterministes qui garantissent un résultat. Cela nécessiterait un être omniscient ou des forces magiques influencées par les processus infaillibles.

Une prédiction infaillible peut venir d'un accès infaillible au futur. Cela pourrait être par magie ou avec quelqu'un qui est en contact direct avec l'avenir, peut-être un être divin ou une personne ayant le pouvoir de communiquer à travers le temps. Un voyant pourrait aussi avoir la capacité de voir dans l'avenir réel (et pas simplement dans les avenirs possibles).

3. Enfin, une prophétie peut combiner faillibilité et infaillibilité, avec un accès infaillible à des faits fixés à propos du futur et à d'autres aspects faillibles. La faillibilité peut venir soit de l'imperfection de l'accès à un fait fixé soit aux informations à propos de futurs probables.

Alors, la question qui se pose est de savoir de quel genre sont les véritables prophéties du professeur Trelawney, à l'inverse de ses habituelles lectures de bonne aventure.

DES PROPHÉTIES FAILLIBLES

La plupart des prédictions de Trelawney sont de parfaits exemples de la première catégorie : des prédictions faillibles fondées sur une expérience sensorielle. Elles sont généralement vagues ou assez flexibles pour contenir quelque chose qui correspond à la réalité, mais il ne peut y avoir aucune garantie que cela se réalisera.

Il est facile de constater comment ces prophéties générales peuvent être, au mieux, probables, même si certaines sont tout à fait plausibles. Les prédictions de Trelawney ne viennent pas d'une source infaillible mais de sa capacité de prédire des choses plausibles, parfois fondées sur les informations qu'elle détient sur l'environnement. Beaucoup de ses prédictions peuvent être facilement accomplies. D'autres pourraient s'avérer par accident. Et d'autres encore sont fausses, comme lorsqu'elle prédit la mort imminente de Harry.

Dumbledore semble considérer toutes les prophéties comme faillibles lorsqu'il dit à Harry que la première véritable prophétie de Trelawney ne s'est pas réalisée :

« Celui qui a le pouvoir de vaincre le Seigneur des Ténèbres approche… Il naîtra de ceux qui l'ont par trois fois défié, il sera né lorsque mourra le septième mois… et le Seigneur des Ténèbres le marquera comme son égal mais il aura un pouvoir que le Seigneur des Ténèbres ignore… et l'un devra mourir de la main de l'autre car aucun d'eux ne peut vivre tant que l'autre survit… »[37]

Dumbledore suggère à Harry que certaines prophéties se révèlent fausses. « Crois-tu que chaque prophétie contenue dans la salle du ministère ait été réalisée ? »[38], puis il continue : « La

37 *Ordre du Phénix*, p. 998.
38 *Prince de Sang-Mêlé*, p. 586.

prophétie ne signifie pas que tu doives faire quelque chose ! [...] Autrement dit, tu es libre de choisir ta voie, libre de tourner le dos à la prophétie ! »[39]. L'obsession de Voldemort pour la prophétie le poussera à traquer Harry, et par conséquent, il était plus que probable qu'ils s'affrontent un jour, mais pas parce que c'était « écrit » dans la prophétie.

Les prophéties peuvent donc avoir différents degrés de probabilité. Est-ce le facteur qui permet la distinction entre les « véritables prédictions » et les prévisions habituelles de Trelawney ? Certaines ont des chances de se réaliser car elles sont fondées sur sa perception de ce qui pourrait arriver et elle les traduit d'une manière assez vague pour qu'elles soient probables. D'autres sont plus authentiques car elles sont plus plausibles. C'est une différence de degrés de probabilité. Elles sont toutes probables, mais certaines sont plus probables que d'autres. Mais lorsque Dumbledore considère que deux prophéties sont spéciales, cela ne signifie-t-il pas qu'elles sont encore plus spéciales que cela ? À dire vrai, elles ont encore quelque chose de différent. Les deux « véritables prédictions » étaient purement involontaires et ont une origine magique. Elles ne font pas partie de la catégorie 1, qui requiert de faire délibérément attention à ce qu'il y a autour. Trelawney a dû avoir une connexion plus forte avec l'avenir, une capacité temporaire de se connecter à un futur réel et fixé (catégorie 3) ou à des futurs possibles (catégorie 2).

Certains éléments semblent aussi indiquer que le professeur Trelawney a un accès irrégulier à l'avenir ou à des futurs possibles, même lorsqu'elle est consciente. Prenons les exemples suivants, lorsque Harry se dirige vers sa première leçon particulière avec Dumbledore dans *Le Prince de Sang-Mêlé* :

« Harry parcourut des couloirs déserts à cette heure, mais il dut quand même se cacher très vite derrière une statue lorsqu'il vit apparaître le professeur Trelawney à l'angle d'un mur. Elle marmonnait toute seule et battait un jeu de cartes crasseuses qu'elle examinait en marchant.

— Deux de pique : conflit, murmura-t-elle, en arrivant devant l'endroit où Harry, accroupi, s'était réfugié. Sept de pique :

39 *Ibid.*, p. 588.

mauvais augure. Dix de pique : violent. Valet de pique : un jeune homme brun, peut-être un peu troublé, qui n'aime pas la consultante…

Elle s'arrêta net, juste de l'autre côté de la statue qui dissimulait Harry.

— Non, ça ne se peut pas, dit-elle, agacée, et Harry l'entendit battre à nouveau les cartes d'un geste vigoureux tandis qu'elle repartait en laissant derrière elle une odeur de xérès bon marché »[40].

Ce qu'elle raconte pourrait très bien s'appliquer à Harry, mais elle n'a pas la moindre idée de sa présence. Est-ce une coïncidence ?

Harry la rencontre de nouveau alors qu'il se rend à son dernier rendez-vous avec Dumbledore, avant qu'ils aillent à la grotte de Voldemort :

« Si Dumbledore choisit d'ignorer les avertissements que je lis dans les cartes…

Ses doigts osseux se refermèrent brusquement sur le poignet de Harry.

— À chaque fois, quelle que soit la façon dont je les tire…

D'un geste théâtral, elle sortit une carte de sous ses châles.

— … la Maison-Dieu apparaît, murmura-t-elle, la tour frappée par la foudre. Calamité. Désastre. Qui se rapprochent toujours un peu plus… »[41]

C'est tellement vague que cela pourrait entrer dans la catégorie 1, mais la tour est très significative lorsqu'on connaît la fin du livre, qui dévoile non seulement la mort de Dumbledore mais mène aussi à un plus grand désastre, puisque les Mangemorts prennent le pouvoir.

40 *Ibid.*, p. 227-228.
41 *Ibid.*, p. 624.

DES PRÉDICTIONS QUI S'ACCOMPLISSENT D'ELLES-MÊMES

Dumbledore suggère que la première véritable prédiction de Trelawney pourrait s'accomplir d'elle-même. Il dit à Harry : « Ce qui est étrange, Harry, reprit-il à mi-voix, c'est qu'il ne s'agissait pas forcément de toi »[42], puisque Neville Londubat est né un jour avant Harry et ses parents ont aussi défié Voldemort à trois reprises. Mais quelques paragraphes plus loin, il dit à Harry : « J'ai bien peur [...] qu'il s'agisse bel et bien de toi », parce que le fait que Voldemort ait choisi Harry plutôt que Neville l'a mené à le marquer comme son égal. Selon l'interprétation de Dumbledore, la prophétie en elle-même ne détermine pas s'il s'agissait de Harry ou de Neville. C'est le choix de Voldemort qui a fait que c'était Harry. Il n'aurait pas attaqué Harry s'il n'y avait pas eu une prophétie, et donc la prophétie s'est accomplie d'elle-même.

Alexandre d'Aphrodise, un philosophe de la fin du premier et début du deuxième siècle, s'est interrogé sur les prédictions qui s'accomplissent d'elles-mêmes. Dans l'histoire d'Œdipe, Apollon prédit au roi Laïos que son futur fils le tuera. Certains des contemporains d'Alexandre croient que la prophétie d'Apollon a poussé Laïos à essayer de tuer son fils, ce qui a conduit Œdipe à tuer son père (sans savoir que c'était son père). Alexandre donne un certain nombre d'arguments contre cette idée, mais l'une de ses réponses dit :

> « Bien, si quelqu'un dit ceci, alors comment... préserve-t-il la prophétie... ? Puisqu'une prophétie est censée être la prédiction de choses qui vont se réaliser, mais ici Apollon est l'auteur des choses qu'il prédit... Comment cela pourrait ne pas être l'acte de celui qui prophétise, plutôt qu'une révélation sur les choses qui vont se réaliser ? »[43]

On peut imaginer que quelqu'un donne l'impression de prédire l'avenir mais, en réalité, il cause les événements qui mènent au futur prédit. Alexandre dit qu'il ne s'agit pas d'une véritable prophétie à moins qu'il soit déjà avéré que ces événements

42 *Ordre du Phénix*, p. 999.
43 Alexandre d'Aphrodise, *Du destin*.

arriveront, et que l'orateur les prédit parce qu'il sait qu'ils vont se réaliser. Si les paroles ne sont qu'une tentative de manipuler les événements, alors ce n'est pas une prophétie authentique.

Une véritable prophétie pourrait engendrer ce qu'on vient de décrire, mais ce n'est pas le cas de la première prophétie de Trelawney. Ce n'est pas *à cause* d'elle que Voldemort traque Harry. Il aurait pu rechercher Neville, mais Dumbledore fait remarquer qu'il a choisi Harry en tant que « Sang-Mêlé, comme lui. Il s'est vu en toi avant même de te connaître »[44]. Ce qui a fait qu'il a choisi Harry n'est pas la prophétie, qui ne l'a d'ailleurs pas poussé à traquer *qui que ce soit*. Dumbledore dit que, si Voldemort avait entendu toute la prophétie, il ne se serait sûrement pas précipité comme il l'a fait. Lorsque Harry demande pourquoi Voldemort n'a pas attendu de savoir si c'était lui ou Neville (ou, pourrais-je ajouter, pourquoi il n'a pas tué les deux), Dumbledore répond que Voldemort n'a eu qu'une information incomplète parce que son espion (qui se révélera être Severus Rogue) a été sorti de la salle avant la fin de la prophétie :

> « L'espion ne pouvait donc avertir son maître qu'en t'attaquant, il risquait de te transférer des pouvoirs et de te marquer comme son égal. Ainsi, Voldemort n'a jamais su qu'il pouvait être dangereux d'essayer de te tuer et qu'il serait plus sage d'attendre d'en savoir plus. Il ne savait pas que tu aurais un pouvoir que le Seigneur des Ténèbres ignore… »[45]

La prophétie en elle-même ne pouvait pas faire faire quoi que ce soit à Voldemort. Il a entendu une partie de la prophétie, mais celle-ci ne garantissait rien. Ce n'est pas elle qui a contrôlé ce qu'a entendu Rogue. Si Voldemort avait entendu le reste, il aurait peut-être choisi de ne rien faire. Alors, il semblerait que la théorie des prophéties qui s'accomplissent d'elles-mêmes ne soit pas une bonne solution pour distinguer les « véritables prédictions » du professeur Trelawney de ses prédictions habituelles.

---

44 *Ordre du Phénix*, p. 1000.
45 *Ibid.*, p. 1001.

Dans une interview donnée à un journal hollandais en 2007, J.K. Rowling dit qu'elle a utilisé le professeur Trelawney pour refléter son propre avis selon lequel le destin n'existe pas[46]. Que veut dire ce déni du destin ?

Les « compatibilistes » de la liberté de pensée et de la prédétermination pensent qu'on peut être libre même si nos choix sont déterminés par des choses qui sont hors de notre contrôle. Certains compatibilistes disent qu'il n'y a qu'une seule issue possible : le vrai futur. D'autres parlent de choix possibles, c'est-à-dire qu'on peut considérer plusieurs options et en choisir une, même si notre délibération est prédéterminée par des choses qui ne sont pas de notre ressort. Un « libertarien » part du principe que des options s'offrent à nous parce que rien ne garantit les choix que nous ferons dans l'avenir. Cela dépasse les règles compatibilistes, puisque le libertarien considère que les choix prédéterminés ne sont pas libres.

Certains libertariens croient en un avenir fixé, c'est-à-dire qu'il y aurait des vérités *dans le présent* à propos de ce qui arrivera *dans le futur*. Plusieurs futurs *possibles* s'offrent à nous, même s'il n'y a qu'un *vrai* futur qui arrivera[47]. D'autres libertariens, considérant que de telles vérités à propos de nos choix futurs menaceraient notre liberté, préfèrent un avenir ouvert, où les affirmations sur nos choix libres dans le futur ne sont ni vraies ni fausses (jusqu'à ce que ces choix soient faits).

Le déni le plus naturel du destin repose sur la théorie d'un futur ouvert. Aucune affirmation future sur les choix délibérés des gens n'est vraie ou fausse. Pourtant, quelqu'un qui renie le concept de destin peut penser qu'il y a différents futurs possibles qui s'offrent à nous, sans pour autant renier le fait que seulement l'un d'entre eux est le vrai avenir. Il est possible que ce soit ce qu'entend Rowling, et dans ce cas elle pourrait aussi bien être

---

46 *Volkskrant*, novembre 2007. L'interview est en hollandais, mais a été traduite en français sur http://www.gazette-du-sorcier.com/Interview-de-J-K-Rowling-a-l,982.

47 Pour lire une très bonne thèse sur la compatibilité de la préscience et du libertarianisme, voir le chapitre de Gregory Bassham « La vie soumise à la prophétie – Destin et liberté à Poudlard » dans *Harry Potter et la Philosophie – Petit traité à l'usage des Moldus*, édité par David Baggett et Shawn E. Klein, Éditions Michel Lafon, 2006, p. 291-294.

une compatibiliste, même si ce genre de langage correspond plus à une libertarienne.

Dumbledore dit à Harry que la prophétie qui le concerne n'a pas à être accomplie pour la seule raison qu'il s'agit d'une véritable prophétie. Dumbledore veut-il dire qu'il n'y a aucune preuve qu'elle sera ou non accomplie, et que cela ne devient une prophétie authentique que lorsque les événements prédits se réalisent ou sont garantis de se réaliser ? Ou veut-il dire que la prophétie n'a pas poussé Harry ou Voldemort à agir ? Ce qu'elle prédit est le vrai futur, mais d'autres futurs sont possibles. Nous devons examiner plus en détail les livres *Harry Potter* pour voir quel genre de destin on retrouve ou non dans le monde de Harry.

LE DESTIN D'UN RONGEUR

Dans *Le Prisonnier d'Azkaban*, le professeur Trelawney fait une seconde « véritable prédiction » :

> « Le Seigneur des Ténèbres est là, solitaire, abandonné de ses amis. Pendant douze ans, son serviteur a été enchaîné. Ce soir, avant minuit, le serviteur brisera ses chaînes et ira rejoindre son maître. Avec l'aide de son serviteur, le Seigneur des Ténèbres surgira à nouveau, plus puissant et plus terrible que jamais. Ce soir… avant minuit… le serviteur… ira… rejoindre… son maître… »[48]

Si la prophétie qui dit que l'un des serviteurs de Voldemort va le rejoindre cette nuit était plus que probable, alors Queudver aurait dû avoir de très fortes chances de s'échapper ce soir-là. Le retour d'autres serviteurs qui auraient pourtant pu venir était plus improbable. Si Remus Lupin n'avait pas oublié de prendre sa potion Tue-Loup pour contrôler sa transformation ou si quelqu'un avait réagi plus vite lorsque Queudver s'est transformé, alors il n'aurait pas pu s'échapper. Si une « véritable prédiction » signifie une plus grande probabilité, cela devrait être une issue probable. Cela ne semble pas probable, donc on peut

48 *Prisonnier d'Azkaban*, p. 334.

difficilement considérer cette prophétie comme faillible mais probable.

La première prophétie est similaire. Même s'il était probable que Voldemort poursuive Harry, quelle était la probabilité que Queudver devienne finalement son confident ? Voldemort n'aurait alors certainement pas marqué Harry et ne lui aurait pas donné le pouvoir « que le Seigneur des Ténèbres ignore ». Si Voldemort n'avait pas raconté ses plans à Rogue, Rogue ne l'aurait pas supplié pour que Lily Potter soit épargnée, et Lily n'aurait pas eu à se sacrifier pour protéger son fils. Et une fois encore, Harry n'aurait pas été marqué. Ainsi, cette prédiction aussi semble être « véritable » dans un sens plus fort que le simple « probable mais faillible ».

LE VOYAGE DANS LE TEMPS ET LE TEMPS FIXÉ

Pour comprendre la théorie de Rowling sur la prophétie et le destin, nous devons étudier ce qu'elle dit à propos du voyage dans le temps. Si le voyage dans le temps peut modifier le passé, cela permet de graves paradoxes, comme, ainsi que le mentionne Hermione Granger, tuer son soi dans le passé avant d'avoir eu le temps de revenir dans le présent et se tuer soi-même. Si vous aviez fait cela, vous n'auriez pas vécu assez longtemps pour aller dans le passé et le faire. Il est impossible de changer le passé selon la théorie du temps fixé, donc cela n'arrivera pas parce que ce n'est pas arrivé. Lors d'un de leurs voyages, Hermione et Harry font un retour en arrière de trois heures, en prenant bien soin de ne pas être vus. Ils accomplissent ce qu'ils ont prévu de faire, c'est-à-dire sauver Buck et Sirius Black. Rien n'indique un changement. Tout le compte rendu correspond parfaitement à ce que nous savions déjà à propos de ces trois heures.

On découvre lors de ce deuxième voyage dans le temps que c'est le Harry du futur qui invoque le Patronus du cerf qui a sauvé Harry des Détraqueurs. La théorie du temps fixé est celle qui correspond le mieux. Si Harry est sauvé par le Patronus la première fois et lance le sort de Patronus la deuxième, la meilleure explication est que le Harry du futur était déjà là avant. Des événements futurs sont à l'origine d'actions présentes, ce qui signifie que l'avenir doit arriver d'une certaine façon pour que Harry et Hermione soient capables de voyager dans le temps pour accomplir ces choses. Seule la théorie du temps fixé permet ce genre de raisonnement.

Cependant, Hermione décrit le voyage dans le temps en supposant qu'on peut changer le passé. « On est en train de violer une des lois les plus importantes du monde de la sorcellerie ! Personne n'a le droit de changer le cours du temps ! Personne ! »[49] Elle ajoute plus loin : « Le professeur McGonagall m'a raconté des choses horribles qui sont arrivées à des sorciers parce qu'ils avaient cherché à modifier le temps… Certains se sont tués eux-mêmes par erreur dans leur passé ou leur futur ! »[50]. Si l'on en croit les propos d'un personnage fiable qui rapporte ceux d'un autre personnage fiable, alors, dans le monde de Harry, le passé peut être modifié. Ce qui signifierait que le temps n'est pas fixé.

Il est très improbable que McGonagall ait menti ou que Hermione ait mal interprété ses propos ou mente à Harry. Il est possible (mais encore improbable) que le ministère de la Magie ait propagé une fausse information sur un sujet magique protégé et que même McGonagall ne connaisse pas la vérité. Mais l'autre possibilité serait, si on veut que l'histoire soit cohérente, de prendre l'expression « voyage dans le temps » comme un moyen de changer le passé avec des voyages dans les possibilités et non dans le temps[51]. Ils voyagent vers une ligne chronologique différente. Le cas des voyages dans le temps dans les romans semble correspondre à un véritable voyage dans le temps, alors il est difficile de voir quel mécanisme le transformerait en voyage dans les possibilités seulement pour les situations où le passé est modifié.

En dehors de ces énigmes à propos du voyage dans le temps, le meilleur argument en faveur du temps fixé réside peut-être dans le fait que c'est cette théorie qui s'applique le mieux aux lois de la physique. L'existence d'un espace-temps absolu est

---

49 *Ibid.*, p. 409.

50 *Ibid.*

51 Pour une argumentation plus poussée à propos du voyage dans le temps dans les romans *Harry Potter*, voir Michael Silberstein, « Le temps, l'espace et la magie », *Harry Potter et la Philosophie – Petit traité à l'usage des Moldus*, édité par David Baggett et Shawn E. Klein, Éditions Michel Lafon, 2006, p. 249-257.

souvent considérée comme étant incompatible avec la relativité. Un futur ouvert nécessite un moment présent absolu, par rapport auquel des détails sont fixés. Mais il n'y a pas de présent absolu. Ce que nous appelons le présent est relatif à un système de référence. Il ne peut y avoir de futur absolu si la relativité restreinte est correcte[52].

Avec un futur fixé et un accès prophétique à cet avenir, la première prophétie de Trelawney ne s'avère pas simplement se réaliser par elle-même, malgré le fait qu'elle soit improbable. Dans ce cas, il était garanti qu'elle se réalise, même si de nombreux événements menant à son accomplissement semblaient improbables. On peut même en venir à une conclusion plus radicale que celle du futur fixé. Plusieurs événements improbables se réalisent pour mener à un événement prophétisé. Des événements très probables auraient pu tourner autrement pour empêcher l'accomplissement de la prophétie.

Harry et ses amis battent Voldemort et ses fidèles, malgré une probabilité infime, en partie grâce à la chance, et la prophétie est finalement accomplie. Il est difficile d'établir un véritable raisonnement pour tout cela sans un lien plus fort entre la prophétie et le vrai futur. Heureusement que Harry et ses amis ont passé du temps dans les toilettes de Mimi Geignarde pour préparer le Polynectar, ce qui leur a permis de localiser l'entrée de la Chambre des secrets. Ils auraient pu trouver un autre moyen de découvrir ce que savait Drago Malefoy ou ils auraient pu faire la potion ailleurs. Leur choix pour les toilettes permet à Harry de trouver la Chambre, sauver la vie de Ginny Weasley, détruire un Horcruxe, rendre l'épée de Gryffondor, seule capable de détruire d'autres Horcruxes, prendre le crochet du basilic pour détruire l'Horcruxe coupe et prévenir Dumbledore que Voldemort a certainement créé plusieurs Horcruxes. Tous ces éléments dépendent de l'endroit qu'ils ont choisi pour préparer cette potion.

52 Cette objection est largement développée par Theodore Sider dans son *Four-Dimensionalism : An Ontology of Persistence and Time*, Oxford University Press, 2002, p. 42-52. Ce chapitre soulève aussi d'autres problèmes qui surviennent lorsque vous réfutez la théorie du temps fixé.

De nombreux autres événements qui auraient pu tourner autrement sont essentiels pour que les choses aillent finalement dans le bon sens. La chance qu'obtient Harry en buvant la potion Felix Felicis réalise plus de choses qu'il n'y paraît, dont certaines peuvent sembler vraiment malheureuses, comme la mort de Dumbledore, mais d'autres bien meilleures comme le fait d'obtenir le souvenir de Horace Slughorn à propos des projets de Voldemort de diviser son âme en sept parties en créant six Horcruxes. Harry obtient cette potion parce qu'il a récupéré l'ancien livre de Rogue et cela arrive juste parce que Dumbledore n'a pas dit à Harry qu'il pourrait prendre le cours de Potions, et parce que Harry change d'avis par rapport à ce cours à cause du retour de Slughorn en tant que professeur.

Dans la seconde moitié des *Reliques de la mort*, Harry et ses amis se font capturer par le même groupe que Gripsec. Ils arrivent au manoir des Malefoy en l'absence de Voldemort, après que la fausse épée de Gryffondor a été rangée avec un Horcruxe dont ils ne connaissaient pas la localisation. Rogue leur a remis la vraie épée pour que Bellatrix Lestrange la voie et pique une crise de nerfs, ce qui mènerait Harry à soupçonner que l'endroit où est cachée la fausse épée contient aussi un Horcruxe.

Harry arrive plus tard à la Cabane hurlante alors que Voldemort est sur le point de tuer Rogue, ce qui permet à Rogue de transmettre le dernier message de Dumbledore à Harry. Tous ces événements reposent sur la chance. On est en droit de se demander si une force quelconque guide les éléments pour assurer que la prophétie se réalise. Le fait est que si de très nombreux événements chanceux mènent à l'accomplissement de la prophétie, alors cela suggère l'influence d'un être divin.

Ainsi, il s'agirait plus d'un destin puissant que d'un simple futur fixé, puisqu'il impliquerait l'intervention délibérée d'un être intelligent. De nombreux chrétiens, par exemple, ont interprété les livres *Harry Potter* pour refléter leur croyance en la providence divine, où Dieu a des projets pour l'univers. Cela voudrait dire que Dieu prédétermine toutes nos actions en créant des événements qui les causent. Mais cela pourrait tout aussi bien impliquer la liberté de penser chère aux libertariens, tant que Dieu sait ce que feraient les gens dans toutes les circonstances possibles et sait donc immanquablement quels choix ils feraient.

Cette série de circonstances chanceuses semble trop facile sans qu'il y ait quelqu'un qui guide les événements vers une certaine issue. Une telle théorie ne correspondrait peut-être pas à ce que Rowling à essayer de dire en reniant le destin et à ce que Dumbledore dit lorsqu'il insiste sur le fait que Harry ou Voldemort auraient pu agir autrement et ainsi aller à l'encontre de la prophétie. On ne peut pas vraiment savoir ce que voulait dire Rowling (et ce qu'elle a voulu faire dire à Dumbledore). Mais l'histoire est plus cohérente si l'on admet une explication providentielle à ces événements heureux. Sinon, Harry et ses amis sont tout simplement incroyablement chanceux ![53]

53 Merci à Winky Chin, Jonathan Ichikawa, Peter Kirk, Ben Murphy, Tim O'Keefe, Samantha Pierce, Rey Reynoso et Brandon Watson pour leurs commentaires à divers moments de l'écriture de ce chapitre.

PARTIE DEUX

LA PLUS PUISSANTE DES MAGIES

CHOISIR L'AMOUR : LA RÉDEMPTION DE SEVERUS ROGUE

Catherine Jack Deavel et David Paul Deavel

Bien que Harry « éprouv[e] une sorte de plaisir sauvage à blâmer Rogue » pour la mort de Sirius Black comme pour soulager son sentiment de culpabilité, il ne parvient pas à faire en sorte que le professeur Dumbledore soit d'accord avec lui[54]. En fait, Dumbledore fait entièrement confiance à Severus Rogue malgré les apparences trompeuses. Il serait tentant de mettre les soupçons de Harry sur le compte de son immaturité émotionnelle, mais, à part Dumbledore, aucun membre de l'Ordre du Phénix ne fait totalement confiance à Rogue. Après que Rogue a tué Dumbledore, le professeur McGonagall murmure : « Nous nous demandions tous… Mais [Dumbledore] a toujours… eu confiance… »[55]. Elle poursuit : « Il laissait entendre qu'il avait une raison indiscutable de lui faire confiance. […] Dumbledore m'a dit explicitement que le repentir de Rogue était absolument sincère »[56]. En sachant qu'autant de vies étaient en jeu, comment Dumbledore pouvait-il être certain que Rogue était loyal et digne de confiance ?[57]

En un mot, la réponse est l'amour. Pas l'amour de Dumbledore pour Rogue, ni celui de Rogue pour Harry, mais l'amour de Rogue pour Lily Potter, la mère de Harry. Bien que Lily n'éprouve pas de sentiments réciproques pour lui, Rogue n'a jamais cessé

---

54 *Ordre du Phénix*, p. 988.
55 *Prince de Sang-Mêlé*, p. 706.
56 *Ibid.*, p. 706.
57 Il est aussi possible, bien sûr, que Dumbledore ait cette preuve « indiscutable » de la loyauté de Rogue par legilimancie (peut-être avec le consentement de Rogue).

de l'aimer, et cet amour le mène finalement, même si c'est d'une façon détournée, à la rédemption.

Les lecteurs éclairés peuvent sourire face à cette rhétorique de l'amour et de la rédemption et mettre cela sur le compte du sentimentalisme de J.K. Rowling. Après tout, pourquoi penser que l'amour représente une bonne raison de faire confiance à Rogue ? Il est pourtant évident que Rogue n'apprécie pas, et même déteste, Harry, Sirius et les autres. Dumbledore ne devrait-il pas craindre qu'un jour cette méchanceté prenne le dessus ? De plus, pourquoi croire que Rogue s'est racheté ? Sa haine ne prouve-t-elle pas déjà le contraire ? On pourrait argumenter que, s'il s'était racheté, il n'éprouverait pas ces sentiments. Le charme de l'amour et son pouvoir de transformer les personnes sont omniprésents dans la littérature, mais de telles notions ne sont-elles pas, finalement, simplement dépassées, vieillottes et simplistes ? Que dirait un philosophe à ce propos ? Les philosophes en ont déjà dit beaucoup sur l'amour. Ils ont exploré sa nature, ses différentes formes, et même comment l'amour peut nous rendre aveugles et nous mener à faire des erreurs de jugement. La série *Harry Potter*, et le personnage de Rogue en particulier, nous offre une chance d'explorer à notre tour ces problèmes.

ROGUE ET LA CHOSE AUX MILLE SPLENDEURS

De Platon (environ 428-348 av. J.-C.) à C.S. Lewis (1898-1963), l'amour a été un thème récurrent et très important pour les grands penseurs. Quelles que soient son origine ou sa signification ultime, « la chose aux mille splendeurs » a été la source d'inspiration de poètes, dramaturges, auteurs de romans, philosophes et théologiens. Il est difficile de ne pas remarquer l'importance du thème de l'amour dans les livres *Harry Potter*. L'amour de Lily sauve et protège Harry. L'amour de Harry bat le professeur Quirrell et empêche Lord Voldemort de posséder l'âme de Harry. Et la faiblesse qui sera fatale à Voldemort, nous dit Dumbledore, est qu'il n'a jamais compris que l'amour est la magie la plus puissante qui existe.

En refusant de limiter l'amour à quelque chose de purement rhétorique et sentimental, Rowling rejoint une certaine élite philosophique. Les philosophes grecs faisaient la distinction entre trois types d'amour : *eros*, *philia* et *agape*. L'*eros*, ou l'amour érotique, est le genre d'amour que l'on retrouve dans les relations romantiques. Mr. et Mrs. Weasley, Ron Weasley et Hermione Granger, et Harry et Ginny Weasley sont de bons exemples de ce type d'amour. Dans la philosophie occidentale, la plus célèbre analyse de l'amour érotique se trouve dans le *Banquet* de Platon, où il cherche à démontrer comment les désirs physiques bruts peuvent progressivement être affinés pour élever l'âme vers des choses belles et divines. La *philia* est l'amour-amitié. Il est important de voir que l'amitié est une sorte d'amour (ce qui rend triste et poignante la constatation de Dumbledore qui dit que Voldemort n'a jamais eu ou même voulu avoir un ami). En fait, pour les Grecs et les Romains, l'amitié était généralement considérée comme supérieure à l'amour romantique[58]. Le troisième type d'amour, l'agape, est l'amour universel, inconditionnel et fondé sur le don de soi. Lorsque les auteurs de gospel disent « Dieu est amour », c'est l'*agape* qu'ils ont à l'esprit.

Les réflexions philosophiques traditionnelles sur l'amour nous aident à comprendre le personnage complexe de Rogue, puisqu'elles soulèvent le fait qu'à l'origine, l'amour n'est pas un sentiment mais un choix, un acte de volonté. Idéalement, nos émotions seront en harmonie avec ce que nous considérons comme étant le bien, mais on peut agir pour le bien même lorsque nos émotions se rebellent. Le fait que Rogue continue de ressentir des émotions conflictuelles ne prouve pas qu'il n'ait pas été transformé par l'amour. Au contraire, la capacité de Rogue d'agir à maintes reprises pour le bien d'autrui, malgré son indifférence émotionnelle voire son aversion pour ces individus, témoigne de la force de son amour pour Lily.

LES GARÇONS ABANDONNÉS

Rogue est un personnage fascinant, en partie parce qu'il a des origines similaires à celles de Voldemort et de Harry. Comme Harry et Voldemort, Rogue a un sang mêlé, qui soulève des soupçons et de la haine aussi bien de la part des Moldus que des

58 Aristote, par exemple, consacre environ un cinquième d'*Éthique à Nicomaque*, sa grande œuvre sur le bonheur et l'accomplissement, au sujet de l'amitié.

sorciers. Désirant profondément se lier à la famille de sa mère, les Prince, et minimiser l'importance de ses ancêtres moldus, Rogue se surnomme lui-même « le Prince de Sang-Mêlé ». Ayant grandi avec des parents qui se querellaient sans cesse, il trouve en Poudlard son premier vrai foyer (encore une fois, comme Harry et Voldemort) et utilise ses pouvoirs magiques pour renforcer ses liens avec le monde des sorciers. Comme le fait remarquer Harry, lui, Voldemort et Rogue, « les garçons abandonnés, avaient tous trouvé [à Poudlard] un foyer »[59].

Bien sûr, Harry et Voldemort ont emprunté des voies bien différentes. Voldemort a opté pour le pouvoir plutôt que l'amour, l'égoïsme plutôt que l'altruisme, la conquête plutôt que la vulnérabilité de l'amitié et des relations sincères en général. De manière très contrastée, Harry a ouvert son cœur à des amis et été capable de se sacrifier pour ceux qu'il a aimés. Plutôt que de choisir un psychisme fragmenté comme celui de Voldemort, Harry a permis à ses amis de faire de lui une meilleure personne, intègre et entière.

Beaucoup d'encre a coulé pour débattre sur le schéma du bien et du mal que représentent respectivement Harry et Voldemort, mais qu'en est-il du troisième garçon perdu, cet amalgame complexe d'ombre et de lumière, l'agent double et assassin de Dumbledore, le protecteur et adversaire de Harry ? Qui est Rogue ?

ROGUE L'OCCLUMENS

Rogue est un personnage complexe, pas seulement parce que c'est un agent double, mais parce que sa loyauté s'est retrouvée véritablement divisée dans le passé, et sa raison et ses sentiments continuent d'être partagés. Initialement, Rogue était un Mangemort ; après son repentir, Dumbledore lui demande de jouer le rôle dangereux d'informateur au retour du Seigneur des Ténèbres. Pour y parvenir, Rogue doit gagner la confiance absolue de Voldemort. Il ne doit trahir ni sa loyauté envers Dumbledore, ni son engagement pour protéger les ennemis de Voldemort, en particulier Harry. Sa colère et parfois sa haine contre Harry (et les autres) sont véritables, mais son courage et

59 *Reliques de la mort*, p. 812.

les risques qu'il prend constamment pour combattre Voldemort sont tout aussi réels.

Rogue ne choisit pas de protéger Harry et les autres ennemis de Voldemort par affection pour eux (ce qui est pourtant de nos jours généralement associé aux visions légères et superficielles de l'« amour »). Au contraire, il choisit d'agir pour ce qu'il pense être leur bien malgré la profonde aversion qu'il éprouve pour eux. L'amour dans le sens de désirer le bien des autres ne se retrouve pas seulement dans les livres de Rowling, mais chez bien d'autres auteurs qui ont écrit sur l'amour, d'Aristote à Morgan Scott Peck en passant par Thomas d'Aquin, malgré les différences d'époque et de culture qui les séparent. Ils partagent ce même sentiment que l'expression de l'amour en amitié passe par le désir du bien pour l'autre[60]. Encore et encore, dans les livres *Harry Potter* se pose le dilemme entre favoriser son propre bien au détriment de celui d'autrui ou le sacrifier pour le bien des autres. L'amour nécessite un sacrifice de soi, lie notre propre bonheur au bien d'autrui, nous rend vulnérable face à la perte et au chagrin et renforce notre attachement au bien.

Ces penseurs insistent aussi sur le fait que les sentiments forts deviennent moralement bons ou mauvais lorsqu'ils influencent notre raison et nos souhaits, c'est-à-dire lorsque les sentiments affectent notre jugement sur ce qui est bien ou mal. Dans le cas particulier de Rogue, l'amour ne se trouve pas essentiellement dans ses sentiments mais dans ses actes. L'amour change ses convictions, ses alliances et ses actions ; il se repent à cause de l'amour et trouve la rédemption en choisissant d'agir par amour[61].

---

60 Aristote déclare : « Ceux qui souhaitent du bien à leurs amis pour l'amour de ces derniers sont des amis par excellence (puisqu'ils se comportent ainsi l'un envers l'autre en raison de la propre nature de chacun d'eux, et non par accident) », *Éthique à Nicomaque*, livre VII, chap. 4. Thomas d'Aquin cite explicitement Aristote lorsqu'il dit : « Aimer c'est souhaiter le bien de l'autre », *Somme théologique*, I-II, 26. Dans le même genre, le contemporain M. Scott Peck définit l'amour comme « la volonté de se dépasser dans le but de nourrir sa propre évolution spirituelle ou celle de quelqu'un d'autre ». Voir M. Scott Peck, *Le Chemin le moins fréquenté : Apprendre à vivre avec la vie*.

61 Bien sûr, toutes les actions de Rogue ne sont pas bonnes, qu'elle soient vues de l'extérieur ou de l'intérieur. D'un point de vue extérieur, le fait que Rogue tue Dumbledore n'est pas objectivement une bonne action, mais dans la logique de l'histoire, cet acte est présenté comme tel dans un certain sens, ou en tout cas,

Pour résumer, c'est l'amour de Rogue pour Lily qui motive essentiellement les actions qui l'ont mené à la rédemption.

Une fois que Dumbledore réalise que Voldemort et Harry partagent leurs pensées et leurs émotions, il demande à Rogue d'enseigner à Harry l'Occlumancie, une technique magique qui permet de « fermer l'esprit aux intrusions et influences extérieures »[62]. Voldemort est très fort pour accéder aux pensées et souvenirs des autres, ce qui lui permet presque à coup sûr de détecter les mensonges. « Seuls ceux qui pratiquent l'Occlumancie arrivent à interdire tout accès aux sentiments ou aux souvenirs qui contredisent leurs mensonges et peuvent ainsi proférer de fausses affirmations en sa présence sans qu'il parvienne à les détecter. »[63] En tant qu'agent double pour Dumbledore, Rogue fait régulièrement ce que peu de personnes parviennent à faire : mentir à Voldemort. Rogue n'y parvient pas seulement grâce à l'intelligence et la malice, en révélant assez d'informations pour apparaître comme un important informateur tout en préservant les points les plus signifiants, mais aussi par une véritable prouesse magique.

Les talents de Rogue pour l'Occlumancie révèlent à la fois sa force et sa faiblesse de caractère. L'Occlumens se vide de ses émotions personnelles, ce que Harry n'arrive pas à faire. Rogue fulmine : « Les idiots qui portent fièrement leur cœur en bandoulière, qui sont incapables de contrôler leurs émotions, qui se complaisent dans les souvenirs les plus tristes et se laissent facilement provoquer – les gens faibles, en d'autres termes – n'ont aucune chance de résister à ses pouvoirs ! »[64]. Rogue ne survit pas en abandonnant son amour pour Lily comme Voldemort a renoncé à l'amour et l'amitié. Au lieu de cela, Rogue cache son amour aux yeux de Voldemort. Bien que cette capacité de dissimuler ses souvenirs et ses émotions soit essentielle à son rôle d'agent double, c'est aussi elle qui l'empêche de se faire des amis.

---

comme un acte permissible. De plus, l'attitude toujours hostile de Rogue envers Sirius n'est évidemment pas louable, tout comme le fait qu'il maltraite ses élèves. Mais ici la discussion n'est pas de savoir si Rogue devient parfait grâce à l'amour, mais si, malgré tout, Rogue agirait pour le bien des autres.

62 *Ordre du Phénix*, p. 631.

63 *Ibid.*, p. 632-633.

64 *Ibid.*, p. 639.

Les derniers chapitres des *Reliques de la mort* révèlent la profondeur du sacrifice et du courage de Rogue. Alors qu'il agonise après la morsure de Nagini, Rogue transmet à Harry un flot de souvenirs relatant son amour pour Lily et son secret de protéger les ennemis de Voldemort. Rogue reste l'Occlumens parfait. Ses souvenirs ne peuvent être pris ; ils doivent être offerts délibérément. Ce n'est que lorsqu'il est en train de mourir qu'il permet à Harry d'accéder à ses pensées et sentiments, révélant que Harry est un Horcruxe et lui montrant ce qu'il doit faire pour battre Voldemort.

LE CHOIX DE ROGUE

Depuis l'enfance, Rogue aime Lily Evans, même si au début c'est de façon plutôt égoïste. Il la regarde « avec une expression d'avidité non dissimulée », tout en rêvant que Poudlard soit un moyen d'échapper à sa famille et d'être accepté par le monde des sorciers, malgré ses origines à moitié moldues[65]. À Poudlard, toutefois, il reste à l'écart, un garçon maladroit qui se bat contre James Potter pour qui tout, et surtout la magie et le Quidditch, est d'une facilité déconcertante. Et le pire, c'est que Rogue sait que James est lui aussi amoureux de Lily.

L'amour de Rogue pour Lily commence à le changer, d'abord très lentement. La jeune Lily lui demande un jour si cela fait une différence d'avoir des parents moldus, et, après une longue hésitation, il répond non. Ayant rejeté les convictions erronées de Rogue sur la supériorité du sang sorcier, la Lily adolescente défend Rogue contre James et ses amis, pour finalement se voir traiter de Sang-de-Bourbe par Rogue. Il lui demande pardon, mais Lily refusera dorénavant de prendre sa défense. Une fois cette amitié brisée, Rogue se tourne vers la magie noire et les Mangemorts. Plus tard, il se souviendra de cette leçon douloureuse et, alors qu'il est directeur, réprimandera le portrait de Phineas Nigellus pour avoir traité Hermione Granger de Sang-de-Bourbe.

Après avoir rapporté consciencieusement à Voldemort la prophétie qu'il a entendue à propos de cet enfant qui défiera le

---

65 *Reliques de la mort*, p. 773.

Seigneur des Ténèbres, Rogue supplie Dumbledore de protéger Lily. Dumbledore lui demande : « Ne pouvez-vous pas lui demander la grâce de la mère en échange de son fils ? ». Rogue assure à Dumbledore qu'il a déjà essayé, ce à quoi Dumbledore répond : « Vous me dégoûtez ! [...] Vous ne vous souciez donc pas de la mort de son mari et de son enfant ? Ils peuvent bien disparaître, du moment que vous obtenez ce que vous voulez ? »[66]. L'amour de Rogue n'est pas encore pur ; il n'aime pas Lily comme, ainsi que le dit Aristote, « un second soi »[67]. Il désire le bien de Lily tant que celui-ci le concerne. S'il avait souhaité vraiment le bien de Lily, il aurait aussi voulu protéger ce qui lui était le plus cher. Rogue cède et promet à Dumbledore de faire « ce qu'il voudra » pour que celui-ci protège la famille. Après le meurtre de Lily, Dumbledore demande à Rogue de prouver son amour pour Lily en protégeant son fils bien-aimé.

L'amour romantique de Rogue pour Lily est d'abord teinté d'égoïsme, mais il devient plus profond lorsque Rogue accepte le rôle que lui propose Dumbledore. Platon fait référence à un approfondissement de l'amour similaire dans *Le Banquet*, dans lequel plusieurs personnages différents essaient de décrire et faire l'éloge de l'amour. Dans cette œuvre, le professeur de Socrate, Diotime, déclare que l'amour se rapporte « à la possession perpétuelle de ce qui est bon »[68]. Cette « possession » de ce qui est bon n'est pas la satisfaction d'un désir égoïste dans un *eros* superficiel, qui mettrait en valeur l'être aimé pour ce qu'il ou elle donne à celui qui aime, mais il s'agit plutôt d'une relation à l'être aimé qui pousse celui qui aime vers l'aimé en tant que bien indépendant. Quelqu'un qui aime se met en quête de « la beauté dans laquelle il lui sera possible de procréer »[69]. L'amour s'ouvre à l'éternel en étendant l'amour des parents pour leurs

66 *Ibid.*, p. 790.

67 Aristote, *Éthique à Nicomaque*.

68 Platon, *Le Banquet*. Texte traduit par Léon Robin. 5e éd. revue et corrigée. Paris, Les Belles Lettres, 1951, p. 201-212.

69 *Ibid.* Les idées principales sur la nature de l'amour citées précédemment correspondent bien à la description de l'amour dans les livres *Harry Potter*. L'amour maternel de Lily Potter est le meilleur exemple d'amour dans la série. Notez aussi que le duel de Bellatrix Lestrange contre Molly Weasley, qui se bat clairement pour protéger ses enfants (et les enfants des autres), est mis en vedette dans la bataille finale, juste après le duel de Harry contre Voldemort.

enfants ou en édifiant la vertu et l'amour de ce qui est transcendant en ceux qui aiment. Rowling nous donne des exemples. Au-delà de l'amour, James et Lily se sacrifient volontairement pour l'autre et pour Harry. L'amour romantique de Rogue pour Lily, bien que sans retour, finit petit à petit à « donner naissance » à la vertu en Rogue. Après que Rogue s'engage à combattre lui-même Voldemort, ses premiers élans d'égoïsme disparaissent.

Si l'on réfléchit au raffinement de l'amour romantique dans la tradition chrétienne, le pape Benoît XVI dit que « l'amour vise à l'éternité. Oui, l'amour est extase, mais extase non pas dans le sens d'un moment d'ivresse, mais extase comme chemin, comme exode permanent allant du je enfermé sur lui-même vers sa libération dans le don de soi »[70]. L'amour de Rogue pour Lily le pousse au-delà du désir égoïste et le transforme fondamentalement. Cet amour continuel, même après la mort, l'encourage à faire des choix qui rapprochent petit à petit son amour de celui de Lily, en l'orientant vers le bien des autres et le rendant capable de se sacrifier pour l'autre. Son amour pour Lily le place finalement, tout comme James et Lily, entre Voldemort et Harry.

TRANSFORMATION EN COURS

Rogue est résolument décidé à combattre Voldemort et protéger Harry, mais son personnage ne change pas instantanément. Nous sommes alors témoins des dommages du vice et de l'œuvre de la vertu : l'un et l'autre sont des habitudes prises avec le temps. Changer ses sentiments et son comportement demande de la vigilance et des efforts importants. En demandant à Dumbledore qu'il garde le secret à propos de sa tâche, Rogue tempête toujours contre ceux qui le tourmentaient à l'époque où il était élève, puisqu'il voit en Harry l'arrogance de James et se délecte de ses échecs et de ses heures de retenue[71]. La ressemblance physique que partagent Harry et James aveugle Rogue qui ne voit pas que

70 *Deus Caritas Est*, paragraphe 6. Le pape poursuit son analyse chrétienne de l'amour, en déclarant que ce don de soi permet « la découverte de soi-même, plus encore vers la découverte de Dieu : "Qui cherchera à conserver sa vie la perdra. Et qui la perdra la sauvegardera" (Lc 17, 33) ». Lorsque Harry sacrifie sa vie à la fin des *Reliques de la mort*, cela semble suivre le même principe.

71 Résigné, Dumbledore déclare : « Je ne révélerai jamais ce qu'il y a de meilleur en vous », *Reliques de la mort*, p. 792.

Harry partage aussi le caractère de sa mère. Le comportement et les émotions de Rogue continuent de l'empêcher de créer des amitiés, mais au moins ses actes l'unissent à la cause de ceux qui combattent Voldemort.

Rogue garde aussi en lui, en partie, la même fausse conviction que Voldemort selon laquelle ceux dont les actes sont guidés par l'amour sont faibles. Rogue balance cette insulte à Harry pendant ses leçons d'Occlumancie : Harry est faible car il ne parvient pas à mettre sous clé ses pensées et ses sentiments d'amour. De même, lorsque Rogue rencontre le nouveau Patronus de Nymphadora Tonks, il siffle « je crois que l'ancien vous réussissait beaucoup mieux. Le nouveau paraît un peu faible »[72]. À de rares occasions, « un grand choc… [ou] un bouleversement émotionnel » peuvent modifier un Patronus[73]. Tonks est tombée amoureuse de Remus Lupin (un loup-garou), et son Patronus est devenu un loup-garou. Vraisemblablement, le loup en lui-même ne paraît pas « faible ». C'est plutôt que ce changement est la preuve de son amour, ou bien que l'amour l'a transformée. C'est cet amour (surtout cet amour pour Lupin qui est méprisé par beaucoup) que Rogue trouve faible. Mais le propre Patronus de Rogue, une biche, contredit avec éloquence son affirmation. L'amour de Rogue pour Lily a modifié son Patronus pour correspondre au sien. Sa plus forte protection contre les menaces magiques est à présent le symbole de sa bien-aimée et de sa transformation par l'amour (malgré la capacité de Rogue de refouler ses émotions et ses souvenirs).

Le Patronus de Rogue renvoie à la notion d'Aristote de l'être aimé en tant que second soi ; c'est à la fois une extension magique de lui-même et une manifestation de son amour pour Lily. De la même façon, Harry est protégé par l'amour de ses parents : son Patronus est le cerf de James et l'amour que Lily lui a donné jusqu'à en perdre la vie devient une partie même de son corps, le protégeant contre Voldemort. En revanche, Voldemort se protège en créant des Horcruxes. Avec l'amour, on confie une part de son âme à quelqu'un, d'une certaine manière : un ami partage les joies et les peines de l'autre et agit pour son bien,

72 *Prince de Sang-Mêlé*, p. 186.
73 *Ibid.*, p. 393.

même lorsqu'il doit se sacrifier. L'amitié renforce l'intégrité de l'âme : des amis deviennent de meilleures personnes en agissant pour le bien de l'autre et en édifiant la vertu. En bref, aimer nous rend plus profondément humain. Mais Voldemort confie son âme à des objets, qui ne peuvent pas partager ses joies et ses peines, ni exiger quoi que ce soit de lui. Avec les Horcruxes, Voldemort a huit « soi », mais chaque division de son âme le rend moins humain.

Rogue agit courageusement non pas à cause de ses premières convictions et émotions qui ont été complètement purgées, mais parce qu'il choisit délibérément d'agir par amour, dans le sens de faire ce qui est le mieux pour l'autre. Ici, le courage de Harry et celui de Rogue sont similaires puisque tous deux ont dû accomplir un acte de volonté pour renoncer à ce qu'ils voulaient et choisir sciemment de se sacrifier. Harry montre que l'amour peut vaincre la mort lorsqu'on se sacrifie. Plutôt que de réagir simplement (même vertueusement), Harry fait ce choix sciemment. Il remarque à quel point choisir la mort à un certain moment (en se jetant devant un sortilège comme l'ont fait ses parents, par exemple) aurait été plus simple[74]. De même, Rogue n'a pas fait son sacrifice pour le bien sous la forme d'un acte spectaculaire et unique[75]. Il a choisi sciemment et pendant des années l'acte dangereux de protéger Harry tout en se faisant passer pour un Mangemort. Cette tâche est *a fortiori* difficile (et clairement un acte de volonté) puisque Rogue agit tout d'abord par amour pour Lily, et non pour Harry. Il veut le bien de Harry pour celui de sa mère, mais il agit tout de même pour protéger Harry.

Finalement, l'amour est la clé de la rédemption de Rogue puisqu'il lui permet d'avoir des remords, un sentiment qu'il partage avec Harry mais pas avec Voldemort. Les mauvaises

74 Les allusions chrétiennes, notamment dans *Les Reliques de la mort*, sont immanquables. On peut noter par exemple : le héros qui vainc la mort en sacrifiant délibérément sa vie pour sauver celle des autres, les vers de texte sacré sur les stèles mortuaires de Godric's Hollow, l'affirmation des âmes immortelles et le choix de la gare de King's Cross comme destination entre deux mondes pour Harry.

75 Malgré le fait qu'il insiste pour que son rôle reste secret, Rogue enrage lorsque Harry l'accuse d'être lâche, certainement à cause de l'objet de sa tâche et du risque qu'il court.

actions endommagent l'âme, mais le remords peut commencer à la ressouder, la soigner et la réunifier. Les remords de Rogue n'effacent pas à eux seuls des années de ressentiment ; mais il n'autorise pas sa colère et sa haine à décider de ses actes. Malgré ces sentiments, il réussit à choisir d'agir pour le bien. Ses actes sont les témoins de son amour pour Lily et de l'essence même de sa rédemption. L'amour et les remords de Rogue ne se manifestent pas en premier dans son état émotionnel mais dans ses actes de volonté pour le bien d'autrui.

Harry montre qu'il a des remords en pardonnant à Rogue, se purifiant lui-même par la même occasion. Tout au long de la série, Rogue et Harry se livrent à une guerre personnelle, marquée par une grande suspicion et une haine franche. Après la mort de son parrain, Harry reproche à Rogue d'avoir incité Sirius à participer à la bataille au Ministère : « [...] jamais plus [Harry] ne pourrait accorder [à Rogue] son pardon en raison de son attitude à l'égard de Sirius »[76]. Dans les scènes finales des *Reliques de la mort*, cependant, on voit que Harry a pardonné à Rogue. Des années plus tard, Harry raconte à son fils cadet : « Albus Severus... Tes deux prénoms t'ont été donnés en souvenir de deux directeurs de Poudlard. L'un d'eux était un Serpentard et il était sans doute l'homme le plus courageux que j'aie jamais rencontré »[77]. Harry et Ginny ont donné à leurs enfants les noms de personnes qui ont combattu Voldemort et choisi de sacrifier leur propre bien pour celui des autres : James, Lily, Dumbledore et Rogue.

L'amour ne change pas les personnes facilement et immédiatement. Mais ce que l'on voit avec Severus Rogue c'est que l'amour peut transformer radicalement une vie. Rogue n'a pas eu la fille qu'il aimait, mais son amour profond pour Lily a changé ses convictions et ses actes. Cet amour l'a motivé à persévérer dans son rôle dangereux et solitaire d'agent double. Grâce à l'amour, Rogue est capable de don de soi, comme Lily... et comme Harry.

---

76 *Prince de Sang-Mêlé*, p. 161.
77 *Reliques de la Mort*, p. 881

HARRY POTTER, LE FÉMINISME RADICAL ET LE POUVOIR DE L'AMOUR

Anne Collins Smith

Dans l'univers de *Harry Potter*, l'amour est une force qui dépasse les structures hiérarchiques et vainc les puissances du mal. Le sacrifice personnel et la bonté apportent des récompenses inattendues ; l'amour et la compassion surpassent l'avidité et l'ambition, les battent sans même vraiment le vouloir. En d'autres termes, le monde de Rowling fait retentir les valeurs du féminisme radical. Cela peut paraître étrange. Alors, pour clarifier cette affirmation, nous commencerons par un rapide examen du féminisme contemporain dans *Harry Potter* afin de comprendre le féminisme radical et aboutir à l'analyse du rôle de l'amour dans la série.

LE DÉBAT FÉMINISTE JUSQU'À AUJOURD'HUI

Les critiques féministes sont partagés à propos de la série de J.K. Rowling. Deux grandes écoles s'affrontent : ceux qui considèrent que la série est sexiste et ceux qui la considèrent comme progressiste.

Certains écrivains, comme Christine Shoefer, Elizabeth Heilman et Eliza Dresang, ont affirmé que les livres *Harry Potter* véhiculaient les stéréotypes sexuels traditionnels et renforçaient des images négatives pour les esprits des jeunes lecteurs[93]. Ximena

---

93 Christine Shoefer, « Harry Potter's Girl Trouble », sur Salon.com, 12/01/2000, http://www.salon.com/books/feature/2000/01/13/potter/index.html ; Elizabeth E. Heilman, « Blue Wizards and Pink Witches : Representations of Gender Identity and Power », in *Critical Perspectives on Harry Potter*, édité par Elizabeth E. Heilman (New York : Routledge, 2003), p. 221-239 ; Eliza T. Dresang, « Hermione

Gallardo-C. et C. Jason Smith, dans leur article à quatre mains « Cinderfella », proposent une interprétation féministe saisissante et passionnante des motifs et symbolismes dans la série, mais eux aussi affirment que les livres sont sexistes, tout du moins en surface[94].

D'autres auteurs, par exemple Edmund Kern, Mimi Gladstein et Sarah Zettel, ont revendiqué que Rowling propose une vision équilibrée des sexes qui inclut des personnages féminins forts et une société magique égalitaire[95]. Ils soutiennent que les livres ne sont pas sexistes et offrent même de bons modèles pour les jeunes lecteurs.

Bien que ces deux écoles d'interprétation s'opposent généralement, elles ne sont pas totalement noires ou blanches. Dresang, par exemple, propose une perspective très nuancée sur la capacité d'autodétermination de Hermione Granger, même dans une société que Dresang considère comme patriarcale ; Kern admet que les livres vont en faveur des personnages masculins, même s'il conteste l'impartialité de certaines accusations de sexisme.

Ce débat entre ces deux écoles se concentre essentiellement sur la représentation des personnages féminins dans la série. Dans « Harry Potter's Girl Trouble », Christine Shoefer remarque qu'aucun personnage féminin n'approche le niveau des personnages masculins : « Aucune fille n'est aussi brillamment héroïque que Harry, aucune femme n'est aussi expérimentée et sage que le professeur Dumbledore »[96]. Elizabeth Heilman soutient que les livres « reproduisent les stéréotypes culturels les plus humi-

---

Granger and the Heritage of Gender », in *The Ivory Tower and Harry Potter*, édité par Lana A. Whited (Columbia : University of Missouri Press, 2002), p. 211-242.

94 Ximena Gallardo-C. et C. Jason Smith, « Cinderfella : J.K. Rowling's Wily Web of Gender » in *Reading Harry Potter : Critical Essays*, édité par Giselle Liza Anatol, Westport (CT), Praeger, 2003, p. 191-203.

95 Edmund M. Kern, *The Wisdom of Harry Potter : What Our Favorite Hero Teaches Us about Moral Choices*, Amherst (NY), Promeetheus Books, 2003 ; Mimi R. Gladstein, « Féminisme et parité – Hermione et les femmes de Poudlard », in *Harry Potter et la Philosophie – Petit traité à l'usage des Moldus*, édité par David Baggett et Shawn E. Klein, Éditions Michel Lafon, 2006, p. 72-88 ; Sarah Zettel, « Hermione Granger and the Charge of Sexism », in *Mapping the World of the Sorcerer's Apprentice*, édité par Mercedes Lackey et Leah Wilson, Dallas, Benbella Books, 2005, p. 83-99.

96 Shoefer, « Harry Potter's Girl Trouble », p. 1.

liants, et pourtant courants, que ce soit pour les hommes ou pour les femmes »[97]. Gallardo-C. et Smith trouvent que « les livres *Harry Potter* sont remplis de stéréotypes sexuels de la pire sorte »[98].

En réponse, Kern, Zettel et Gladstein défendent d'une façon éloquente l'importance du contexte. Ils reconnaissent la présence de personnages féminins qui véhiculent des caractéristiques négatives traditionnellement associées aux stéréotypes féminins, mais ils font aussi remarquer qu'il y a de nombreuses représentations masculines qui mettent en valeur des traits masculins tout aussi négatifs. Kern remarque, par exemple, que « la bêtise de Lavande et Parvati reflète les pitreries puériles de Dean et Seamus », et que l'accident de Hermione avec le Polynectar doit être mis en parallèle avec l'accident de Ron avec le sort de Crache-Limaces[99]. Zettel fait remarquer que « Madame Pince, la bibliothécaire, devient complètement folle lorsqu'elle soupçonne un élève d'avoir écrit sur un livre. Mais Rusard, le concierge, veut faire fouetter et enchaîner les élèves qui sèment la pagaille »[100]. Gladstein met en relation « Trelawney l'incompétente » et « Gilderoy Lockhart, l'imposteur »[101]. Étendant leur argumentation à certains personnages auxquels les premiers critiques n'avaient pas accès, ces auteurs mentionnent certains méchants comme Dolores Ombrage et Bellatrix Lestrange, qui provoquent autant de peur et de respect que n'importe quel Mangemort homme.

Parmi les nombreux stéréotypes féminins négatifs, le gloussement est une aubaine pour les commentaires féministes. Dresang réagit : « Les nombreuses descriptions de filles stupides, écervelées et qui n'arrêtent pas de glousser ébranlent la représentation plus égalitaire que fait Rowling à propos des opportunités pour les filles dans la hiérarchie patriarcale »[102]. Heilman affirme que ces gloussements compromettent la sportivité des

97 Heilman, « Blue Wizard and Pink Witches », p. 222.
98 Gallardo-C and Smith, « Cinderfella : J.K. Rowling's Wily Web of Gender », p. 191.
99 Kern, *The Wisdom of Harry Potter*, p. 149.
100 Zettel, « Hermione Granger and the Charge of Sexism », p. 99.
101 Gladstein, « Féminisme et parité – Hermione et les femmes de Poudlard », p. 87.
102 Dresang, « Hermione Grange and the Heritage of Gender », p. 237.

filles qui jouent au Quidditch : « Même en tant que partenaires sportives, les filles ont des comportements de gamines lorsqu'elles gloussent en apprenant qu'elles pourront peut-être jouer avec le séduisant nouveau capitaine et attrapeur, Cedric Diggory… Le Quidditch n'est pas le seul contexte où l'on peut entendre ces gloussements. Les deux premiers livres débordent de références de ce genre »[103]. Zettel accepte de telles critiques et réplique ostensiblement :

Les critiques pensent que les filles de Poudlard sont ridiculisées parce qu'on les montre en train de glousser, pousser des petits cris stridents et, d'une manière générale, faire beaucoup de bruit. Dans la vraie vie, il y a effectivement des filles qui gloussent et poussent des cris. D'autres sont calmes et sérieuses. D'autres aiment le rose et les froufrous. D'autres encore aiment le sport et les jeans. On les rencontre toutes à Poudlard. *Je rejette l'idée selon laquelle on devrait dire aux filles que la seule façon d'être un être humain valable c'est en se transformant en garçon*[104].

FÉMINISME RADICAL CONTRE FÉMINISME LIBÉRAL

Bien que Zettel ne se considère pas comme une féministe radicale, sa réponse à ces critiques souligne un point de discorde essentiel entre les féminismes radical et libéral. Le féminisme libéral, qui se fonde historiquement sur les écrits de Mary Wollstonecraft (1759-1797), Harriet Taylor Mill (1807-1858) et John Stuart Mill (1806-1873), supporte la théorie autrefois controversée selon laquelle les femmes sont des personnes (c'est-à-dire des êtres intelligents et autonomes) et qu'elles doivent être traitées en tant que telles. Parfois désigné comme « la première vague de féminisme », le féminisme des dix-huitième et dix-neuvième siècles trouve son inspiration chez les philosophes des Lumières, qui mettaient l'accent sur les droits individuels et les

103 Heilman, « Blue Wizard and Pink Witches », p. 226.
104 Zettel, « Hermione Granger and the Charge of Sexism », p. 98 (emphase ajoutée).

responsabilités et soutenaient que cela devait être appliqué aux femmes comme aux hommes[105].

Le point de vue féministe libéral selon lequel les femmes sont des personnes peut sembler tout à fait légitime mais est en réalité étonnamment problématique. Une idée préconçue liée au féminisme libéral soumet que « personne » est un terme général et neutre, mais en fait le concept associé à « personne » a été forgé par une société dont la vie intellectuelle a longtemps été dominée par les hommes. De plus, alors que le féminisme libéral est optimiste quant à ses convictions sur le fait que les femmes, à perspectives égales, peuvent atteindre le même statut social, politique et économique que les hommes, il néglige l'éventualité que les femmes puissent avoir des intérêts, des forces et des capacités différentes de ceux des hommes, ce qui pourrait amener les femmes à préférer une autre sorte de réussite.

On trouve des féministes libéraux à la fois parmi les partisans et les détracteurs de la série *Harry Potter*. Gladstein, supportrice de la série, fait l'éloge du professeur McGonagall, qui est parvenue à accéder à une position de puissance dans la hiérarchie de Poudlard ; elle soutient aussi Hermione, dont la sagacité logique et l'amour de l'apprentissage se rapprochent du schéma traditionnellement masculin de la rationalité et de l'investigation. Ces personnages ont réussi en termes masculins, et leurs succès sont loués à juste titre. Cependant, d'autres personnages qui ont connu des réussites d'un genre différent ne reçoivent pas les mêmes éloges dans le contexte du féminisme libéral. Gladstein, par exemple, souligne la participation « active et assurée » de Molly Weasley dans l'Ordre du Phénix dans les derniers tomes mais ne mentionne que très brièvement son premier rôle de mère[106].

On peut aussi voir une tendance au féminisme libéral chez certains de ceux qui ont un avis plus négatif sur la série. Heilman, par exemple, commente la tendance de Rowling à décrire les

105 Sondra Farganis, *Situating Feminism : From Thought to Action*, volume 2 dans la série Contemporary Social Theory, Thousand Oaks (CA), SAGE, 1994.
106 Gladstein, « Féminisme et parité – Hermione et les femmes de Poudlard », p. 58.

filles en groupe : « Cette manière répétée de les représenter en groupe […] renforce l'idée sociologique de la fille tournée vers la communauté et l'amitié, face au garçon individuel et tourné vers la compétition ». Elle soutient que cela renforce « la position inférieure de la femme » ce qui suggère qu'elle considère le sens communautaire face à l'individualisme et l'amitié face à la compétition comme les signes d'une infériorité effective ou ainsi ressentie[107].

Cette tendance du féminisme libéral à minimiser les rôles et caractéristiques traditionnellement associés aux femmes est en partie à l'origine de l'émergence d'une autre forme de féminisme, le féminisme radical, considéré comme « la deuxième vague » de féminisme dans les années 1960 et 1970. Le féminisme radical tire son nom du mot latin *radix*, qui signifie « racine », et considère que la cause essentielle de l'oppression des femmes se trouve dans le « système des sexes », un ensemble d'attentes sociales qui forcent les identités des gens dans une certaine direction, selon laquelle l'identification physique et sexuelle d'une personne détermine son caractère, ses rôles sociaux légitimes et ses occupations économiques acceptables. Dans une société patriarcale, ces attentes tendent à privilégier les hommes et priver les femmes de leur autonomie[108]. Par exemple, dans le passé des États-Unis, les femmes étaient limitées à des professions d'« employées à col rose » comme infirmières, secrétaires ou institutrices.

Bien que les féministes radicaux ne soient pas certains des solutions à proposer pour régler le problème, ils se penchent souvent sur les caractéristiques qui sont traditionnellement désignées par la société comme masculines ou féminines, et cherchent des manières de les libérer de cette catégorisation rigide. Voici une liste de ces caractéristiques :

---

107 Heilman, « Blue Wizard and Pink Witches », p. 228.

108 Rosemarie Putnam Tong, *Feminist Thought : A More Comprehensive Introduction*, 3e édition, (Boulder, CO : Westview Press, 2009), p. 51.

Traits traditionnellement associés aux hommes

Maîtrise de soi

Indépendance

Individualisme

Hiérarchie

Domination

Compétition

Agressivité

Raison

Traits traditionnellement associés aux femmes

Amour

Interdépendance

Communauté

Relation en réseau

Partage

Coopération

Compassion

Émotivité

Certains féministes radicaux pensent que notre société gagnerait à avoir des personnes plus androgynes, de manière que les hommes et les femmes puissent se mélanger librement et choisir les caractéristiques qui leur correspondent le mieux personnellement. Ainsi, les hommes comme les femmes deviendraient des « personnes », mais notre interprétation de ce que sont les personnes ne se limiterait plus aux indications données par une société dominée par les hommes. D'autres féministes radicaux pensent que les valeurs traditionnellement considérées comme féminines seraient bénéfiques à notre société et devraient être adoptées par les hommes et les femmes, établissant la définition de « personne » sur un modèle plus féminin[109].

Certains commentaires érudits sur la série *Harry Potter* illustrent le féminisme radical. Par exemple, Zettel met l'accent sur l'importance de Molly Weasley et sa gestion du foyer, en faisant remarquer qu'elle « élève avec succès sept enfants avec un budget serré. Honnêtement, cette femme devrait recevoir une médaille »[110]. Dans un genre plus sérieux, Zettel soutient que « pour un auteur, montrer que seuls la situation et le pouvoir (masculins par tradition) importent revient à rabaisser et ne pas tenir compte des vies difficiles et complexes de nos pairs et ancêtres féminines »[111]. La volonté de Zettel de faire l'éloge des personnages féminins qui connaissent une réussite différente de la réussite masculine traditionnelle serait largement appréciée par les féministes radicaux.

« Cinderfella » de Gallardo-C. et Smith est un autre article qui propose une perspective féministe radicale sur la série *Harry Potter*. Bien que ses auteurs critiquent les stéréotypes sexuels présentés en surface, ils approfondissent la question en proposant une interprétation du bien et du mal dans le conflit. Les personnages du mal, remarquent-ils, affichent « un pouvoir et une ambition phallique » et sont « agressifs et assoiffés de pouvoir »[112]. Cela s'appliquerait aussi aux personnages féminins comme Ombrage, qui, malgré son goût typiquement féminin pour les

109 Tong, *Feminist Thought : A More Comprehensive Introduction*, p. 54.
110 Zettel, « Hermione Granger and the Charge of Sexism », p. 90.
111 *Ibid.*, p. 91-92.
112 Gallardo-C and Smith, « Cinderfella », p. 200.

vêtements et la décoration, montre une obsession incessante pour des valeurs traditionnellement masculines comme le contrôle, la hiérarchie et la structure dans sa prise de pouvoir de Poudlard dans *L'Ordre du Phénix*, et lorsqu'elle crée sa propre bureaucratie pour persécuter les sorciers d'origine moldue dans *Les Reliques de la mort*. D'autre part, les choix et décisions de Harry « montrent une tendance pour les femmes », et ses camarades montrent des caractéristiques traditionnellement féminines comme « la bonté, le dévouement, un désir d'intimité avec les autres et la prise de responsabilités »[113]. Ainsi, ces auteurs soutiennent que Rowling associe le bien avec des valeurs considérées traditionnellement comme féminines et le mal avec des valeurs masculines.

Cette association du bien avec des qualités telles que l'amour et la compassion est un élément que les féministes radicaux partagent avec des philosophes et théologiens plus anciens, qui pensaient que de telles caractéristiques devaient être intégrées dans notre interprétation et notre pratique de l'humanité. De l'analyse de sainte Gertrude la Grande sur l'importance de la bonté tendre, en tant que trait essentiel de la nature de Dieu et qualité primordiale que les humains doivent imiter, à la campagne de désobéissance civile et non violente de Gandhi, lors de laquelle il proclama que « vie sans amour est mort », en passant par l'analyse minutieuse de C.S. Lewis de chaque type d'amour nécessaire à l'accomplissement de l'humanité, de nombreux penseurs ont mis l'accent sur l'importance des caractéristiques que sont l'amour, la bonté et la compassion[114].

Les féministes radicaux soutiennent que non seulement ces qualités ont été traditionnellement assignées aux femmes, plutôt que d'être valorisées par la société tout entière, mais que cela a été fait d'une façon particulièrement nuisible. Les femmes sont tellement encouragées à être altruistes qu'elles ne défendent pas leur propre cause et qu'elles se soumettent docilement à des formes traditionnelles d'oppression, de peur qu'une tentative

113 *Ibid.*, p. 199-200.

114 Gertrude de Helfta, « Le héraut de l'amour divin » in *Œuvres spirituelles*, Collection « Sources chrétiennes » n° 127, 1967 ; M.K. Gandhi, *The Way to God*, Berkeley (CA), Berkeley Hills Books, 1999, p. 56 ; C.S. Lewis, *Les Quatre Amours*, Raphaël, 2005.

d'affirmation soit perçue comme un manque de féminité[115]. Cependant, les hommes subissent aussi des préjudices, puisque être à la hauteur d'un idéal macho qui met l'accent sur la compétition et l'indépendance est une manière stressante et incomplète d'être humain. Comme l'écrivent Heather Booth, Evi Goldfield et Sue Munaker : « Aussi longtemps que des images du masculin et du féminin construites artificiellement et fondées sur le mythe seront la seule alternative, les hommes comme les femmes se trouveront face au conflit entre leur identité sexuelle imposée et leurs objectifs en tant qu'êtres humains »[116].

BIEN PLUS MERVEILLEUX ET BIEN PLUS TERRIBLE QUE LA MORT

Comme on l'a mentionné au début, l'amour, traditionnellement désigné comme une caractéristique féminine, occupe une position des plus importantes dans l'univers de Rowling, et la représentation qu'elle en fait contient des idées de féminisme radical. Encore et encore, on voit la capacité d'aimer et d'être aimé de Harry le protéger du mal et lui permettre de protéger les autres.

Nous apprenons l'importance de l'amour dès le premier livre, lorsque l'amour gravé dans la peau de Harry par le sacrifice de sa mère lui sauve la vie. Le professeur Quirrell, dont le corps est habité par Lord Voldemort, découvre qu'il ne peut pas supporter de toucher Harry à cause de la marque invisible laissée par l'amour de sa mère. C'est le tout premier exemple dans lequel nous voyons que l'amour s'oppose au mal sans peine, sans action délibérée de la part de Harry. Nous apprenons par la suite de la bouche de Dumbledore que c'est ce même amour qui a sauvé Harry lorsque Voldemort a tenté de le tuer alors qu'il n'était

115 À titre d'exemple récent, voir l'article démystificateur de Shankar Vedentam sur des recherches qui montrent que les femmes d'aujourd'hui engagées dans la vie active sont peu disposées à demander une augmentation : « Salary, Gender and the Social Cost of Haggling », *Washington Post*, 30/07/2007, p. A07.

116 Heather Booth, Evi Goldfield et Sue Munaker, « Toward a Radical Movement », in *Radical Feminism : A Documentary Reader*, édité par Barbara A. Crow, New York, New York University Press, 2000, p. 60.

encore qu'un nourrisson. L'amour n'est pas brandi comme une arme ; il surpasse le mal par sa simple existence[117].

Cet amour, cependant, fait partie de la nature même de Harry. Dans *L'École des sorciers*, il est sauvé par l'amour de sa mère, et non par l'amour qu'il éprouve pour les autres. Il est significatif de remarquer que cet amour est littéralement sur sa peau, à l'extérieur, plutôt que dans son cœur, à l'intérieur. Alors que l'histoire avance, néanmoins, on découvre que la capacité intrinsèque d'aimer les autres devient de plus en plus importante chez Harry.

Dans *Le Prisonnier d'Azkaban*, Harry sauve la vie de Peter Pettigrow, non pas par amour pour le traître qui a trompé ses parents, mais par amour pour Remus Lupin et Sirius Black. Harry ne veut pas que les amis de son père deviennent des meurtriers ; il leur accorde plus d'importance qu'à son propre désir de vengeance. Les conséquences de son action complètement désintéressée sont multiples ; finalement, la dette que Pettigrow a envers Harry lui sauvera la vie, bien que ce ne soit pas la première motivation de Harry lorsqu'il l'épargne.

Dans les derniers tomes, Rowling continue de mettre l'accent sur l'amour de Harry pour les autres. Dans *L'Ordre du Phénix*, vers la fin de la confrontation au ministère de la Magie, Harry est brièvement possédé par Voldemort. Harry n'est pas assez fort pour le repousser et il se résigne à l'éventualité de mourir. La pensée qui traverse alors son esprit est que la mort lui permettra de retrouver son cher parrain : « Et je reverrai Sirius… Tandis que l'émotion submergeait le cœur de Harry, les anneaux de la créature se relâchèrent soudain, et la douleur disparut »[118]. Harry ne balance pas délibérément son amour pour Sirius contre la volonté de Voldemort ; s'il l'avait fait, l'amour aurait pris sa place parmi les autres armes de l'arsenal de la compétition masculine. Au lieu de cela, Voldemort ne peut tout simplement pas supporter d'être en sa présence ; une fois encore, l'amour écrase le mal sans effort.

---

117 Cette notion d'effets réalisés sans effort, à travers de la « non-action », rappelle le concept taoïste du wu-wei.

118 *Ordre du Phénix*, p. 970.

En expliquant l'incident du ministère de la Magie, Dumbledore dit : « Une force à la fois plus merveilleuse et plus terrible que la mort, que l'intelligence humaine, que les forces de la nature. [...] [Ce] pouvoir [...] tu le possèdes au plus haut point, Harry, alors que Voldemort en est totalement dépourvu. [...] Et c'est ce même pouvoir qui a empêché Voldemort de te posséder, car il ne supportait pas d'habiter un corps où cette force qu'il déteste était si présente »[119]. Ce pouvoir, bien sûr, c'est l'amour. Comme l'explique Dumbledore : « En définitive, il n'était pas très important que tu ne saches pas fermer ton esprit. C'est ton cœur qui t'a sauvé »[120]. L'explication de Dumbledore montre une préférence pour les caractéristiques traditionnellement féminines plutôt que masculines, puisque la raison et le pouvoir de l'esprit sont traditionnellement associés à la gent masculine alors que l'émotion et le pouvoir du cœur sont considérés comme des qualités féminines.

Dans *Le Prince de Sang-Mêlé*, Dumbledore déclare que l'amour est « un pouvoir que le Seigneur des Ténèbres ignore » comme l'a indiqué la prophétie sur Voldemort et son ennemi prédéfini[121]. Dumbledore explique plus loin que ce pouvoir est ce qui a permis à Harry de ne pas succomber à la tentation des forces du Mal ni aux tentations plus ordinaires d'utiliser ses capacités magiques à des fins égoïstes comme la richesse ou l'immortalité. Il est obligé d'expliquer cela à Harry car celui-ci ne le réalise pas ; une fois encore, l'amour n'a pas agi comme une barrière que Harry a dressée délibérément pour combattre ses tentations, mais comme une qualité profonde qui l'empêche tout simplement d'être tenté.

L'amour revêt une importance encore plus capitale dans le dernier tome, *Les Reliques de la mort*, apparaissant à différents niveaux dans plusieurs parties du livre. La capacité qu'a Harry d'aimer de façon désintéressée ne se limite pas aux humains mais s'étend à d'autres êtres, ce qui apporte des avantages inattendus. En se souvenant de la critique de Dumbledore dans *L'Ordre du Phénix* à propos du mauvais traitement que Sirius impose à

---

119 *Ibid.*, p. 1001.
120 *Ibid.*
121 *Prince de Sang-Mêlé*, p. 585.

Kreattur, l'elfe de maison, ému par l'histoire de celui-ci sur son effroyable voyage avec Regulus Black pour remplacer l'Horcruxe médaillon par une imitation et touché par l'explication compatissante de Hermione sur la psychologie de Kreattur, Harry commence à le traiter avec gentillesse. Par conséquent, l'elfe de maison aidera Harry avec ferveur pour localiser le véritable médaillon en traquant le voleur, Mondingus Fletcher. Le respect que montre Harry pour le gobelin Gripsec permet aussi la récupération d'un objet qui pourra être utilisé pour détruire les Horcruxes, l'épée de Gryffondor. Et, bien sûr, la bonté constante de Harry envers Dobby est récompensée lorsque celui-ci lui sauve la vie au prix de la sienne.

L'acte d'amour le plus surprenant de la part de Harry reste sans aucun doute sa tentative d'aider Voldemort à trouver la voie vers la rédemption. Lorsque Harry demande à Voldemort d'éprouver des remords, en lui expliquant que cela lui permettrait de soigner et réunir les derniers fragments de son âme, il accomplit un geste étonnant de compassion qui choque Voldemort bien plus que « les révélations [et] les railleries »[122]. « C'est votre unique et dernière chance, reprit Harry. C'est tout ce qui vous reste… Sinon, j'ai vu ce que vous deviendrez… Soyez un homme… Essayez… Essayez d'éprouver du remords… »[123] Évidemment, Voldemort ne voit pas la demande de Harry comme un acte de compassion. En tant que personnage hyperviril obsédé par la domination et le contrôle, il ne parvient pas à comprendre le véritable pouvoir des valeurs traditionnellement féminines, un défaut qui lui a déjà valu de négliger les capacités des elfes de maison et les véritables motivations de son supposé allié, Severus Rogue.

Les mots choisis ici par Harry révèlent un aspect remarquable de la perception du monde par Rowling. Lorsque Harry conseille à Voldemort d'« être un homme », cela sous-entend que ce qu'il a fait jusque-là n'a pas prouvé ses qualités d'homme, au sens large comme au sens plus restreint, malgré son hypervirilité. Harry semble d'ailleurs apporter plus d'importance au sens

122 *Reliques de la mort*, p. 865.
123 *Ibid.*

large, en utilisant l'expression « être un homme » dans le sens « être humain », ce qui inclut les caractéristiques féminines comme les masculines. Comme l'écrit Terry Doughty dans son essai où elle compare la série *Harry Potter* à d'autres livres contemporains destinés à un jeune lectorat masculin : « Les livres *Harry Potter* ne problématisent pas la masculinité »[124]. Par opposition aux protagonistes de livres contemporains qui dépeignent des jeunes hommes se frayant un chemin vers un âge adulte violent et aliéné sans être vraiment guidés, Harry, lui, a un grand nombre de modèles masculins adultes, comme Dumbledore, Rubeus Hagrid et Lupin, qui n'hésitent pas à montrer des caractéristiques telles que le réconfort ou la compassion, et qui peuvent assurer à Harry « qu'il est en train de faire partie des meilleurs garçons »[125]. Dans les livres *Harry Potter*, les meilleurs garçons, c'est-à-dire les meilleurs hommes, ne sont pas seulement forts et courageux, mais aussi bons et aimants.

D'une façon moins surprenante que la tentative de Harry d'orienter Voldemort vers le repentir, on trouve sa volonté d'engager sa propre vie pour protéger ceux qu'il aime. Le résultat de son action, cependant, est aussi surprenant ; en fait, Harry n'est pas tué et ses actes de sacrifice offrent une protection magique à ses camarades. Cependant, la maîtrise de Harry sur la Baguette de Sureau contraste vivement avec les tentatives d'autres sorciers ; il ne formule jamais le vœu de la posséder et n'a pas l'intention de l'utiliser à des fins destructrices. Le seul sort qu'il lance dans la dernière scène est défensif. Harry ne s'engage pas dans un « duel à mort » contre Voldemort. Le fait qu'il sorte vainqueur sans essayer d'entrer dans la compétition montre encore que, dans la série, l'amour est plus important que l'agressivité.

124 Terri Doughty, « Locating Harry Potter in the Boys' Book' Market », in *The Ivory Tower and Harry Potter*, édité par Lana A. Whited, Columbia, University of Missouri Press, 2002, p. 253.
125 *Ibid.*, p. 253-254.

Dans le monde de Rowling, l'amour n'entre pas en combat, ce qui signifierait qu'il participe à la structure masculine et, implicitement, la promeut. D'un point de vue féministe radical, lorsque l'amour vainc la haine, il le fait sans daigner entrer dans quelque sorte de compétition, mais surpasse simplement et naturellement le mal par sa simple présence. Bien que les réussites de Hermione et McGonagall puissent révéler la présence de féminisme libéral dans l'œuvre de Rowling, le triomphe ultime de l'amour et de la compassion sur l'égoïsme et l'ambition fournit clairement une vision du monde à portée universelle qui correspond plus au féminisme radical.

PARTIE TROIS

POTTER VEILLE : LIBERTÉ ET POLITIQUE

PATRIOTISME : MAISONS ET OBLIGATIONS LIÉES À L'APPARTENANCE À UN GROUPE

Andrew P. Mills

Lorsque vous arrivez à Poudlard pour votre première année, le Choixpeau magique vous assigne une des quatre « Maisons » : Gryffondor, Serpentard, Poufsouffle ou Serdaigle. Chaque Maison a ses propres couleurs, mascottes, traditions, et ces groupes constituent la structure sociale de l'école. Les membres d'une même Maison vivent ensemble, mangent ensemble, assistent au cours ensemble et participent à une compétition ensemble (sur et en dehors du terrain de Quidditch) pour gagner honneur et gloire pour leur Maison.

Faire partie d'une Maison à Poudlard affecte votre façon de traiter les autres personnes. Après tout, en tant que bonne Gryffondor, Hermione Granger doit supporter l'équipe de Quidditch des Gryffondor, aider les Gryffondor à gagner des points pour la Coupe des Maisons en étant bonne élève (et en aidant Ron Weasley et Harry à faire leurs devoirs), et, d'une manière générale, appliquer un traitement de faveur aux autres Gryffondor. En fait, si Hermione ne se souciait pas de l'intérêt de ses camarades Gryffondor ou si elle n'était pas affectée par la perte de points de sa Maison, cela serait considéré comme un véritable défaut moral. Et pire, si elle aidait Vincent Crabbe et Gregory Goyle, des Serpentard, à faire leurs devoirs ou si elle sabotait le Nimbus 2000 de Harry pour que les Poufsouffle gagnent le match de Quidditch de cette semaine, Hermione serait accusée de haute trahison et d'avoir un comportement déloyal et antipatriotique envers les Gryffondor. L'une des choses que l'on admire chez Hermione, Ron et particulièrement Harry, c'est qu'ils sont loyaux et dévoués entre eux et envers leurs amis. Ce sont des « Gryffondor patriotes » et c'est une de leurs vertus.

Mais un tel patriotisme est-il vraiment une vertu ? Beaucoup le pensent. Sinon comment expliquer que nous demandions à nos leaders politiques d'être patriotes, que nous apprenions à nos enfants à aimer leur pays et que nous admirions les soldats qui risquent leur vie pour leur patrie ? Pourtant, malgré cela, de sérieux arguments permettent de revendiquer que le patriotisme est un vice ; que si l'on se pose en partisan du patriotisme, on se rapproche sous bien des aspects de Voldemort et ses Mangemorts. Alors, qu'en est-il ? Le patriotisme est-il une vertu ? Un vice ? Ou cela dépend-il des circonstances ?

LES DANGERS DU PATRIOTISME

Ceux qui considèrent que le patriotisme est une vertu doivent penser que ne pas être patriote est synonyme d'égoïsme. Le patriotisme, comme l'homme politique américain et candidat aux présidentielles Adlai Stevenson (1900-1965) l'a écrit un jour, « ça veut dire placer le pays avant soi »[126]. Un patriote peut risquer sa vie pour défendre son pays et sacrifier ses intérêts personnels afin que sa nation prospère. Le fait qu'un patriote puisse placer les intérêts de son pays avant les siens est admirable, mais quelle serait son attitude envers les intérêts d'autres pays ? Ici encore, il semble que le patriote manifeste une préférence pour son propre pays. Être un Gryffondor patriote signifie que Hermione doit sacrifier une partie de son temps libre pour aider Ron et Harry à faire leurs devoirs (afin que la Maison ne perde pas plus de points !), mais cela signifie aussi qu'elle doit privilégier les intérêts des Gryffondor par rapport à ceux des autres Maisons. De la même manière, être un Américain patriote implique de préférer le bien-être de l'Amérique à celui d'autres pays (d'où la recommandation d'« acheter américain » pour supporter l'économie américaine). Mais c'est justement cet aspect selon lequel

---

126 Adlai Stevenson, « The Nature of Patriotism », in *Lend Me Your Ears : Great Speeches in History*, édité par William Safire, New York, W.W. Norton, 1992, p. 70.

on favorise son propre pays au détriment des autres qui soulève des problèmes et fait que le patriotisme peut être désigné comme un vice.

L'auteur russe Léon Tolstoï (1828-1910) appelait le patriotisme « le désir pour le bien exclusif de sa propre nation » et pensait que c'était justement ce désir qui était à l'origine de la guerre[127]. Emma Goldman (1869-1940), une activiste sociale d'origine lituanienne qui a passé le plus clair de sa vie à travailler et écrire aux États-Unis, ressent la même chose. Elle écrit :

> [M]épris, arrogance et égoïsme sont les trois éléments fondamentaux du patriotisme. [...] Suivant la théorie du patriotisme, notre globe serait divisé en petits territoires, chacun entouré d'une clôture métallique. Ceux qui ont la chance d'être nés sur un territoire particulier se considèrent plus vertueux, plus nobles, plus grands, plus intelligents que ceux peuplant tous les autres pays. Et c'est donc le devoir de tout habitant de ce territoire de se battre, de tuer et de mourir pour tenter d'imposer sa supériorité à tous les autres[128].

Ainsi le patriotisme semble impliquer, si Tolstoï et Goldman ont raison, un sens « voldemortesque » de la supériorité : notre nation est meilleure, ses citoyens sont meilleurs que ceux des autres nations, et ces autres nations doivent servir nos intérêts en nous donnant les ressources dont nous avons besoin ou en agissant selon nos désirs ; et s'ils ne le font pas volontairement, nous les forcerons à le faire par le bout de la baguette. Ou par le canon d'un fusil.

LES MANGEMORTS ET LA DISCRIMINATION

Pour bien comprendre cette critique du patriotisme, attardons-nous sur les Mangemorts. Les alliés de Voldemort croient que certains sorciers (les « Sang-Pur », comme ils les appellent) sont

127 Léon Tolstoï, « Patriotism or Peace », in *The Complete Works of Count Tolstoy*, vol. 20, édité et traduit par Leo Wiener, Londres, J.M Dent & Co., 1905, p. 472.
128 Emma Goldman, « Le patriotisme, une menace contre la liberté », traduction disponible sur http://www.mondialisme.org/spip.php ?article1160

plus dignes moralement que d'autres (qu'ils appellent avec mépris les « Sang-de-Bourbe »), et que les Moldus apparaissent à peine sur l'échelle de la morale. Mais cette vision des choses, dans laquelle une partie de la population serait moralement supérieure au reste, va à l'encontre d'une longue tradition éthique, selon laquelle agir moralement signifie traiter tout le monde (homme ou femme, noir ou blanc, chrétien ou musulman, moldu ou sorcier) en considérant qu'ils ont tous la même valeur morale.

Les utilitaristes comme les philosophes anglais Jeremy Bentham (1748-1832) et John Stuart Mill (1806-1873) ne sont pas d'accord avec le philosophe allemand Emmanuel Kant (1724-1804) à propos de la nature de l'éthique. Cependant, tous s'accordent à dire que l'un des principes fondamentaux de la morale est que tout le monde a la même valeur morale. Les utilitaristes estiment que les actions doivent être jugées en fonction de leurs effets sur les créatures dotées de sensations (les créatures qui peuvent ressentir le plaisir et la douleur). Et toutes ces créatures ont la même importance. « Chacun compte pour un, et aucun pour plus d'un », comme le dit la célèbre citation de Bentham. La douleur ou le plaisir du ministre de la Magie ne sont pas plus importants que ceux ressentis par l'elfe de maison le plus pauvre ou le Scroutt à pétard le plus moche.

Bien que Kant n'approuve pas les utilitaristes à propos des conditions de la valeur morale (le simple fait d'être doué de sensations ne lui suffit pas), il est d'accord sur le fait que tous ceux qui comptent moralement ont la même valeur. Pour agir moralement, tu dois agir, selon Kant, « de telle sorte que tu uses de l'humanité, en ta personne et dans celle d'autrui, toujours comme fin, et jamais simplement comme moyen »[129]. Tout le monde doit être traité comme un être dont les projets de vie (et leurs « aboutissements ») sont de valeur égale et personne ne doit être utilisé pour simplement servir les aboutissements de quelqu'un d'autre. Les alliés de Harry savent que dans la période sombre décrite dans *Les Reliques de la mort*, les animateurs de l'émission de radio clandestine Potterveille rappelaient à leurs auditeurs de protéger leurs voisins moldus des attaques des Mangemorts, en

129 Emmanuel Kant, *Fondements de la métaphysique des mœurs*, Livre de Poche, 1993.

partant du principe que « chaque vie humaine a la même valeur et vaut la peine d'être sauvée »[130]. Hermione va plus loin en étendant ce principe aux non-humains lors de son effort constant et non récompensé pour libérer les elfes de maison de Poudlard. Souvenez-vous de son effroi lorsqu'elle réalise que les repas à Poudlard sont préparés par des elfes de maison ou, comme elle le dit, par des « esclaves ». Pour faire changer la situation, elle crée la S.A.L.E., la Société d'Aide à la Libération des Elfes.

Ce principe d'égalité a beau être exprimé, il exprime ce qui ne va pas avec le racisme, le sexisme et l'antisémitisme, et toute autre forme de discrimination. Chacune de ces théories va à l'encontre de l'idée selon laquelle tout le monde mérite la même considération morale. Les racistes blancs pensent que la souffrance du peuple noir est de moindre importance que celle des Blancs. Les hommes sexistes estiment qu'il est normal que les femmes servent les hommes, et ainsi de suite. Mais, comme Goldman et Tolstoï l'envisageaient, le patriotisme n'est pas différent. Après tout, en quoi donner sa préférence à ses compatriotes (ce qui semble être un prérequis du patriotisme) est-il différent de donner sa préférence à ceux qui ont les mêmes ancêtres que vous, la même couleur de peau ou le même sexe ? Le principe selon lequel on doit traiter toutes les personnes de la même façon n'entre-t-il pas en conflit avec l'idée que certains traitent les gens différemment selon certaines caractéristiques (comme la race, le sexe ou les origines) qu'on ne maîtrise pas ? On peut justifier la discrimination morale envers quelqu'un à cause de ce qu'il ou elle a fait (comme utiliser l'un des Sortilèges impardonnables), mais il n'est pas justifiable de fonder la valeur morale sur quelque chose qu'on ne peut pas contrôler, comme le fait que les parents de telle ou telle personne soient moldus ou originaires de tel pays.

LE CHOIXPEAU PARLE : DIVISION ET DISCORDE

À ce point de notre argumentation, il semble que le patriotisme doive être vu comme un vice, comme l'équivalent moral du racisme ou du sexisme, et que l'on doive voir la loyauté que les

130 *Reliques de la mort*, p. 515.

Gryffondor montrent pour leur Maison non pas comme quelque chose d'admirable mais comme une position moralement équivalente à la théorie des Mangemorts qui estiment que les sorciers de sang pur sont moralement nobles alors que les sorciers de sang mêlé et les Moldus sont moralement inférieurs. Mais il y a un autre problème avec le patriotisme ; un problème que même le Choixpeau magique remarque : le patriotisme divise lorsqu'on devrait être unis. Résoudre des crises mondiales demande une coopération internationale, mais une telle coopération est difficile lorsqu'on considère d'autres pays comme ses rivaux. Le Choixpeau identifie le problème alors qu'il désigne les élèves de Poudlard au début de la cinquième année de Harry :

Bien que condamné à vous séparer
Je ne peux pas m'empêcher de douter
Il me faut accomplir ma destinée
Qui est de vous répartir chaque année
Mais je crains que ce devoir aujourd'hui
N'entraîne cette fin qui m'horrifie
Voyez les dangers, lisez les présages
Que nous montrent l'histoire et ses ravages
Car notre Poudlard est en grand péril
Devant des forces puissantes et hostiles
Et nous devons tous nous unir en elle
Pour échapper à la chute mortelle[131].

Avec la division vient la discorde, et ce qui peut paraître être une répartition inoffensive à des fins nobles constituera finalement les fondements de l'opposition et de la haine.

Pensez aussi au Tournoi des Trois Sorciers. Comme le décrit Dumbledore, ce tournoi est « une compétition amicale » et « un

131 *Ordre du Phénix*, p. 247.

excellent moyen d'établir des relations entre jeunes sorcières et sorciers de différentes nationalités »[132]. Mais une fois qu'il commence, Ron est incapable de voir l'amitié entre Hermione et Viktor Krum, le champion de l'école de Durmstrang, comme autre chose qu'une preuve de son comportement déloyal. Parce que Hermione est amicale avec Krum, Ron l'accuse de l'aider à trouver la solution avec l'œuf, qui fait partie de la deuxième tâche du tournoi :

« Il ne me viendrait jamais à l'idée de l'aider en quoi que ce soit ! s'insurgea Hermione. Jamais ! Comment peux-tu dire une chose pareille ! Je veux que ce soit Harry qui gagne le tournoi et il le sait très bien, n'est-ce pas, Harry ?

— Tu as une drôle de façon de le montrer, répliqua Ron d'un ton sarcastique.

— Ce tournoi a pour but de rencontrer des sorciers d'autres pays et de nouer des liens d'amitié avec eux ! s'exclama Hermione d'une voix perçante.

— Non, ce n'est pas ça du tout ! s'écria Ron. Il s'agit de gagner, rien d'autre ! »[133]

Avec un avis comme celui de Ron, il n'est pas étonnant de voir que Dumbledore doive rappeler à tous le but du tournoi… et la victoire n'en fait pas partie. « Le Tournoi des Trois Sorciers avait pour ambition de favoriser le rapprochement et la compréhension entre les sorciers du monde entier. À la lumière de ce qui s'est passé – le retour de Voldemort –, de tels liens deviennent plus importants que jamais », dit Dumbledore. En fait, Dumbledore pense que c'est justement sur cette division que Voldemort va jouer : « L'union fera notre force, la division notre faiblesse. L'aptitude de Lord Voldemort à semer la discorde et la haine est considérable. Nous ne pourrons le combattre qu'en montrant une détermination tout aussi puissante, fondée sur l'amitié et la confiance »[134]. Dumbledore pourrait tout aussi bien parler de la

132 *Coupe de feu*, p. 201.
133 *Ibid.*, p. 450
134 *Ibid.*, p. 763-764.

menace qui pèse sur l'environnement à cause du réchauffement climatique ou des guerres qui émergent dans de nombreux pays à cause de leur soif de pétrole. La confiance et des liens d'amitié internationale forts sont aussi nécessaires pour résoudre les crises mondiales que pour combattre Tom Jedusor. La création de l'Armée de Dumbledore, qui compte des élèves de toutes les Maisons à l'exception de Serpentard, montre que les divisions entre Maisons (ou entre nations) importent peu lorsque tout le monde est affecté par la même menace extérieure, et que s'unir face à cette menace est une réaction efficace.

LE PATRIOTISME ET LE CONFLIT MONDIAL

Considérons un autre problème possible avec le patriotisme, avant de voir un moyen de l'expliquer. Beaucoup de gens pensent qu'être patriote nécessite juste « d'aimer son pays ». Tant que tout va bien, cela suffit, mais que fait une personne qui aime son pays ? Voici une réponse possible. Aimer son pays ne signifie-t-il pas vouloir que ses compatriotes vivent bien et aient tous les attributs d'une vie agréable ? Pourtant, avoir la vie de l'Américain moyen typique (avec une grande maison de banlieue, une voiture, une grande télévision, des repas bien caloriques, etc.) coûte cher et consomme une grande partie des ressources mondiales. Il semblerait que pour les Américains (ndt : et pour les Occidentaux en général) le seul moyen de maintenir cette « vie agréable » soit d'exploiter les habitants d'autres pays (ils travaillent pour moins cher, pour qu'on puisse s'offrir les produits qu'ils fabriquent, et ils doivent se passer de voitures et de grandes maisons, pour que le prix du pétrole et des autres ressources essentielles reste abordable pour nous) ou d'utiliser plus que notre part de ressources mondiales et ainsi en priver les autres. Dans un cas comme dans l'autre, il semblerait que notre bien-être dépende du mode de vie bien moins aisé d'autres personnes. (Repensez aux elfes de maison à Poudlard : combien le bien-être des élèves dépend-il des conditions de travail épouvantables des elfes asservis ?) Si l'on suit ce raisonnement et si l'on approuve le fait que tout le monde a la même valeur, alors il faudrait qu'on restreigne d'une manière significative notre mode de vie et qu'on abaisse notre niveau pour que d'autres puissent émerger de leur pauvreté accablante. Alors, si « aimer son pays » signifie adopter le mode de vie luxueux de nos compatriotes, cela implique de faire un pas vers l'exploitation des citoyens d'autres pays, et équivaut à penser que le bien-être de nos compatriotes est plus important que celui des autres peuples. Et cela ressemble étrangement à l'idée selon laquelle les habitants de notre pays sont moralement supérieurs à ceux d'autres pays.

Bien sûr, il y a beaucoup de « si » dans cette argumentation et pas mal d'objections possibles. Vous pourrez penser qu'élever le niveau de vie dans d'autres pays profite à l'économie du nôtre (plus les habitants d'autres pays ont de l'argent, plus ils peuvent acheter nos produits et moins ils auront besoin de nos aides extérieures). Mais même ainsi, le problème de la raréfaction des ressources nous permet de mettre en lumière l'éventuel conflit entre le patriotisme et le point de vue moral qui donne la même valeur à tous. Par conséquent, si nous souhaitons maintenir l'idée selon laquelle le patriotisme est une vertu, nous devons trouver un moyen de le considérer et le pratiquer de manière qu'il n'entre pas en conflit avec la théorie très séduisante selon laquelle tout le monde (quelle que soit sa nationalité) a la même valeur morale. Voyons voir comment y parvenir.

LE PATRIOTISME RÉTABLI

Nous avons vu les principaux dangers du patriotisme : il encourage le sentiment injustifié que nous sommes moralement supérieurs aux autres, ce qui peut mener à un impérialisme économique et peut empêcher des actions unies dans des situations où travailler au-delà des frontières nationales est crucial pour résoudre des problèmes communs. Mais n'enterrons pas si vite le patriotisme ; peut-être qu'on ne l'a tout simplement pas bien compris. Martha Nussbaum, une éminente philosophe américaine contemporaine, essaie de trouver une place pour les liens nationaux et la loyauté dans ce qu'elle appelle une vision du monde « cosmopolite » : une vision dans laquelle on se considère comme les citoyens du monde et où l'on reconnaît nos obligations envers tous les peuples, et pas seulement nos voisins et compatriotes. Parce que le cosmopolitisme de Nussbaum implique la même valeur morale pour tous, elle pourrait nous permettre d'être patriote sans avoir à rejoindre le Seigneur des Ténèbres.

Pour voir comment Nussbaum trouve une place pour le patriotisme dans la théorie morale qui dit que tout le monde a la même valeur morale, revenons au système de Maisons à Poudlard. Imaginons que l'on considère que tous les élèves de Poudlard méritent la même éducation et qu'on ait besoin de trouver une solution efficace pour leur fournir la meilleure éducation possible. On veut que *tous* soient bien logés et nourris, qu'ils apprennent leurs leçons et deviennent des sorciers cultivés et responsables. L'éducation de chacun est aussi importante que celle d'un autre. Pourtant, cette volonté même (fondée sur la valeur morale égale de chaque élève) peut amener à soutenir la répartition des élèves par Maisons. Ces petits groupes, avec leurs salles communes et dortoirs plus intimes, sont peut-être la meilleure façon de surveiller tout le monde, gérer Poudlard et encourager l'amitié et le soutien mutuel nécessaires à la réussite à l'école. La compétition pour la Coupe des Maisons motivera les élèves pour qu'ils s'appliquent en classe. Parce qu'ils voudront que leur Maison gagne, ils étudieront avec ardeur pour être capables de répondre correctement aux questions des professeurs et gagner des points pour leur Maison. En d'autres termes, on peut légitimement penser que, comme dans une famille, encourager les sens de la loyauté, de la fierté et du patriotisme envers sa Maison est le moyen le plus efficace pour parvenir à fournir une éducation de qualité aux élèves. La raison pour laquelle Hermione doit favoriser les autres Gryffondor, ce n'est pas parce que les élèves de Gryffondor sont moralement supérieurs aux autres élèves de Poudlard (évidemment ils ne le sont pas) mais c'est plutôt parce que chaque élève favorise les membres de sa propre Maison, et ainsi, tous les élèves peuvent réussir et recevoir l'éducation qu'ils méritent. Nussbaum fait cette remarque à propos des parents qui s'inquiètent pour leurs enfants :

« Favoriser son cercle familial est justifiable en termes universalistes, et je pense qu'il s'agit de sa justification la plus convaincante. Pour prendre un exemple, nous ne pensons pas vraiment que nos enfants sont moralement plus importants que ceux des autres, bien que la plupart des parents donneraient très certainement bien plus d'amour et d'attention à leurs propres enfants qu'à ceux des autres. C'est une bonne chose pour les enfants, dans l'ensemble, que les choses marchent ainsi, et c'est pourquoi notre attention particulière est bonne et non égoïste[135].

Donc on peut approuver l'égard particulier pour son pays qu'implique le patriotisme, mais ce choix est justifié, selon Nussbaum, seulement dans la mesure où une telle attitude sert les intérêts de tout le monde et ne nécessite pas que d'autres souffrent afin que l'on puisse prospérer. Si les Américains favorisent les autres Américains, et les Chinois favorisent de la même façon les autres Chinois, et ainsi de suite pour tous les citoyens de chaque pays, alors tout le monde sera (du moins, en théorie) favorisé et prospère. Le patriotisme peut ainsi être une vertu lorsqu'il sert les intérêts des citoyens de tous les pays ; il devient un vice lorsqu'il encourage et promeut l'injustice et les inégalités. Prendre conscience d'une telle dérive n'est pas facile, comme le démontrent les propos de Ron à propos du Tournoi des Trois Sorciers, mais il semble que Nussbaum nous laisse de la marge pour être patriotes tout en respectant les droits des peuples des autres pays.

L'IMPORTANCE DE LA COMMUNAUTÉ

Être un membre loyal et patriote d'un groupe ne signifie pas nécessairement que vous considériez les membres de votre groupe comme moralement supérieurs aux autres. C'est ce qui fait la différence entre le patriotisme d'un Gryffondor et la bigoterie d'un Serpentard. Mais quelle est la valeur de l'appartenance à un groupe ? Votre bien-être dépend-il de votre appartenance à une communauté bien définie, avec des frontières précises et des traditions historiques jamais souillées ? Ou la vie dans une communauté dont les riches traditions culturelles isolent du

135 Martha Nussbaum, « Patriotism and Cosmopolitanism », in *For Love of Country*, Boston, Beacon Press, 2002, p. 13.

reste du monde peut-elle être étouffante et représenter une réponse inappropriée à notre situation actuelle ?

On peut déjà avoir une idée de la réponse des Mangemorts, avec leur obsession de préserver la pureté du sang sorcier. En quelques mots, les sorciers doivent protéger leur genre de toute sorte d'intrusion du monde non sorcier. Ils ont tellement peur du monde extérieur que Voldemort tue le professeur d'Étude des Moldus de Poudlard, dont le crime, en dehors d'aimer les Moldus, était de recommander le mélange culturel et « la diminution du nombre des Sang-Pur »[136]. Les Mangemorts pensent clairement que s'épanouir en tant que sorcier (vivre une bonne vie de sorcier) nécessite d'être membre d'une communauté sorcière, une communauté dont ils croient devoir préserver la pureté.

L'idée selon laquelle l'épanouissement humain nécessite l'appartenance à une communauté unie par des traditions et pratiques culturelles communes (une idée prise dans une mesure extrême par les Mangemorts) est connue en philosophie politique sous le nom de « communautarisme ». Les adeptes du communautarisme croient que participer à la vie d'une communauté particulière apporte du sens à la vie et est la source de notre système de valeurs. En fait, en s'inspirant de l'affirmation d'Aristote selon laquelle les êtres humains seraient des « animaux politiques » qui ne peuvent pas atteindre pleinement leur humanité en dehors d'une « polis » (en gros, une petite communauté politique), certains communautaristes affirment que nos identités sont liées à la communauté à laquelle nous appartenons. Pour comprendre comment nos identités sont « construites » selon notre appartenance aux communautés, il suffit de penser à l'identité de Harry en tant que « le garçon qui a survécu ». C'est essentiel dans la manière dont se voit Harry, dans la manière dont les autres le voient, et dans ce qu'il considère comme ses valeurs et obligations. Presque tout dans la vie de Harry est lié au rôle qu'il a joué dans le monde magique. En dehors de ce monde, avec son histoire, ses alliances, ses relations familiales et ses traditions, Harry ne saurait pas qui il est ni ce qu'il doit faire. En fait, on a une idée de ce que serait

136 *Reliques de la mort*, p. 24.

Harry sans la communauté magique lorsqu'on voit la vie qu'il avait « sous l'escalier », avant d'être admis à Poudlard. Son malheur peut être attribué à son détachement de sa communauté d'origine.

Les communautarismes les plus extrêmes voient l'appartenance à une communauté comme un besoin (comme le besoin de se nourrir ou de se loger), ce qui peut sembler légitime lorsqu'on reconnaît l'importance du fait de savoir qui on est, de connaître ses valeurs, de donner un sens et des projets à sa vie. L'essentiel est que, selon les communautaristes, on n'obtient cela qu'en appartenant à des groupes unis par des traditions, souvenirs et pratiques communs. Si de telles communautés étaient vraiment essentielles au bien-être, il y a de bonnes raisons de penser qu'on devrait faire en sorte de préserver ces communautés et s'assurer qu'elles ne disparaissent pas dans le melting-pot culturel. Selon les communautaristes, notre bien-être est menacé lorsque l'on est déporté de ces communautés qui apportent du sens ou lorsque notre communauté est menacée par l'extérieur, par les forces d'assimilation ou la modernité.

Mais, bien sûr, les communautaristes n'approuveraient pas la tactique des Mangemorts. Préserver des liens culturels forts, c'est très bien, mais cela ne nécessite pas d'avoir recours à la violence et à la domination. Les sorciers de sang mêlé et d'autres créatures magiques n'ont pas besoin d'être persécutés et les Moldus n'ont pas besoin d'être tués pour que la communauté magique préserve son identité. Les choses deviennent un peu plus problématiques lorsque préserver les traditions culturelles implique la violation des libertés des membres d'autres groupes. De récents débats à propos du traitement des femmes dans certaines cultures (de la mutilation génitale des femmes dans certaines traditions africaines à l'oppression sociale des femmes dans certaines cultures islamiques, pour n'en nommer que deux) essaient de déterminer s'il est plus important de préserver les traditions culturelles ou de protéger les libertés individuelles. Si on arrive à trouver comment préserver notre culture sans en oppresser d'autres, alors nous aurons une bonne raison de repenser le communautarisme.

L'ÉPANOUISSEMENT DE L'HOMME ET LA PRÉSERVATION DES CULTURES EN VOIE DE DISPARITION

Admettons qu'on trouve une solution et décide de préserver certaines cultures menacées de disparaître ou d'être assimilées. Est-ce une bonne chose ? Cela mérite-t-il qu'on y consacre nos efforts et notre temps ? Qu'y a-t-il de négatif dans le fait de laisser une culture minoritaire (comme les Amish ou les tribus amérindiennes) être envahie par le flux incessant de la modernité ? Serait-ce un mal si tous les centaures quittaient la Forêt interdite et cherchaient à s'intégrer dans le monde magique, en ayant des emplois à Poudlard (comme Firenze), au ministère de la Magie ou chez Zonko, la boutique de farces et attrapes ? Des mesures spéciales doivent-elles être prises pour préserver les créatures menacées ou en voie de disparition ? Le communautarisme fournit une raison de le faire : le bien-être des membres de cette culture dépend de sa préservation. Cela implique que si une culture disparaît, son peuple sera laissé à l'abandon dans le monde moderne et souffrira car il n'appartiendra plus à cette culture d'origine, avec son histoire et ses traditions ancestrales. Est-ce vrai ? Les gens ont-ils vraiment besoin, comme l'a fait remarquer le philosophe contemporain Jeremy Waldron, « d'être enracinés dans la culture dans laquelle eux et leurs ancêtres ont été élevés de la même façon qu'ils ont besoin de manger, s'habiller et avoir un toit » ?[137]

Alors, laquelle de ces théories sur le bien-être de l'Homme est-elle correcte ? La théorie communautariste selon laquelle les gens ont besoin d'un enracinement à une culture traditionnelle pour vivre pleinement leur vie humaine ? Ou la théorie cosmopolite selon laquelle l'épanouissement humain nécessite d'être une sorte d'immigrant culturel qui se déplace entre plusieurs cultures, mélangeant et intégrant des morceaux de différentes traditions ?

Selon certains philosophes, la bonne raison qui fait pencher la balance en la faveur de la thèse cosmopolite pour une vie agréable est que c'est la seule réponse raisonnable à la vie dans

137 Jeremy Waldron, « Minority Cultures and the Cosmopolitan Alternative », *University of Michigan Journal of Law Reform* 25, n° 3-4 (1991-1992) : 762.

le monde moderne. Peut-être qu'il y a plusieurs siècles de cela, lorsque les communautés humaines étaient largement isolées les unes des autres, avoir une vie heureuse nécessitait l'appartenance à une communauté traditionnelle. Mais dans notre monde moderne et interconnecté, où des personnes de croyances, ethnies, races et nationalités différentes se mélangent tous les jours, que ce soit sur Internet ou dans les rues de Paris, Bombay ou New York, l'épanouissement requiert plutôt une capacité d'adopter différentes traditions. Comme le dit Waldron :

« [L]e style de vie hybride du vrai cosmopolite est la seule réponse appropriée au monde moderne dans lequel nous vivons. Nous vivons dans un monde formé par la technologie et le commerce ; par l'économie, la religion, l'impérialisme, par l'immigration de masse et la dispersion des influences culturelles. Dans ce contexte, s'immerger dans les pratiques traditionnelles d'une culture aborigène par exemple peut être une expérience anthropologique fascinante, mais cela implique une dislocation artificielle par rapport à ce que représente réellement le fait d'avancer dans le monde. »[138]

Plus tôt, nous avons considéré le cosmopolitisme comme une vision sur la valeur morale égale pour toutes les personnes ; ici, le cosmopolitisme est proposé comme une vision de ce qui est nécessaire pour l'épanouissement de l'Homme. Il s'agit plus d'une théorie sur la valeur du mélange et du mouvement entre les cultures que sur la valeur morale des gens, mais les livres *Harry Potter* présentent de bons arguments en faveur des deux types de cosmopolitisme. En rejetant la théorie raciste de Lord Voldemort, les livres prennent position en faveur de la valeur égale de chaque personne. Mais lorsqu'on pense à la manière dont Harry a été capable de battre Voldemort, on comprend qu'une grande partie de sa réussite est due à sa capacité d'aller d'une culture à l'autre et à sa volonté de travailler avec des personnes issues de groupes ethniques différents. Harry est aussi à l'aise dans le monde moldu que dans le monde magique ;

138 *Ibid.*, p. 163.

ses meilleurs amis sont le Sang-Pur Ron, la sorcière d'origine moldue Hermione et le mi-humain, mi-géant Rubeus Hagrid. Il sait parler aux serpents, s'associe à des centaures et des gobelins et sympathise même avec un elfe de maison, un hippogriffe et un phénix. L'aisance interculturelle est peut-être encore mieux démontrée par tous ces personnages qui sont moitié ci moitié ça. En plus d'Hagrid, il y a le loup-garou Remus Lupin, l'Animagus Sirius Black, la sorcière aux origines vélanes Fleur Delacour, et Firenze qui est moitié homme moitié cheval. S'il y a une leçon morale à retenir des livres *Harry Potter*, c'est qu'il s'agit d'un exemple d'application des deux sortes de cosmopolitisme : l'idée que les gens ont tous la même valeur morale et que l'épanouissement dans le monde moderne nécessite d'embrasser d'autres cultures et d'être capable de naviguer entre elles[139].

139 Merci à Anne Gilson LaLonde pour ses commentaires utiles sur une première ébauche de cet article.

LA POLITIQUE DE DUMBLEDORE

Beth Admiraal et Regan Lance Reitsma

Selon le libertarianisme politique, la valeur fondamentale selon laquelle le gouvernement doit protéger et respecter autrui fait partie de la liberté individuelle de chaque citoyen. Ainsi, la liberté individuelle est si forte qu'un État politique ayant une légitimité morale a un pouvoir très restreint. Sa seule tâche est de protéger les citoyens de l'oppression, la fraude et le vol.

Albus Dumbledore est-il libertarien ? La série *Harry Potter* soutient-elle un programme politique libertarien ? C'est ce que pensent plusieurs auteurs qui ont analysé les romans. Dans *Harry Potter and Imagination*, Travis Prinzi soutient que Dumbledore a pour but d'apporter (par une approche progressive et à long terme) un ordre politique libertarien dans le monde magique[140].

Prinzi décrit la saga *Harry Potter* comme un « conte de fées politique » contenant une philosophie libertarienne[141]. Dans l'article « Harry Potter and the Half-Crazed Bureaucracy », Benjamin Barton, professeur de droit à l'université du Tennessee, soutient que la série contient « des invectives imbattables contre le gouvernement » et encourage le mouvement libertarien américain à en profiter[142]. (Écoutez bien, amoureux fervents de la liberté.)

140 Travis Prinzi, *Harry Potter and Imagination : The Way between Two Worlds*, Allentown (PA), Zossima Press, 2009.

141 Parfois, Prinzi insiste sur l'importance des éléments libertariens dans la série : « L'élément libertarien est essentiel à l'intrigue et à la morale de *Harry Potter* » (p. 239). À d'autres moments, Prinzi s'exprime avec plus de réserve : il y a, dans la série, « beaucoup de matière pour rendre un libertarien heureux » (p. 233), et « les éléments libertariens sont évidents dans la série » (p. 238). Nous jugerons l'affirmation la moins modeste.

142 « Harry Potter and the Half-Crazed Bureaucracy », *Michigan Law Review*

Les fans de *Harry Potter* pourraient se demander sur quelles bases Prinzi et Barton se permettent de telles affirmations. La série ne se lit pourtant pas comme un manifeste libertarien. Une argumentation développée en faveur d'une philosophie politique libertarienne n'exposerait-elle pas ouvertement et de façon répétée, comme le font les libertariens, les vertus du marché libre et les vices de l'État protecteur libéral moderne, sans parler de l'aberration de s'engager dans « des alliances étroites » avec des organisations internationales comme les Nations unies ?[143] Mais la dérégulation du marché, la politique contre les protections sociales et une assise visiblement solide de la souveraineté nationale ne sont tout simplement pas des thèmes essentiels aux livres *Harry Potter*.

De plus, il n'y a aucune preuve directe que Dumbledore soit partisan d'un État minimal. Bien qu'à plusieurs reprises, il occupe un poste très influent dans le monde magique (directeur de Poudlard, l'école de magie et de sorcellerie, Manitou suprême de la confédération internationale des sorciers et président du Magenmagot), il ne recommande jamais une philosophie politique particulière, qu'elle soit monarchiste, communiste, fasciste, libérale démocrate, libertarienne, anarchiste ou autre. Et il ne débite jamais un de ces slogans communément associés aux théories libertariennes. Il ne dit jamais, par exemple, que « le gouvernement qui gouverne le mieux est celui qui gouverne le moins » ou que chaque personne a « un droit naturel à une pleine souveraineté individuelle ».

Alors, sur quoi Prinzi et Barton fondent-ils leurs interprétations libertariennes ?

104, mai 2006, 1523-1538, disponible en ligne sur www.michiganlawreview.org/archive/104/6/Barton.pdf. Voir aussi Andrew Morris, « Making Legal Space for Moral Choice », *Texas Wesleyan Law Review* 12:1, 2005, 473-480.

143 La citation complète du discours inaugural de Thomas Jefferson est : « La paix, le commerce, une honnête amitié avec toutes les nations, d'étroites alliances avec aucune ». Cette phrase a été réutilisée plus récemment comme titre de plusieurs discours du député et candidat libertarien aux élections présidentielles américaines, Ron Paul.

Prinzi donne trois arguments basiques pour appuyer la thèse selon laquelle Dumbledore a le cœur et l'esprit d'un libertarien. Premièrement, Dumbledore se méfie du pouvoir politique. Deuxièmement, il incite à la liberté individuelle et l'égalité politique. Troisièmement, son « style de gestion basée sur la non-intervention » correspond aux croyances libertariennes en un gouvernement non interventionniste et de « laisser-faire ». Analysons ces trois arguments.

D'abord, Prinzi fait remarquer que Dumbledore ne fait clairement pas confiance au pouvoir politique. Comment le pourrait-il, étant donné le nombre de fois où il a été témoin de ses abus ? Le ministère de la Magie, plutôt que d'être un soutien important lorsque c'est nécessaire, est souvent un obstacle à la défaite de Voldemort. Le Ministère a failli à sa tâche d'empêcher le règne de terreur de Voldemort lors de sa première montée en puissance. Et alors que les forces du Mal de Voldemort se rassemblent de nouveau progressivement et d'une façon menaçante dans *La Coupe de feu*, Percy Weasley et d'autres membres du Ministère déploient tous leurs efforts pour rédiger un règlement sur l'épaisseur du fond des chaudrons. Pendant ce temps, Dumbledore travaille en coulisse pour saboter les plans du Seigneur des Ténèbres. De plus, le Ministère agit injustement en suspendant Dumbledore de ses fonctions dans *La Chambre des secrets*, en condamnant Buck dans *Le Prisonnier d'Azkaban*, en accusant Harry d'avoir enfreint le décret de restriction d'usage de la magie par les sorciers de premier cycle dans *L'Ordre du Phénix* et en essayant d'imposer le contrôle du Ministère sur Poudlard la même année. À chaque fois, Dumbledore doit trouver une solution pour diriger le cours des événements vers une conclusion plus juste. Dumbledore est, sans aucun doute, assez malin pour tirer la conclusion que, bien souvent, on ne peut pas faire confiance aux personnes au pouvoir.

Qui plus est, Dumbledore comprend très vite à quel point le pouvoir peut être corrupteur. Dans *Les Reliques de la mort*, il admet que « le pouvoir était [sa] faiblesse et [sa] tentation » et dit qu'il a plusieurs fois décliné les propositions de poste de ministre de la Magie parce qu'il avait appris « qu'il valait mieux ne pas [lui] confier le pouvoir »[144].

Ces considérations démontrent-elles que Dumbledore est un libertarien ? Non. L'argument de Prinzi n'est pas logique. La conclusion est tout simplement démontée par le fait que les libertariens n'ont pas le monopole pour dénoncer l'aspect corrupteur du pouvoir. Des théoriciens politiques de convictions variées soutiennent cette idée. De même, le système politique américain, qui est aujourd'hui loin d'être libertarien, essaie de limiter « l'influence corruptrice du pouvoir » en implémentant un système « de régulation et d'équilibre ». Aucune branche du gouvernement fédéral (exécutive, judiciaire ou législative) ne peut avoir un pouvoir prédominant sur les deux autres. Le fait est qu'il existe d'autres mécanismes pour limiter le pouvoir d'une personne seule ou d'un bureau gouvernemental que de mettre en place un système politique libertarien. Dans le même genre, Lord Acton, auteur de la célèbre phrase : « Le pouvoir tend à corrompre mais le pouvoir absolu corrompt absolument », était un catholique traditionnel qui n'était pas partisan d'un État minimal et non moraliste.

Le deuxième argument de Prinzi est que Dumbledore voue une fervente dévotion aux libertés individuelles, ce qui correspond aux idéaux libertariens. Cela ne fait aucun doute. C'est l'une de ses caractéristiques les plus notables et méritoires. Par exemple, la façon dont Dumbledore traite les elfes de maison assujettis qui travaillent à Poudlard reflète cette dévotion. Dumbledore pense que l'asservissement des elfes de maison doit être aboli. Il semble favoriser, pour des raisons stratégiques, une approche progressive pour changer ce système[145]. Il choisit de ne pas appeler à l'émancipation immédiate des elfes de maison, parce que les elfes, qui ont été éduqués (ou, comme le dit Hermione, « ont subi un lavage de cerveau ») pour être fiers de leur

---

144 *Reliques de la mort*, p. 837-838.

145 Surtout lorsqu'on la compare à l'approche de Hermione Granger. Lorsque Hermione apprend que Poudlard a des elfes de maison, elle fonde la S.A.L.E., la Société d'Aide à la Libération des Elfes, qui milite pour des salaires et des conditions de travail plus justes. Puisqu'un elfe de maison est libéré de sa servitude si son maître lui offre un vêtement, Hermione commence à tricoter des chaussettes et des chapeaux pour tous les elfes de maison.

identité en tant que serviteurs, seraient profondément offensés par l'idée même de vouloir leur liberté. Dumbledore le comprend et offre aux elfes de maison le droit d'avoir du temps libre et d'être payés pour le travail qu'ils font, mais ne les force pas à accepter ce salaire ou ces congés. La politique de Dumbledore permet aux elfes de maison de vivre avec l'idée d'une liberté plus grande et, lorsqu'ils seront prêts, de décider par eux-mêmes s'ils préféreraient être libres. Cette approche progressive peut être vue comme un moyen de respecter la liberté individuelle des elfes de maison (bien que cela revienne à les laisser, pour le moment, choisir d'être moins libres).

Comme les libertariens, Dumbledore est tolérant envers des groupes minoritaires impopulaires et se fait souvent le porte-parole des victimes de discrimination. Par exemple, il s'emploie à sauver la vie des derniers géants de Grande-Bretagne. Les géants, étant donné leur nature bestiale, représentent une menace importante pour la sécurité des Moldus et des sorciers. Alors Dumbledore prend sur lui-même pour apprendre à interagir avec ses créatures impulsives et à l'esprit lent, leur trouver un endroit où vivre et réprimer le « mouvement sécuritaire » qui s'est levé pour les tuer. Dumbledore montre aussi une certaine volonté à engager à Poudlard des professeurs qui appartiennent à des minorités méprisées, comme le demi-géant Rubeus Hagrid, le loup-garou Remus Lupin et le centaure Firenze. Finalement, Dumbledore oppose constamment l'idéologie du sang pur et les revendications de supériorité des sorciers, en déclarant que « ce qui compte, ce n'est pas la naissance, mais ce que l'on devient ! »[146]. Dumbledore a, comme le conclut Prinzi, une attitude libertarienne envers la liberté individuelle et l'égalité de chaque membre du monde magique.

Dumbledore met clairement un point d'honneur à protéger l'autonomie individuelle de chacun. Mais là encore, les libertariens ne sont pas les seuls à faire les louanges de la liberté. De nombreux théoriciens politiques (libéraux, par exemple) encourageraient l'émancipation des elfes de maison et l'égalité des droits pour les groupes minoritaires. Si Prinzi veut nous

146 *Coupe de feu*, p. 748

convaincre que Dumbledore a le cœur et l'esprit d'un libertarien, il doit nous fournir la preuve que la conception personnelle de Dumbledore possède des atouts *typiquement* libertariens. Ce qui distingue le libertarianisme d'autres courants dans la tradition libérale, c'est son engagement dans la suprématie de la liberté individuelle. Un libertarien ne croit pas seulement en un droit moral à la liberté individuelle, mais interprète ce droit d'une manière particulièrement rigide[147]. Considérons à présent trois cas révélateurs dans lesquels les libertariens restreignent l'intervention du gouvernement dans les libertés individuelles, puis demandons-nous si Dumbledore approuverait de telles restrictions. Prinzi semble penser que oui.

Tout d'abord, les libertariens s'opposent aux lois qui restreignent la liberté des personnes « pour leur propre bien ». Les régimes libéraux imposent souvent l'utilisation de la ceinture de sécurité ou du casque de moto, condamnent l'usage de produits dopants pour les athlètes, interdisent la baignade sur certaines plages sans surveillance et soustraient de l'argent pour les retraites. Ils justifient ces pratiques, en partie tout du moins, par le fait que ces règles empêchent les gens de se faire du mal. Ainsi, pour les libertariens, un gouvernement respectueux ne doit pas être paternaliste ; il doit laisser ses citoyens prendre leurs propres décisions, même si ces choix ont des conséquences négatives. Deuxièmement, les libertariens s'opposent aux lois qui déclarent illégaux des « crimes sans victime » ou des

147 Les libertariens sont souvent décrits comme opposés au « grand gouvernement ». Cette description, bien que correcte, n'est pas très précise. Peut-être serait-il plus parlant de situer le libertarianisme entre l'anarchisme et le libéralisme moderne. Les anarchistes, les libertariens et les libéraux modernes s'accordent à soutenir un droit moral à la liberté mais s'opposent (d'une manière significative) sur le degré d'exigence de ce droit. L'anarchiste croit en sa conception la plus stricte. Il soutient que n'importe quel État politique, par sa nature, viole les droits individuels d'une façon si significative qu'un État politique est moralement illégitime. La liberté doit régner ; aucune personne ni groupe ne doit avoir l'autorité bureaucratique qui lui permettrait de restreindre la liberté. Un libéral moderne, d'autre part, a une conception bien plus modérée du droit moral à la liberté. Il pense, tout d'abord, qu'un État politique doit avoir des objectifs autres que protéger et respecter les libertés individuelles et, ensuite, que l'accomplissement de ces objectifs peut justifier la restriction des libertés personnelles des citoyens. Les libertariens se situent entre ces deux idées ; leur conception du droit à la liberté est moins rigoureuse que celle des anarchistes et plus que celle des libéraux modernes.

« immoralités inoffensives » comme la prostitution, les pratiques homosexuelles, l'usage de drogue pour le plaisir et les jeux d'argent. Ils considèrent qu'un gouvernement ne doit pas limiter la liberté sous prétexte qu'un acte est considéré comme immoral. Un État est sous l'obligation positive de protéger la liberté et la propriété de ses citoyens, mais comme a pu le soumettre John Locke : un « magistrat civil » ne doit pas s'occuper du « soin des âmes »[148]. Troisièmement, les libertariens critiquent vivement les tentatives de la bureaucratie d'aider les plus démunis ou de redistribuer les richesses afin de réduire les inégalités économiques. Lorsqu'un État prend l'argent aux « riches » pour le donner aux « pauvres », les libertariens voient cela comme « un vol autorisé par l'État » ou comme « du travail forcé ». Beaucoup de libertariens affirmeront qu'un acte de charité personnelle (un don particulier à une association par exemple) est moralement digne d'éloges. Mais si un gouvernement prend par la force l'argent que vous avez durement gagné et le donne comme une « aide », ce n'est que du vol déguisé.

Au fond, le libertarien politique possède une conception « musclée » de la morale. Ses convictions sont radicalement individualistes ; il voue une véritable admiration à l'intelligence personnelle, la créativité, la force et l'initiative ; voit la liberté comme une valeur politique « maîtresse » ; reste très sceptique quant au pouvoir du gouvernement et aux solutions proposées par la bureaucratie ; et place un espoir considérable entre les « mains invisibles » du marché pour créer la richesse et la prospérité.

Après ce bref aperçu du libertarianisme, retournons à notre débat sur les opinions politiques de Dumbledore. Le troisième argument de Prinzi (sa constatation du « style de gestion fondée sur la non-intervention ») peut être considéré comme sa plus solide tentative pour révéler que Dumbledore ne se limite pas à partager certaines valeurs du libertarianisme mais possède l'esprit d'un libertarien à part entière. Dumbledore manifeste, comme le remarque Prinzi, une « volonté de laisser les gens qui sont sous

148 John Locke, *Lettre sur la tolérance*, disponible en français sur Internet : http://t.m.p.free.fr/textes/Lettre_sur_la_tolerance.pdf, Les éditions électroniques « The Minute Philosopher », 1999, p. 6 (première publication en 1689).

son autorité vivre et être libres »[149]. Les libertariens, comme nous l'avons vu, estiment que l'État ne doit pas édicter de règles paternalistes ; il doit plutôt permettre à ses citoyens de prendre leurs propres décisions, même si elles ne sont pas sages. Selon Prinzi, Dumbledore partage cet avis. En tant que directeur de l'école, Dumbledore permet au corps enseignant et aux élèves « d'agir à leur guise », malgré leur tendance à prendre souvent les mauvaises décisions. Dumbledore n'approuve sans doute pas la lecture mortellement ennuyeuse du professeur Binn, les créatures magiques dangereuses de Hagrid ou les méthodes d'enseignement farfelues du professeur Trelawney, mais il les laisse agir. De même, et d'une manière encore plus significative, Dumbledore n'intervient pas pour protéger les élèves contre l'humiliation, la discrimination et la méchanceté. Par exemple, il permet à Severus Rogue de suspendre Neville Londubat la tête en bas devant toute la classe, d'enlever des points importants aux Gryffondor d'une façon injuste et de refuser à Hermione Granger un traitement médical alors qu'un sort de Drago Malefoy lui a fait pousser les dents. Le moins qu'on puisse dire c'est que Dumbledore ne peut pas être accusé d'être un directeur qui met son nez partout.

Il y a un élément encore plus flagrant que les nombreuses choses malencontreuses qui arrivent à Poudlard sous le nez de Dumbledore : c'est sa démarche par rapport à Harry. Lorsqu'on lit les livres, l'une des caractéristiques de Dumbledore les plus frappantes semble être son absence. Il n'élève pas le petit Harry devenu orphelin. Il ne prend que très rarement contact avec lui lorsqu'il se retrouve seul pendant ses pénibles vacances d'été chez les Dursley. Il ne se trouve pas au côté du jeune Harry alors âgé de seulement onze ans lorsqu'il est confronté à Voldemort pour la première fois… ni d'ailleurs les deuxième et troisième fois, dans la Chambre des secrets et dans le cimetière de Little Hangleton. Il est vrai que Dumbledore donne à Harry les armes nécessaires pour vaincre Voldemort. Mais ces armes ne garantissent pas la victoire du jeune sorcier ; il reste encore à Harry une grande part du travail à faire. Pourquoi Dumbledore n'est-il pas là, à ses côtés ? Même lorsqu'il est présent

149 Prinzi, *Harry Potter and Imagination*, p. 234-235.

physiquement, Harry trouve souvent Dumbledore laconique et émotionnellement distant. Qu'est-ce que tout cela révèle à propos de Dumbledore ?

Harry n'est pas le seul à trouver Dumbledore distant et détaché de façon inexplicable. Amycus Carrow, le Mangemort, se moque de Dumbledore : « Toujours pareil, avec toi, pas vrai Dumby, tu causes et tu ne fais rien, rien de rien »[150]. Red Hen, un critique de *Harry Potter* renommé, surnomme Dumbledore « l'une des plus grosses grenouilles (pas en chocolat) » du monde des sorciers, qui a gâché sa chance de réformer la société magique il y a plusieurs décennies[151].

Prinzi a une interprétation moins sévère. Il pense que Dumbledore fait le choix par principe de ne pas interférer dans les vies des autres ni de Transplaner constamment pour les sauver. Ce n'est pas que Dumbledore est paresseux, faible ou indifférent. C'est plutôt qu'il pense qu'un leader doit limiter l'usage de son pouvoir oppressif et il veut agir selon ces contraintes morales. Dumbledore a, selon Prinzi, une conception très stricte de l'autonomie personnelle, qui implique que les leaders doivent se retenir d'interférer avec les choix que font les autres. Prinzi clame même que ce qui pousse Dumbledore à garder ses distances alors que certains enseignants de Poudlard maltraitent leurs élèves est un motif profondément libertarien. Le critique pense que Dumbledore a une vision tout à fait libertarienne de la vie humaine ; il prône la confiance en soi et voit la vie comme un terrain de tests qui donne aux gens l'opportunité de développer les compétences et la détermination personnelle nécessaires pour avancer dans un monde hostile. Comme Dumbledore le dit à Rogue : « il était fondamental [...] de permettre [à Harry] d'éprouver sa force »[152].

L'argument de Prinzi selon lequel le mode de gestion de Dumbledore reflète une pensée libertarienne n'est pourtant pas convaincant. D'une part, comme le feraient remarquer les libertariens, diriger une école et gérer un gouvernement sont deux

150 *Prince de Sang-Mêlé*, p. 682.
151 Red Hen, « Case in Point : Albus Dumbledore », www.redhen-publications.com/Dumbledore.html.
152 *Reliques de la mort*, p. 801.

choses différentes. Bien qu'ils s'opposent à l'usage de l'oppression, les libertariens peuvent la trouver appropriée dans le cadre familial ou dans des institutions privées comme Poudlard. Et l'idée que la liberté individuelle doit être une « valeur maîtresse » n'a aucun sens lorsqu'il s'agit de gérer une école pour des adolescents et préadolescents. Les idéaux libertariens s'appuient sur l'idée que les adultes doivent pouvoir diriger leur propre vie, mais cela uniquement parce qu'ils ont la capacité de prendre des décisions de façon délibérée. Ce raisonnement ne peut sensiblement pas s'appliquer à des enfants de onze ans dont la capacité intellectuelle est toujours en développement[153].

Dans l'optique de cette argumentation, permettons-nous de faire l'analogie entre Poudlard et une société politique, et admettons que Dumbledore est le chef de la bureaucratie de cette société d'enseignants et d'élèves. Même si nous acceptons cette supposition, l'argument de Prinzi n'est pas valable, puisque la pensée libertarienne ne laisserait pas une personne faire ce que Dumbledore a fait, c'est-à-dire rester sans rien faire alors que des élèves sont molestés, maltraités et mis en danger par le corps

---

153 Les libertariens défendent généralement leur conception de l'État non interventionniste en faisant appel au « droit naturel » à la liberté individuelle, souvent interprété comme un « droit moral à la pleine souveraineté individuelle ». Si vous avez un droit de propriété sur un objet matériel (un ordinateur portable, par exemple), cela veut dire qu'il vous appartient de décider qui peut l'utiliser ; si quelqu'un vous le vole ou le casse, il vous doit une compensation ; de même, vous avez le droit de le vendre ou de le donner à qui vous souhaitez. Les libertariens croient que les gens ont le même genre de droit sur leur propre personne. Un individu a toute autorité sur ce qui lui appartient, y compris son corps. Il est de son droit de choisir d'accepter ou non un traitement médical, de prendre des drogues, d'avoir des relations sexuelles, de rejoindre l'armée, etc. Si l'État ne respecte pas ces droits, c'est qu'il ne traite pas le citoyen avec la dignité qu'il mérite en tant que personne. L'argument standard du libertarien en faveur d'un État non interventionniste prend cette théorie morale comme point de départ. Les libertariens croient que s'il n'y a pas d'État politique (si nous vivions tous « à l'état naturel », dans un monde sans institutions politiques) les violations du droit à la liberté individuelles seraient bien plus courantes. Il est donc nécessaire d'avoir un État politique pour protéger le droit moral à la souveraineté individuelle de chaque personne. Mais un gouvernement « plus fort » qu'un État non interventionniste violerait par définition ce même droit. Ainsi, avec une appréhension justifiée, la société humaine devrait établir un État politique, lui donner des pouvoirs (très limités) et garder un œil circonspect sur les bureaucrates, pour s'assurer qu'ils ne dépassent pas leurs limites. Pour aller plus loin dans ce débat, voir Robert Nozick, *Anarchie, État et Utopie*, Presse Universitaire de France (PUF), 2008 (publication originale : 1974).

enseignant. Le libertarianisme n'est pas l'anarchisme[154]. Selon la pensée libertarienne, une personne en position de pouvoir politique est sous l'obligation morale d'intervenir pour protéger des abus les personnes qui sont sous sa responsabilité. C'est le rôle principal d'un État politique. Un bureaucrate libertarien rationnel serait intervenu pour empêcher les professeurs de mettre en danger les élèves ou de les traiter d'une façon cruelle ou injuste. De même, un bon chef libertarien aurait exigé de la part des enseignants qu'ils soient à la hauteur de leurs obligations contractuelles pour éduquer les élèves. Le fait que Dumbledore ne s'occupe pas du problème de comportement abusif et de la mauvaise pédagogie de certains professeurs ne reflète pas la pensée libertarienne standard.

Prinzi soutient que Dumbledore autorise le corps enseignant à maltraiter ses élèves parce que cela encourage la confiance en soi des élèves et renforce leur fibre morale. Mais ce raisonnement est en contradiction avec la pensée libertarienne. Les libertariens croient que l'État politique ne doit pas décider par lui-même de rendre ses citoyens meilleurs. L'État est chargé de rendre ses citoyens responsables, forts, courageux ou d'acquérir d'autres qualités, mais surtout de rester sains et saufs. Les libertariens louent les vertus de la confiance en soi non pas parce qu'ils veulent que les bureaucrates l'enseignent, mais parce qu'ils reconnaissent que dans une société dans laquelle les gens ne reçoivent pas une protection suffisante de la part d'un État paternaliste bien intentionné, cette vertu est essentielle. Il est clair que Dumbledore pense qu'il a l'obligation (ou au moins la chance) d'inculquer des vertus morales à ses élèves. Mais il est important de remarquer que son « style de gestion » ne reflète pas des convictions particulières sur la structure propre d'un

154 Contrairement aux anarchistes, les libertariens croient qu'il est nécessaire de créer un État politique (avec une législation, une force de police, un système judiciaire et une armée) et de lui donner l'autorité suffisante pour exercer un pouvoir oppressif. Un régime libertarien soutiendrait et appliquerait des lois qui interdiraient les violations graves comme le vol, la rupture de contrat, le viol et le meurtre. Il encouragerait aussi la sécurité et les intérêts économiques de ses citoyens, par exemple, en préservant activement les conditions de libre marché intérieur et en envoyant des ambassadeurs, des spécialistes du commerce et des négociateurs militaires à l'étranger.

gouvernement. Il reflète sa conception du comportement convenable d'un directeur.

L'INTERPRÉTATION LIBERTARIENNE DE BARTON

L'argumentation de Prinzi ne tient pas debout face à cette analyse. Alors qu'en est-il de l'interprétation de Barton ? Il déclare que « le portrait clairement négatif du ministère de la Magie et ses bureaucrates tiré par J.K. Rowling » est la preuve que la saga *Harry Potter* tout entière est un programme politique libertarien. Est-ce vrai ?

Comme Barton l'argumente d'une manière assez persuasive, les livres *Harry Potter* offrent un portrait cinglant du Ministère. Il est difficile d'imaginer une accusation plus frappante que celle qui constitue le point de départ de l'analyse de Barton :

> « Que penseriez-vous d'un gouvernement qui se livre à toutes ces activités tyranniques : torturer les enfants qui mentent, concevoir des prisons pour qu'elles pompent toute la vie et les espoirs de ses détenus, mettre les citoyens dans cette prison sans qu'ils aient été jugés, ordonner la peine de mort sans procès, autoriser les plus puissants, les plus riches ou les plus célèbres à contrôler la vie politique, poursuivre des criminels de manière sélective (les plus puissants restent impunis et les moins populaires sont accusés de charges montées de toutes pièces), mener des procès sans conseil de défense, utiliser des sérums de vérité pour forcer les confessions, maintenir une surveillance constante des citoyens, ne proposer ni élections, ni processus démocratique pour créer les lois, et contrôler la presse ? »[155]

Lorsqu'on se retrouve face à une direction politique aussi violente et oppressive que cela, il est facile de se demander, exaspéré, si la meilleure solution n'est pas finalement de déposséder le gouvernement de son pouvoir. Mais si c'est la solution que Barton veut encourager, son argument est peu valable. Être exaspéré (et de façon tout à fait justifiée) par le ministère de la

155 Barton, « Harry Potter and the Half-Crazed Bureaucracy », p. 1526.

Magie ne représente pas nécessairement une « invective contre le gouvernement ». Qui plus est, il n'y a aucune raison apparente pour penser que la série *Harry Potter* succombe à cette exaspération.

Pour commencer, le ministère de la Magie n'est pas complètement corrompu. Il comprend de bonnes personnes et de bonnes lois. Arthur Weasley, bien que limité par une maîtrise insuffisante du fonctionnement des accessoires moldus, est travailleur et honnête. Dumbledore en personne, en dehors d'une courte période d'interruption, occupe la place de Président-Sorcier du Magenmagot, une place de bureaucrate, et il n'est ni incompétent ni maladroit. Dans *L'Ordre du Phénix*, la majorité des membres du Magenmagot, le principal corps judiciaire, vote en faveur de Harry lorsque des charges infondées sont retenues contre lui. Le ministère de la Magie, bien qu'il comprenne un certain nombre d'agents incompétents, a été très efficace pour garder secrète l'existence du monde magique aux yeux des Moldus et ce pendant des siècles, ainsi que pour restreindre l'usage de la magie dans le seul but de contrôler le monde. Par exemple, lorsque Harry est accusé d'avoir violé le décret d'usage de la magie par un sorcier de premier cycle en la présence d'un Moldu, la loi fait une exception au nom de la légitime défense. Sans parler du fait que c'est le Ministère qui a eu la sagesse de nommer Dumbledore au poste de directeur de Poudlard.

Il est indubitable que le ministère de la Magie agit bien trop souvent d'une manière maladroite, montre une certaine incompétence et succombe à la corruption. Plusieurs hauts fonctionnaires, dont le ministre de la Magie Pius Thicknesse, deviennent les pantins de Voldemort en étant soumis au sortilège de l'Imperium. D'autres, comme le ministre de la Magie et chef du Département de la Justice magique Cornelius Fudge, sont autocratiques et assoiffés de pouvoir. D'autres encore, comme Dolores Ombrage et Albert Runcorn, sont profondément mauvais. Et d'autres forment juste « une bande de vieux gâteux », comme les membres de la Commission d'examen des créatures dangereuses[156]. Pour résumer, le postulat de l'argumentation de

156 *Prisonnier d'Azkaban*, p. 302.

Barton repose sur une exagération mais reste proche de la vérité : le ministère de la Magie est une mauvaise bureaucratie.

L'aspect le plus discutable de l'argumentation de Barton n'est pas son postulat mais sa déduction. Pourquoi conclure que la série *Harry Potter* encourage un gouvernement libertarien minimaliste et non interventionniste simplement parce qu'elle fait le portrait d'une mauvaise gouvernance ? Barton suppose-t-il qu'il vaut mieux une petite quantité d'une mauvaise chose et donc qu'un ministère moins grand serait meilleur ? Si c'est le cas, son raisonnement devrait le pousser à choisir l'anarchisme politique, qui appelle à l'abolition totale du gouvernement. Même si nous mettons de côté ce détail, pourquoi penser qu'en matière de gouvernement, le moins grand est le meilleur ? Si sept des juges de la Cour suprême des États-Unis étaient corrompus et avaient un jugement visiblement partial, la meilleure réaction serait de remplacer les juges, pas de limiter leur nombre à deux. En bref, le meilleur antidote à une mauvaise gouvernance est une meilleure gouvernance. Cela apporterait un argument (un argument très complexe il faut l'avouer) pour prouver qu'un gouvernement avec une structure libertarienne est la meilleure solution pour contrer la corruption et l'inefficacité qui sévissent au ministère de la Magie. La série *Harry Potter* désigne-t-elle un tel argument ?

Nous aimerions savoir si une analyse minutieuse du fonctionnement du ministère de la Magie nous permet d'affirmer qu'un bon gouvernement mettrait en place des garanties rigoureuses pour protéger les citoyens de la torture, des punitions barbares, des procès injustes et de l'utilisation du sérum de vérité par les bureaucrates. Mais une autre question apparaît : une fois ces garanties mises en place, le gouvernement se limiterait-il à protéger la liberté, la propriété et l'intégrité corporelle de ses citoyens ? Où est la preuve que la série *Harry Potter* affirme un droit à la liberté aussi rigide que le fait la théorie libertarienne ? Ou que la série, dans son ensemble, est antiprotectionniste, antipaternaliste ou anti-Nations unies, ou a la même conception du libre-échange que le libertarianisme ?

Barton soutient, d'une manière plutôt exubérante, que J.K. Rowling « ferait plus que n'importe qui depuis John Stuart Mill pour le libertarianisme »[157]. Qui sait ? Sa prédiction, toutefois, bien que peu plausible, pourrait finalement s'avérer. Mais si un grand nombre de lecteurs découvrent et approuvent, grâce à la série *Harry Potter*, que le libertarianisme est la meilleure des théories politiques, ils seront coupables du même bond dans la logique que Barton.

Il faut remarquer que s'il y a en effet une sorte de programme libertarien dans ces livres, l'auteur ne les y a pas mis intentionnellement. Rowling a commencé à écrire *Harry Potter* alors qu'elle vivait de l'aide sociale et elle n'a exprimé aucun regret à ce propos. En fait, lorsqu'elle s'est exprimée sur ses opinions politiques, Rowling n'a jamais soutenu les valeurs libertariennes. Au contraire, elle supportait Barack Obama et Hillary Clinton aux élections présidentielles américaines de 2008, a fait un don d'un million de livres au Parti travailliste britannique et a déclaré que son héros non fictif était Robert F. Kennedy, dont l'équipe était loin d'être un modèle de « petit gouvernement » ![158]

Les livres *Harry Potter* soulèvent d'importantes questions sur ce que devraient être un bon gouvernement et un bon leader politique. Il ne fait aucun doute que le Ministère ne respecte pas la liberté et l'égalité (entre autres) et qu'il serait très intéressant de se demander : « Quelle est la meilleure solution pour améliorer le ministère de la Magie ? » Mais les libertariens auraient bien plus à faire que simplement citer le triste exemple qu'est le Ministère ou le bon exemple montré par Dumbledore pour témoigner solidement en faveur de la philosophie libertarienne.

157 Barton, « Harry Potter and the Half-Crazed Bureaucracy », p. 1526.

158 « J.K. Rowling Wants to See a Democrat in the White House », disponible sur www.earthtimes.org/articles/show/184525, jk-rowling-wants-to-see-a-democrat-in-the-white.html.

DUMBLEDORE, PLATON ET LA SOIF DE POUVOIR

David Lay Williams et Alan J. Kellner

Les plus aptes à exercer le pouvoir sont ceux qui ne l'ont jamais cherché.

Albus Dumbledore

Une cité dans laquelle ce sont ceux qui sont le moins empressés à gouverner qui doivent gouverner, celle-là est nécessairement administrée au mieux.

Platon

Lord Acton, dans une phrase souvent reprise, disait que « le pouvoir tend à corrompre, et le pouvoir absolu corrompt absolument ». Cette phrase résume clairement ce que la plupart considéreraient comme de la sagesse. Pourtant, le monde se retrouve continuellement accablé par les abus de pouvoir. Les dirigeants trouvent toujours de nouvelles manières innovantes pour se remplir les poches, privilégier leurs amis et assurer (et même renforcer) leur autorité. La liste d'infractions choquerait même certains Mangemorts ou les ferait pâlir d'envie.

À une époque qui se vante de son progrès dans le domaine de la technologie et même de la morale, comment se fait-il que nous ayons aussi peu progressé pour nous protéger des usurpations de nos dirigeants ? Peut-être est-ce parce que nous n'avons pas appris la leçon importante donnée par le premier philosophe occidental, Platon (environ 428-348 av. J.-C.). La solution qu'il propose pour régler ce problème est ingénieusement simple : le pouvoir ne doit jamais se retrouver entre les mains de ceux qui le convoitent. Il doit plutôt être accordé à ceux qui préféreraient se consacrer à d'autres tâches. C'est le désintérêt pour le pouvoir qui, paradoxalement, fait les meilleurs dirigeants. Cette leçon s'avère être centrale dans l'ensemble de la série *Harry Potter*.

PLATON ET DUMBLEDORE : SÉPARÉS À LA NAISSANCE ?

Albus Dumbledore vit à une époque tumultueuse. Il a été témoin de l'ascension et la chute du grand mage noir Gellert Grindelwald, ainsi que du régime de terreur de Voldemort. Il a vécu la guerre, que ce soit en utilisant sa baguette magique ou à travers des formes plus subtiles comme la création d'alliances et le partage de renseignements. Il a aussi été en contact direct avec les acteurs les plus importants de l'histoire. Grindelwald était un proche ami d'enfance et Voldemort l'un de ses élèves les plus talentueux à Poudlard. Ces expériences ont permis à Dumbledore d'en apprendre beaucoup sur la fragilité de la paix et la nécessité d'avoir des dirigeants profondément justes.

Platon a lui aussi vécu à une époque marquée par des bouleversements politiques. Toute sa jeunesse a été dévorée par la guerre du Péloponnèse entre sa ville d'origine, Athènes, et la puissante cité-État, Sparte. La guerre et ses conséquences lui ont offert l'opportunité d'observer à la fois le meilleur et le pire de la nature humaine. Comme Dumbledore, Platon a rencontré un camarade très doué et assoiffé de pouvoir : l'impétueux Alcibiade, élevé à de hauts rangs militaire et politique, pour finalement trahir Athènes en se rangeant du côté de l'ennemi Sparte[159]. Athènes finira par perdre la guerre et subir l'offense de se voir imposer une dictature par ceux qu'on appelle « les Trente Tyrans d'Athènes », menés par le redouté Critias. Critias était un tyran assoiffé de sang, qui se trouvait être le cousin de la mère de Platon. Plusieurs années plus tard, Platon fut invité à se rendre à Syracuse pour être le professeur du fils colérique du tyran, Denys l'Ancien. En fait, Platon, comme Dumbledore,

159 Platon et Alcibiade étaient tous les deux les élèves du grand philosophe athénien Socrate.

a sérieusement envisagé, à une époque, une carrière dans la politique, ce qui s'avérait être un choix naturel étant donné ses talents, ses liens de parenté et son expérience personnelle[160]. Bien que Platon soit parfois considéré comme un philosophe utopiste, rien ne peut être plus éloigné de la réalité. Ses observations sur les politiciens et leurs relations au pouvoir sont fondées sur une expérience réelle.

Qu'a-t-il appris de ses rencontres avec le pouvoir politique ? C'est dans sa *Lettre VII*, adressée aux dirigeants de Syracuse, qu'il décrit le mieux ses réactions. La lettre raconte son propre engouement pour le pouvoir politique, dont une opportunité de se joindre aux Trente Tyrans à la fin de la guerre du Péloponnèse. Il a d'abord été vraiment tenté d'accepter pour forger une société nouvelle, et peut-être promouvoir « le Bien », comme le voulaient les jeunes Dumbledore et Grindelwald. Mais il a vite compris qu'il ne pourrait pas trouver sa place dans ce nouveau régime, qui « n'[aurait] pas besoin de demeurer longtemps au pouvoir pour faire regretter le temps passé comme l'âge d'or »[161]. Les pouvoirs sans limite des tyrans leur montèrent à la tête et se manifestaient par des meurtres de vengeance, l'aggravation de vieilles rivalités, la confiscation des richesses, et au bout du compte, sous la démocratie restaurée, par l'exécution injuste du bien-aimé professeur de Platon, Socrate. Cela suffit à Platon pour qu'il « s'éloigne avec indignation » de la vie politique et finisse par consacrer sa vie à la philosophie[162], tout comme le duel contre Grindelwald, qui se conclut par la mort de la sœur de Dumbledore et change l'opinion de ce dernier sur la politique.

Comme Dumbledore, Platon s'est détourné de la politique pour embrasser l'éducation. Son mécontentement vis-à-vis de la politique l'a amené à établir l'Académie, la première université de la civilisation occidentale. C'est à l'Académie que Platon a connu certains de ses plus grands triomphes personnels. Parmi les anciens élèves les plus remarquables de l'Académie, on compte Cicéron et l'élève de Platon en personne, Aristote. Platon écrira aussi ses œuvres les plus célèbres alors qu'il enseignera là-bas,

160 Platon, Lettre VII, 324b-324c (traduction de Victor Cousin).
161 *Ibid.*, 324d.
162 *Ibid.*, 325a.

sur des sujets aussi divers que l'art, l'éthique, la science, les mathématiques, la philosophie et même l'amour. Ainsi, Dumbledore et Platon ont tous les deux cherché une consolation au poids et à la tentation de la politique dans l'enseignement aux jeunes.

Toutefois, pour Platon, son retrait de la vie politique n'est pas synonyme d'un arrêt de toute réflexion à propos de la politique (un peu comme Dumbledore continue à intégrer la politique magique tout en étant professeur à Poudlard). Platon trouve en l'Académie un lieu idéal pour réfléchir sur le monde politique et pour distiller la sagesse qu'il a acquise avec son expérience. Sa philosophie politique est pleinement et artistiquement rendue dans son œuvre *La République*. La proposition la plus mémorable de cette œuvre est certainement le rôle du philosophe-roi[163]. La société idéale que dépeint Platon dans *La République* est composée de trois classes : les ouvriers, les soldats et les dirigeants. C'est cette dernière classe qui possède tous les pouvoirs de décisions, et est en charge de la surveillance quotidienne des affaires d'État. Les philosophes-rois de Platon détiennent d'énormes pouvoirs et il est primordial qu'il s'agisse des personnes les plus qualifiées. Ils doivent plus particulièrement posséder chacune des quatre « vertus cardinales » : la justice, le courage, la sagesse et la tempérance. Pour s'assurer que seuls les citoyens les plus sages et vertueux accèdent au pouvoir, Platon propose un processus éducatif long et rigoureux destiné à séparer les torchons des serviettes. Ce processus ferait honte à Poudlard, puisqu'il dure jusqu'à l'âge de trente-cinq ans et est suivi d'un internat de quinze ans dans le service public. Au bout du compte, l'espoir de Platon était de pouvoir distinguer les Potter des Malefoy.

Certes, la qualité suprême pour diriger, selon Platon, est l'intelligence. Il fait comprendre à plusieurs reprises et d'une façon très claire que les dirigeants doivent apprendre vite et posséder une mémoire hors norme. Il est souvent dit à juste titre que Platon était le premier philosophe à recommander

---

163 On utilise l'expression traduite « philosophe-roi », mais cela peut paraître trompeur puisque Platon (en avance sur son temps à ce sujet comme pour de nombreux autres) considérait que les femmes étaient parfaitement capables d'accomplir les devoirs de ce plus haut poste politique.

ouvertement l'alliance du pouvoir politique et des intellectuels. C'est pourquoi il insiste pour que les dirigeants qualifiés soient des philosophes-rois, de ceux qui dépassent tous les autres en termes de capacités intellectuelles.

Bien qu'il s'agisse peut-être de la qualité requise pour diriger la plus notoire, l'intelligence seule ne suffit pas. Dans la culture populaire, nous connaissons tous de brillants criminels qui utilisent leurs talents à des fins retorses (Lex Luthor dans *Superman*, Hannibal Lecter dans *Le Silence des agneaux*, Anakin Skywalker dans *Star Wars*, ou même le docteur Denfer dans *Austin Powers*). L'intelligence seule peut être un prérequis essentiel pour diriger, mais les exigences de Platon surpassent une boîte crânienne d'une taille gigantesque. Les dirigeants doivent combiner intelligence et vertu. La question, chez Platon comme dans *Harry Potter*, est de savoir comment faire la distinction entre les personnes douées qui utilisent leurs pouvoirs pour faire le bien et celles qui l'utilisent à des fins égoïstes.

D'une manière plus générale, ceux qui sont accablés par un amour excessif de leur propre personne ne sont pas faits pour diriger[164]. Ils font souvent partie des élèves les plus talentueux sur le plan intellectuel mais ont du mal à résister à leurs impulsions et à ceux qui les flattent. Comme Voldemort, ils voient le pouvoir politique comme un moyen d'assouvir leurs désirs, et c'est pour cela qu'ils le convoitent. Ils en ont un besoin maladif et sont capables de tout pour y parvenir. Mais c'est précisément cette soif de pouvoir qui dévoile qu'ils ne sont pas faits pour l'embrasser, selon Platon : « [Lorsque] le pouvoir devient une proie qu'on se dispute [...] cette guerre domestique et intestine finit par perdre et les hommes qui se disputent le gouvernement de l'État, et l'État lui-même »[165]. Les tyrans comme Critias ont souvent des vies courtes et sont capables d'entraîner dans leur chute tout un État. Souvenez-vous, par exemple, de la vie de Voldemort (au sens corporel et physique) qui a été plutôt courte, elle aussi. Dans *L'École des sorciers*, il doit boire du sang de licorne pour retrouver ses forces ; il doit s'abreuver de la vie d'un autre

164 Platon, *La République*, 494b-494d.
165 *Ibid.*, 521a.

jusqu'à ce qu'il retrouve une forme physique. Bien que Platon assure que la magie ne pouvait pas être utilisée pour sauver sa propre vie, son analyse des tyrans se révèle vraie dans le monde de Harry. Par conséquent, nous devrions chercher des dirigeants qui ne sont pas intéressés par le pouvoir politique : « Une cité dans laquelle ce sont ceux qui sont le moins empressés à gouverner qui doivent gouverner, celle-là est nécessairement administrée au mieux »[166].

Platon propose un test utile pour que les lecteurs puissent distinguer ceux qui succombent à la tentation du pouvoir de ceux qui y résistent dans un conte intitulé *L'Anneau de Gygès*, une légende que J.K. Rowling ressuscite avec la cape d'invisibilité de Harry. Le conte de Platon nous est livré par le personnage de Glaucon, qui était en fait le frère de Platon. D'après l'histoire, un berger trouve une bague magique dévoilée par un tremblement de terre et découvre qu'en tournant la bague vers lui, il devient invisible. Avec ce nouveau talent, le modeste berger décide de séduire la femme du roi, d'attaquer le roi avec son aide, le tuer et s'emparer de ses pouvoirs et ce, coup sur coup. Glaucon soutient qu'« aucun ne serait de nature assez adamantine pour persévérer dans la justice et pour avoir le courage de ne pas toucher au bien d'autrui, alors qu'il pourrait prendre sans crainte ce qu'il voudrait sur l'agora, s'introduire dans les maisons pour s'unir à qui lui plairait, tuer les uns, briser les fers des autres et faire tout à son gré, devenu l'égal d'un dieu parmi les hommes »[167].

La réponse implicite de Platon est que la conclusion de Glaucon ne s'applique qu'à ceux qui convoitent le pouvoir. Ceux qui sont véritablement justes et bons (ceux qui sont faits pour le pouvoir politique) agiraient tout à fait de la même façon qu'ils soient invisibles ou non. Ces quelques individus qualifiés n'ont nullement l'ambition de promouvoir leurs propres intérêts plus que ceux de leurs amis ou concitoyens. Pour eux, il n'y a donc aucun bénéfice politique à l'invisibilité. Au bout du compte, Platon veut que le pouvoir politique réside entre les mains des sages et vertueux. Ces qualités se manifestent plus aisément chez les

---

166 *Ibid.*, 520d.
167 *Ibid.*, 360b-360c.

rares individus qui restent indifférents à la tentation du pouvoir. L'anneau de Gygès fait partie des meilleurs tests pour reconnaître les personnes dignes de ce genre de pouvoir. En fait, savoir qui peut résister à la tentation du pouvoir est un thème central qu'il est important d'analyser dans la série *Harry Potter*.

FUDGE ET OMBRAGE : LES LEÇONS DONNÉES PAR CEUX QUI NE SONT PAS FAITS POUR DÉTENIR LE POUVOIR

Si Platon a dû franchir pas mal d'obstacles pour obtenir un pouvoir politique incorruptible dans sa république idéale, les obstacles qu'affronte le gouvernement dans le monde plus concret (même s'il est magique) de *Harry Potter* semblent insurmontables. Avec les lois innombrables imposées par Dolores Ombrage lors de son année de règne tyrannique à Poudlard, Cornelius Fudge et son refus de croire au retour évident de Voldemort et les flatteries peu discrètes de Rufus Scrimgeour envers Harry en échange de ses services, il y a de bonnes raisons de se demander s'il est possible d'avoir un gouvernement correct dans la communauté magique. Le Ministère est-il condamné à être corrompu ? Les personnages de Rowling ont beaucoup à nous apprendre sur la nature du pouvoir politique. Pour cela, il nous suffit d'examiner quelques candidats éventuels au poste de ministre de la Magie : Ombrage, Fudge, Voldemort, Dumbledore et Harry.

Aucun fan de la série *Harry Potter* ne peut considérer Dolores Ombrage comme un citoyen modèle, et encore moins un dirigeant juste. En fait, sa bataille acharnée en faveur des règles, ses mesures de détention brutales et ses méthodes d'application et de maintien de l'ordre proches de celles de la Gestapo pourraient pousser à se demander pourquoi elle n'est pas du côté de Voldemort[168]. Néanmoins, elle occupe des positions de pouvoir, que ce soit au Ministère ou à Poudlard. Une évaluation platonicienne de sa période de gouvernance ne peut qu'être négative. Elle fournit une leçon pratique sur la manière dont il *ne faut pas* diriger.

168 Platon lui-même se méfiait de la multiplication inutile des réglementations, qui ne servent qu'à les dévaloriser.

Les lecteurs peuvent comprendre qu'Ombrage n'est pas faite pour diriger grâce à deux éléments très simples. D'abord, il lui manque toutes les qualités nécessaires que Platon a énumérées dans sa *République* : le courage, la sagesse, le sens de la justice et la maîtrise de soi. Le manque de retenue d'Ombrage est une grande faiblesse chez elle. Il suffit d'une seule petite remarque pour que sa rage éclate (tout le contraire de ce que Platon attend d'un bon philosophe-roi). Ensuite, et cela paraît encore plus important, toutes les méthodes de torture d'Ombrage révèlent son intense soif de pouvoir. Prenez, par exemple, les heures de retenue de Harry dans *L'Ordre du Phénix*. Elle lui donne un ordre : « Je veux que vous écriviez : "Je ne dois pas dire de mensonges" [...] autant de fois qu'il le faudra pour que le message *entre* »[169]. Ce « entre », comme nous le savons, est à prendre de manière assez littérale. Et sa cruauté semble encore s'accroître, parallèlement aux pouvoirs qui lui sont assignés. L'année avançant et son autorité au sein de Poudlard grandissant, ses décrets se multiplient tout comme les retenues qu'elle distribue. On peut même supposer que l'accroissement progressif de son autorité alimente sa soif de pouvoir. Une chose est sûre : Platon l'aurait exclue de l'Académie.

Si Ombrage n'a jamais atteint le poste de ministre de la Magie, ce n'est pas le cas du presque aussi dangereux et inepte Cornelius Fudge. L'un des éléments qui font de lui un aussi mauvais ministre est sa peur incessante de perdre le pouvoir. Cette crainte encourage des tendances dictatoriales, qui se manifestent par exemple par le contrôle de la presse. L'échec de Fudge en tant que dirigeant est en partie responsable du retour du Seigneur des Ténèbres. Lorsque Harry annonce que Voldemort est bel et bien revenu, Fudge descend Harry en flammes dans la presse afin de conserver sa propre image publique, une image qui se voit encore bien plus détériorée lorsque la vérité finit par éclater.

La nomination d'Ombrage au poste de Grande Inquisitrice de Poudlard est un autre exemple des tentatives de Fudge de garder le pouvoir en utilisant des moyens injustes. Souvenez-vous comment, au début de *L'Ordre du Phénix*, Harry est envoyé

169 *Ordre du Phénix*, p. 318

au tribunal pour avoir lancé un Patronus pour les protéger, son cousin Dudley et lui, des Détraqueurs. Or, les Détraqueurs n'étaient pas censés pouvoir s'éloigner autant d'Azkaban. Pour couvrir l'erreur du Ministère, Fudge amène Harry devant la justice et fait tout ce qui est en son pouvoir pour faire pencher la balance contre lui. Il avance l'horaire de l'audience, par exemple, pour que Harry soit en retard et empêcher Dumbledore d'être présent. Tout cela démontre que les qualités de Fudge en tant que dirigeant sont des plus douteuses. Il a soif de pouvoir, mais son manque d'assurance le pousse à utiliser ce pouvoir à son propre avantage au lieu de l'utiliser pour le bien public. Il se fait entrave à lui-même avec ses tentatives acharnées pour conserver le pouvoir, et, au bout du compte, cela l'empêchera de le garder. Alors, comme Ombrage, il manque à Fudge les qualités essentielles que Platon décrit comme étant nécessaires pour diriger avec succès, en particulier le courage, la sagesse et la maîtrise de soi.

VOLDEMORT ET DUMBLEDORE : LA TENTATION DU POUVOIR

La confiance en soi et l'esprit d'initiative ne font certainement pas défaut à Lord Voldemort. Même lors de ses humbles débuts à l'orphelinat, Tom Jedusor était attiré par le pouvoir. « Il se servait déjà de la magie contre les autres, pour les effrayer, les punir, les soumettre à sa volonté. Les petites histoires du lapin étranglé ou du garçon et de la fille attirés dans une grotte étaient très révélatrices. "Je peux leur faire du mal, si j'en ai envie". »[170] Contrairement à la phrase célèbre du philosophe des Lumières Emmanuel Kant qui préconise de ne jamais utiliser une autre personne simplement comme un moyen d'atteindre une fin, Jedusor utilise les autres afin d'assouvir ses désirs et ses ambitions. Le groupe naissant des Mangemorts, « un groupe d'amis dévoués », n'était pas du tout constitué d'amis, mais seulement de partisans[171]. « Jedusor ne ressentait certainement aucune

170 *Prince de Sang-Mêlé*, p. 320.
171 *Ibid.*, p. 417.

affection pour eux », dit Dumbledore à Harry[172]. L'intelligence et le sens de la manipulation de Jedusor s'avérèrent une association fatale. Lèche-bottes doué et sorcier talentueux, il devint la coqueluche de Poudlard, non seulement auprès de ses camarades mais même auprès du corps enseignant.

Cette attitude révèle l'égocentrisme inébranlable de Jedusor, une caractéristique qui sera de plus en plus prononcée alors qu'il deviendra Lord Voldemort[173]. Deux exemples de son amour excessif pour sa propre personne révèlent sa soif de pouvoir intense et sa capacité paradoxale de se faire du mal pour l'obtenir : le meurtre de Lily Potter et la création des Horcruxes. Malgré les recommandations de ses partisans, Voldemort tue Lily, le grand amour de Severus Rogue. Peut-être Voldemort sent-il que Rogue ne retournera pas sa veste, mais il n'en tient pas compte ; ou alors, cela lui est égal. Seule sa propre personne intéresse Voldemort, et pour lui, les autres n'ont de valeur qu'en tant qu'accessoires pour assouvir ses désirs. Sa soif d'immortalité, même si c'est au prix de l'éclatement de son âme, est la preuve ultime du mal qui est en lui et de sa propension à la tyrannie. Finalement, on ne peut ignorer les plans de Voldemort pour obtenir le pouvoir au Ministère. Bien qu'il soit conscient que sa réputation l'empêche d'agir directement pour obtenir le pouvoir en tant que ministre de la Magie, il convoite les pouvoirs associés à cette fonction et utilise d'autres personnes qui deviennent les instruments de ses désirs.

Avec son égoïsme impitoyable, sa vive intelligence et ses tendances tyranniques, Voldemort correspond exactement à la catégorie des « dirigeants les moins dignes de confiance » selon Platon. Peut-être Albus Dumbledore représente-t-il un personnage mieux taillé pour diriger. On « [lui a] offert le poste de ministre de la Magie, non pas une mais plusieurs fois », et il est, après tout, le personnage le plus philosophe de la série *Harry Potter*, ce qui fait de lui le meilleur candidat comme

---

172 *Ibid.*.

173 Il est intéressant de voir que les défenseurs d'un égoïsme plus éclairé suggéreraient que l'égocentrisme de Voldemort est autodestructeur. S'il s'était vraiment aimé, il se serait rendu compte que la meilleure manière d'agir pour ses propres intérêts était de ne pas montrer d'une façon si évidente son égoïsme.

philosophe-roi[174]. Les contes se finissent presque toujours par une leçon donnée par un sage, reliant brillamment les événements des mois passés avec leurs significations multiples. Dans *Le Prince de Sang-Mêlé*, alors qu'il est plongé dans la Pensine, Dumbledore examine certaines questions sur la nature humaine et la psychologie morale du mal, donnant à Harry et aux lecteurs des indices importants sur, par exemple, les qualités requises pour diriger. Dumbledore manifeste même tous les traits essentiels que doit avoir un philosophe-roi. Il est courageux, juste, sage et sait se maîtriser, en tout cas, c'est ce que l'on croit. Dans *Les Reliques de la mort*, on apprend que Dumbledore a été tenté par le pouvoir dans sa jeunesse, tout comme son ami le futur mage noir Gellert Grindelwald. Il se confesse à propos de cette époque : « J'avais appris qu'il valait mieux ne pas me confier le pouvoir [...] Le pouvoir était ma faiblesse et ma tentation »[175]. Plusieurs années plus tard, après s'être rendu compte de son attirance pour le pouvoir, il est de nouveau tenté par l'anneau de Marvolo Gaunt, l'anneau qui, au final, abrégera sa vie.

Ce qui forge l'admiration du lecteur pour Dumbledore, même avec ses failles, c'est sa connaissance de lui-même[176]. Le professeur de Platon, Socrate, a appris à ses élèves à se connaître eux-mêmes ; Dumbledore se connaît assez pour savoir qu'on ne peut pas lui confier le pouvoir. Cette simple prise de conscience fait toute la différence. Elle lui permet de refuser le poste de ministre de la Magie, qui lui aurait conféré le pouvoir qu'il désirait. Alors, bien qu'inapte à diriger, Dumbledore n'atteindra jamais les bassesses de Grindelwald ou Voldemort, même s'il en a les capacités. Dumbledore encourage la justice dans la communauté magique simplement en se connaissant lui-même, en résistant à la tentation du pouvoir et en transmettant ses leçons à ses élèves. Si Dumbledore avait succombé aux tentations, Voldemort aurait eu un sérieux concurrent pour le concours du personnage le plus sinistre de la saga *Harry Potter*. La connaissance de soi socratique

174 *Reliques de la mort*, p. 836.
175 *Ibid.*, p. 836-837.
176 Pour en apprendre plus à ce sujet, voir le chapitre 11 de Gregory Bassham sur Dumbledore dans ce même livre (« Choix vs aptitude : Dumbledore et la connaissance de soi »).

de Dumbledore et son enseignement platonique révèlent les qualités incarnées par les personnages vertueux. Ils ont la connaissance de soi et sont guidés par la justice, le courage et la sagesse. Peut-être que le meilleur modèle ayant ces qualités est Harry lui-même.

LA CAPE DE HARRY, L'ANNEAU DE GYGÈS ET LA TENTATION DU POUVOIR

D'après ce qu'on apprend à la fin de l'histoire, Harry est digne de posséder le pouvoir. Mais comment peut-on en être sûr ? Souvenez-vous de l'histoire de Platon sur l'anneau de Gygès[177]. Il mesure l'honnêteté, ou l'incorruptibilité, en incitant à s'interroger sur ce qu'on ferait si on pouvait être invisible. Rowling ressuscite le test de caractère avec la cape d'invisibilité de Harry. Tout au long de la série, Harry a d'innombrables opportunités d'abuser de son pouvoir exceptionnel. Pas une seule fois, sauf lorsqu'il enfreint quelques règles mineures (comme se coucher tard), il ne l'utilise à son avantage ou aux dépens des autres. Contrairement à Gygès, Harry ne tue pas, ni ne se saisit du pouvoir politique. Il cherche plutôt à utiliser son pouvoir pour le bien de tous. Face à une opportunité de promotion, comme lorsque Scrimgeour lui offre l'emploi de ses rêves, Harry ne choisit pas son propre intérêt mais celui de la communauté magique tout entière. Lorsque Harry apprend l'existence des Horcruxes, le concept le plus dangereux de toute la magie noire, il n'est pas tenté d'obtenir la vie éternelle en commettant des meurtres comme Voldemort. Au lieu de cela, il cherche continuellement à détruire les Horcruxes, en utilisant sa cape. Dès le premier tome, *L'École des sorciers*, Harry révèle cette qualité admirable. Alors qu'il affronte Voldemort pour la première fois,

---

177 Ce parallèle est dévoilé dans « La magie de la philosophie » de David Baggett et Shawn E. Klein dans *Harry Potter et la Philosophie – Petit traité à l'usage des Moldus*, Éditions Michel Lafon, 2006, p. 12. Un autre philosophe, Jean-Jacques Rousseau (1712-1778), s'est posé la même question que Gygès et Harry : « Je me suis souvent demandé quel usage j'aurais fait de cette bague ». Sa réponse semble rejoindre les actions de Harry, puisqu'il dit qu'il aurait utilisé son pouvoir pour le bien public. Jean-Jacques Rousseau, *Les Rêveries du promeneur solitaire*, « Sixième rêverie ».

à l'âge de onze ans, il regarde dans le Miroir du Risèd et trouve la Pierre philosophale dans sa poche. L'enchantement de Dumbledore permettant à la pierre de n'être trouvée que par une personne qui n'a pas l'intention de l'utiliser dévoile le fait que Harry n'a aucun désir égoïste.

Le désintéressement total de Harry face au pouvoir est la qualité que Platon et Dumbledore considèrent tous les deux comme favorable à la sagesse et à une gestion juste des affaires publiques. Harry possède assurément les autres vertus nécessaires pour diriger, comme le courage, la justice et la maîtrise de soi. Mais c'est aussi le cas de beaucoup d'autres. Ainsi, c'est véritablement cet aspect de la sagesse platonicienne, ranimé et mis au premier plan dans le monde de Rowling, qui doit nous guider lorsqu'on cherche à distinguer ceux qui sont aptes à diriger. Bien qu'il soit facile et commun pour les lecteurs d'apprécier Harry, il y a vraiment quelque chose de magique dans son immunité contre la tentation du pouvoir.

PARTIE QUATRE

LA SALLE SUR DEMANDE : UN POT-POURRI POTTER

CHOIX VS APTITUDES : DUMBLEDORE ET LA CONNAISSANCE DE SOI

Gregory Bassham

« Connais-toi toi-même », disait Socrate, et c'est le début de la sagesse. Qui suis-je ? Quels sont mes désirs les plus profonds ? Quels sont mes talents ? Comment puis-je vivre de la façon la plus authentique possible ? Ma vie a-t-elle un sens ? Quels buts dois-je poursuivre ? Depuis le début de la philosophie occidentale, ces questions ont été au cœur de la quête de la sagesse.

La recherche de la connaissance de soi est un thème central dans les livres *Harry Potter*. Au début de *L'École des sorciers*, Harry ne sait presque rien sur qui il est ou d'où il vient. Il pense être un garçon ordinaire, pauvre et inconnu de tous, vivant dans un monde monotone et sans aucun mystère. Mais alors que l'histoire avance, Harry réalise qu'aucune de ces affirmations n'est vraie et il atteint progressivement une connaissance plus profonde de lui-même, de ses capacités et de sa place dans le monde. Dans le langage philosophique traditionnel, les livres *Harry Potter* sont un récit initiatique personnel. Ils décrivent le long voyage de Harry des « apparences » jusqu'à la « réalité ».

Lors de sa quête pour la connaissance de soi, Harry traverse de nombreux obstacles et lutte à plusieurs reprises avec son sens de l'identité. Vous vous souvenez de la fin de *La Chambre des secrets* ? Harry est très inquiet lorsqu'il découvre qu'il partage certaines caractéristiques avec Voldemort, dont la capacité rare et somme toute sinistre de parler le Fourchelangue. En se souvenant que le Choixpeau magique avait failli l'envoyer chez les

Serpentard plutôt que chez les Gryffondor, Harry se demande s'il existe une partie d'ombre en lui. Le professeur Dumbledore le rassure en insistant sur les *actions* qu'il a entreprises et qui sont très différentes de celles de Voldemort, et ajoute : « Ce sont nos choix, Harry, qui montrent qui nous sommes vraiment, beaucoup plus que nos aptitudes »[195]. Le philosophe et spécialiste de *Harry Potter* Tom Morris a décrit cela avec justesse en disant qu'il s'agissait de « l'une des idées philosophiques les plus importantes dans les livres *Harry Potter* »[196]. Que veut dire Dumbledore ? Quels sont ces choix ? En quoi diffèrent-ils des aptitudes ? Et est-ce vrai que nos choix en disent plus sur nous que nos aptitudes ?

DES CHOIX

La notion de « choix » est un sujet qui a fait couler beaucoup d'encre chez les philosophes. L'un des premiers philosophes à s'attarder sur le sujet est Aristote (384-322 av. J.-C.), qui, dans son *Éthique à Nicomaque*, fait une distinction très claire entre « choix » (*prohairesis*) et d'autres concepts associés comme le souhait, l'appétit, l'émotion et la décision volontaire. Il en conclut que le choix est une sorte de « désir délibéré » pour des choses qui sont sous notre contrôle. Aristote soutient que les choix sont « un caractère [...] permettant, mieux que les actes, de porter un jugement sur la valeur morale » et la remarque de Dumbledore semble faire écho à la célèbre analyse d'Aristote[197].

Les philosophes ont remarqué que le terme « choix » était utilisé dans divers sens. Parfois il fait référence à un événement mental purement intérieur, un acte de décision qui peut avoir ou non pour résultat une action physique manifeste. Quelqu'un qui dit : « Drago Malefoy a choisi de tuer Dumbledore, mais finalement il n'a pas pu se résoudre à le faire », utilise le verbe « choisir » dans ce sens purement intérieur[198]. Appelons ce type de choix un « choix intérieur ».

---

195 *Chambre des secrets*, p. 347.

196 Tom Morris, *If Harry Potter Ran General Electric : Leadership Wisdom from the World of the Wizards*, New York, Doubleday, 2006, p. 23.

197 Aristote, *Éthique à Nicomaque*, livre 3, chapitre 2, 1111b5.

198 Andrew Oldenquist, « Choosing, Deciding, and Doing » in *The Encyclopedia*

Parfois, le terme « choix » ne s'applique pas à une décision mentale intérieure mais à une action physique observable réalisée dans un contexte d'alternatives présumées[199]. Dire que « Dumbledore a fait des choix malheureux pendant sa jeunesse » c'est utiliser ce deuxième sens du mot « choix ». Appelons-le « choix-action ».

Il y a un troisième sens au mot « choix » qui combine des éléments intérieurs et extérieurs. Considérons un exemple connu proposé par le philosophe allemand Emmanuel Kant (1724-1804). Le commerçant A et le commerçant B ont tous les deux choisi de ne pas arnaquer leurs clients. Le commerçant A le fait parce qu'il a peur d'aller en prison. Le commerçant B le fait parce qu'il est honnête et veut faire ce qui est bien. Les commerçants A et B ont-ils fait le même choix ? Non. Kant dit que le choix du commerçant B est un acte différent et plus moral que celui du commerçant A[200]. Dans cette situation, il y a trois aspects différents dans le choix du commerçant B : un acte intérieur de décision (décider de ne pas tromper le client), un acte physique observable (agir honnêtement envers le client) et un motif intérieur (traiter le client avec honnêteté parce que c'est cela faire le bien). Dans ce troisième sens du terme « choix », on ne peut pas vraiment savoir quel choix a fait une personne à moins de connaître le motif de la personne pour faire ce qu'elle a fait. Appelons ce troisième sens complexe le « choix-motif ».

EN QUOI NOS CHOIX SONT-ILS RÉVÉLATEURS ?

Maintenant que nous avons déterminé les différents sens du mot « choix », on peut se demander si Dumbledore a raison lorsqu'il déclare que ce sont nos choix, plutôt que nos aptitudes, qui révèlent plus de choses sur « qui nous sommes vraiment »[201].

---

of Philosophy, vol. 1, édité par Paul Edwards, New York, Macmillan, 1967, p. 96.

199 *Ibid.*, p. 97.

200 Emmanuel Kant, *Principes métaphysiques de la morale* (traduction de Joseph Tissot, 1854).

201 L'expression « qui nous sommes vraiment » est ambiguë. Cela peut faire référence au soi métaphysique (le soi en tant que substance spirituelle, par exemple, ou en tant qu'image du Divin). Ou cela peut faire référence au soi psychologique, notre caractère ou personnalité. Puisqu'il n'y a pas de raison de penser que nos choix révèlent notre identité métaphysique, Dumbledore doit parler du soi psy-

Manifestement, les choix intérieurs par eux-mêmes ne peuvent pas dire grand-chose à propos de notre véritable soi. Par exemple, le simple fait que Dudley Dursley ait décidé d'arrêter de manger des bonbons ne lui permettra pas de mieux connaître sa propre personnalité, à moins de savoir pourquoi il a arrêté, s'il sera capable de tenir sa résolution sur la durée, etc.

D'une façon similaire, les choix-actions ne peuvent pas non plus révéler beaucoup d'éléments sur notre soi intérieur. Le caractère, comme le dit Aristote, est une question de disposition fixée, d'habitudes, et non d'actions individuelles. Ce n'est pas parce que Hermione Granger enfreint parfois les règles (par exemple en aidant à organiser l'Armée de Dumbledore) qu'on peut la qualifier de tête brûlée. De plus, comme dans l'exemple de Kant avec les deux commerçants, les actions physiques manifestes d'une personne ne nous renseignent pas beaucoup sur ses véritables motivations. Dans les livres *Harry Potter*, ce point est brillamment illustré par le personnage de Severus Rogue. Pour des observateurs extérieurs, les actions de Rogue apparaissent souvent comme celles d'un partisan dévoué de Voldemort. Pourtant, à la fin, on réalise que la véritable loyauté de Rogue était dévouée à Dumbledore et à la mémoire de Lily Potter.

Le genre de choix le plus révélateur est en général celui des choix-motifs. Les choix-motifs transmettent plus d'informations que les choix intérieurs ou les choix-actions. Ils nous apprennent non seulement quel choix on a fait (mentalement), mais aussi ce qui nous a motivé et si on a eu la force et la fermeté de caractère d'appliquer ses décisions. Dumbledore pense très certainement aux choix dans ce dernier sens complexe lorsqu'il félicite Harry à la fin de *La Chambre des secrets* et affirme que les choix sont plus révélateurs que les aptitudes. Les choix auxquels Dumbledore fait référence (par exemple, la décision de Harry de risquer sa vie en entrant dans la Chambre des secrets pour sauver Ginny Weasley) ne sont pas simplement les décisions personnelles de Harry ou ses seuls actes physiques. Dumbledore loue l'ensemble : (a) la *décision* de Harry (b) d'entrer dans la Chambre des secrets *pour sauver Ginny Weasley*, (c) *ce qu'il a fait en étant*

---

chologique.

conscient des obstacles et des dangers qu'il courait. En ce sens, le choix de Harry était extrêmement révélateur de son caractère.

Existe-t-il des cas où nos choix-motifs ne révèlent pas grand-chose à propos de notre véritable caractère ? Bien sûr. Des choix insignifiants, comme choisir des Patacitrouilles plutôt que des fondants du chaudron dans le chariot du Poudlard Express, ne disent pas grand-chose sur notre être profond. D'une manière plus significative, nos choix-motifs peuvent ne rien apporter ou même être carrément trompeurs si l'on se trompe sur nos vrais motifs pour prendre cette décision ou la véritable nature ou valeur de ce choix. Avec son incroyable mauvaise foi, Vernon Dursley peut penser que son motif pour traiter Harry si misérablement est de se protéger des choses magiques pour son bien. Mais si son véritable motif est de punir Harry parce qu'il possède des pouvoirs spéciaux ou parce que sa simple présence représente un fardeau pour les Dursley, alors le choix-motif de l'oncle Vernon, comme il l'entend lui, dissimule son vrai caractère plutôt que de le révéler[202].

Les choix-motifs peuvent aussi tromper ceux qui ne sont pas conscients de la véritable nature de leurs actes. Vernon et Petunia Dursley pensent qu'ils sont de bons parents, qui couvrent leur « Dudlynouchet adoré » d'amour et d'affection. En réalité, bien sûr, ce sont d'horribles parents qui gâtent et dorlotent Dudley sans vergogne. À cause de leur incompétence à ce niveau, ils croient à tort que leurs choix parentaux dévoilent leurs caractères d'une manière positive. Ainsi, au lieu d'apprendre de leurs choix, ils les induisent en erreur.

Dans le monde magique de J.K. Rowling, il y a une autre chose qui fait que nos propres choix-motifs ne peuvent pas contribuer à la compréhension de soi. Dans ce monde, il peut être difficile de savoir si c'est bien *vous* qui avez pris cette décision.

202 Pour en apprendre plus sur le talent des Dursley pour la mauvaise foi, voir Diana Mertz Hsieh, « La duplicité des Dursley : Moralité et psychologie de la mauvaise foi » in David Baggett et Shawn E. Klein, *Harry Potter et la Philosophie – Petit traité à l'usage des Moldus*, Éditions Michel Lafon, 2006, p. 35-57.

Repensez à la scène dans *L'Ordre du Phénix* lorsque Harry croit que c'est lui qui a attaqué Arthur Weasley sous la forme d'un serpent géant. Ce n'est que plus tard qu'il apprend que c'est Voldemort qui a essayé de tuer Mr. Weasley, et que Harry partageait l'expérience du Seigneur des Ténèbres au moyen du fragment d'âme de Voldemort qu'il porte en lui.

Ou l'épisode du *Prince de Sang-Mêlé*, lorsque Voldemort vole la baguette de Morfin Gaunt, l'utilise pour tuer son père et ses grands-parents moldus puis implante un faux souvenir dans l'esprit de Morfin pour lui faire croire que c'est lui qui a tué les Jedusor.

Enfin, pensez aux confusions que peuvent provoquer certains sorts comme le sortilège de l'Imperium, le Polynectar et les modifications de la mémoire. Imaginez que Fred et George Weasley aient jeté un sort sur une bouteille de whisky Pur Feu pour qu'elle ait l'apparence et le goût d'une Bièraubeurre. Vous la buvez et vous vous endormez à cause de l'alcool. Le lendemain matin, vous êtes convoqué dans le bureau de Dumbledore et accusé d'avoir métamorphosé Miss Teigne, la chatte de Rusard, en tatou. L'auriez-vous fait ? Vous ne vous souvenez de rien, mais trois élèves de Poufsouffle jurent qu'ils vous ont vu lancer un sort à la chatte. Dumbledore applique le sortilège Prior Incanto sur votre baguette et détermine que c'est bien votre baguette qui a lancé le sort. Trois possibilités se présentent à vous : (1) vous avez lancé le sort mais ne vous en souvenez plus à cause de la bibine (ou peut-être parce que vos souvenirs ont été modifiés) ; (2) vous avez lancé le sort, mais seulement car vous étiez sous l'emprise du sortilège de l'Imperium et vous n'avez aucun souvenir puisque personne ne se souvient de quoi que ce soit lorsqu'il est sous cette emprise ; (3) une personne a pris votre apparence grâce au Polynectar et a lancé le sort en utilisant votre baguette. Si (1) est vrai, alors c'était votre choix de métamorphoser la chatte, et vous êtes au moins en partie responsable de ce mauvais usage de la magie. Par contre, si la proposition (2) ou (3) est vraie, alors vous n'avez pas (volontairement) lancé le sort et vous n'êtes pas responsable de ce mauvais usage de la magie. Que s'est-il réellement passé ? Il n'y a aucun moyen de le savoir. Par conséquent, aucune conclusion catégorique ne peut être apportée sur votre personnalité à la lumière de cet épisode (à part que vous êtes vraiment une andouille d'avoir fait confiance à Fred et George).

Comme le montrent clairement ces exemples, il est encore plus difficile dans le monde magique de savoir quels choix on fait. Les limites entre soi et les autres sont moins claires dans ce monde que dans le nôtre, et les possibilités de manipulation, contrôle et illusion sont plus importantes. Pourtant, dans le monde de Rowling comme dans le nôtre, les choix donnent souvent un aperçu précieux de notre propre personne. Selon Dumbledore, les choix apportent « beaucoup plus » d'informations que nos aptitudes. Pour voir si c'est vrai, nous devons d'abord comprendre ce que sont ces aptitudes et en quoi elles diffèrent des choix.

DES APTITUDES

La notion d'aptitude, comme le fait remarquer le psychologue Michael J.A. Howe, est un « concept flou »[203]. En général, une aptitude est le pouvoir ou la capacité de faire quelque chose. Ainsi, Voldemort possède la rare aptitude à voler sans balai parce qu'il a les talents magiques nécessaires pour pouvoir voler de cette manière. De la même façon, Sirius, en tant qu'Animagus, possède l'aptitude à se transformer en un grand loup noir parce qu'il a la capacité autodidacte de le faire.

Cela semble clair, mais ce qui rend le concept d'aptitudes « flou », c'est qu'elles ont des niveaux différents et varient souvent selon les circonstances. Je connais environ soixante-dix mots dans le langage des êtres de l'eau ; vous en connaissez trois cents. Est-ce que je possède l'aptitude de parler cette langue ? À un certain degré oui, mais pas aussi bien que vous. Je sais invoquer le Patronus d'un écureuil, mais seulement lorsque je me sens vraiment calme et serein, ce qui est rare. Ai-je l'aptitude d'invoquer ce Patronus ? Parfois, mais pas très souvent. En d'autres termes, il est difficile de dire si quelqu'un « possède » ou non une aptitude particulière.

203 Michael J. A. Howe, *Principles of Abilities and Human Learning*, London, Psychology Press, 1998, p. 55.

C'est un des éléments qui distinguent ces deux notions : les choix ont tendance à être plus clairs que les aptitudes. Comme nous l'avons vu, les choix sont des *actes*, qu'ils soient mentaux ou physiques. Normalement, il y a une réponse sans équivoque à la question « a-t-il fait ce choix particulier ? »[204]. Peter Pettigrow a-t-il choisi de trahir les parents de Harry au lieu d'être tué par Voldemort ? La question ne se pose pas. Harry a-t-il choisi de rompre avec Ginny à la fin du *Prince de Sang-Mêlé* pour la protéger ? Absolument. À l'opposé, les aptitudes sont des pouvoirs ou des capacités, et non des actes[205]. Elles ont tendance à être plus variables que les choix.

EN QUOI NOS APTITUDES SONT-ELLES RÉVÉLATRICES ?

Dumbledore suggère que nos choix ont tendance à être plus révélateurs à propos de soi que nos aptitudes. A-t-il raison ? Eh bien, certaines aptitudes ne révèlent rien ou pas grand-chose sur le caractère d'une personne ou son être intérieur. En général, ces aptitudes :

- sont insignifiantes (exemple : la capacité de faire bouger ses oreilles) ;
- sont communes au plus grand nombre (exemple : la capacité de digérer des céréales) ;
- ne sont pas sous notre contrôle conscient (exemple : la capacité de respirer pendant le sommeil) ;
- sont innées et non acquises (exemple : la capacité de pleurer)[206] ;
- ne sont pas reconnues (exemple : la capacité de Harry de parler le Fourchelangue, avant qu'il se rende compte de son don dans *L'École des sorciers*).

---

204 Bien sûr, il est parfois difficile de savoir si quelqu'un a fait un choix particulier (« Marietta a le regard fuyant. A-t-elle décidé de trahir l'Armée de Dumbledore ? »).
205 Selon les termes d'Aristote, les choix appartiennent à la catégorie des actes alors que les aptitudes appartiennent à celle du pouvoir. Voir Aristote, *Métaphysique*, livre V, chapitre 7.
206 Comme le fait remarquer Dumbledore : « [...] ce qui compte, ce n'est pas la naissance, mais ce que l'on devient ! », *Coupe de feu*, p. 748.

D'une manière plus importante, de nombreuses sortes d'aptitudes ne seront pas particulièrement révélatrices parce que ce sont des *capacités moralement neutres* qui peuvent être utilisées judicieusement ou imprudemment, moralement ou immoralement. Cela semble être le point de vue de Dumbledore lorsqu'il dit que Harry possède « beaucoup de qualités que Serpentard appréciait chez ses élèves. La faculté de parler le Fourchelangue, l'ingéniosité, la détermination… un certain dédain pour les règlements »[207]. Remarquez que chacune des qualités que mentionne Dumbledore peut être utilisée à des fins louables ou mauvaises. Par exemple, Voldemort et Harry sont tous les deux ingénieux. Mais Voldemort a utilisé cette ingéniosité pour atteindre ses desseins de domination du monde et l'immortalité, alors que Harry l'utilise pour sauver ses amis et combattre la tyrannie. De même, Dumbledore et Voldemort possèdent tous les deux des capacités magiques exceptionnelles. Pourtant, Dumbledore utilise ses talents pour faire le bien, alors que Voldemort les utilise pour faire le mal. Ainsi, le simple fait d'avoir des qualités comme l'ingéniosité ou des aptitudes magiques hors du commun ne révèle rien sur le genre de personne que vous êtes. C'est la manière dont vous utilisez ces aptitudes qui comptent vraiment.

Est-ce que cela signifie que les aptitudes ne révèlent jamais rien sur le caractère d'une personne ? En aucun cas. Les aptitudes qui ne peuvent être acquises que par un travail acharné, le sacrifice de soi et la détermination peuvent nous en apprendre beaucoup sur une personne. Il en est de même pour les aptitudes morales, comme la capacité de ressentir de l'empathie pour la douleur des autres, de faire passer les besoins des autres avant les siens, de faire des projets prudents pour l'avenir et de rester déterminé même après avoir essuyé un échec. Donc, si Dumbledore veut dire que les choix sont *généralement* plus révélateurs que les aptitudes, alors il a sans doute raison. Mais en même temps, nous devons aussi être honnêtes et penser à nos propres aptitudes, parce qu'elles aussi peuvent nous apprendre beaucoup de choses sur nous et la façon de vivre mieux et plus heureux.

207 *Chambre des secrets*, p. 347.

AU-DELÀ DES CHOIX :

VERS UNE COMPRÉHENSION DE SOI PLUS POUSSÉE

Réfléchir sur vos choix passés peut vous en apprendre beaucoup sur vous-même, mais cela peut aussi ne rien vous apporter. Prenons Gilderoy Lockhart. Lockhart pense très souvent à lui… tout le temps en fait. Mais son image de lui est complètement faussée. Il s'imagine être un grand professeur de Défense contre les forces du Mal, alors qu'il n'est même pas capable de maîtriser des lutins de Cornouailles. Bien qu'il se présente comme un expert en duel, le sort Expelliarmus de Rogue l'envoie facilement valser. Il s'imagine en vain que tout le monde est fan de lui et lorsqu'il déclare avec assurance qu'il peut réparer le bras blessé de Harry, il ne parvient finalement qu'à faire disparaître tous ses os. Pourquoi un tel décalage ? Parce que Lockhart est aveugle, il ne voit pas ses propres défauts. Il regarde mais ne voit pas.

C'est le problème essentiel qu'entraîne le fait de chercher à se connaître en se limitant à réfléchir sur ses propres choix. Si vous portez des lunettes qui colorent tout en rose (ce que les psychologues appellent des « œillères cognitives »), vous ne verrez pas votre vraie personne.

Alors quelle est la meilleure stratégie pour réussir à se connaître ? Si l'on regarde ce que les grands penseurs ont dit à ce sujet, on peut identifier quatre stratégies majeures :

Prendre l'habitude de s'auto-examiner.

Être conscient de ses tendances irrationnelles.

Accepter l'aide de ses amis.

Se lancer des défis.

Prendre l'habitude de s'auto-examiner

La connaissance de soi demande du temps, de l'ouverture d'esprit et de l'humilité. Quels sont mes valeurs et engagements les plus chers ? Qu'est-ce que j'aime ? Qu'est-ce que je n'aime pas ? Qu'est-ce qui me passionne ? Quelles sont mes plus grandes forces et mes plus grandes faiblesses ? Suis-je la personne que je veux être ? Que puis-je faire de mon temps et de mes talents ? Comment voudrais-je qu'on se souvienne de moi une fois que je ne serai plus là ? Ce sont des questions complexes et y trouver des réponses prend beaucoup de temps. Cela requiert aussi de l'ouverture d'esprit et de l'humilité parce que, comme l'a fait remarquer Socrate, pour la plupart d'entre nous, il est difficile d'affronter des vérités déplaisantes à notre propos et d'admettre nos limites.

Comme l'a soulevé le philosophe Thomas Pangle, la plupart du temps, lorsqu'on se remet sérieusement en question, c'est parce qu'on a des ennuis. Certaines crises vitales arrivent : on perd un emploi, on divorce, on est viré de l'école ou on sort de chez le coiffeur avec une sale tête. Ce n'est qu'alors, semble-t-il, qu'on cherche à évaluer sérieusement où on en est dans la vie et qu'on repense aux choix qu'on a faits. Mais la vie ne devrait pas être vécue en mode automatique. Tout comme on doit prendre l'habitude de faire attention à ce qu'on mange et faire du sport, on doit prendre l'habitude d'être pleinement conscient et de s'auto-examiner. Ce n'est qu'en se connaissant vraiment soi-même que l'on peut vivre honnêtement et trouver sa voie.

Dumbledore est un modèle d'individu réfléchi et conscient de sa personne. Lorsqu'il était jeune, il s'est rendu compte que sa plus grande faiblesse était l'amour du pouvoir. En réalisant cela, il n'a jamais accepté le poste de ministre de la Magie, bien qu'il lui ait été proposé à plusieurs reprises. Dumbledore a tiré une leçon importante de son attachement pour celui qui deviendra un mage noir, Gellert Grindelwald. Dans une interview de 2008, Rowling a affirmé que Dumbledore « a complètement perdu ses repères moraux » lorsqu'il est tombé amoureux de Grindelwald[208]. Par conséquent, Dumbledore a perdu confiance en ses propres jugements sur ses sentiments et a décidé de vivre une vie de célibat et d'érudition.

Dans son effort de vivre ce que Socrate a appelé « la vie examinée », Dumbledore utilise régulièrement la Pensine, une sorte de bassine magique en pierre qui permet aux individus de visionner leurs propres souvenirs ou ceux d'un autre d'une

208 Adeel Amini, « Minister of Magic », http://gallery.the-leaky-cauldron.org/picture/207262.

perspective extérieure. Dumbledore dit à Harry que lorsqu'il a trop de pensées et de souvenirs qui se bousculent dans son esprit, il utilise la Pensine pour siphonner cet excès d'idées. Cela désencombre l'esprit, efface les souvenirs obsédants ou douloureux et améliore la concentration mentale. La perspective à la troisième personne permet aussi de « distinguer les structures et les liens qui les unissent » plus facilement et de remarquer des choses dont on n'avait pas été conscient lors de l'expérience originale[209]. Il est clair qu'un tel système serait d'un grand secours pour apprendre à se connaître… sans mentionner que cela permettrait de revoir instantanément certaines actions lors de la coupe du monde de Quidditch !

Être conscient de ses tendances irrationnelles

Aristote définit classiquement les humains comme des « animaux rationnels » (mais évidemment, il n'a jamais vu un épisode du *Jerry Springer Show*). Le fait est que nous, humains, devenons régulièrement la proie du parti pris, des préjugés, de l'égocentrisme, de l'étroitesse d'esprit, de l'illusion et de stéréotypes irrationnels. Et comme nous l'avons vu, vos choix ne peuvent pas vous apprendre grand-chose à propos de votre véritable personnalité si, comme les Dursley ou Lockhart, l'image que vous avez de vous-même est déformée par une mauvaise façon de penser.

La solution est de reconnaître et combattre activement ses tendances irrationnelles. Même si on adore se voir comme un individu exceptionnellement conscient de sa personne et perspicace, nous sommes tous humains et recevons donc en héritage tous les défauts de pensées qui sont si souvent liés à notre espèce.

Presque tout l'éventail d'irrationalité humaine est représenté dans les romans *Harry Potter* : pensez au culte que Percy Weasley voue aux règles et à son amour du pouvoir, au racisme virulent et à l'esprit discriminatoire de Malefoy, à la jalousie irrationnelle de Ron, à l'affection aveugle de Rubeus Hagrid pour les créatures magiques dangereuses, à l'étroitesse d'esprit de Cornelius Fudge, à la crédulité de Luna Lovegood face à l'étrange. Mais le

209 *Coupe de feu*, p. 634.

meilleur exemple de pensée irrationnelle de Rowling est la manière dont les sorciers traitent les elfes de maison.

Les elfes de maison sont effectivement des esclaves dans le monde magique. Ils sont liés à vie à des familles aisées ou à des institutions comme Poudlard. Ils accomplissent des tâches subalternes non rémunérées, reçoivent peu d'éducation, portent de vieux bouts de tissu comme des taies d'oreiller usées en guise de vêtements, n'ont pas le droit d'utiliser de baguettes magiques et peuvent être battus, harcelés et même tués par leurs maîtres en toute impunité. Pourtant, peu de sorciers considèrent ce type de servitude contractuelle comme un problème moral. Pourquoi cet aveuglement éthique ? Parce que, comme le font remarquer Ron et Hagrid, à l'exception de « loufoques » comme Dobby, presque tous les elfes de maison aiment être esclaves et considèrent même la liberté, comme c'est le cas de Winky, comme quelque chose de déprimant et honteux[210].

Cependant, comme le fait remarquer Hermione, le fait que les elfes de maison aient été conditionnés à payer leur propre oppression ne justifie pas une telle pratique[211]. Bien que Harry, au début, partage les préjugés conventionnels concernant les elfes de maison, il accepte au bout du compte la conception de Hermione, en creusant la tombe de Dobby de ses propres mains et en inscrivant : « Ci-gît Dobby, elfe libre » sur sa pierre tombale[212]. Dans ce processus de prise de conscience morale, Harry est grandement aidé par son amie Hermione, une infatigable défenseuse des droits des elfes. Cela nous amène à notre troisième point.

Accepter l'aide de ses amis

Les humains ne sont pas comme les Borgs dans *Star Trek*. Nous n'avons pas une conscience collective qui nous permet de ressentir directement les pensées et les émotions des autres. Nous vivons nos vies « de l'intérieur », du point de vue de la

---

210 Voir, par exemple, *Coupe de feu*, p. 241 et 284 ; et *Ordre du Phénix*, p. 436.

211 Il n'est pas commun, pour des personnes asservies, d'intérioriser les valeurs de leurs oppresseurs au point de considérer leur oppression comme naturelle ou juste. C'est une forme de ce que les marxistes appellent « la fausse conscience ».

212 *Reliques de la mort*, p. 561.

mini-caméra personnelle de notre vie. Cela nous donne un accès privilégié à ce qui se passe à l'intérieur de notre tête. Mais parfois, il nous arrive d'être trop près pour voir vraiment qui nous sommes. Nous manquons de recul, d'objectivité. C'est là que les amis peuvent aider. Les amis peuvent vous dire lorsque vous êtes égoïste, grossier ou si vous passez pour un parfait idiot. Inversement, ils peuvent vous faire savoir lorsque vous êtes gentil, généreux ou être là si vous avez besoin de réconfort.

Dans les livres *Harry Potter*, les amis jouent très souvent un rôle primordial pour améliorer la connaissance de soi. Par exemple, Hermione aide Harry à comprendre pourquoi il a été indélicat avec Cho Chang lors de leur rendez-vous à Pré-au-Lard ; Harry, Ron et Hermione soutiennent Neville pour qu'il surpasse sa timidité maladive et son manque de confiance en lui ; et Hagrid aide Ron à comprendre pourquoi l'amitié ne doit pas être gâchée par des jalousies mesquines. Dans la même logique, les personnages qui manquent visiblement d'amis proches pour les soutenir, comme les Dursley, Lockhart ou le professeur Slughorn, ont tendance à ne pas évoluer dans leur connaissance de soi. Des amis honnêtes et attentionnés peuvent être un miroir dans lequel on voit qui l'on est vraiment.

Se lancer des défis

Dans la vie ordinaire, les gens ont tendance à avoir un comportement stéréotypé. Vous n'apprendrez pas beaucoup d'une personne en regardant comment elle se brosse les dents ou comment elle marche jusqu'à l'arrêt de bus. C'est dans des situations qui sortent de l'ordinaire (particulièrement dans des situations de défi ou d'adversité) que de grandes différences entre les personnes apparaissent. C'est pourquoi, comme le philosophe et poète romain Lucrèce l'observait : « C'est dans les dangers qu'il faut observer l'homme, c'est dans l'adversité qu'il se révèle : alors seulement la vérité jaillit de son cœur ; le masque tombe, le visage réel apparaît »[213].

Dans les livres *Harry Potter*, Harry et ses amis sont perpétuellement mis à l'épreuve. Encore et encore, ils sont placés dans

213 Lucrèce, *De la nature humaine*, livre 3, paragraphe 4.

des situations qui testent leur courage, leur loyauté, leur intelligence et leur ingéniosité. À quelques exceptions près (comme lorsque Ron abandonne temporairement Harry et Hermione dans *Les Reliques de la mort*), ils réussissent leurs tests haut la main et prouvent leur véritable bravoure. Par conséquent, leur confiance en soi et leur connaissance d'eux-mêmes grandissent et ils ressortent finalement (tout comme Frodon et ses amis hobbits dans *Le Seigneur des Anneaux* de J.R.R. Tolkien) en héros humbles mais à l'épreuve des batailles.

LE DERNIER CRITÈRE

Finalement, Dumbledore a raison lorsqu'il dit que nos choix ont tendance à être bien plus révélateurs que nos aptitudes. Nos aptitudes nous montrent ce que nous pouvons faire, mais nos choix nous révèlent plus clairement nos qualités de caractère et ce qui nous tient profondément à cœur. En ce sens, il est vrai, comme l'écrivain Tobias Wolff le fait remarquer, que « nous nous définissons, nous et nos valeurs les plus chères, par les choix que nous faisons, jour après jour, heure après heure, tout au long de notre vie »[214]. Mais comme nous l'avons vu, certains choix sont plus révélateurs que d'autres. Le dernier critère d'une personne est révélé par son comportement face à l'épreuve, au défi et à l'adversité. Selon ce critère, Harry et ses amis méritent tous un O, pour Optimal !

---

214 Cité dans « Moments That Define Spirituality », http://edition.cnn.com/2008/LIVING/wayoflife/06/10/o.spirituality.2.u/index.html.

LA MAGIE DE LA TRANSFORMATION PERSONNELLE

S. Joel Garver

Lorsque nous rencontrons Dudley Dursley pour la première fois, c'est un parfait abruti. Dudley méprise Harry et le traite comme « un chien qui aurait traîné dans un lieu malodorant »[215]. Dudley veut toujours n'en faire qu'à sa tête, et lorsqu'il va voir ses parents, Petunia et Vernon, il sait comment obtenir ce qu'il veut. Dudley pense qu'il a toujours raison et que tout ce qu'il fait est parfait. Il ne peut pas se considérer autrement que comme un cadeau fait au monde par Dieu, un modèle de perfection juvénile, qui a droit à tout ce qui se présente à lui. Et il ne peut pas voir Harry autrement que comme une nuisance, une distraction sans valeur, une menace potentielle au petit confort personnel de Duddy.

Pourtant, au début des *Reliques de la mort*, Dudley a radicalement changé. Il dépose une tasse de thé pour Harry devant sa chambre au 4, Privet Drive, et il incite ses parents à faire ce que Harry leur conseille. Au bout du compte, Dudley parvient à exprimer quelque chose qui ressemble à de l'affection et de la gratitude envers Harry, malgré l'incompréhension de ses parents et sa propre gêne. À la fin, lorsque Dudley serre la main de Harry et lui dit au revoir, Harry voit en lui une « personnalité différente »[216].

Que s'est-il passé ? Comment Dudley en est-il venu à voir Harry différemment, non pas comme une nuisance mais avec

215 *Chambre des secrets*, p. 11.
216 *Reliques de la mort*, p. 42-56.

respect ? Et cela veut-il dire que Dudley se voit lui-même différemment ? Si tel est le cas, comment ce changement s'est-il produit ?

Ces questions concernent le développement personnel de Dudley, mais elles soulèvent aussi des problèmes épistémologiques fascinants. L'épistémologie est une partie de la philosophie qui pose et essaie de répondre à des questions sur la façon dont on connaît les choses. Ici, considérons la manière dont Dudley et Harry sont venus à se connaître eux-mêmes et les autres d'une façon différente d'avant. En examinant comment ces deux personnages ont grandi et se sont développés, nous pouvons comprendre comment Rowling présente la connaissance comme un processus de transformation personnelle. Comme nous le verrons, lorsqu'on se rencontre soi-même et qu'on rencontre les autres de manière significative, notre esprit et notre cœur grandissent et nous devenons de plus fins connaisseurs[217].

ORIENTER NOS PRÉJUGÉS

D'après le philosophe allemand Hans-Georg Gadamer (1900-2002), afin de bien connaître et interpréter notre monde, nous devons venir au monde avec des « préjugés »[218]. À chaque fois que l'on essaie d'interpréter une situation, une personne ou un texte, nous apportons avec nous des questions, des idées reçues et des attentes, comme une poignée d'outils sortis d'une boîte bien fournie. Sans ces préjugés, nous n'aurions aucun moyen de « pénétrer » ce que l'on essaie de comprendre. Ce serait comme une boîte fermée devant laquelle on resterait, impuissant et bredouille.

---

217 Les philosophes distinguent plusieurs types de connaissance. La connaissance « personnelle » concerne la connaissance immédiate (connaître Luna Lovegood, connaître le Chaudron Baveur). La connaissance « propositionnelle » concerne la connaissance sur tel cas, qu'il s'agisse de quelque chose qu'on a appris personnellement ou non (savoir que la coupe de Poufsouffle se trouve à Gringotts, savoir que seules les personnes qui ont déjà vu la mort peuvent voir les Sombrals). Enfin, la connaissance « pratique » ou « procédurale » concerne la manière de faire quelque chose (savoir Transplaner, savoir infliger le sortilège Doloris). Souvent, ces différents types de connaissance se croisent. Ici, nous nous concentrerons essentiellement sur des actes de compréhension de soi, qui implique généralement à la fois la connaissance personnelle et la connaissance propositionnelle.

218 Hans-Georg Gadamer, *Vérité et Méthode*, Éditions du Seuil, 1996.

Nos préjugés modèlent les types d'informations que nous arrivons à extraire de ce que nous essayons de comprendre. Mais si nous nous présentons devant ces choses avec les mauvais outils, nous ne pourrons pas beaucoup avancer. Ce que nous essayons d'interpréter et de comprendre nous résistera. Après tout, il est difficile d'extraire une vis avec une pince, et encore plus avec un marteau.

Gadamer dit qu'il est inutile de prétendre ne pas avoir de préjugés qui façonnent la manière de penser et de percevoir les choses. Le problème est de savoir si nos préjugés nous aideront à mieux comprendre ou s'ils risquent de nous barrer la route. Ce n'est pas simplement que les mauvaises questions ou les mauvaises attentes ne nous amèneront pas bien loin. Le fait qu'elles nous aident à comprendre ou non dépend aussi de la souplesse avec laquelle on tient à ses préjugés et de notre capacité de laisser les situations que l'on affronte défier et remodeler nos stratégies. Lorsqu'on se retrouve face à une boîte scellée par des vis, avons-nous le bon sens de poser le marteau pour aller chercher un tournevis ?

L'IGNORANCE DU PETIT DUDLINOUCHET

Si la théorie de Gadamer s'applique à notre monde, peut-elle s'appliquer aussi au monde de Harry ? Dudley se voit comme le centre de l'univers et interprète son environnement à travers le spectre de son ego bouffi. Cela est dû principalement à la façon dont Petunia et Vernon le dorlotent constamment. À leurs yeux, il n'y a pas de « plus bel enfant au monde » que leur « petit agneau »[219]. Ils bâtissent et renforcent l'estime que Dudley a de lui aux dépens de Harry, en privilégiant leur fils avec des cadeaux, des vêtements et un traitement de faveur. De même, la tante Marge est contente de voir son « petit neveu adoré » Dudley et de lui donner un billet de vingt livres. Comment un enfant traité ainsi pourrait-il se sentir autrement que spécial et privilégié ?

219 *École des sorciers*, p. 7 et 28.

De plus, l'ego de Dudley résiste à toutes sortes de restructuration ou de changement. Chaque information qui pourrait défier ou modifier les préjugés de Dudley est passée sous silence ou transformée par ses parents. Ils arrivent à « lui trouver toutes sortes d'excuses pour justifier ses mauvaises notes », en répétant que Dudley est « un garçon très doué » mais incompris par ses professeurs, et ignorent les accusations de brutalité en soutenant que Dudley est un « petit garçon turbulent, mais [qui] ne ferait pas de mal à une mouche ». Même lorsque Dudley est obligé de faire un régime, la tante Petunia affirme que c'est juste un « garçon en pleine croissance » avec des « os épais » qui a encore « besoin de manger beaucoup »[220]. Cet environnement de flatteries et d'indulgence modèle la conception intellectuelle de Dudley qui lui permet de comprendre son monde, sa place dans celui-ci et celle de son cousin Harry.

Mais la rencontre que fait Dudley avec la terreur glaciale des Détraqueurs le secoue violemment et le force à être confronté à lui-même d'une nouvelle façon qui l'oblige à réajuster radicalement l'estime qu'il avait de lui auparavant. Comme le sait Harry, les Détraqueurs font revivre à Dudley les pires moments de sa vie. La façon de penser de Dudley, qui était conçue pour modifier ou repousser la vérité, s'efface alors. Pour la première fois, Dudley voit clairement qui il est vraiment (une « brute » « gâtée » et « choyée ») et commence à comprendre quelle est sa place dans le monde[221]. Lorsque Dumbledore parle des « terribles dommages » que Petunia et Vernon ont « infligés au malheureux garçon », peut-être Dudley est-il finalement prêt à entendre et accepter le diagnostic de Dumbledore, même si ses parents, eux, ne le sont pas[222].

TRAHI PAR LES IDÉES REÇUES

L'expérience de Dudley n'est pas unique mais reflète plutôt les expériences d'autres personnages de J.K. Rowling. Le tempérament de Harry, ses idées reçues et ses attentes modèlent sa façon

220 *Coupe de feu*, p. 34-35.
221 *Ordre du Phénix*, p. 42.
222 *Prince de Sang-Mêlé*, p. 68.

de penser. Il suffit de revenir sur les préjugés que Harry a continuellement sur Severus Rogue, sur sa crainte initiale que Sirius Black se soit échappé pour le tuer, sur la confiance qu'il offre au faux Maugrey Fol Œil, à sa foi en la véracité de ses rêves et son attachement pour le livre de Potions du prince de Sang-Mêlé.

Tous ces éléments rendent Harry aveugle face à la réalité des situations qui l'entourent. Il ne voit pas où se trouvent les véritables dangers, ni qui lui veut vraiment du mal, ni encore ce qui va effectivement se passer. Il est inconscient de sa propre capacité de tromper et de la douleur que peut causer le sort Sectumsempra. Harry perçoit bien souvent son monde avec les mauvaises attentes et questions et, par conséquent, ne parvient pas à obtenir les bonnes réponses. Parce que nous, lecteurs, partageons la perspective de Harry, nous sommes aussi enclins à interpréter les événements à travers le mauvais spectre.

De la même manière, d'autres personnages se trompent sur les situations ou les personnes qui les entourent. La passion de jeunesse de Dumbledore pour Gellert Grindelwald nourrit ses rêves malavisés de domination du monde par les sorciers « pour le plus grand bien »[223]. Merope Gaunt est attirée par le riche Tom Jedusor et désire échapper à sa vie familiale misérable, même si pour y parvenir elle doit avoir recours à une potion. Dans *Les Reliques de la mort*, Hermione Granger, Harry et Ron Weasley voient leurs peurs, soupçons et idées reçues magnifiés par l'Horcruxe médaillon. Leurs mauvaises interprétations ne prennent fin que lorsque Ron fait une crise de paranoïa et de jalousie et se blesse. De même, la soif des Malefoy pour le pouvoir des Sang-Pur les pousse à sous-estimer la profondeur du mal dans lequel Voldemort va tomber.

Dans chaque cas, les préjugés amènent les personnages à mal interpréter la vérité jusqu'à ce que la douleur liée au fait d'affronter la réalité les force à revenir sur leurs idées. C'est pourquoi la vérité est quelque chose qu'il faut choyer : de fausses convictions ne dépeignent pas le monde d'une manière précise et s'avèrent alors être une carte peu fiable pour le traverser.

223 *Reliques de la mort*, p. 415.

Considérons un exemple spécifique qui concerne Harry. Dans *L'Ordre du Phénix*, Harry est perturbé à juste titre par ses intrusions dans l'esprit de Voldemort. Ces flashes de vision surviennent généralement lorsque Harry dort et rêve, lorsque son esprit est le plus « détendu et vulnérable »[224].

Pourtant, Harry continue d'être impudent en croyant à tort qu'il est le seul à comprendre la véritable nature et les capacités de Voldemort. Alors Harry croit que ses rêves reflètent la réalité, telle une fenêtre avec une vue privilégiée sur l'esprit de Voldemort. Cependant, Dumbledore prévient Harry que s'il peut voir dans l'esprit de Voldemort, alors ce dernier peut certainement voir dans le sien. Et si le Seigneur des Ténèbres prenait conscience de sa connexion avec Harry, il pourrait utiliser ses pouvoirs exceptionnels de legilimancie pour manipuler et tromper le jeune sorcier.

Harry, certain de ses propres idées, ne prend pas en compte les avertissements de Dumbledore. Même lorsque le directeur lui dit qu'il « doit absolument étudier l'occlumancie », Harry ne s'entraîne pas et devient vite la proie de ses nouveaux rêves[225]. Bien que Dumbledore en personne envoie Harry à Rogue pour qu'il lui donne des cours d'occlumancie, les soupçons de Harry envers Rogue le poussent à résister à l'entraînement. Harry suggère même que les leçons ne font qu'empirer les choses. Lorsque Hermione le prie de continuer à s'entraîner, Harry rejette ses conseils. Plus tard, sa conversation avec Sirius suggère que Harry n'a jamais considéré l'occlumancie comme quelque chose d'important. Il est alors tentant de penser que l'accusation de Rogue vise juste et s'approche de la vérité : « Peut-être éprouvez-vous un certain plaisir à avoir ces visions et ces rêves, Potter ? Peut-être vous donnent-ils le sentiment d'être quelqu'un de très original, d'important ? »[226].

224 *Ordre du Phénix*, p. 619.
225 *Ibid.*, p. 740 et 755.
226 *Ibid.*, p. 703.

Dans ce cas, le prix des préjugés de Harry est important : la mort de son parrain, Sirius Black. Pendant ses B.U.S.E. d'Histoire de la magie, Harry somnole et voit Sirius être torturé par Voldemort dans le Département des Mystères. Sa réaction immédiate est d'élaborer un plan pour pénétrer le ministère de la Magie et sauver Sirius.

Hermione soulève toute une série d'objections concevables[227]. Plutôt que de douter de ses propres convictions, Harry s'oppose à Hermione. Il finit même par tourner les avertissements à son avantage pour soutenir ses idées, en affirmant que les leçons d'occlumancie sont la preuve que ses rêves sont réels. Hermione parvient tout de même à persuader Harry de vérifier d'abord si Sirius est toujours au Square Grimmaurd avant d'essayer de le sauver. En utilisant la cheminée du bureau du professeur Ombrage pour se connecter à la maison de Sirius, Harry ne trouve que Kreattur, l'elfe de maison lugubre et douteux. Il est trop heureux de confirmer les convictions de Harry en déclarant que Sirius a quitté la maison pour se rendre au Département des Mystères. C'est tout ce dont Harry a besoin pour se lancer tête baissée dans le « sauvetage » qui mènera à la mort de Sirius.

Que sommes-nous censés faire de tout cela ? Le témoignage de Kreattur était-il une confirmation suffisante pour justifier la tentative de sauvetage de Harry ? Ou Harry a-t-il encore une fois été induit en erreur par ses émotions et sa façon de penser, qui reposaient alors entre les mains de Voldemort ? Le danger de ne pas avoir les idées claires est que Harry commence à voir certaines « preuves » comme étant fiables alors qu'elles devraient être considérées avec suspicion. Trop souvent, Harry sous-estime son manque d'objectivité en prenant pour argent comptant des preuves qu'il devrait étudier sérieusement.

Rien, à ce point de l'histoire, ne suggère que le témoignage de Kreattur mérite d'être pris au sérieux. Le comportement de

227 Hermione précise que Harry n'est jamais vraiment allé au Département des Mystères et qu'il ne peut donc savoir avec certitude à quoi ça ressemble ; que cette tournure des événements est « juste tellement improbable » ; qu'il n'y a absolument « aucune preuve » des spéculations de Harry ; que Voldemort pourrait bien parier sur la tendance célèbre de Harry à sauver les gens et à agir en héros.

l'elfe de maison lorsque Harry l'interroge semble plutôt louche ; il répond d'un air « étrangement triomphant » et en riant, malgré des traces de blessures sur les mains[228]. En fait, comme Dumbledore le fera remarquer plus tard, il avait prévenu Sirius que sa froideur et son manque d'intérêt pour Kreattur pourraient avoir des conséquences désastreuses. De plus, Harry agit seul en faisant entièrement confiance au témoignage de Kreattur parce qu'il n'a jamais pris la peine de dire à ses amis que l'elfe de maison était sa source d'information.

Toutefois, nous ne devrions pas être trop durs avec Harry. Il n'a que quinze ans et il défend de nobles intentions. Les pièges dans lesquels il tombe nous rappellent les fois où nous-mêmes (à cause de notre jeunesse, notre impudence, notre paresse ou notre impétuosité) n'avons vu que ce que nous voulions voir, à cause d'œillères qui cachent ou faussent la réalité.

LES SOUVENIRS AIDENT À COMPRENDRE

La mémoire joue un rôle essentiel dans le développement et la restructuration de nos idées reçues et notre façon de penser. Si on oublie le passé (notre passé personnel ou notre culture), on perd une connaissance qui a été acquise et donc des outils d'une grande valeur qui pourraient nous permettre d'accroître notre savoir. Ainsi, le temps peut être l'ennemi de la quête de connaissance, nous isolant des ressources du passé qui sont nécessaires pour connaître le présent. Ce qui est déjà arrivé peut disparaître et être perdu à jamais, complètement oublié, à moins que des traces du passé persistent d'une manière ou d'une autre dans le présent. On peut appeler ces traces les « souvenirs », particulièrement lorsqu'elles coïncident avec notre expérience et notre conscience.

Dans son autobiographie, les *Confessions*, le philosophe saint Augustin (354-430) tente d'expliquer la nature du temps et son rapport avec la mémoire. Il fait remarquer que le passé n'existe plus et que le futur n'est pas encore né. Alors comment le passé peut-il rester parmi nous ? De plus, le présent, défini comme le moment où se rencontrent le passé et le futur, n'a pas de durée.

228 *Ordre du Phénix*, p. 880.

Quelle est donc cette chose spectrale et fugace que l'on appelle « le temps » ?[229] La réponse de saint Augustin est que le temps n'est entièrement connu que par l'expérience humaine. C'est à travers nous que la mémoire du passé s'assemble en anticipant le futur dans notre conscience présente. La manière dont on ressent le « maintenant » dépend de comment le passé nous a amené jusqu'à ce moment avec tous les schémas dont on se souvient et les habitudes qu'on a prises. Cela nous aide à anticiper et aller vers le futur.

On peut mettre l'idée de saint Augustin en relation avec un point de la théorie de Gadamer. Lorsqu'il s'agit de connaître et interpréter la réalité, les préjugés sont une sorte de mémoire dont on ne peut se passer. Grâce à nos préjugés, ce qui est arrivé dans le passé affecte notre manière d'appréhender le présent et de voir le futur. Lorsqu'on se rend compte que les préjugés fonctionnent presque comme la mémoire, on peut comprendre pourquoi Gadamer les associe à la « tradition », un mot qui nous vient du verbe latin « transmettre » le passé[230].

Dans nos préjugés, nos souvenirs sont avant tout personnels. Nos expériences passées (comment on a été élevé, ce qui nous est arrivé en grandissant, quelles réactions semblent les mieux adaptées à notre façon d'être) ont modelé qui nous sommes devenus. L'importance que Hermione donne aux livres et à l'éducation est sans aucun doute un héritage de ses parents cultivés. Les embrouilles des jumeaux Weasley, sans parler du penchant de Mr. Weasley pour bricoler les objets moldus, renforcent certainement l'idée de Ron selon laquelle les règles peuvent facilement être contournées et sont faites pour être transgressées.

Cependant, la mémoire a aussi une nature profondément sociale. Dans son sens le plus large, la mémoire n'est que l'ensemble des traces des événements passés et des expériences personnelles que nous transportons avec nous, dans notre tête. La mémoire comporte aussi toutes les traces du passé qui nous sont transmises à travers notre langue et notre culture, nos objets

229 Les points qui suivent sont inspirés par saint Augustin, *Confessions*, livre XI.
230 À propos de ce que Gadamer appelle « tradition », voir *Vérité et Méthode*.

et nos institutions[231]. Tout cela modèle aussi la façon de penser, les idées et les attentes qu'on utilise pour interpréter notre monde et pour avancer vers la connaissance, souvent sans vraiment s'en rendre compte[232].

Dans les romans de J.K. Rowling, c'est la Pensine qui symbolise le mieux le pouvoir de la mémoire (à la fois sur un plan individuel et sur un plan social) et son rôle indispensable pour communiquer et former la connaissance. En fait, lorsque Dumbledore explique ce qu'est la Pensine, il décrit ses fonctions primaires comme étant épistémologiques : préserver et organiser le savoir. Dumbledore fait remarquer qu'il a parfois « trop de pensées et de souvenirs qui se bousculent dans [sa] tête ». Avec la Pensine, il suffit « d'extraire les pensées inutiles de son esprit et de les déverser dans cette bassine pour pouvoir les examiner plus tard à loisir ». Les pensées et les expériences sont alors non seulement préservées, mais « il devient alors plus facile de distinguer les structures et les liens qui les unissent lorsqu'elles se trouvent sous cette forme »[233]. La Pensine permet à ses utilisateurs de prendre du recul et de se voir d'un point de vue extérieur afin d'avoir une nouvelle perspective.

Cependant, la Pensine n'a pas qu'un usage personnel. Elle met aussi les souvenirs à la disposition des autres, nous rappelant que la mémoire est à la base un phénomène *social*. Grâce à la magie de la Pensine, Dumbledore permet à Harry de voir des événements passés qu'il n'aurait jamais connus autrement. Et ces événements fournissent des preuves et un contexte qui s'opposent aux idées de Harry, lui donnent une autre vision de ceux qui l'entourent et l'aident à mieux comprendre les menaces et les opportunités qu'il rencontre.

---

231 Nous dépendons des autres en ce qui concerne le langage que nous parlons, des livres et des professeurs pour ce que nous apprenons, des parents et des grands-parents pour l'histoire familiale, de mentors pour leur sagesse et leurs connaissances acquises avec le temps, et des découvertes antérieures pour les progrès technologiques que nous faisons.

232 On peut ajouter à saint Augustin et Gadamer l'œuvre de Michael Polanyi sur l'épistémologie des sciences, et particulièrement son analyse de la tradition, de l'apprentissage et du savoir tacite dans *Personal Knowledge*, Chicago, University of Chicago Press, 1974.

233 *Coupe de feu*, p. 633-634.

La plupart des expériences de Harry concernant la Pensine se passent sous la direction de Dumbledore et fournissent à Harry des informations dont il a besoin pour comprendre et vaincre Voldemort. Ainsi, Harry découvre l'enfance de Tom Jedusor dans un orphelinat, son sadisme de jeunesse, ses talents en tant qu'élève et la haine de son propre sang qui l'a poussé à tuer sa famille moldue et à embrasser l'idéologie des Sang-Pur. Harry apprend aussi comment Jedusor recherchait l'immortalité, même si cela impliquait des actes terribles pour diviser son âme et préserver ses fragments grâce à la magie noire.

De plus, la Pensine présente des souvenirs restructurés, extraits non sans mal des esprits de Hokey et Morfin Gaunt. Hokey était l'elfe de maison qui travaillait pour Hepzibah Smith, la personne dont Voldemort a obtenu le médaillon de Serpentard et la coupe de Poufsouffle. Morfin était le frère de Merope, l'oncle de Voldemort, et le jeune Jedusor lui a fait porter la responsabilité du meurtre de son père et de ses grands-parents moldus. Avec tous ces souvenirs, Harry obtient un aperçu plus précis de l'histoire et du caractère de Voldemort, ses activités passées et présentes, et, d'une manière plus importante, ses faiblesses. De la même façon que Dudley avait besoin de vraies convictions pour remplacer sa fausse vision des choses, Harry avait besoin d'un portrait plus large de Jedusor et de son histoire, ainsi que de détails primordiaux sur la vie de Rogue, pour découvrir comment vaincre le Seigneur des Ténèbres.

CHANGER LES MAUVAISES ORIENTATIONS DU PASSÉ

Dans chaque tome de la série, Rowling permet aux préjugés de Harry et des autres personnages de les amener vers de mauvaises interprétations de leur monde. Mais lorsque la tension est à son comble et qu'il y a assez de preuves, leurs préjugés sont altérés jusqu'à ce qu'ils soient obligés de voir la réalité. Les rêves de Dumbledore pour la suprématie des sorciers s'évaporent lorsque sa relation avec Grindelwald mène à la mort de sa sœur. Le désir de Merope d'être aimée par Tom Jedusor se change en désespoir lorsqu'elle arrête d'utiliser le philtre d'amour et qu'il l'abandonne. Ron retrouve ses esprits dès qu'il s'éloigne de Harry et Hermione et de l'influence de l'Horcruxe. Même les Malefoy commencent à voir Voldemort tel qu'il est vraiment une fois que ses ambitions menacent la vie de leur fils, Drago.

Mais plus que tous les autres, c'est Harry qui se transforme. Lorsqu'on le rencontre pour la première fois, c'est un petit garçon naïf et peu sûr de lui, qui entre tout juste dans le monde magique, plein de curiosité et d'interrogations. Bien qu'il soit prêt à apprendre, il est parfois induit en erreur ou dépassé par sa loyauté pour ses amis, son mépris pour les règlements et son désir de se sentir important et de trouver sa place. Plus tard, Harry devient un adolescent impétueux et têtu, souvent impudent et trop sûr de ses idées, et prompt à écarter ses amis et les autorités auxquels il devrait faire confiance. Mais à travers les erreurs, les tragédies et les combats, Harry finit par mûrir et devenir un jeune homme remarquablement courageux, capable de discerner ce qui se passe et ce qu'il doit faire.

Une vraie connaissance et une bonne manière de penser sont nécessaires non seulement pour comprendre les choses, mais aussi pour développer certaines qualités comme le courage, la loyauté et la générosité. Harry ne peut être vraiment courageux que s'il comprend la nature du danger auquel il est confronté, le genre de confiance dont il doit faire preuve et l'avenir qui dépend de ses actions. De même, la loyauté sans faille qu'il manifeste pour Dumbledore ne consiste pas seulement à minimiser ses défauts ou à s'accrocher à une image fausse et idéalisée du directeur. Cela revient plutôt à comprendre que, malgré les défauts de Dumbledore, ses faux pas et ses torts (comme préférer conserver des informations capitales), ses motivations et son jugement sont dignes de confiance. Ainsi, la transformation personnelle des personnages dépend de leur aptitude à changer leurs mauvaises orientations passées, à être prompts à se corriger et à cultiver une sensibilité pour ce qui est vrai et ce qui est faux. C'est ainsi que l'épistémologie est inséparable de la morale.

Ce que Harry et ses amis traversent en tant que personnages, nous l'expérimentons aussi en tant que lecteurs, parce que Rowling nous invite à voir le monde de Harry à travers ses yeux. Même si nous arrivons parfois à voir au-delà de l'horizon limité de Harry avant que lui-même n'y parvienne, Rowling utilise des procédés narratifs pour nous induire en erreur, renforcer nos fausses hypothèses et ainsi nous guider vers les questions essentielles. Un grand nombre de *nos* préjugés restent inchangés et nous aussi, tout comme Harry, nous suivons un processus de découverte et de réinterprétation sur le chemin de la connaissance. Et, pour revenir à ce qui a composé le début de notre analyse, si une personne comme Dudley Dursley peut finir par apprécier Harry, il y a de l'espoir pour le plus réticent et réfractaire des lecteurs.

Le génie de l'œuvre de Rowling réside non seulement dans son art de raconter des histoires, mais aussi dans sa capacité de changer le lecteur. Si on autorise la magie de Rowling à agir sur nous, elle éveillera, défiera et transformera notre façon de penser. En suivant Harry et les autres personnages, nous ne devenons pas simplement de meilleurs lecteurs, nous devenons de meilleures personnes.

RIEN QUE DANS VOTRE TÊTE ? J.K. ROWLING, OU COMMENT DISTINGUER LA RÉALITÉ DE L'ILLUSION

John Granger et Gregory Bassham

Il y a plusieurs moyens de démêler les mystères des livres *Harry Potter*, mais dans ce chapitre, nous nous intéresserons à une solution en particulier[234]. Cela se passe presque à la fin de la série de sept tomes de J.K. Rowling, et l'auteur a elle-même dit qu'elle « avait attendu dix-sept ans » pour écrire ces deux phrases en particulier. Alors, s'il y a une clé à trouver, c'est certainement le meilleur endroit où la chercher ! « Oui, c'est vrai », a-t-elle dit. « Pendant tout ce temps, j'ai travaillé dans le but d'écrire ces deux phrases ; faire en sorte que Harry entre dans la forêt et ait cette discussion. »[235] Alors, quelles sont ces deux phrases, et quelle est leur signification philosophique ?

JE VOUDRAIS SAVOIR UNE DERNIÈRE CHOSE

Après le sacrifice de Harry et son réveil dans les limbes de la gare de King's Cross, il a une dernière conversation avec Albus Dumbledore. Il lui demande finalement :

234 Voir les livres les plus récents de John Granger sur Harry Potter : *Harry Potter's Bookshelf : The Great Books behind the Hogwarts Adventure*, New York, Penguin Books, 2009 ; *How Harry Cast His Spell : The Meaning behind the Mania for J.K. Rowling's Bestselling Books*, 3e éd., Carol Stream (IL) Tyndale, 2008 ; *The Deathly Hallows Lectures : The Hogwarts Professor Explains the Final Harry Potter Adventure*, Allentown (PA), Zossima Press, 2008 ; et *Unlocking Harry Potter : Five Keys for the Serious Reader*, Wayne (PA), Zossima Press, 2007.
235 Interview de J.K. Rowling à El Païs, 09/02/2008, www.snitchseeker.com/harry-potter-news/entire-spanish-j-k-rowling-interview-54113/.

« Je voudrais savoir une dernière chose, dit Harry. Est-ce que tout cela est réel ? Ou bien est-ce dans ma tête que ça se passe ?

Dumbledore le regarda d'un air radieux et sa voix résonna avec force aux oreilles de Harry, malgré la brume lumineuse qui descendait à nouveau sur eux en masquant sa silhouette :

— Bien sûr que ça se passe dans ta tête, Harry, mais pourquoi donc faudrait-il en conclure que ce n'est pas réel ? »[236]

Ce qui est incroyable dans ce que déclare Rowling, c'est qu'elle aurait écrit une série de plus de 4 500 pages pour en arriver là, pour que Harry entende ces deux phrases : « Bien sûr que ça se passe dans ta tête » et « mais pourquoi donc faudrait-il en conclure que ce n'est pas réel ? ». Ces lignes font certainement partie des phrases les plus intéressantes de toute la série sur un plan philosophique, et nous fournissent donc l'occasion idéale de découvrir leur signification par rapport à l'histoire et leur implication plus profonde.

QU'EST-CE QUE LE RÉEL ?

La question de Harry est profondément philosophique ; les questions sur ce qui est réel sont au cœur de la quête philosophique. Ces questionnements correspondent à la branche de la philosophie qu'on appelle la métaphysique. Les âmes, Dieu ou les nombres existent-ils ? Il s'agit de questions métaphysiques, puisqu'elles traitent le problème de ce qui est réel. Le but de la métaphysique est de se libérer des simples apparences et de saisir la réalité, de remplacer les opinions par la connaissance. La métaphysique s'interroge sur ce qui est réel, alors que l'épistémologie s'intéresse à la façon de savoir ce qui est réel, de manière qu'on ne confonde pas ce qui est irréel ou illusoire avec ce qui compose la réalité authentique.

Il est tout à fait naturel que Harry se demande à quel point son expérience est réelle, puisque nous pouvons tous être trompés par des expériences qui semblent l'être mais ne le sont pas. Il nous est à tous arrivé de prendre nos désirs pour des réalités, ou d'être

236 *Reliques de la mort*, p. 842-843.

sensibles à d'autres genres de jugements défaillants qui peuvent nous induire en erreur et nous faire confondre l'apparence et la réalité. C'est peut-être pourquoi le célèbre athée A.J. Ayer, après avoir vécu une expérience de mort imminente à la fin de sa vie, a préféré rester indifférent, en choisissant de considérer cela comme une hallucination, plutôt que comme une véritable expérience de réalité transcendante. Harry, lui aussi, se demande si son expérience est réelle ou juste imaginée.

Bien avant que Dumbledore et Harry n'explorent ensemble une grotte sombre et particulièrement effrayante, Platon (427-327 av. J.-C.) expose l'image d'une caverne qui représente l'exemple même de ce qu'est la philosophie. Platon nous demande d'imaginer des hommes enchaînés toute leur vie dans une caverne de manière qu'ils ne puissent voir que des images tremblotantes projetées sur le mur par le feu qui se trouve derrière eux. Naturellement, ils prennent ces ombres pour la réalité, et non pas pour des reflets imparfaits de choses réelles. Mais un jour, un homme se libère de ses chaînes et sort de la grotte. D'abord, il est aveuglé par la lumière éblouissante, mais finalement, il arrive à voir le monde tel qu'il est vraiment. Il se rend compte que toute sa vie, il a confondu de simples apparences avec la réalité, des images frémissantes sur le mur d'une grotte avec le monde réel. Désireux de partager cette merveilleuse découverte avec ses compagnons, l'ancien prisonnier retourne dans la grotte mais est accueilli avec un scepticisme hostile. Platon veut nous convaincre que notre pèlerinage terrestre tout entier se déroule dans un monde d'apparences et que la réalité fondamentale n'apparaît que très tard. Le rôle du philosophe est d'élever la sensibilité des gens pour accéder à ces réalités cachées en les aidant à ne plus confondre les ombres et les apparences avec la réalité authentique.

Même avant Platon, des philosophes ont mené un véritable combat pour tenter de savoir ce qui est réel et comment arriver à découvrir la réalité. Les questions de Harry sur le réel sont donc bien ancrées dans les interrogations philosophiques, et la distinction qu'il fait entre « réel » et ce qui est « dans la tête » nous fournit un excellent point de départ pour notre analyse.

Nous pouvons très facilement distinguer ce qui n'existe que dans nos têtes des choses qui existent à la fois dans nos têtes et dans le monde extérieur. Hermione Granger, par exemple, en tant que personnage de fiction, existe dans nos têtes mais pas dans la réalité ; tout comme Sherlock Holmes, le père Noël, les licornes ou les centaures. Emma Watson, la ville d'Oxford ou la gare de King's Cross, par contre, ne sont pas de simples représentations dans nos esprits, mais aussi de véritables personnes, lieux et choses qui existent dans la réalité. Bien qu'on puisse avoir une idée d'Oxford dans nos esprits, la ville en elle-même possède une réalité objective et indépendante que les idées purement fictives n'ont pas. Alors, bien que l'idée d'une chose et la chose en elle-même puissent toutes les deux exister, dire que telle chose existe dans la tête signifie généralement « dans la tête uniquement » et donc pas dans la réalité extérieure. En d'autres termes, la question de Harry n'est pas complètement stupide. Il s'inquiète de savoir si sa conversation avec Dumbledore n'est qu'un rêve ou une hallucination, une ombre floue sur le mur d'une grotte.

La réponse de Dumbledore est éloquente. Il ne dément pas l'idée que l'expérience de Harry puisse se passer dans sa tête, mais il insiste sur le fait que cela ne signifie pas pour autant qu'elle n'est pas réelle. En d'autres termes, la question de Harry est fondée sur une mauvaise supposition : pour lui tout se passe soit dans la tête, soit dans le réel. Harry suppose que ces deux options sont exhaustives et mutuellement exclusives. Si l'une est vraie, alors l'autre est obligatoirement fausse. Mais Dumbledore lui assure qu'elles ne sont pas incompatibles ni incohérentes. Les expériences mentales peuvent aussi être « réelles ».

À travers les siècles, certains philosophes ont eu un avis similaire sur la question, et c'est ce qui rend la revendication de Dumbledore aussi fascinante sur le plan philosophique. Découvrons quelques-uns de ces exemples dans l'histoire de la philosophie. Nous avons déjà parlé de l'idée de Platon, alors commençons par lui. C'était un rationaliste, qui pensait que la connaissance était ancrée dans la raison et non dans la perception sensorielle. Pourquoi ? Parce que, d'après Platon, c'est la raison qui nous met en contact avec ce qu'il croit être fondamentalement réel : les formes. Considérons les balais. Dans le monde de Harry, nous voyons des balais divers et variés, mais ce qui fait d'eux des balais, d'après les réflexions de Platon, c'est qu'ils ressemblent, même de façon imparfaite, à la forme platonicienne idéale ou l'essence abstraite de ce qu'est un balai. Nos sens nous mettent en contact avec des copies imparfaites et non avec l'idéal platonicien. La raison est le moyen qui nous permet d'entrer en contact avec ce qui est fondamentalement réel. Si Platon entendait un étudiant en philosophie mécontent se plaindre de devoir quitter la classe pour rejoindre « le monde réel », il pourrait lui suggérer qu'on n'est jamais plus proche du monde réel que lorsqu'on pense philosophiquement !

Platon n'est pas le seul philosophe occidental à revendiquer que la raison est le seul moyen d'atteindre la vraie réalité. Le grand rationaliste français René Descartes (1596-1650) soutient que les essences des choses matérielles et des esprits ne peuvent être connues par l'expérience sensorielle mais seulement grâce à l'analyse rationnelle. Le philosophe allemand Emmanuel Kant (1724-1804) pense que les objets concrets comme les pierres, les chaises et les arbres sont des constructions mentales, des images de la réalité extérieure modelées et catégorisées par nos esprits. Les « idéalistes absolus » comme G.W.F. Hegel (1770-1831) et les néo-hégéliens comme F.H. Bradley (1846-1924) vont encore plus loin que Kant en insistant sur la suprématie de l'esprit et des valeurs spirituelles.

Pour les empiristes, c'est l'expérience sensorielle, et non la raison, qui est la source de la connaissance humaine. L'empiriste britannique George Berkeley (1685-1753) est célèbre pour sa vision « immatérialiste » dans laquelle les objets physiques n'existent pas mais ne sont que de simples idées dans les esprits de Dieu et d'autres êtres capables de perception. Berkeley croit que, pour les choses extérieures comme les nuages ou les montagnes, « être c'est être perçu ». Alors, tout ce qu'on ressent comme une réalité extérieure est, dans un sens, « dans la tête » mais n'en est pas moins réel. Deux siècles plus tard, l'empiriste britannique John Stuart Mill (1806-1873) défend l'idée « phénoménaliste » du savoir humain selon laquelle toute question sur la réalité matérielle peut être considérée comme une expérience sensorielle possible ou effective.

On trouve aussi de telles théories dans diverses traditions philosophiques orientales, comme certaines écoles hindouistes, bouddhistes et taoïstes. Par exemple, les bouddhistes Yogacara croient que tout ce que les humains ressentent comme « réel » est fabriqué par la conscience et est donc *sunya*, vide et manque de nature ou d'essence précise.

Que l'esprit crée la réalité dans son ensemble ou en partie, qu'il nous mette en contact avec une réalité préexistante ou encore qu'il corresponde dans un certain sens à une réalité indépendante, les philosophes les plus ouverts approuveraient Dumbledore lorsqu'il dit que ce qui est réel ne s'oppose pas nécessairement à ce qui est dans la tête.

ROWLING L'INKLING

Maintenant imaginons que Rowling, lorsqu'elle a écrit cet échange entre Harry et Dumbledore, avait une petite idée en tête. Cela ne présuppose pas qu'elle revendiquait un territoire bien défini au beau milieu des fourrés troubles de la métaphysique, mais cela pourrait éventuellement apporter un peu de lumière sur des questions comme « à quoi ressemble la réalité ? » et « comment faire pour la connaître ? ».

Cette interprétation dépend de si on prend au sérieux les déclarations de Rowling lorsqu'elle disait avoir été fortement influencée par C.S. Lewis et ses camarades Inklings comme J.R.R. Tolkien. Les Inklings étaient un groupe d'amis et de professeurs de l'université d'Oxford qui se réunissaient régulièrement pour discuter des écrits de chacun ou d'autres sujets, souvent à l'Eagle and Child, un pub d'Oxford. Parmi les Inklings, on pouvait compter Owen Barfield, Tolkien, Charles William, le frère de Lewis, Warnie et d'autres grands personnages d'Oxford.

Rowling a évoqué la dette qu'elle avait envers Lewis en particulier, attribuant son choix d'écrire sept livres à la saga du *Monde de Narnia* (elle aussi en sept tomes) qu'elle avait adorée étant enfant. À l'évidence, les romans *Harry Potter* sont très différents des *Narnia* ; nulle part Rowling ne transmet de façon aussi ostentatoire un message religieux quelconque. Si elle l'a fait, je pense que c'est surtout à travers la symbolique et la forme, de façon plus implicite et subtile. Elle a admis que ce qui l'a aidée à trouver l'inspiration était sa lutte personnelle pour garder la foi. Elle a d'ailleurs déclaré être une chrétienne dont les convictions religieuses auraient pu rendre l'intrigue bien plus prévisible. Il ne serait donc pas surprenant de trouver de telles références dans ses romans.

Qu'est-ce qui peut faire le lien entre ce qu'il y a dans nos têtes et le monde réel ? Pourquoi nos meilleures idées philosophiques sont-elles des fenêtres sur la réalité ? En quoi la raison parvient-elle à nous mettre en relation avec la vérité ?

Cette citation de Lewis pourrait nous apporter une réponse étonnante. Il fait part d'une leçon que lui a apprise son ami Barfield.

« [Barfield] me persuada que les positions [matérialistes] que nous avions soutenues jusqu'alors ne laissaient aucune place à une théorie de la connaissance qui fût satisfaisante. Nous avions été des "réalistes", dans le sens technique du terme ; c'est-à-dire que nous avions accepté l'univers révélé par les sens comme une réalité indiscutable. Mais en même temps, nous continuions à nous appuyer sur des assertions qui appartiennent généralement à une vision du monde théiste ou idéaliste. Nous soutenions que la pensée abstraite (si elle obéissait aux règles de la logique) aboutissait à la vérité indiscutable, que notre jugement moral était "valide", et notre expérience esthétique non seulement agréable, mais "valable". [...] Barfield me persuada qu'elle était incohérente. Si la pensée était un phénomène purement subjectif, il fallait abandonner nos assertions théistes la concernant. [...] Je fus donc contraint d'abandonner le réalisme [...] Je devais admettre que la pensée n'était pas un épiphénomène tard venu ; que tout l'univers était, en dernier ressort, mental ; que notre logique participait à un *Logos* cosmique[237].

Certains lecteurs reconnaissent peut-être ici les germes de l'argumentation que Lewis développera plus tard dans son livre de 1947, *Miracles*, avec son analyse sur la raison[238]. C'est ce sujet précis qu'abordait le débat célèbre entre C.S. Lewis et la philosophe Elizabeth Anscombe (1919-2001), un débat qui a poussé Lewis a modifié son chapitre[239]. Alvin Plantinga, un grand philosophe chrétien, a récemment proposé une argumentation de la raison contre le naturalisme qui doit beaucoup à Lewis[240]. L'idée de base de son argumentation est que, pour garder confiance en la délivrance de la raison, il faut être sûr de penser que la rationalité est plus que simplement subjective. Au lieu de cela, la rationalité doit pouvoir, d'une manière ou d'une autre, nous mettre en relation avec la réalité extérieure. Si les raisons pour lesquelles on supporte plusieurs théories reposent sur le fait que ces convictions ont été formées par un processus naturaliste, selon les lois de la nature, il n'y a aucune bonne raison d'estimer que nos conclusions sont vraies de manière indiscutable.

Je n'ai pas pour but ici d'évaluer cet argument, mais plutôt de le mentionner comme un des raisonnements qui ont pu influencer Rowling. Cela peut nous fournir un certain éclairage sur l'espace qu'il y a entre la réalité et ce qu'il y a dans notre tête. Remarquez la manière dont Lewis voit la réalité comme « mentale » et notre logique comme participant à une plus large structure de rationalité dans l'univers. En tant que chrétien, il était enclin à repousser tout cela pour approuver le discours divin, que le chrétien appelle le Christ lui-même. Jésus, comme

---

237 C.S. Lewis, *Surpris par la joie*, Éditions Raphaël, 2006, traduction de Denis Ducatel (édition originale : 1955), p. 265-267.

238 C.S. Lewis, *Miracles*, London, Fontana Books, 1960, chap. 3.

239 Récemment, Victor Reppert s'est battu avec force pour une formulation philosophiquement sophistiquée de l'argumentation de Lewis. Voir son livre : *C.S. Lewis's Dangerous Idea : In Defense of the Argument from Reason*, Dwoners Grove (IL), InterVarsity Press, 2003.

240 Alvin Plantinga, *Warrant and Proper Function* (Oxford : Oxford University Press, 1993), chap. 12.

décrit dans Jean 1:1, est l'incarnation du *logos* divin, le terme duquel vient notre mot « logique ».

Certains philosophes grecs considéraient le *logos* comme le principe impersonnel qui soutient la réalité. Plus tard, des philosophes stoïciens grecs et romains voient le *logos* comme la raison divine qui imprègne et guide de façon providentielle le cosmos. Lorsque l'évangéliste Jean est arrivé pour annoncer que Jésus était l'incarnation du *logos*, il épousait une position radicale. Sa théorie, exprimée dans un langage qui a été compris dans ce contexte, était qu'il y a bien un *logos* divin, grâce auquel la réalité prend sa forme et son existence. Mais le *logos* n'est pas un simple principe animant ni une force impersonnelle mais le fils de Dieu. Selon cette théorie, la raison et la logique humaines, notre capacité de nous livrer à une réflexion critique et des pensées rationnelles sont possibles et fiables parce que, grâce au bon usage de notre esprit, nous participons au *logos* divin. Comme Rowling l'a fait remarquer dans une interview, ce n'est pas une coïncidence si la rencontre entre Harry et Dumbledore a lieu à « King's Cross ».

La théorie de Lewis sur le *logos* divin propose une autre solution pour donner du sens à la connexion de Dumbledore entre ce qui est réel et ce qui est dans notre tête. La solution concerne à la fois la métaphysique et l'épistémologie. La manière dont notre esprit fonctionne semble intimement liée au fonctionnement du monde ; si nous nous permettons d'éviter plusieurs hypothèses douteuses, nous devons prendre en compte le chevauchement entre la réalité externe et le fonctionnement de la rationalité humaine. Comme cela arrive si souvent en philosophie, ce qui semble au départ être une relation évidente finit par renvoyer une image qui peut illustrer certains des plus grands mystères de la vie.

L'EXPÉRIENCE DE MORT IMMINENTE DE HARRY

La remarque de Dumbledore à propos des choses qui peuvent être réelles même si elles se passent seulement dans la tête de quelqu'un survient lors de l'expérience de mort imminente de Harry dans la gare de King's Cross. Cette différence entre « ce qui est réel » et « ce qui est dans la tête » n'est mentionnée nulle part ailleurs. Cela nous incite à nous demander s'il ne s'agit pas d'un indice supplémentaire sur ce que voulait dire Rowling[241].

L'intérêt que suscitent actuellement les expériences de mort imminente (les EMI) a commencé avec la publication, en 1975, du best-seller de Raymond Moody, *La Vie après la vie*[242]. Dans ce livre, Moody décrit les expériences de plus de cent personnes qui ont été déclarées cliniquement mortes ou qui ont frôlé la mort et ont été ranimées.

Depuis que le livre de Moody a été publié, de nombreuses recherches ont été menées sur ce genre de cas. Pour la plupart, ces recherches ont soutenu les découvertes de Moody. Les études ont montré que les EMI sont relativement courantes (entre 10 et 20 pour cent des personnes qui survivent à un arrêt cardiaque signalent une EMI lucide et structurée) ; qu'elles ont tendance à être semblables même pour des personnes d'âges, d'environnements et de cultures différents ; et qu'elles possèdent de nombreuses caractéristiques décrites par Moody[243] :

- un sentiment de paix et de sérénité ;
- un bourdonnement ou une sonnerie ;
- la séparation du corps ;
- le sentiment de se déplacer rapidement dans un tunnel sombre ;
- la rencontre avec d'autres personnes qui nous accueillent (généralement, des amis ou des membres de la famille décédés) ;
- la rencontre avec un « Être de Lumière » accueillant et aimant ;
- revoir sa vie défiler instantanément ;
- une barrière ou frontière qui marque la séparation entre l'existence terrestre et « l'autre côté » ;

241 Certaines idées des paragraphes suivants sont adaptées du livre de Gregory Bassham, William Irwin, Henry Nardon et James M. Wallace, *Critical Thinking : A Student's Introduction*, 2e éd., New York, McGraw-Hill, 2005.

242 Raymond Moody, *La Vie après la vie*, Éditions J'ai lu, 2003.

243 « Scientists to Stufy « White Light » Near-Death Experiences », Fox News, 15/09/2008, www.foxnews.com/story/0,2933,422744,00.html.

- la réticence à revenir vers son corps.

Les études ont montré que ces éléments ont tendance à se dérouler dans cet ordre, et que les premiers événements arrivent plus souvent que les suivants[244].

Les expériences de mort imminente sont-elles « réelles » dans le sens où elles sont des aperçus véritablement paranormaux d'un monde *post mortem* ? Les plus sceptiques soulèvent deux problèmes majeurs liés à cette interprétation.

Tout d'abord, comme le font remarquer les recherches de Susan Blackmore, les EMI ne sont en aucun cas toujours les mêmes. Certaines personnes ont des expériences terrifiantes et proches de l'enfer[245]. Seul un petit pourcentage de victimes d'EMI disent avoir vu une lumière, rencontré d'autres personnes ou vu défiler toute leur vie. Certaines victimes d'EMI rapportent avoir eu un corps « astral » transparent et grisâtre, d'autres non. Les enfants disent avoir rencontré des camarades vivants (ou même des animaux) plutôt que des proches décédés ou un Être de Lumière. Et des personnes aux croyances différentes rapportent souvent avoir rencontré des personnages religieux ou avoir reçu des messages qui sont uniquement liés à leurs propres traditions[246].

Deuxièmement, même si les EMI sont généralement cohérentes pour ce qui est de leurs détails basiques, cela ne veut pas dire que ces expériences sont vraiment paranormales. Comme l'argumente Blackmore, cela peut juste signifier que nos cerveaux se ressemblent et qu'ils réagissent de manière similaire aux chocs physiques et psychologiques de la mort. Par exemple, elle remarque que lorsque le cerveau manque d'oxygène, il peut produire des effets semblables à ceux d'une EMI, comme de

---

244 Susan Blackmore, *Dying to Live : Near-Death Experiences*, Buffalo (NY) Prometheus Press, 1993, p. 25-26.

245 *Ibid.*, p. 98-102. Un journaliste de la revue médicale britannique *The Lancet* a déclaré que « sur les hommes ayant survécu à un arrêt cardiaque, 80 % font des rêves de violence, de mort et d'agression, comme se faire rouler dessus par un fauteuil roulant, des accidents violents ou tirer sur tout le monde avec une arme à feu pour réussir à sortir de l'hôpital et finir par se faire tuer par une infirmière ». Citation trouvée dans James Rachels et Stuart Rachels, *Problems from Philosophy*, 2e éd., New York, McGraw-Hill, 2009, p. 46.

246 Blackmore, *Dying to Live*, p. 17, 25-27, 126, 181.

forts bruits de bourdonnement ou de sonnerie, une sensation de flottement, une impression d'être en dehors de son corps et des lumières éclatantes. De telles objections démontrent-elles de façon concluante que les EMI ne sont pas « réelles » ? Non, comme le montre très bien l'expérience de mort imminente de Harry dans King's Cross[247].

Imaginons qu'une petite fille subisse une EMI dans laquelle son chien, Sparky, vient à sa rencontre et l'accueille pour la guider vers « l'autre côté ». Sparky vit encore, alors l'enfant doit forcément être en train d'halluciner, non ? Pas forcément. Car l'expérience peut être « réelle » dans le sens qu'il s'agit d'une vraie vision de « l'autre côté » créée par le divin. La vision peut être « vraie » (réelle) dans le sens d'une révélation surnaturelle authentique (un peu comme la vision de Paul sur la route pour Damas). En d'autres termes, en se demandant si une EMI est réelle, on ne se demande pas nécessairement s'il s'agit d'une véritable expérience extracorporelle d'un autre monde. Une EMI peut être réelle (véritablement surnaturelle et révélatrice) même si elle se passe entièrement dans la tête de la personne qui vit cette expérience.

C'est cette ambiguïté du terme « réel » sur laquelle joue Dumbledore lorsqu'il dit à Harry qu'une expérience n'est pas nécessairement « irréelle » simplement parce que celle-ci se passe dans la tête. J'ai déjà défendu ailleurs une lecture iconographique des romans *Harry Potter*, selon laquelle on voit Harry comme le symbole de la « noétique » ou de la faculté spirituelle de l'âme[248].

---

247 En décrivant la rencontre de Harry avec Dumbledore dans la gare de King's Cross comme une expérience de mort imminente, je ne veux pas dire que Harry est mort et a connu une « vie après la mort ». Comme le dit clairement Dumbledore, Harry n'est pas mort mais aurait pu choisir de mourir s'il l'avait voulu.

248 Voir *The Deathly Hallows Lectures*, et tout particulièrement le chapitre 5, « The Seeing Eye », pour de plus amples explications sur ma théorie à ce sujet. Le « voyage » de Harry vers le Royaume du Paradis dans sa tête après son sacrifice explique les mots d'adieu de Dumbledore. Harry a demandé si ce qu'il vivait était réel dans le sens strictement empirique du terme, c'est-à-dire « ce lieu est-il un lieu de mesure et de quantités objectives ou est-ce un lieu de perceptions seulement subjectives et personnelles qui ne sont pas rattachées à de telles quantités ? ». La réponse de Dumbledore (« Bien sûr que ça se passe dans ta tête, Harry, mais pourquoi donc faudrait-il en conclure que ce n'est pas réel ? ») fait éclater le faux dilemme d'épistémologie empirique en reliant, au lieu de les séparer, « le réel » avec « ce qu'il y a dans la tête ». Le principe créatif du *logos* représente le « pouvoir qui dépasse toute

Dans cette lecture, la gare de King's Cross est un « lieu » réel, à savoir la terre-*logos* ou le paradis. (D'où, par exemple, la capacité de Harry de créer des objets là-bas et son apparente semi-omniscience.) Pourtant, en se demandant si l'expérience de Harry est réelle ou non, la question fondamentale n'est pas « *où* se rencontrent Dumbledore et Harry ? » mais si c'est bien *Dumbledore* qui parle à Harry[249]. Après tout, dans le monde magique, les sorciers peuvent « apparaître » dans des portraits, « s'incarner » sous forme fantomatique, posséder les esprits des autres et sonder les pensées d'autres sorciers grâce à la legilimancie. Alors, pourquoi Dumbledore ne pourrait-il pas être vraiment présent dans l'esprit de Harry même si celui-ci, abattu par le sort mortel de Voldemort, n'a pas quitté son corps mais est toujours à moitié conscient, étendu sur le sol de la forêt ?[250]

Le poète et philosophe américain Ralph Waldo Emerson a dit un jour « Notre foi surgit par instants [...]. Pourtant il y a une profondeur dans ces instants qui nous contraint à leur

---

magie » que l'on trouve dans les contes pour enfants et à propos duquel Dumbledore dit : « Voldemort ne sait et ne comprend rien. Rien ».

La réponse de Dumbledore à Harry requiert une conjonction épistémologique et métaphysique dans la parole divine ou *logos*. Rowling, tout comme les autres écrivains symbolistes de tradition anglaise, propose cette conjonction sous la forme d'histoires pour fournir à ses lecteurs une expérience imaginaire de cette réalité qui est « plus grande à l'intérieur qu'à l'extérieur ». La tradition indique aussi, comme le dit la reine Lucy à la fin de *La Dernière Bataille* de Lewis, le *logos* incarné qui, en tant que nouveau-né, pose l'affirmation que quelque chose « est plus grand à l'intérieur qu'il ne le paraissait à l'extérieur ». Séparer la réalité de l'illusion dans un monde qui est à la fois créé par le *logos* et connu par le *logos*, cet « univers qui est mental », n'est possible que dans le Christ

249 Dans *The Great Divorce*, C.S. Lewis imagine une sorte d'antichambre céleste qu'il appelle la Vallée des Ombres de la Vie. D'une manière significative, les personnages de l'histoire de Lewis connaissent différents « lieux » dans la vie après la mort mais en font des expériences différentes, selon l'état de leurs âmes. Puisque l'enfer est, comme le fait remarquer un personnage dans le livre, « un état d'esprit », on retrouve la même ambiguïté entre le « réel » et « ce qu'il y a dans la tête » dans ce conte de Lewis que dans *Les Reliques de la mort*. Il est possible que Rowling ait modelé sa scène de King's Cross à partir de la description de la vie après la mort par Lewis dans *The Great Divorce*.

250 Dans une interview récente, Rowling fait remarquer que « c'est l'image de Harry que nous voyons [dans la scène de King's Cross], mais pas forcément ce qui est vraiment là ». « Webchat with J.K. Rowling », 30/07/2007, disponible sur www.bloomsbury.com/harrypotter/default.aspx ?sec=3.

attribuer plus de réalité qu'à toute autre expérience »[251]. Ainsi, peut-être Rowling veut nous dire de ne pas prendre à la légère des indices et des aperçus du divin juste parce qu'ils apparaissent « dans notre tête ». Si l'amour est réellement la force la plus puissante de l'univers, comme le pense Rowling, où s'adresse-t-il à nous, si ce n'est dans nos têtes ?

251 Ralph Waldo Emerson, « The Over-Soul », in *The Complete Essays and Other Writings of Ralph Waldo Emerson*, New York, Modern Library, 1950, p. 261.

L'ÉDUCATION À LA POUDLARD : LE BON, LE MOINS BON ET LE MAUVAIS

Gregory Bassham

Quel enfant n'aimerait pas aller à Poudlard ? Une école avec internat dans un château super génial ; des tonnes d'aventures ; des super copains et le sentiment d'appartenir à une communauté bien définie ; de merveilleux repas à volonté (« rosbif, poulet, côtelettes de porc et d'agneau, saucisses, lard, steaks, gratin, pommes de terre sautées, frites, légumes variés »)[272]. Et le must, aucun cours ennuyeux de maths, de français ou de sciences. Tout ce que vous apprenez c'est… comment faire de la magie ! Vous apprenez à voler, à voyager instantanément d'un point à un autre, à invoquer des choses dans les airs, à transformer les objets en ce que vous voulez, à concocter des potions pour guérir des maladies ou vous porter chance, à vous défendre contre les mages noirs, les affreux Détraqueurs et les imbéciles aussi odieux que Drago Malefoy. Mais zut alors ! Poudlard, c'est comme un camp pour les superhéros ! Du point de vue d'un gamin, qu'est-ce qui pourrait être plus cool ?

Ce qui semble cool pour un enfant peut ne pas paraître si génial que ça pour un adulte… ou un philosophe. Que diraient donc les grands penseurs qui ont réfléchi sur l'éducation (comme Platon, Aristote, Kant et John Dewey) à propos de l'enseignement à Poudlard ? Poudlard est-elle une « école modèle », comme l'a déclaré Susan Engel, directrice du programme d'éducation

272 *École des sorciers*, p. 131. Et pour le dessert : « crèmes glacées à tous les parfums possibles, tartes aux pommes, éclairs au chocolat, beignets, babas, fraises, gâteau de riz » (*ibid.*, p. 132). Vous voyez le genre.

à William College ?[273] Ou y a-t-il de vrais problèmes avec les professeurs de Poudlard ? Nous verrons ici les avantages et les inconvénients de l'éducation à Poudlard à travers le spectre des philosophes classiques et de la recherche contemporaine sur l'éducation.

LE BON

Le philosophe John Dewey (1859-1952) a eu une grande influence sur l'éducation américaine. Au début du vingtième siècle, Dewey critique les méthodes de l'éducation traditionnelle, fondées sur l'écoute passive, la mémorisation par cœur, des valeurs antidémocratiques, et qui manquent de connexion avec les problèmes pratiques de la vie courante. Dewey propose alors une approche « progressiste » de l'enseignement et de l'apprentissage qui met l'accent sur trois éléments qui ont aujourd'hui été largement adoptés par le système éducatif américain : apprendre d'une manière pragmatique, tirer parti des intérêts naturels de l'enfant et associer le travail à la vie quotidienne[274]. L'une des forces évidentes de l'éducation à Poudlard est qu'elle reflète ces trois idéaux progressistes.

Pragmatisme

Comme nous l'avons vu, les enfants ne vont pas à Poudlard pour apprendre le calcul, l'espagnol ou l'histoire du monde ; ils y vont pour apprendre comment utiliser la magie. Et sur ce point, Poudlard est indubitablement efficace ; la plupart des élèves apprennent en effet une grande quantité de potions et sortilèges utiles, passent leurs B.U.S.E. et leurs A.S.P.I.C. et reçoivent leur diplôme de sorciers. Comment les élèves arrivent-ils à apprendre tout cela d'une manière si efficace ? Ce n'est certainement pas en écoutant les lectures ennuyeuses du

---

273 Susan Engel et Sam Levin, « Harry's Curiosity », in *The Psychology of Harry Potter : An Unauthorized Examination of the Boy Who Lived*, édité par Neil Mulholland, Dallas (USA) BenBella Books, 2006, p. 31.

274 L'œuvre de Dewey la plus notable concernant l'éducation est *Démocratie et Éducation : Introduction à la philosophie de l'éducation*, édition Armand Colin, 1975 (publication originale en 1916). Son livre *Expérience et Éducation*, édition Armand Colin, 1968 (publication originale en 1938) est plus court et plus accessible.

professeur Binns sur l'Histoire de la magie ni en lisant les livres purement théoriques du professeur Ombrage. Ils apprennent plutôt à utiliser la magie comme des apprentis, c'est-à-dire grâce à (1) la démonstration d'une technique magique par un professeur compétent, (2) la pratique de la technique par l'élève, (3) l'entraînement individuel surveillé par un instructeur pour corriger les erreurs et (4) une pratique continuelle par l'élève jusqu'à ce que la technique soit maîtrisée. Presque tous les exemples de pédagogies efficaces dans les livres *Harry Potter* (par exemple, lorsque Remus Lupin enseigne à Harry comment invoquer un Patronus ou lorsque Harry apprend la magie défensive à l'Armée de Dumbledore) utilisent ce genre d'apprentissage pragmatique. Étant donné que la magie est décrite dans la série *Harry Potter* comme un talent difficile à acquérir et qui ne peut être maîtrisé que par l'entraînement et la pratique, ce type d'apprentissage semble tout à fait cohérent.

Tirer parti des intérêts naturels de l'enfant

Dewey pense que les enfants sont naturellement actifs et curieux, et conseille aux éducateurs d'utiliser leurs intérêts naturels et leurs expériences de la vie pour les encourager à apprendre. Des recherches ont montré que les élèves se sentent plus concernés et apprennent plus volontiers lorsqu'ils étudient des choses qu'ils trouvent intéressantes et utiles[275].

Les élèves de Poudlard sont visiblement tous enthousiastes à l'idée d'apprendre la magie. Ils adorent le fait d'avoir des capacités magiques et aiment les développer et apprendre de nouveaux sorts et compétences. De plus, ils comprennent la valeur pratique des connaissances qu'ils acquièrent. Lorsque Ombrage interdit de pratiquer la magie défensive dans son cours de Défense contre les forces du Mal, les élèves organisent leur propre cours pour s'entraîner. Ils savent qu'apprendre à utiliser la magie défensive est vital pour réussir leurs examens mais que cela le sera aussi dans leur vie et leur carrière après Poudlard, et même dans leurs

275 Voir, par exemple Barbara Gross, *Tools for Teaching*, San Francisco (USA), Jossey-Cass, 1993, chap. 23 ; Ken Bain, *What the Best College Teachers Do*, Cambridge (USA) Harvard University Press, 2004, p. 99.

efforts au sein de l'Armée de Dumbledore pour empêcher le retour au pouvoir de Voldemort.

Associer le travail en classe à la vie courante

Selon Dewey, le travail en classe est trop souvent considéré comme une préparation à un futur éloigné et spéculatif, et non comme faisant partie de la vie elle-même. Apprendre le nom des trois plus longues rivières de l'Uruguay peut être utile à quelques élèves (par exemple, s'ils projettent d'ouvrir une entreprise de bateaux remorqueurs là-bas). Mais pour la plupart des élèves, cette information sera ce que le philosophe Alfred North Whitehead (1861-1947) appelait du savoir « inerte », un morceau d'information non digéré, non testé et inutilisé[276]. Dewey pense que l'éducation a une fonction pratique et ne doit pas être vue comme une suite d'obstacles inutiles qu'il faudrait sauter avant que la « vraie vie » commence. L'éducation n'est pas un préambule à la vie ; elle fait partie de la vie et existe pour résoudre les problèmes pratiques de l'homme et se rendre compte de ses besoins.

Une partie de ce qu'apprennent les élèves à Poudlard est un peu inerte. Par exemple, Harry et ses amis ne voient pas l'intérêt des leçons de Rubeus Hagrid sur l'élevage des Scroutts à pétard moches et dangereux ou des cours inutiles du professeur Trelawney pour apprendre à lire dans une boule de cristal. Mais, généralement, les élèves trouvent très vite la récompense pratique de leur apprentissage. Ils réalisent que lorsqu'ils quitteront Poudlard, ils auront besoin de savoir comment Transplaner, métamorphoser des objets, se défendre contre des mages noirs, et ainsi de suite. Cela fait d'eux des élèves avides de savoir et les motive à apprendre.

---

276 Alfred North Whitehead, *The Aims of Education and Other Essays*, réédité dans *Classic and Contemporary Readings in the Philosophy of Education*, édité par Steven M. Cahn, New York (USA), McGraw-Hill, 1997, p. 262. Bien sûr, les élèves ont besoin d'apprendre des choses qui ne les intéressent pas beaucoup (comme les verbes irréguliers ou les tables de multiplication). Pour un avertissement utile sur l'éventualité d'aller trop loin pour satisfaire les intérêts des élèves, voir E.D. Hirsch Jr., *The Schools We Need and Why We Don't Have Them*, New York (USA), Doubleday, 1996, p. 86-87.

Que ne faut-il pas aimer à Poudlard ? Comme nous l'avons vu, les trois véritables forces de l'éducation à Poudlard sont qu'elle encourage l'apprentissage pragmatique, qu'elle tire parti des intérêts naturels des élèves et qu'elle enseigne les compétences importantes de la vraie vie. D'autres caractéristiques de l'école ne sont pas aussi séduisantes. Les trois principales sont que :

- l'école est dangereuse ;
- il y a peu de professeurs qualifiés ;
- les élèves ne reçoivent pas une éducation complète.

Analysons ces points un à un.

Trop dangereuse

Il faut l'avouer, Poudlard est un lieu plutôt inquiétant pour aller à l'école. Elle est située près d'une forêt magique où les élèves les plus imprudents ou inconscients risquent de se faire manger par des araignées géantes ou attaquer par des centaures hostiles. Près du château, il y a un lac glacé rempli de démons des eaux très dangereux (les strangulots) et une pieuvre géante. On peut tomber nez à nez avec toutes sortes de créatures mortelles (des chiens à trois têtes, des trolls ou des basilics). Un esprit frappeur du nom de Peeves y réside et essaie constamment de faire trébucher les élèves ou de leur balancer des objets lourds sur la tête. Les élèves ne doivent pas oublier de bien sauter au-dessus de certaines marches des escaliers qui ont une fâcheuse tendance à disparaître. Les plus insouciants qui se risqueraient à se promener près de la Forêt interdite pourraient bien se faire réduire en purée par le Saule cogneur. Les élèves travaillent parfois avec des créatures magiques dangereuses (le professeur Brûlopot a pris sa retraite à la fin de la deuxième année d'école de Harry « afin de pouvoir s'occuper plus longuement des derniers membres qui lui restaient »)[277]. Les potions tournent souvent

277 *Prisonnier d'Azkaban*, p. 101.

mal et blessent ou défigurent les élèves. Les matches du sport le plus populaire à Poudlard, le Quidditch, peuvent facilement se finir avec des joueurs gravement blessés. Le Tournoi des Trois Sorciers comporte trois défis très risqués. Et même les plus jeunes élèves portent des armes potentiellement mortelles (des baguettes magiques) qu'ils utilisent pour se jeter des sorts.

Heureusement, la plupart des blessures dont sont victimes les élèves de Poudlard peuvent être rapidement soignées par les potions de Severus Rogue ou les compétences d'infirmière de Madame Pomfresh. Mais toutes les blessures ne peuvent pas être soignées (ou pas toujours rapidement) grâce à la magie, et comme le dit Albus Dumbledore, aucune magie ne peut faire revivre les morts[278].

Évidemment, les livres *Harry Potter* ne sont que de la fiction, et tous ces dangers et cette violence rendent les histoires plus excitantes[279]. Mais on peut parier que si Poudlard existait vraiment, les membres du S.P.S. (Syndicat des Professeurs Sorciers) seraient furieux !

Des professeurs non qualifiés

Le corps enseignant de Poudlard forme un ensemble hétérogène. Il y a de bons enseignants qui sont compétents, humains et justes, comme Albus Dumbledore, Minerva McGonagall, Filius Flitwick, Pomona Chourave et Remus Lupin[280]. D'autres

278 *Coupe de feu*, p. 737. Le nez déformé de Maugrey ou la folie dont sont atteints les parents de Neville semblent incurables. Et comme semblent le suggérer les lunettes de Harry et Dumbledore, une mauvaise vue ne peut pas être améliorée par la magie.

279 Il est nécessaire de répéter qu'il s'agit de fiction. Lorsque je pointe du doigt les défauts de Poudlard si elle était réelle, je ne critique ni J.K. Rowling ni ses livres. Il n'y a aucune raison de penser que Rowling voulait décrire Poudlard comme une institution idéale. Elle a décrit Poudlard ainsi (comme une école dangereuse par exemple) parce que cette description s'inscrit dans une œuvre de fiction. Si Rowling elle-même était directrice de Poudlard, elle reconnaîtrait et pointerait certainement du doigt les problèmes que je mentionne.

280 On devrait ajouter un astérisque près du nom de Lupin à cause de sa tendance malheureuse à se changer en un loup-garou meurtrier une fois par mois. Heureusement, Lupin prend sa potion Tue-Loup pour contrôler ses symptômes. Mais comme nous le montre sa transformation dans *Le Prisonnier d'Azkaban*, des

professeurs sont vraiment sympathiques mais ont de gros défauts. C'est le cas de Hagrid, qui connaît très bien sa matière et sait intéresser les élèves, mais ne peut pas résister à l'envie de présenter sa classe à des créatures dangereuses ; Maugrey/Croupton, qui enseigne énormément de choses mais qui s'avère malencontreusement (comme le fait remarquer Dean Thomas) être un meurtrier « maniaque » déguisé ; et Rogue, qui connaît certainement sa matière mais est brutal, sarcastique et favorise ouvertement ses élèves de Serpentard[281].

Il y a aussi des professeurs tout simplement minables à Poudlard. Les quatre plus mauvais (sans compter les Mangemorts qui rejoignent brièvement le corps enseignant dans *Les Reliques de la mort*) sont Binns, Sibylle Trelawney, Gilderoy Lockhart et Dolores Ombrage. Binns, un fantôme qui ne sait apparemment pas qu'il est mort, endort régulièrement ses élèves lors de son cours d'Histoire de la magie avec ses leçons récitées sur un ton monotone, ne connaît pas le nom de ses élèves et est en fait à peine conscient qu'il y a du monde dans sa classe. Trelawney est « une mystificatrice » qui enseigne une matière « floue » (la Divination) et aime prédire la mort horrible et prématurée de ses élèves[282]. Lockhart est un vantard narcissique et incapable. Et Ombrage, bien sûr, est une femme assoiffée de pouvoir, tordue, qui croit en la suprématie de la race sorcière et qui essaie de saper toute éducation efficace dans l'école.

Dumbledore a énormément de mal à engager des enseignants qualifiés à Poudlard. La plupart du temps, ce n'est pas sa faute. Après la disparition du professeur Quirrell, on nous dit que personne n'accepte le poste de professeur de Défense contre les forces du Mal, à part le pauvre Lockhart. En fait, le gros problème, comme le fait remarquer Arthur E. Levine, c'est que le monde des sorciers n'a pas de programme d'éducation pour ses professeurs et n'exige aucun diplôme[283]. Apparemment, n'importe qui peut enseigner à Poudlard, même ceux qui n'ont que peu

---

risques persistent pour les élèves.

281 Le professeur Quirrell ne correspond pas non plus à son image. Il a, à dire vrai, une sorte de double personnalité.

282 *Prisonnier d'Azkaban*, p. 115.

283 Arthur E. Levine, « No Wizard Left Behind », *Education Week*, 9/11/2005, p. 44. La critique que fait Levine de Poudlard est à prendre au second degré.

ou pas du tout d'éducation magique, comme Hagrid ou Firenze. Sans une vraie formation ni procédure de qualifications pour les enseignants, la qualité des professeurs à l'école de sorcellerie ne peut qu'être vague et peut même présenter des risques pour les élèves.

Une éducation incomplète

Si Harry et ses amis étaient inscrits dans une école moldue britannique, ils auraient des matières comme l'anglais, l'histoire, les sciences, la géographie, la musique, les mathématiques, les langues étrangères, l'éducation physique et l'instruction civique. À Poudlard, la seule chose qu'apprennent les élèves, c'est la magie[284].

Pourquoi cela représente-t-il un problème ? Parce que Poudlard propose une éducation étroite et uniquement orientée vers la vie professionnelle[285]. Cela fournit aux élèves les outils pour le pouvoir, mais pas la sagesse pour les utiliser.

Comme le remarque le philosophe de l'éducation Mortimer Adler (1902-2001), une bonne école secondaire doit préparer ses élèves à faire trois choses : « gagner sa vie d'une manière intelligente et responsable, agir comme des citoyens intelligents et responsables, et faire en sorte que ces deux éléments permettent d'avoir des vies intelligentes et responsables, pour profiter au mieux de toutes les choses qui font que la vie humaine est bonne »[286]. Poudlard se consacre presque entièrement au premier de ces trois éléments : l'apprentissage d'un métier. Elle apprend aux élèves comment gagner sa vie dans le monde des sorciers mais pas comment vivre[287].

284 Il y a des exceptions. Les élèves de Poudlard apprennent quelques rudiments d'études sociales en Histoire de la magie et dans le cours optionnel d'Étude des Moldus. Ils étudient aussi des bribes de sciences conventionnelles en cours d'Astronomie.
285 Un point révélé aussi par Charles W. Kalish et Emma C. Kalish, « Hogwarts Academy : Common Sense and School Magic », in *Psychology of Harry Potter*, p. 65 ; et Marc Sidwell, « No Child of Mine Will Go to Hogwarts », *Conservative Home's Platform*, http://conservativehome.blogs.com/platform/2007/08/marc-sidwell-no.html.
286 Mortimer J. Adler, *The Paideia Proposal : An Educational Manifesto*, New York (USA), Simon & Schuster, 1998, p. 18.
287 Adapté des paroles du frère Richard Connerton, C.S.C., président fondateur du King's College (Pennsylvanie), qui a déclaré que le College « enseigne aux élèves

Quel est le but de l'éducation ? Les grands penseurs de l'éducation ont défendu divers avis sur la question. Pour Platon, le premier grand philosophe de l'éducation de la civilisation occidentale, le rôle de l'éducation est d'atteindre la sagesse et la bonté pour une société juste et bien ordonnée[288]. Pour le disciple de Platon, Aristote, l'éducation doit promouvoir l'accomplissement humain (*eudaimonia*) qu'il définit comme une vie remplie d'activités intrinsèquement excellentes (en particulier, des activités purement intellectuelles)[289]. John Locke (1632-1704) soutient que « la vertu et la sagesse » sont « toute l'affaire » de l'éducation[290]. Jean-Jacques Rousseau (1712-1778) conseille une éducation « naturelle », centrée sur l'enfant et destinée à produire des citoyens heureux et vertueux, non corrompus par les hypocrisies et les fausses valeurs de la civilisation[291]. Emmanuel Kant pense que le développement de la personnalité (devenir une personne à la bonne morale qui veut les bonnes choses pour les bonnes raisons) est le premier but de l'éducation[292]. Même John Dewey, qui, comme nous l'avons vu, critique l'éducation traditionnelle pour son manque de connexion avec les préoccupations de la vraie vie, soutient que le rôle suprême de l'éducation est simplement d'apporter « plus d'éducation » ou de « développement » dans la capacité de chacun de faire des expériences enrichissantes[293].

Une personne éduquée doit être capable d'écrire et parler correctement, avoir un esprit critique et de bonnes bases en sciences et en lettres, qui sont les fondations d'une éducation libérale. Le but d'une éducation libérale n'est pas d'aider les élèves à « avoir un bon métier » mais de transmettre le savoir, les compétences et les dispositions nécessaires pour accomplir le potentiel d'un individu ; de comprendre et apprécier les productions capitales de la pensée et de l'art ; et de vivre une vie

---

non seulement comment gagner sa vie mais aussi comment la vivre ».

288 Platon, *La République*, en particulier livres 3 et 7.

289 Aristote, *Politique*, en particulier livres 7 et 8.

290 John Locke, *Quelques pensées sur l'éducation*, Librairie Philosophe, 2007, paragraphe 200.

291 Jean-Jacques Rousseau, *Émile ou De l'éducation*, Flammarion, 1999.

292 Emmanuel Kant, *Réflexions sur l'éducation*, Librairie Philosophe Vrin, 1990.

293 Dewey, *Experience and Education*, p. 36.

riche et passionnante. Une bonne école secondaire doit donner les bases d'une telle éducation. Par-dessus tout, comme le dit Adler, elle doit chercher à transmettre à ses élèves à la fois « les compétences et l'envie d'apprendre, afin que, à l'âge adulte, ils veuillent toujours apprendre et aient les compétences nécessaires pour le faire »[294].

Parce qu'il n'y a pas d'universités dans le monde des sorciers, il est primordial que les écoles secondaires de sorcellerie comme Poudlard encouragent et préparent leurs élèves à devenir des personnes qui apprendront tout au long de leur vie[295]. Pourtant, Poudlard échoue clairement sur ce plan. À Poudlard, Harry et ses amis apprennent comment lancer des sortilèges et concocter des potions. On ne leur apprend pas à aimer la lecture ou les grandes idées, ni à avoir un esprit scientifique, apprécier l'art et la littérature ou réfléchir de manière avertie et disciplinée aux problèmes de société et à la condition humaine.

Bien sûr, dans un pensionnat comme Poudlard, toute l'éducation ne se fait pas entre les murs d'une salle de classe, et Harry et ses amis apprennent les plus importantes leçons de la vie à l'extérieur. En fait, le plus important professeur et plus grand modèle de Harry dans l'enceinte de Poudlard est clairement Dumbledore, bien qu'il ne fasse pas officiellement partie de ses professeurs. Pour Harry, Ron Weasley, Hermione Granger, Neville Londubat, Ginny Weasley, Luna Lovegood et leurs camarades, Poudlard s'avère être une sorte d'« école de la vertu », dans le genre de celles qu'approuvaient les philosophes anciens. En évaluant les valeurs de l'éducation de Poudlard, il est important de garder à l'esprit ce que l'on apprend à l'intérieur et à l'extérieur d'une salle de classe. Mon avis est juste que le *cursus formel* de Poudlard est trop étroit et orienté vers la vie professionnelle. Souvenez-vous que les élèves de Poudlard ont

294 Mortimer J. Adler, *Reforming Education : The Opening of American Mind*, New York (USA), McGraw-Hill, 1997, p. 218.

295 J.K. Rowling, « Scholastic Online Chat Interview », 03/02/2000, www.accio-quote.org/articles/2000/0200-scholastic-chat.htm. Il n'y a pas non plus d'écoles primaires. Certains enfants sorciers vont dans des écoles primaires moldues, mais la plupart ont une éducation à la maison. J.K. Rowling, FAQ, « Quelle éducation reçoivent les enfants de sorciers avant de se rendre à Poudlard ? », site officiel de J.K. Rowling, http://www.jkrowling.com/textonly/fr/faq_view.cfm ?id=101.

relativement peu de contacts avec Dumbledore durant leurs années passées à l'école. Harry peut récolter d'inestimables pépites de sagesse dans le bureau du directeur, mais pour la plupart des élèves de Poudlard, c'est ce qu'ils apprennent (ou ce qu'ils n'arrivent pas à apprendre) dans les salles de classe qui fait une grande différence dans leurs vies.

Certains diront que les gens qui ont des pouvoirs magiques n'ont pas besoin d'une éducation libérale et complète, qu'ils peuvent trouver le bonheur et atteindre leurs objectifs sans. D'ailleurs, ajouteront-ils, un mauvais usage de la magie serait immédiatement détecté et sévèrement puni par le ministère de la Magie.

Cependant, cela ne correspond pas à une éducation libérale. L'éducation libérale est faite pour un individu libre. Elle libère l'esprit en élargissant ses perspectives, peaufinant ses sensibilités et le libérant de l'ignorance et des limitations de son temps, de son lieu et de sa culture. Comme le dit Adler, une bonne éducation cultive les « capacités [d'une personne] de développer son intelligence et sa morale » et l'aide à « acquérir les vertus intellectuelles et morales nécessaires à une bonne vie humaine »[296].

Le programme de Poudlard n'est pas vraiment fait pour fournir un savoir étendu, les compétences intellectuelles et les qualités solides qu'une bonne école (sorcière ou moldue) devrait chercher à transmettre. À cause de l'enseignement étroit et à vocation professionnelle qu'ils reçoivent, les élèves de Poudlard sont mal équipés pour affronter les nombreux problèmes que connaît la communauté magique, comme (selon les paroles de Hermione) « cette détestable manie qu'ont les sorciers de croire qu'ils sont supérieurs à toutes les autres créatures »[297].

LE MAUVAIS

Cette « détestable manie » est en fait le plus gros problème que rencontrent les sorciers. La série *Harry Potter* est un conte moral sur la guerre civile sorcière. D'un côté, il y a les adeptes de la suprématie raciale, menés par Voldemort, qui veulent que

---

296 Adler, *Reforming Education*, p. 120.
297 *Ordre du Phénix*, p. 206

les sorciers dominent les Moldus et que les sorciers à sang pur dominent ceux d'origine mixte. De l'autre côté, on trouve Dumbledore et ceux qui rejettent cette vision radicale et croient en l'égalité entre toutes les créatures rationnelles (ou au moins tous les humains) qui vivent sur terre.

Je dis qu'il s'agit du plus gros problème que rencontrent les sorciers pas seulement à cause de l'aspect repoussant d'un tel élitisme racial, mais pour les enjeux que cela représente. Le totalitarisme, le contrôle des pensées, une police secrète, des procès truqués, l'épuration raciale… tout cela risque de se réaliser si les suprémacistes gagnent. Et, bien sûr, ils ont failli gagner dans les livres *Harry Potter*, tout comme les nazis ont failli gagner la Seconde Guerre mondiale.

Alors, que fait Dumbledore pour enseigner aux élèves de Poudlard les dangers et l'irrationalité de la suprématie raciale ? Pas grand-chose. Ou au moins, pas directement.

Poudlard est ouverte à tous les élèves possédant des pouvoirs magiques, quelles que soient leurs origines, leur race ou leur classe sociale. Et Dumbledore met un point d'honneur à être un employeur juste, en engageant des Sang-Mêlé comme Rogue et des membres de groupes marginalisés comme les demi-géants (Hagrid), les centaures (Firenze) et les loups-garous (Lupin).

Mais c'est tout. Autant qu'on sache, il n'y a aucun cours dans lequel on fait des débats sur le racisme, aucun atelier, aucune association d'élèves qui discute à ce sujet. La calomnie raciale est vivace à Poudlard, mais aucun élève n'est jamais puni pour la répandre. Le fait que Poudlard engage le plus grand nombre d'elfes de maison opprimés d'Angleterre n'est mentionné nulle part dans les mille pages de *L'Histoire de Poudlard*, et les efforts de Hermione pour soulager la détresse des elfes ne sont pas soutenus publiquement par Dumbledore. Pire encore, Dumbledore ne fait rien pour endiguer la source purulente du militantisme pour l'idéologie du sang pur à Poudlard : la maison des Serpentard.

Serpentard est une vraie pouponnière à mages noirs. Comme le dit Hagrid, « tous les sorciers qui ont mal tourné sont passés par Serpentard »[298]. Et ce n'est pas un hasard ; les élèves sont envoyés à Serpentard lorsqu'ils ont une véritable envie de « toujours parvenir à leurs fins »[299]. Parce que les personnes (en particulier les enfants impressionnables) ont tendance à devenir comme ceux avec qui ils sont associés, Serpentard est ainsi une véritable serre pour faire pousser l'intolérance raciale. C'est aussi, de façon inévitable, une source pour « la cinquième colonne » à Poudlard, puisqu'elle regroupe les élèves qui ne manifestent aucune loyauté pour Dumbledore ou leurs camarades mais se tournent plutôt vers Voldemort et son programme raciste et perverti.

Ce cancer d'intolérance raciale et d'élitisme est « le mauvais » dans l'éducation à Poudlard. La question évidente est pourquoi Dumbledore ne fait rien de plus pour l'empêcher.

Dans un sens, bien sûr, il fait quelque chose de très important à ce sujet : il agit sans relâche pour vaincre Voldemort. Mais Voldemort est resté impuissant pendant plus d'une décennie après sa tentative échouée de tuer Harry. Alors pourquoi Dumbledore n'a-t-il rien fait pour résoudre le problème avec les Serpentard à ce moment-là ?

Peut-être Dumbledore avait-il les mains liées par le règlement de l'école ou le très conservateur Conseil d'Administration de Poudlard. Peut-être qu'il aurait été licencié s'il avait essayé d'entreprendre quoi que ce soit. Peut-être, comme le soutient Travis Prinzi, que c'est un « gradualiste » libertarien qui croyait pouvoir changer les cœurs et les esprits des gens en montrant l'exemple et avec un pouvoir de persuasion tout en douceur, plutôt que par une politique et des règlements coercitifs[300]. Qui sait ? Il peut y avoir de nombreuses raisons qui l'ont empêché d'agir. Mais je pense qu'il est légitime de se demander si Dumbledore n'aurait pas dû faire plus qu'il n'a fait.

298 *L'École des sorciers*, p. 88.

299 *Ibid.*, p. 126.

300 Travis Prinzi, « Hog's Head PubCast #54 : Revolutionaries and Gradualists », http://www.thehogshead.org/2008/07/03/hogs-head-pubcast-54-revolutionaries-and-gradualists/. Voir l'article de Beth Admiral et Regan Reitsma dans ce volume pour leur interprétation sur ce sujet.

UN VRAI MÉLANGE, COMME LES DRAGÉES SURPRISES DE BERTIE CROCHUE

Poudlard, comme la plupart des écoles, a ses avantages et ses inconvénients. Ses élèves adorent le château, les parcs, l'esprit de camaraderie ou les méthodes fondées sur l'apprentissage pragmatique de la magie. C'est sans aucun doute intéressant et amusant d'aller à l'école à Poudlard. Mais il y a aussi quelques gros points négatifs dans l'éducation, comme la présence d'enseignants incompétents, d'un environnement dangereux, un programme incomplet et un élitisme et une intolérance raciale forts et latents.

Alors, est-ce que j'enverrais mes enfants à Poudlard ? Finalement, je dirais oui. Ce serait une occasion trop extraordinaire pour la manquer. Mais je m'assurerais toutefois, comme je le fais déjà, d'enseigner à mes enfants l'égalité fondamentale entre les individus, le rôle essentiel des libertés démocrates et l'importance d'avoir une éducation complète. Car ce sont les valeurs qui peuvent faire de notre monde un lieu vraiment magique[301].

---

301 Mes remerciements à John Granger, Bill Irwin, Dave Baggett et Travis Prinzi pour leurs commentaires sur de précédentes ébauches qui m'ont été d'un grand secours. Bien sûr, ce sont en partie ces amis qu'il faut blâmer pour les fautes qu'on peut trouver dans ce chapitre puisque, comme le disait le philosophe médiéval Thomas d'Aquin (*Summa Contra Gentiles*, livre 3, chap. 135) : « Celui qui aide un autre partage avec lui son œuvre, dans le bien comme dans le mal ».

PARTIE CINQ

AU-DELÀ DU VOILE : LA MORT, L'ESPOIR ET LE SENS

LE VÉRITABLE SECRET DU PHÉNIX : LA RÉGÉNÉRATION MORALE À TRAVERS LA MORT

Charles Taliaferro

Le phénix est un oiseau mythique majestueux qui a le pouvoir de prendre feu puis renaître de ses cendres. Ce pouvoir de renaître à travers la mort pourrait tout simplement faire partie du contexte magique de l'histoire de *Harry Potter* ou avoir une autre signification. En tant qu'élément du contexte, le phénix de Dumbledore, Fumseck, joue un rôle noble et courageux en sauvant Harry dans la Chambre des secrets et en prenant sur lui un sortilège mortel à la place de Dumbledore dans la bataille au ministère de la Magie. Le groupe qui se dresse face à Voldemort s'appelle l'Ordre du Phénix, mais de telles références peuvent très bien être là seulement pour enrichir l'intrigue. Pourtant, le pouvoir magique du phénix pourrait être un indice pour nous diriger vers un thème que les philosophes ont relevé et qui concerne la nature des relations humaines.

Certains philosophes suggèrent qu'un processus similaire à celui de la mort et de la renaissance du phénix est nécessaire pour rétablir une relation brisée. Il faut alors éprouver du remords et rechercher le pardon pour développer un caractère nouveau et repenti. L'idée de base est qu'une personne qui a commis une erreur indéniable a besoin de se confesser, d'exprimer un remords sincère, de répudier tout plaisir ou gain qu'il pourrait avoir obtenu grâce à son méfait et ainsi former des intentions et désirs radicalement nouveaux qui rendent toute mauvaise action future impensable (ou au moins improbable). L'acte de répudier l'erreur passée et tout plaisir implicite est considéré par les philosophes comme une sorte de mort ; on est consumé par le mal que l'on a fait. La personne repentie émerge de ce processus de répudiation et de remords en tant que nouvelle personne. La continuité est maintenue ; la nouvelle personne émerge de celle qui a fait le mal. Mais il y a toujours un soi radicalement nouveau après cette évolution importante du mal vers le bien, de désirs mauvais vers des intentions et résolutions bonnes et nouvelles.

Plusieurs objections peuvent être retenues contre ce modèle (nous en verrons deux à la fin de ce chapitre), mais il a un intérêt tout à fait évident. Dans une amitié rompue par la trahison, il semble que le chemin vers la réconciliation doive passer par le remords (la personne doit être sincèrement désolée de vous avoir trahi). Et une fois que le repenti est formel, la personne peut être de nouveau véritablement acceptée comme amie. Évidemment, aucun de vous deux n'oubliera jamais qu'il y a eu trahison, mais ne pouvez-vous pas mettre de côté vos reproches respectifs ? Vous ne pouvez pas reformer une amitié forte si tous les jours vous rappelez à l'autre qu'il a fait quelque chose de mal ! En effet, la relation réparée doit *renaître* ; vous avez accepté le retour de votre ami et vous le ou la voyez sous un nouveau jour, en mettant de côté votre ressentiment ou votre blessure passée.

On retrouve cette analogie entre la réparation morale et la mort et la renaissance dans certaines traditions religieuses, particulièrement dans le christianisme, où la transition du péché à la vie pour Dieu est décrite comme une mort et une élévation vers une nouvelle vie (*Épître aux Romains*, chapitre 5). Le rite chrétien du baptême est traditionnellement vu comme une sorte de mort des péchés puis de renaissance dans la maison de Dieu, dans laquelle l'âme repentie peut même prendre un nouveau nom. Chez les laïcs, on trouve aussi des témoignages sérieux de repenti moral selon lesquels la repentance requiert un vrai départ du soi qui a fait le mal et une identification de la personne repentie à de nouveaux désirs et essentiellement à une nouvelle identité[302].

Dans ce chapitre, nous explorerons les différentes façons de percevoir ce modèle dans le monde de J.K. Rowling, en

302 Voir, par exemple, Charles Griswold, *Forgiveness : A Philosophical Exploration*, New York (USA), Cambridge University Press, 2007.

s'intéressant surtout aux *Reliques de la mort.* Comme nous le verrons, Rowling est allée encore plus loin que la plupart des philosophes en exposant le processus d'évolution vers une nouvelle vie avec une sorte de mort, en juxtaposant Harry et Dumbledore d'un côté et Lord Voldemort de l'autre. Voldemort fournit une inversion ou, à dire vrai, une perversion fascinante du processus d'évolution de la mort vers la vie. Voldemort répand la mort en s'accrochant à la vie, alors que Dumbledore et Harry avancent vers une vie plus profonde en acceptant la mort.

LE REMORDS ET LA MORT

Dans leur confrontation finale, Harry donne une dernière chance à Voldemort. Ce sursis implique le remords. Lorsqu'il fait cette proposition ou défie son pire ennemi de ressentir du remords, Harry n'utilise pas le titre Voldemort, Celui-dont-on-ne-doit-pas-prononcer-le-nom, ou le Seigneur des Ténèbres mais bien son nom : Tom Jedusor. Harry semble rappeler à Jedusor que son rôle en tant que Seigneur des Ténèbres, menaçant et presque surnaturel, a pris le dessus sur sa vraie personne, Tom Jedusor, l'enfant perdu, en colère mais extrêmement talentueux. Le processus que doit entreprendre celui qui s'est fait appeler Voldemort pour admettre et ressentir du remords pour les crimes sordides qu'il a commis est trop déprimant. En d'autres termes, Jedusor a besoin de muer de ses mauvaises intentions et actions passées. Ne voulant pas passer par une telle répudiation et humilité, Jedusor en tant que Voldemort attaque Harry et est défait.

Le remords est un élément clé dans le processus de repenti et de régénération dans la série *Harry Potter*. Le remords, le chagrin et le regret. La façon la plus évidente de comprendre la différence entre « se repentir » et « regretter » est peut-être de revoir la scène où Voldemort ordonne à son serpent de tuer Severus Rogue. Après avoir donné l'ordre « Tue » à Nagini, Voldemort réagit ainsi :

« Je regrette, dit froidement Voldemort.

Et il se détourna. Il n'y avait aucune tristesse en lui, aucun remords. Le moment était venu de quitter la cabane et de prendre le commandement des opérations, avec une baguette qui, à présent, lui obéirait pleinement. Il la pointa vers la cage étoilée qui s'éleva et libéra le corps de Rogue. Celui-ci s'affaissa sur le côté, un flot de sang se déversant des blessures de son cou. Voldemort sortit de la pièce dans un grand mouvement de cape, sans un regard en arrière, et le grand serpent le suivit, flottant derrière lui dans son immense sphère protectrice. »[303]

Le regret présuppose lui aussi du chagrin ou un certain mécontentement par rapport à ce qui s'est passé, mais le remords ajoute un ingrédient primordial : un sentiment profond de douleur pour avoir commis cet acte. Le regret n'implique pas nécessairement une reconnaissance personnelle de culpabilité ou de responsabilité, mais le remords implique un ressenti douloureux par rapport au rôle qu'on a endossé dans l'acte ou l'omission.

Peut-être que Jedusor ne peut pas ressentir de remords parce qu'il s'identifie totalement à Voldemort ou plutôt que Jedusor est tellement devenu Voldemort, cette créature qui brandit son pouvoir invincible, qu'il ne peut pas imaginer une autre vie au-delà de celle de Voldemort, même par le remords. Si quelqu'un a fait quelque chose de mal et que tout ce qu'il ressent est du remords pour cet acte, alors il est dans une position quasiment intolérable. Pour qu'il y ait repenti moral, la personne doit accéder à une nouvelle identité positive.

Dumbledore réalise qu'il a besoin de passer par la mort lorsqu'il reconnaît l'erreur désastreuse qu'il a faite en enfilant l'anneau pour utiliser la Pierre de Résurrection. Son erreur n'était pas motivée par le mal ou le dépit. Il a même pensé qu'il pourrait d'une certaine manière apporter une nouvelle vie grâce à cette pierre. Comme Dumbledore le dit en se confessant à Harry :

« Lorsque je l'ai découverte, après toutes ces années, enterrée dans la maison abandonnée des Gaunt, cette relique que j'avais désirée plus que les autres – bien que dans ma jeunesse, je l'aie voulue pour des raisons très différentes –, j'ai perdu la tête,

303 *Reliques de la mort*, p. 766-767.

Harry. J'ai complètement oublié que c'était désormais un Horcruxe, que cette bague portait en elle un maléfice. Je l'ai ramassée, je l'ai passée à mon doigt et pendant un instant, j'ai imaginé que j'allais revoir Ariana, revoir ma mère, et mon père, et que j'allais pouvoir leur dire à quel point je regrettais…

J'ai été si sot, Harry. Après tant d'années, je n'avais rien appris. Je n'étais pas digne de réunir les Reliques de la mort, je l'avais prouvé maintes fois, et j'en apportais ainsi l'ultime preuve. »[304]

Dumbledore réalise son erreur et est conscient que son geste irréfléchi a libéré dans son organisme un poison qui causera sa perte, malgré les tentatives de Rogue pour enrayer les dommages causés par le maléfice. Dumbledore choisit de travailler sur le remords et sur la reconnaissance du mal qu'il a fait afin de protéger Harry et lui offrir un moyen de vaincre Voldemort. En organisant sa mort (causée par le sortilège Avada Kedavra lancé par Rogue), il se sacrifie (et sauve indirectement Drago Malefoy) en laissant mourir (puisque c'est le cas) son soi passé.

Cette évolution au-delà de son passé apparaît d'une façon évidente dans le dialogue entre Harry et Dumbledore après la mort présumée de Harry. Dumbledore lève le voile sur ses plans et ses intentions, révélant en pleurant sa position de professeur et de tuteur vulnérable qui a (selon lui) échoué dans sa tâche. Dumbledore confesse douloureusement ses faiblesses de jeunesse avec ses parents, sa sœur et son frère :

« J'étais doué. J'étais brillant. Je voulais m'échapper. Je voulais étinceler. Je voulais la gloire. Comprends-moi bien, poursuivit-il – une expression de douleur passa sur son visage et il parut à nouveau très âgé. Je les aimais. J'aimais mes parents, j'aimais mon frère et ma sœur, mais j'étais égoïste, Harry, plus égoïste que tu ne peux l'imaginer, toi qui es remarquablement désintéressé. »[305]

304 *Ibid.*, p. 839.
305 *Ibid.*, p. 834.

C'est en partie à travers ce dialogue et le passage de Harry de la mort à la vie que Dumbledore et Harry se réconcilient.

Dans les premiers tomes de la série, Dumbledore est un mentor, une figure paternelle comme Merlin ou Gandalf ; pour Harry, il est à la fois son professeur, son directeur et en partie son tuteur. Tout cela en fait un modèle bon, noble et chevaleresque. Vers la fin de la série, on découvre un autre côté de Dumbledore. On apprend que c'est un pénitent qui se sent obligé d'avouer ses méfaits à Harry pour lui fournir les dernières instructions essentielles dont il a besoin pour atteindre sa maturité. Dumbledore termine en donnant à Harry ce conseil à l'aspect très socratique : « Tu es le vrai maître de la Mort parce que, la mort, le vrai maître ne cherche pas à la fuir. Il accepte le fait qu'il doit mourir et comprend qu'il y a dans le monde des vivants des choses pires, bien pires que la mort »[306].

L'accomplissement de la grande épreuve de Harry (son éducation, sa formation), qui atteint son paroxysme avec le combat contre Voldemort, met Harry et Dumbledore sur un pied d'égalité. Le dernier échange entre Harry et son mentor, qui a lieu à travers le portrait de Dumbledore, suggère que leur relation a changé ; il n'y a plus de mentor et de disciple. Une sorte d'égalité a été atteinte avec leur réconciliation et avec la victoire et les résolutions de Harry : après que Harry eut raconté à Dumbledore ses plans concernant la Baguette de Sureau, « Dumbledore approuva d'un signe de tête. Ils échangèrent un sourire »[307].

Harry doit endurer la mort et une renaissance pour obtenir l'intégrité nécessaire à sa guérison et son renouveau. Lorsque Harry a été attaqué, encore bébé, et que le sortilège mortel a rebondi, une partie de l'âme de Voldemort s'est liée à Harry, lui permettant d'avoir un aperçu de l'esprit de Voldemort et lui donnant la faculté de parler Fourchelangue. C'est aussi à cause de cela que le Choixpeau magique hésitera entre l'envoyer chez les Serpentard ou les Gryffondor. L'attaque de Voldemort a laissé une marque indélébile sur le front de Harry et celle-ci le lie à l'esprit de Voldemort. Parfois, cela dépasse la simple

---

306 *Ibid.*, p. 840. Pour en savoir plus sur la théorie de Socrate sur l'acceptation de la mort, voir le *Phédon* de Platon, 64a-68a.

307 *Ibid.*, p. 874.

connexion pour aller jusqu'à la possession, comme dans la scène clé de *L'Ordre du Phénix*, lorsque Voldemort parle au travers de Harry :

« La cicatrice de Harry s'ouvrit alors brusquement et il sut qu'il était mort : la douleur dépassait tout ce qu'on pouvait imaginer, tout ce qu'on pouvait supporter.

Il ne voyait plus le hall, il se trouvait à présent prisonnier des anneaux d'une créature aux yeux rouges, si étroitement serrée autour de lui que Harry n'arrivait pas à distinguer les limites de son propre corps et celui de la créature. Ils avaient fusionné, unis dans la douleur, sans aucune fuite possible.

Lorsque la créature parla, ce fut par la bouche de Harry qui sentit au milieu de sa souffrance ses mâchoires remuer…

— Tue-moi, maintenant, Dumbledore… »[308]

Pour surmonter cet atroce lien avec le Seigneur des Ténèbres, Harry a besoin que le morceau d'âme de Voldemort qui est en lui meure, comme cela se produit à la fin des *Reliques de la mort*, lorsque Harry laisse Voldemort lancer sur lui le sortilège mortel. Tout est expliqué dans la conversation suivante, lorsque Dumbledore rassure Harry sur le fait qu'il n'est pas, comme il a pu le croire, mort :

« Je l'ai laissé me tuer, reprit Harry. N'est-ce pas ?

— En effet, dit Dumbledore, approuvant d'un signe de tête. Continue !

— Donc, la partie de son âme qui était en moi…

Dumbledore hocha la tête avec encore plus d'enthousiasme, son large sourire encourageant Harry à poursuivre.

— … elle n'est plus là ?

— Oh non, assura Dumbledore. Il l'a détruite. Ton âme a retrouvé son intégrité et t'appartient entièrement Harry. »[309]

---

308 *Ordre du Phénix* p. 969-970.

309 *Reliques de la mort*, p. 825.

Un peu plus tard dans la conversation, Dumbledore entre dans les détails :

« Tu étais le septième Horcruxe, Harry, l'Horcruxe qu'il n'avait pas eu l'intention de créer. Il avait rendu son âme si instable qu'elle s'est brisée quand il a commis ces actes d'une malfaisance indescriptible, le meurtre de tes parents, la tentative d'assassinat sur un enfant. Mais ce qui restait de lui lorsqu'il s'est échappé de cette pièce ce soir-là était encore plus diminué qu'il ne le croyait. Il a laissé derrière lui plus que son corps. Il a aussi laissé une partie de lui-même accrochée à toi, la victime désignée qui avait survécu. »

Pour redevenir pleinement entier, Harry doit mourir pour se libérer du lien avec Voldemort.

Cette situation dramatique où Harry doit mourir et se relever implique qu'il se débarrasse de ce qui est fondamentalement étranger à sa véritable identité ou à ses valeurs chères. Dans un sens, dans chacun des livres, Harry surmonte un processus de remords et de régénération par rapport à ses propres sentiments et fautes. Par exemple, dans *L'Ordre du Phénix*, sa méfiance à l'égard de Hermione Granger et Ron Weasley doit être réparée.

« À sa propre surprise, Harry se mit alors à hurler :

— DONC, VOUS N'ASSISTEZ PAS AUX RÉUNIONS, ET ALORS ? VOUS ÊTES QUAND MÊME ICI, NON ? ET ENSEMBLE ! MOI, J'AI ÉTÉ COINCÉ CHEZ LES DURSLEY PENDANT TOUT UN MOIS. ET J'AI DÛ AFFRONTER DES SITUATIONS DONT VOUS N'AVEZ JAMAIS EU IDÉE. DUMBLEDORE LE SAIT ! QUI A RÉCUPÉRÉ LA PIERRE PHILOSOPHALE ? QUI S'EST DÉBARRASSÉ DE JEDUSOR ? QUI VOUS A SAUVÉS TOUS LES DEUX DES DÉTRAQUEURS ?

Toute l'amertume et la rancœur que Harry avait accumulées au cours du mois écoulé se déversaient à présent : sa déception de n'avoir aucune nouvelle, la peine qu'il avait ressentie à les savoir ensemble loin de lui, sa fureur en apprenant qu'on le suivait à son insu – tous les sentiments dont il avait à moitié honte finissaient par rompre les digues. »[310]

Harry doit renoncer à ses humeurs et ses décisions irréfléchies et on a le sentiment récurrent que l'amour joue un rôle important dans la solidification de son développement, de sa renaissance, puisque c'est ce dont il s'agit. Par exemple, lorsque lui et Ginny Weasley s'embrassent après une longue séparation, la scène est décrite à travers les sens de Harry :

« C'est l'espoir que j'avais, murmura-t-elle.

Elle l'embrassa alors comme jamais elle ne l'avait embrassé auparavant, et Harry lui rendit son baiser, se laissant envahir par une délicieuse sensation d'oubli que jamais le whisky Pur Feu n'aurait pu lui procurer. La seule réalité qui comptait au monde, c'était elle. Ginny. Il la sentait contre lui, une main au creux de son dos, l'autre caressant ses longs cheveux au parfum suave. »[311]

L'amour que Harry éprouve pour les autres et celui qu'ils éprouvent pour lui constituent la base de son développement et le protègent de Voldemort. Comme le fait remarquer Dumbledore : « C'est ce même pouvoir [de l'amour] qui a empêché Voldemort de te posséder, car il ne supportait pas d'habiter un corps où cette force qu'il déteste était si présente »[312].

L'INVERSION DE VOLDEMORT

En tant que Voldemort, Tom Jedusor suit un schéma de développement presque exactement opposé à celui de Harry et

310 *Ordre du Phénix*, p. 84.
311 *Reliques de la mort*, p. 143.
312 *Ordre du Phénix*, p. 1001.

Dumbledore. Au lieu de ressentir du remords, de passer par la repentance et le renouveau, avec chaque meurtre, Voldemort prend un peu plus possession de son identité de meurtrier et de tyran, de cette personne qui considère que sa vie est infiniment plus importante et intéressante que celle de ceux qui l'entourent. La quête de Voldemort pour la vie éternelle (dans une sorte d'inversion perverse de l'idéal chrétien de la vie à travers le mort de soi) l'amène à une forme de division de lui-même dans laquelle il déchire son âme en sept parties (et même huit, involontairement).

« Plus j'avançais dans ma lecture [à propos des Horcruxes], reprit Hermione, plus je trouvais cela horrible, et moins j'arrivais à croire qu'il en ait véritablement créé six. Le livre explique que lorsqu'on en arrache une partie, l'âme devient très instable, même quand on ne fabrique qu'un seul Horcruxe !

Harry se souvint que Dumbledore avait dit de Voldemort qu'il était allé "au-delà des limites de ce qu'on appelle habituellement le royaume du Mal".

— N'y a-t-il pas un moyen de reconstituer son âme en rassemblant les morceaux ? demanda Ron.

— Si, répondit Hermione avec un pâle sourire, mais ce serait atrocement douloureux.

— Pourquoi ? Comment y parvient-on ? interrogea Harry.

— Par le remords, répondit Hermione. Il faut ressentir profondément le mal qu'on a fait. Et il y a un détail annexe. Apparemment, la douleur éprouvée est telle qu'elle peut te détruire. J'imagine mal Voldemort tentant l'expérience, et vous ? »[313]

Les incarnations de l'âme de Voldemort dans les Horcruxes deviennent les dépositaires de la méchanceté vile. Chacun d'entre eux doit être détruit pour parvenir à vaincre le Seigneur des Ténèbres.

Remarquez bien l'inversion ici. Le remords et la renaissance servent à entretenir une vie plus profonde et naturelle pour

313 *Reliques de la mort*, p. 127-128.

Harry et Dumbledore, alors que la quête de mal par Voldemort le rend de plus en plus dénaturé. Par exemple, l'amitié qui lie Harry et ses amis ainsi que son interaction avec Dumbledore comprennent souvent le fait de manger (ou même carrément de festoyer), de jouer ou d'échanger des présents. Avec Voldemort, il n'y a aucun banquet mais (de façon plus perverse) on boit du sang. Au lieu de le mener vers une vie pleine, les actions malfaisantes de Voldemort menacent son incarnation naturelle. Lorsqu'il essaie de tuer Harry alors qu'il n'est encore qu'un nourrisson, son crime semble le vaporiser, le transformer en fumée, en un être désincarné.

« Il pointa soigneusement la baguette magique sur la tête de l'enfant [...] :

— Avada Kedavra !

Il fut alors brisé : il n'était plus rien, plus rien que douleur et terreur et il devait se cacher, non pas ici, dans les ruines de la maison détruite où l'enfant hurlait, pris au piège, mais loin… très loin… »[314]

Jusqu'à ce que Voldemort parvienne à revenir réincarné, sa « vie » se résume à celle d'un parasite, suçant le sang et s'agrippant aux autres. (Il a besoin du sang de Harry et de la main de Queudver pour retrouver un vrai corps). Dans le dernier tome, le corps de Voldemort ne semble pas naturel ; son visage ressemble à celui d'un serpent et il peut voler sans l'aide d'un balai ou d'un autre moyen magique. Le contraste avec le monde de Dumbledore, Harry et ses amis ne pourrait pas être plus radical, avec sa nourriture bien réelle et son toucher authentique et plein d'affection. À la fin du livre, cela se termine, pour Harry et ses plus proches amis, Ron, Ginny et Hermione, en histoires d'amour et familles avec enfants. Il y a un contraste saisissant ici entre le monde naturel du remords et de la régénération et les efforts de Voldemort pour conserver sa vie au prix de celle des autres.

314 *Ibid.*, p. 406.

Le contraste entre la quête horrible de l'immortalité de Voldemort, qui tue ou mutile les autres et refuse le cours naturel de la régénération et de l'intégration à travers le remords, apparaît en parfait opposé de l'acceptation par Harry et Dumbledore de la mort morale, spirituelle et physique au nom de l'amour et de la bonté. Comme on peut le voir d'une façon évidente dans *Les Reliques de la mort*, la mort physique, dans le monde de Rowling, n'est pas la pire chose que peut connaître une âme ni même la fin de l'âme. Sur la pierre tombale des parents de Harry, on peut lire que « le dernier ennemi qui sera détruit, c'est la mort ». D'abord, Harry est horrifié en pensant qu'il s'agit d'une « idée de Mangemort », mais Hermione explique que cette phrase fait référence au fait de vivre au-delà ou après la mort. La mort elle-même peut n'être qu'un passage vers quelque chose d'autre :

« Devant l'air décontenancé de Harry et Ron, Hermione se hâta de poursuivre :

— Si je prenais brusquement une épée et que je te la passais au travers du corps, Ron, je n'infligerais aucun dommage à ton âme.

— Ce qui serait pour moi une grande consolation, assura Ron.

Harry éclata de rire.

— J'espère bien ! Mais ce que je veux démontrer c'est que, quoi qu'il arrive à ton corps, ton âme reste intacte, continua Hermione. »[315]

La mort de Voldemort est désespérée, regrettée par personne et finalement pathétique (« Tom Jedusor s'abattit sur le sol dans une fin triviale »), alors que celle de Dumbledore fait partie intégrante de la défaite de Voldemort[316]. De plus, tous ceux qui sont morts courageusement en combattant Voldemort (comme Dobby, Fred Weasley, Remus Lupin, Nymphadora

315 *Ibid.*, p. 129.
316 *Ibid.*, p. 868.

Tonks et Colin Creevey) ont été dûment honorés et chaleureusement pleurés.

PREMIÈRE OBJECTION : L'INTÉGRITÉ

L'une des objections récurrentes contre l'idée que le repenti moral implique une régénération radicale, semblable au phénix qui meurt et renaît, est que cela ébranle l'intégrité de l'identité personnelle. Si vous avez fait quelque chose de mal, ce sera à jamais vous qui avez fait cette erreur. Même un millier de renoncements ne pourront changer cela. Imaginer que vous êtes une nouvelle personne après avoir ressenti de la douleur et vous être repenti conduit à une sorte d'aveuglement à votre propre égard. Imaginez que je vous aie gravement blessé et que je soutienne que c'était un geste du « Mauvais Charles » mais que je suis aujourd'hui le « Nouveau Charlie », une toute nouvelle personne qui a peu de sympathie pour cette ancienne version de moi-même. Cette « renaissance » semble menacer toute sorte d'intégrité que je pourrais avoir vis-à-vis de mon identité.

Cette critique du modèle de régénération a été avancée par la psychanalyste freudienne Melanie Klein (1882-1960)[317]. Elle soutient que le développement et la continuité de l'individu nécessitent que l'on reste bien persuadé qu'une personne repentie est la même personne que celle qui a fait du mal dans le passé. Un alcoolique, par exemple, se considère généralement toujours comme un alcoolique, même après s'être repenti et être resté sobre pendant des décennies. L'intégrité s'oppose donc violemment au modèle de la régénération.

Cette objection a une certaine force. On pourrait abuser de ce modèle. Si l'on soutient que la régénération peut être si radicale qu'il n'y a aucune continuité entre la personne repentie et la personne qui a fait le mal, il semble que l'on soit ici victime d'aveuglement. Si je décide simplement de diviser ma personne en deux êtres, un bon et un mauvais, cela ressemble plus à une blague qu'à une véritable repentance. Or, il est évident que le modèle de la régénération peut être poussé aussi loin. Mais sans

317 Voir les livres de Melanie Klein : *Love, Guilt and Reparation : And Other Works 1921-1945* (London (UK), Hogarth Press, 1975) et *Envy and Gratitude* (London (UK), Hogarth Press, 1975).

une vraie rupture avec le passé et un véritable renoncement qui se rapprocheraient de très près à une sorte de mort, le renouveau ou la réconciliation d'une personne seraient incomplets. C'est peut-être la raison pour laquelle les personnes dépendantes à l'alcool se considèrent toute leur vie comme des alcooliques. Mais en renonçant aux abus de l'alcool, elles ne se voient plus comme des buveurs ou des ivrognes. Prenez quelqu'un qui a arrêté de fumer. Est-ce que réussir à arrêter de fumer nécessite forcément de ne plus se voir comme un fumeur mais comme une personne différente ? Le prix à payer pour ne pas entreprendre un fort renoncement du méfait ou des erreurs passées peut être important. Il suffit de penser au cas de Severus Rogue.

Comme on le découvre dans *Les Reliques de la mort*, Rogue aimait sincèrement la mère de Harry, Lily Evans. Enfant, il était déjà attiré par elle à distance. C'est la seule personne à Poudlard qui s'est dressée face à James Potter et aux autres petites brutes qui menaçaient régulièrement Rogue. Cependant, celui-ci a fait l'erreur irréparable de la traiter de Sang-de-Bourbe, un terme insultant pour désigner les sorcières de parents moldus. Plus tard, il a commis l'erreur encore plus tragique de fournir par mégarde les informations dont Voldemort avait besoin pour trouver et tuer Harry. Rogue ressent de profonds remords pour ces actes, mais il est incapable de confesser publiquement ses sentiments et donc d'atteindre une intégration complète par le remords et la renaissance.

Rogue a une dette envers le père de Harry, qui l'a sauvé de Lupin lorsque celui-ci était transformé en loup-garou. Rogue peut payer cette dette en protégeant Harry (ce qu'il fait à plusieurs occasions), mais il est incapable d'affirmer ouvertement devant Harry ses liens avec Lily ou sa dette envers James. Il est plein de ressentiments contre Harry et est incapable de se détacher complètement de son passé. Ses motifs sont parfois tout à fait honorables, ou aussi honorables qu'ils peuvent l'être lorsqu'on est un espion pour l'Ordre qui se fait aussi passer pour un Mangemort fidèle.

Rogue n'est pas une personne intègre dans l'esprit de Melanie Klein ; il est affaibli parce qu'il n'arrive pas à renoncer entièrement à ses erreurs passées et à aller au-delà. Dans un cas idéal de réconciliation, il aurait pu y avoir un miracle : le réel retour à la vie de James et Lily. Mais sans cela, la meilleure réconciliation possible aurait été que la profonde loyauté de Rogue pour Lily (et pour Dumbledore) ait été reconnue et honorée de son vivant. Mais cela aussi aurait été impossible car Rogue avait évidemment besoin de conserver sa couverture en tant que serviteur de Voldemort le plus longtemps possible. Toutefois, Rogue reçoit les honneurs d'une façon intense et immuable : Harry donne le prénom de Rogue à l'un de ses enfants. Le nom que Harry donne à son fils est aussi le dernier mot prononcé par Dumbledore avant de mourir : *Severus*.

DEUXIÈME OBJECTION : LA FANTASY

Considérons brièvement une seconde objection : si Rowling a créé un chef-d'œuvre, c'est en partie parce qu'elle a inventé un monde assez éloigné du nôtre. Dans notre monde, on ne lance pas de sortilège, les gens ne survivent pas à la mort de leur corps, les portraits des directeurs décédés ne parlent pas à leurs élèves, et ainsi de suite. Si tout cela est fantastique (au sens littéral, c'est-à-dire une affaire de *fantasy*), alors pourquoi ne pas penser que le modèle de régénération est aussi une histoire de *fantasy* ? La vraie éthique et les modèles de repenti moral sérieux ont besoin d'être modelés à partir de techniques narratives réalistes et non dans des mondes imaginaires.

J'ai d'ailleurs déjà rédigé des argumentations contre les systèmes philosophiques qui excluent la possibilité de la vie après la mort[318]. J'ai aussi soutenu que notre monde est un monde où il peut y avoir un véritable enchantement, des sortilèges de toutes sortes[319]. Les moralistes modernes n'abordent pas les pratiques de la bénédiction et de la malédiction, mais c'est regrettable, étant donné toutes les façons dont les gens peuvent s'affecter les uns les autres à des degrés subliminaux. Pourtant, même si on met entre parenthèses tout cela et accepte qu'il n'y ait pas de vie

318 Charles Taliaferro, *Consciousness and the Mind of God*, Cambridge (UK), Cambridge University Press, 1994.
319 Charles Taliaferro, *Love, Love, Love*, Cambridge (USA), Cowley Press, 2006. Voir en particulier le chapitre « A Modest Defense of Magic ».

après la mort ni de magie dans notre monde, il est bon de remarquer que Rowling ne traite pas la morale comme un élément de *fantasy*. Toutes les valeurs que l'on partage comme la loyauté, l'amitié, l'amour romantique, l'impartialité, l'opposition à l'esclavage (libérez les elfes de maison !) et le rôle important du remords, du pardon et du repenti sont essentiels aussi bien dans la fiction de Rowling que dans notre monde moldu. Au nom du réalisme, l'objection concernant la *fantasy* rejetterait les idées authentiques de Rowling sur les dangers de la cruauté, sur la poursuite arbitraire de la pureté (les Sang-Pur), sur l'amour, etc. Un tel « réalisme » relève plus d'un échec à séduire l'imagination que de céder à l'imaginaire.

LE SECRET DE FUMSECK

Comme on l'a fait remarquer dans l'introduction, le rôle du phénix dans les livres *Harry Potter* pourrait aussi tout simplement faire partie du contexte magique des vies de Dumbledore et Harry. Fumseck, après tout, pleure son maître avec « une lamentation déchirante d'une terrible beauté » avant de quitter Poudlard pour de bon[320]. Mais il pourrait aussi partir de Poudlard après la mort de Dumbledore parce que nous avons assimilé assez de sagesse pour comprendre le message que le phénix laisse derrière lui : que parfois la vie spirituelle ou réelle doit être endurée pour qu'il y ait régénération de la vie, réconciliation et triomphe du bien sur le mal. Fumseck n'a pas sauvé Dumbledore lorsqu'il a été empoisonné. Peut-être était-ce impossible, même si les larmes d'un phénix peuvent soigner de terribles blessures. Fumseck n'a pas protégé Dumbledore du sortilège Avada Kedavra lancé par Rogue, et il n'est pas non plus intervenu pour éviter à Dumbledore de tomber du toit.

Il y a des raisons de penser que Fumseck pouvait lire dans l'esprit de son maître et qu'il était probablement conscient du sacrifice volontaire de Dumbledore. Oui, peut-être que Fumseck et le schéma de régénération sont une simple coïncidence dans l'œuvre de Rowling, mais peut-être que Fumseck lui-même était pleinement conscient de la nécessité de mourir et de renaître,

---

320 *Prince de Sang-Mêlé*, p. 705.

du remords et de la régénération. Fumseck a quitté Poudlard à la fin du *Prince de Sang-Mêlé*, mais il a aussi laissé derrière lui la plus importante leçon qu'on puisse apprendre. Les cas de méfaits, de trahison et de vice qui mènent à la rupture d'amitiés et de communauté doivent être guéris par une sorte de mort et de renaissance, dans laquelle on émerge des flammes de la confession pleine de remords en tant que nouvelle personne avec des désirs et intentions radicalement nouveaux pour réunir les amitiés et la communauté[321].

321 Je suis très reconnaissant à Elizabeth Clark pour les discussions à propos de *Harry Potter* et le remords et pour son aide dans la préparation de cet essai. Je remercie aussi Elsa Marty pour la conversation sur le modèle de la régénération.

Imprimé en Octobre 2016 par SEPEC - France
Numéro d'impression : 17523160901
ISBN : 979-10-96217-06-9
Dépôt légal : Octobre 2016
Première édition : Octobre 2016

IMPRIM'VERT®

Śrī Brahma-saṁhitā

Śrī Brahma-saṁhitā

Die Hymne des Schöpfers

His Divine Grace
Bhaktisiddhānta Sarasvatī Ṭhākura

THE BHAKTIVEDANTA BOOK TRUST

Für Informationen über den Inhalt dieses Buches
wenden Sie sich bitte an:

DEUTSCHLAND / ÖSTERREICH
ISKCON Deutschland-Österreich e.V.
Postfach 1172, 55759 Birkenfeld
Tel./Fax: 06782 5957
www.iskcon.de

SCHWEIZ
Krishna Tempel
Bergstrasse 54, 8032 Zürich
Tel: 044 262 37 90
www.krishna.ch

www.krishna.com
www.bbt.info

Redaktion: Vedavyāsa Dāsa
Beratung und Layout: Govinda Mādhava Dāsa
Umschlaggestaltung: Raghu Consbruck

Gesetzt in Goudy Old Style

ISBN 978-91-7149-499-3

Inhalt

Zur vorliegenden Übersetzung

Die deutsche Übersetzung der *Brahma-saṁhitā* wurde ursprünglich vor über zwanzig Jahren erstellt und daraufhin von verschiedenen Personen mehrmals überarbeitet.

Die deutsche Redaktion dieses Buches hat versucht, möglichst originalgetreu und dennoch verständlich zu bleiben.

Das englische Original ist eine Übersetzung aus dem Bengali, die in den dreißiger Jahren des 20. Jahrhunderts entstand. Im Indien der damaligen Zeit hatte in religiösen wie intellektuellen Kreisen das viktorianisch-britische Englisch des 19. Jahrhunderts einen starken Einfluss, sodass der Originaltext teilweise sogar für englische Muttersprachler unserer Tage nicht ohne Weiteres verständlich ist.

Um im Falle schwieriger Ausdrücke und Passagen dem ursprünglichen Sinn gerecht zu werden und nicht raten zu müssen, haben die Übersetzer hin und wieder den bengalischen Originaltext von Bhaktivinoda Ṭhākura zu Rate gezogen. Bestimmte Fachausdrücke und Sanskritbegriffe werden durch Fußnoten erläutert oder im Glossar (Anhang) erklärt. Die Fußnoten wurden zum besseren Verständnis von der deutschen Redaktion hinzugefügt und befinden sich jeweils am Ende des Vorworts, der Einleitung und des letzten Verses (62), wobei die Nummerierung jeweils mit 1 beginnt.

Vorwort zur englischen Ausgabe

Die Ursprünge des Sanskritwerkes *Brahma-saṁhitā* (der Hymne Brahmās) verlieren sich in kosmischer Urzeit. Nach vedischer Überlieferung wurde diese Hymne von Brahmā, dem ersterschaffenen Lebewesen im Universum, vor Jahrmillionen gesungen, noch bevor er mit dem Schöpfungswerk begann.

Der Text war lange Zeit verschollen und wurde erst zu Beginn des 16. Jahrhunderts von einem Pilger entdeckt, der im Gebiet des heutigen Bundesstaates Kerala in Südindien die Bibliothek eines altertümlichen Tempels durchforschte.

Vor der Einführung der Druckerpresse existierten Texte wie die *Brahma-saṁhitā* nur als Handschriften, die von Schreibern in mühsamer Arbeit kopiert und unter der Obhut von Brahmanen in Tempeln aufbewahrt wurden, wo man sie oft als *śāstra*-Gottheit oder »Gottes Inkarnation in Form einer heiligen Schrift« verehrte.

Der Pilger, der die *Brahma-saṁhitā* dem Vergessen entriss, war kein gewöhnlicher Wallfahrer, und seine Pilgerreise war nicht dem Brauch entsprechend der eigenen Läuterung gewidmet, sondern der Läuterung der Welt. Es war Śrī Kṛṣṇa Caitanya Mahāprabhu – Heiliger, Mystiker, religiöser Reformator und vollständige Inkarnation des Höchsten Herrn Śrī Kṛṣṇa, der zur Erlösung aller Seelen zu Beginn der Neuzeit erschien.

Śrī Caitanya entdeckte diese Schrift auf einer Wanderung

durch Südindien, während derer Er Seine Botschaft der Liebe zu Kṛṣṇa predigte und *saṅkīrtana*, das gemeinsame Singen der heiligen Namen Gottes, verbreitete. Śrī Caitanya begann Seine Pilgerfahrt, kurz nachdem Er im Alter von 24 Jahren die Weihe als Mönch *(sannyāsī)* empfangen hatte. Im Verlauf Seiner Reise, die etwa zwei Jahre dauerte, wanderte Er von Purī (im Staat Orissa) in Richtung Süden, besuchte heilige Orte wie Śrī Raṅgakṣetra, Setubandha und Rāmeśvara und kam schließlich nach Kanyākumārī (Kap Komorin). Dann wandte Er sich nach Norden und folgte dem Lauf des Flusses Payasvinī, der sich im Staat Travancore befindet, bis Er schließlich den Tempel Ādi-Keśavas in der Nähe von Trivandrum erreichte.

Śrī Caitanya Mahāprabhus wichtigster Biograph, Kṛṣṇadāsa Kavirāja Gosvāmī, schreibt im *Śrī Caitanya-caritāmṛta (Madhya-līlā*, Kap. 9), dass Caitanya, als Er die heilige Bildgestalt Ādi-Keśavas (Kṛṣṇas) im Tempel erblickte, von spiritueller Ekstase überwältigt wurde, bewegende Gebete darbrachte und voll Ergriffenheit sang und tanzte – ein wunderbarer Anblick, der die dortigen Gottgeweihten in Erstaunen und Freude versetzte.

Nachdem Śrī Caitanya mit einigen fortgeschrittenen Gottgeweihten esoterische, spirituelle Themen erörtert hatte, entdeckte Er »ein Kapitel der *Brahma-saṁhitā*« (was heute für uns die *Brahma-saṁhitā* darstellt, ist nach der Überlieferung nur eines von 100 Kapiteln eines epischen Werks, das der Menschheit verloren gegangen ist). Als Śrī Caitanya das Dokument entdeckte, wurde Er von tiefer Ekstase ergriffen und geriet in einen intensiven mystischen Trancezustand, der sich auf der physischen Ebene in Form von Tränen, Zittern und Schweißausbrüchen manifestierte. (Wir würden die Weltliteratur wohl vergeblich durchsuchen, wollten wir einen Fall finden, in dem die Entdeckung eines verlorenen Buches eine solch überirdische Verzückung hervorrief!) Śrī Caitanya erklärte die *Brahma-saṁhitā* zum »kostbarsten Juwel« und beauftragte einen Schreiber, das Manuskript auf Palmblätter zu übertragen. Dann machte Er sich mit dieser Abschrift im Gepäck auf die Heimreise in Richtung Norden.

Nach Seiner Rückkehr schenkte Śrī Caitanya in Purī die *Brahma-saṁhitā* Seinen engsten Vertrauten, wie Rāmānanda Rāya und Vāsudeva Datta, für die Śrī Caitanya weitere Kopien anfertigen ließ (*Madhya-līlā*, 11. Kap.). Als sich die Kunde von der Entdeckung dieser Schrift in der *vaiṣṇava*-Gemeinde verbreitete, begann »jeder einzelne *vaiṣṇava*« sie abzuschreiben. Im Laufe der Zeit »verbreitete sich die *Brahma-saṁhitā* überall« und wurde zu einem der Haupttexte der Gauḍīya-*vaiṣṇava*-Literatur. »Es gibt keine Schrift, die der *Brahma-saṁhitā* in Bezug auf definitive spirituelle Schlussfolgerungen gleichkommt«, schrieb Kṛṣṇadāsa Kavirāja begeistert. »In der Tat ist diese Schrift die höchste Offenbarung der Herrlichkeit Śrī Govindas, denn sie offenbart das höchste Wissen über Ihn. Da alle Schlussfolgerungen in Kurzform in der *Brahma-saṁhitā* präsentiert werden, ist sie die Essenz aller *vaiṣṇava*-Literatur.« (*Madhya-līlā* 9.239-240)

Wie nun lautet der Text selbst? Welches sind seine Inhalte? Eine Zusammenfassung der *Brahma-saṁhitā* wird von Śrīla Prabhupāda, dem Gründer-*ācārya* der Bewegung für Kṛṣṇa-Bewusstsein, in seinem Kommentar zum *Caitanya-caritāmṛta* gegeben. Ich erlaube mir, ihn an dieser Stelle vollständig zu zitieren:

»In der *Brahma-saṁhitā* wird die philosophische Schlussfolgerung des *acintya-bhedābheda-tattva* (des gleichzeitigen Eins- und Verschiedenseins) dargelegt. In diesem Buch finden wir weiterhin eine Beschreibung der Methoden des hingebungsvollen Dienstes sowie der achtzehnsilbigen vedischen Hymne, Erörterungen über die Seele, die Überseele und fruchtbringendes Tun, eine Erklärung des *kāma-gāyatrī* und des *kāma-bīja* des ursprünglichen Mahā-Viṣṇu sowie eine detaillierte Schilderung der spirituellen Welt, insbesondere Goloka Vṛndāvanas.

Die *Brahma-saṁhitā* beschreibt ferner den Halbgott Gaṇeśa, Śrī Garbhodakaśāyī Viṣṇu, den Ursprung des *gāyatrī-mantra*, die

Gestalt, die transzendentale Stellung und das Reich Govindas, die Lebewesen, das höchste Ziel, die Göttin Durgā, die Bedeutung von Enthaltsamkeit, die fünf grobstofflichen Elemente, Liebe zu Gott, das unpersönliche Brahman, die Initiation Brahmās und die Sicht transzendentaler Liebe, die uns befähigt, den Herrn zu sehen. Die verschiedenen Stufen im hingebungsvollen Dienst werden ebenfalls erklärt.

Weiterhin erörtert werden die Geisteskraft, *yoganidrā*, die Glücksgöttin, hingebungsvoller Dienst in spontaner Ekstase, Inkarnationen wie Śrī Rāmacandra, andere Gottheiten, die bedingte Seele und ihre Pflichten, die Wahrheit über Śrī Viṣṇu, Gebete, vedische Hymnen, Śiva, die vedische Literatur, Persönlichkeitslehre und Unpersönlichkeitslehre, tugendhafter Lebenswandel und viele andere Themen. Man findet dort auch eine Beschreibung der Sonne und der kosmischen Gestalt des Herrn. All diese Themen werden in der *Brahma-saṁhitā* schlüssig und in zusammengefasster Form erklärt.« (*Madhya-līlā*, Kap. 9, Vers 239–240, Erläuterung)

Trotz der scheinbaren Themenvielfalt besteht der Kern der *Brahma-saṁhitā* aus einer kurzen Schilderung der Erleuchtung Brahmās durch Śrī Kṛṣṇa, gefolgt von Brahmās erlesenen Gebeten, die den Inhalt seiner Offenbarungen verdeutlichen: eine greifbare, beseligende Vision Śrī Kṛṣṇas, des Höchsten Persönlichen Gottes, und Seines ewigen transzendentalen Reiches Goloka Vṛndāvana, das jenseits des materiellen Kosmos liegt. Die Essenz dieses Schriftwerks ist in den Versen 29–56 enthalten, und eine kurze Belehrung Śrī Kṛṣṇas über *kṛṣṇa-bhakti*, den Pfad der Liebe zu Gott, rundet den Text ab.

Die Geschichte der Erleuchtung Brahmās in der *Brahma-saṁhitā* ist überaus aufschlussreich und lässt sich wie folgt zusammenfassen: Wenn Śrī Viṣṇu (Garbhodakaśāyī Viṣṇu) den Wunsch hat, das Universum zu erschaffen,[1] entwächst Seinem Nabel eine transzendentale goldene Lotosblume. Auf diesem Lotos wird Brahmā geboren. Da Brahmā nicht von gewöhnlichen

Eltern gezeugt oder geboren wurde, ist er als »Svayambhū« (»selbstexistent«, d. h. »ursprungslos«) bekannt. Nach seinem Hervortauchen aus der Lotosblüte beginnt Brahmā – in Vorbereitung auf seine Rolle als zweitrangiger Schöpfer – über den Akt der kosmischen Schöpfung nachzudenken.[2] Aber er ist verwirrt, da er um sich herum nur Finsternis sieht. Sarasvatī, die Göttin der Gelehrsamkeit, erscheint vor ihm und empfiehlt ihm, über den *kāma-bīja-mantra (klīṁ kṛṣṇāya govindāya gopījana-vallabhāya svāhā)* zu meditieren, mit dem Versprechen, dieser *mantra* werde mit Sicherheit seinen Herzenswunsch erfüllen.

Brahmā meditiert daraufhin über Kṛṣṇa in dessen spirituellem Reich und vernimmt den göttlichen Klang von Kṛṣṇas Flöte. Der *kāma-gāyatrī-mantra (klīṁ kāmadevāya vidmahe puṣpa-bāṇāya dhīmahi tan no 'naṅgaḥ pracodayāt)*, die »Mutter der Veden«, manifestiert sich aus Kṛṣṇas Flötentönen, und Brahmā, der somit vom höchsten urersten Lehrer persönlich initiiert wird, beginnt den *gāyatrī* zu chanten. (In *Die Lehren Śrī Caitanyas*, S. 274, erklärt Śrīla Prabhupāda hierzu: »Wenn die Klangschwingung von Kṛṣṇas Flöte durch den Mund Brahmās zum Ausdruck kommt, wird sie zum *gāyatrī-mantra.*«) Durch die Meditation über den heiligen *gāyatrī-mantra* erleuchtet, wird Brahmā »mit der Weite des Ozeans der Wahrheit vertraut«. Inspiriert von seinen tiefen und sublimen Erkenntnissen, und mit einem Herzen, das von Hingabe und transzendentaler Einsicht überfließt, beginnt Brahmā spontan, der Quelle seiner Erleuchtung und dem Objekt seiner Hingabe, Śrī Kṛṣṇa, eine Reihe von gedichtartigen Gebeten darzubringen. Diese exquisiten Verse bilden das Herz der *Brahma-saṁhitā.*

Es gibt nichts Vages oder Verschwommenes an Brahmās Beschreibung vom Herrn und dessen Reich. Keine nebelhafte, nihilistische Leere, kein gleißender Lichterglanz, keine verwischten, verträumten Visionen von Harfen und Wolken; vielmehr eine schwingende, strahlende Welt voll transzendentaler Farben, Formen und Klänge – eine sublime, vielfältige, spirituelle Landschaft, bewohnt von unzähligen glückseligen, ewig befreiten Seelen, die sich spirituellen Bewusstseins, Fühlens und immerzu neuer Erfahrungen erfreuen – und dies alles in Beziehung zur allglückseligen, allanziehenden Persönlichkeit Gottes. Hier sind einige Beispiele aus dem Text:

»Ich verehre Govinda, den urersten Herrn, den ersten Vorfahren, der – umgeben von Millionen Wunschbäumen in Reichen aus spirituellen Edelsteinen – Kühe hütet, die alle Wünsche erfüllen, und dem Hunderttausende von *lakṣmīs* bzw. *gopīs* mit großer Achtung und Zuneigung ohne Unterlass dienen.«

»Ich verehre Govinda, den urersten Herrn, den meisterhaften Flötenspieler, dessen Augen den Blättern eines blühenden Lotos gleichen, dessen Haupt von einer Pfauenfeder geziert wird, dessen anmutige Gestalt den Farbton blauer Wolken hat und dessen einzigartige Lieblichkeit Millionen Liebesgötter bezaubert.«

»Ich verehre jenen transzendentalen Ort ... wo jeder Baum ein transzendentaler Wunschbaum ist; wo der Boden aus *cintāmaṇi*-Juwelen besteht; wo alles Wasser Nektar, jedes Wort ein Gesang, jeder Schritt ein Tanz, die Flöte die liebste Begleiterin und das Licht voll transzendentaler Glückseligkeit ist; wo die höchsten spirituellen Wesenheiten alle genussreich und köstlich sind; wo unzählige Milchkühe ständig transzendentale Milchmeere vergießen ...«

Der Kommentator erinnert uns daran, dass sich im transzendentalen Reich Goloka die gleichen Elemente finden wie in den hiesigen Welten, jedoch in ihrer höchsten Reinheit und Schönheit: »... Bäume und Sträucher, Berge, Flüsse und Wälder, Wasser, Worte, Bewegung, Flötenmusik, die Sonne und der Mond, das Gekostete und der Geschmack ...« Kṛṣṇas göttliches Reich Goloka Vṛndāvana ist eine Welt im vollendeten und wirklichsten Sinne.

Manche werden mit Brahmās ausgeprägt bildlicher und personaler Beschreibung der spirituellen Welt und des befreiten

Daseinszustandes ihre Schwierigkeiten haben. Wer zum Beispiel, einem logischen Irrtum folgend, fälschlicherweise annimmt, die Transzendenz sei das genaue Gegenteil der Materie (denn: Materie = Form und Vielfalt; folglich: Transzendenz = formlos und homogen), stellt sich die endgültige Realität als eine Art transzendentales Vakuum vor.

Jede Auffassung von der Transzendenz jedoch, die ihre Projektion oder Analogien aus unseren begrenzten, auf Sinneseindrücke gestützten Erfahrungen in der materiellen Welt ableitet, ist von Natur aus unvollständig, spekulativ und deshalb unzuverlässig. Keine noch so große Menge von Daten, die auf Sinneswahrnehmungen in unserer Welt beruhen, kann uns zu dem Wissen führen, das über die Materie hinausgeht. Bewohner der materiellen Welt können nicht einmal einen Schimmer der Transzendenz wahrnehmen, argumentiert unser Kommentator der *Brahma-saṁhitā*, »selbst wenn sie mithilfe ihrer Sinnesorgane Himmel und Erde in Bewegung setzten«.

Die *Brahma-saṁhitā* lehrt, dass Transzendenz, Wahrheit und endgültige Realität nur durch die Barmherzigkeit des höchsten transzendenten Wesens, der Absoluten Wahrheit selbst, erfasst werden können und dass die Wahrnehmung der endgültigen Realität nicht eine Funktion spekulativer Vernunft, sondern direkter spiritueller Erfahrung durch göttliche Offenbarung ist. Diese Offenbarung entsteht durch *bhakti*, reine selbstlose Liebe zu Gott. Nur durch solche spirituelle Hingabe kann man Kṛṣṇa erkennen: »Ich verehre Govinda, den urersten Herrn … den die reinen Geweihten in ihrem Herzen der Herzen mit dem Auge der Hingabe sehen, das mit dem Balsam der Liebe gesalbt ist.« (Vers 38)

Weiterhin ist, wie unser Kommentator erläutert, »die Form Kṛṣṇas [dem Auge des reinen spirituellen Selbst] entsprechend der Läuterung jedes Einzelnen durch die Übung der Hingabe sichtbar«. *Bhakti* als Bewusstseinszustand wird also durch *bhakti* als Übung oder Disziplin erlangt. Aus diesem Grund fasst Śrī

Kṛṣṇa in Seiner Antwort am Ende des Textes den Pfad der *bhakti* in fünf Versen zusammen.

Diese Unterweisungen gehen über konventionelle Frömmigkeit weit hinaus. Sie fordern zu »ständigem Bemühen um Selbstverwirklichung« (Vers 59) auf, die sowohl eine Abkehr von weltlichen Tätigkeiten als auch aufrichtige Vertiefung in spirituelle Übungen und Verhaltensweisen unter der Anleitung autorisierter Schriften umfasst. Durch diese Art von Übung wird der Materialist schließlich von seiner Neigung zu philosophischer Negation geläutert und gelangt zum Verständnis des Wesens positiver Transzendenz.

Andere wiederum werden Brahmās Vision des spirituellen Reiches aus einem ähnlichen, aber vielleicht subjektiveren und emotionaleren Grund problematisch finden, der ins Herz der menschlichen Bedingtheit hineinreicht: Es existiert eine Art ontologische Angst, eine bewusste oder unbewusste Furcht vor dem Dasein bzw. der Existenz an sich, die das verkörperte »In-der-Welt-Leben« begleitet und die mit dem Fall der Seele in die zeitweilige, endlos veränderliche Welt der Materie einhergeht. Grobstoffliche wie feinstoffliche Körper sind in der materiellen Welt einer unendlichen Vielzahl objektiver und subjektiver Unannehmlichkeiten und Leiden unterworfen. Philosophisch gesehen, ist verkörperte Personifikation, auch falsches Selbst *(ahaṅkāra)* genannt, in mehr oder weniger starkem Ausmaß bereits ein Zustand des Leids.

Weil das persönliche Dasein von den Materialisten als essenziell qualvoll empfunden wird, schreibt Śrīla Prabhupāda in seinem Kommentar zur *Bhagavad-gītā*: »Die Vorstellung, ihre Persönlichkeit nach der Befreiung von der Materie beizubehalten, macht ihnen Angst. Wenn sie erfahren, dass spirituelles Leben ebenfalls individuell und persönlich ist, fürchten sie sich davor, wieder eine Person zu werden. Und so ist es nur natürlich, dass sie es vorziehen, sozusagen in das unpersönliche Nichts einzugehen.« (*Bhagavad-gītā* 4.10, Erläuterung)

Wenn sich diese Menschen jedoch dem Pfad der *bhakti* zuwenden, beginnen sie allmählich, ihr wahres spirituelles Selbst zu erkennen und von egobedingter Furcht frei zu werden. In diesem geläuterten Zustand erwerben sie die Eignung, an Brahmās Vision des glückseligen, persönlich-spirituellen Daseins in Goloka Geschmack zu finden.

Wieder andere werden an der *Brahma-saṁhitā* vielleicht kritisieren, der Text sei, bedingt durch seine spezifischen und konkreten Darstellungen, nur eine weitere sektiererische Ansicht von Gott und Seinem Reich – eine Ansicht, die im Widerspruch zu anderen, ebenso begrenzten Ansichten stehe. Solche Menschen bevorzugen eine allgemeinere Gottesvorstellung, welche die vielfältigen theologischen Ansichten nicht durch bestimmte persönliche Attribute verletzt. Die *Brahma-saṁhitā* ist jedoch keine Streitschrift gegen andere, wetteifernde Vorstellungen von Gott (mit Ausnahme solcher, die Seine transzendentale Persönlichkeit leugnen).

Die *vaiṣṇava*-Tradition lehnt keine Bilder vom Göttlichen ab, die sich aus offenbarten Schriften ableiten lassen, auch wenn diese über ihre eigenen kulturellen und konzeptionellen Grenzen hinausgehen. Sie respektiert jeden aufrichtigen Versuch, der Höchsten Person zu dienen, und vertritt weder ein arrogantes Sektierertum, das die Transzendenz auf exklusive, kulturelle, ideologische oder sprachliche Formen beschränkt (und ab und zu einige Häretiker verbrennt), noch einen synkretistischen Ökumenismus, der alle zu beschwichtigen versucht, die die Wahrheit für sich beanspruchen, indem er diese zu einer unverbindlichen Verschwommenheit verwässert. Mögen die Synkretisten und die Sektierer zusammenkommen und zumindest die Ästhetik der göttlichen Vision Brahmās wertschätzen!

Was wir durch Brahmā in seiner Hymne erfahren, ist weder eine mystische Halluzination noch eine wunderliche Mythologisierung, noch eine Manifestation frommen Wunschdenkens. Wir bekommen einen Einblick in die spirituelle Welt, wie sie von jemandem gesehen wird, dessen Augen »mit dem Balsam der Liebe gesalbt sind« – so sehr unsere eigene Wahrnehmungsfähigkeit auch getrübt sein mag. Wir sehen durch Brahmā eine ewige transzendentale Welt, von der die uns bekannte Welt nur eine verzerrte Spiegelung ist.

Goloka ist unendlich wirklicher als die schattenhafte Welt, die wir im täglichen Leben durch unsere beschränkten Sinne wahrnehmen. Brahmās Vision des spirituellen Reiches ist nicht ihm allein vorbehalten. Sie wird von allen geteilt, die sich vollständig dem liebevollen Dienst Śrī Kṛṣṇas hingeben, auch wenn dies bedeutet, wie Brahmā anmerkt, dass Goloka »nur einigen wenigen selbstverwirklichten Seelen in dieser Welt« bekannt ist (Vers 56).

Es wird nicht von uns erwartet, Brahmās Schilderung der Transzendenz unkritisch und leichtgläubig zu akzeptieren, sondern wir werden gebeten, dem Pfad des *bhakti-yoga* zu folgen, der uns schrittweise zu einem umfassenden Verständnis und einer unmittelbaren Erfahrung dieser höchsten Wahrheit führen wird. Die Herausgeber des vorliegenden Buches erhoffen sich, dass ein sorgfältiges Studium des Textes den Leser im Herzen zu *bhakti* inspiriert. Wir möchten in diesem Zusammenhang noch darauf hinweisen, dass die *Brahma-saṁhitā* ein spiritueller Text für Fortgeschrittene ist und leichter verständlich wird, wenn man bereits mit Schriften wie der *Bhagavad-gītā*, dem *Śrīmad-Bhāgavatam*, dem *Caitanya-caritāmṛta* und dem *Bhakti-rasāmṛta-sindhu* vertraut ist.

Śrīla Bhaktivinoda Ṭhākura (1838-1914), der große *vaiṣṇava*-Heilige, Reformator und Gelehrte, der in der zweiten Hälfte des 19. Jahrhunderts eine Wiederbelebung des Caitanya-Vishnuismus in Bewegung setzte, hatte die *Brahma-saṁhitā* ins Bengali übersetzt und, ebenfalls in Bengali, eine Erläuterung dazu geschrieben, die sich auf den Kommentar Śrīla Jīva Gosvāmīs, eines großen Philosophen in der Nachfolge Caitanyas, stützte. Seinem Sohn, Siddhānta Sarasvatī, ist es zu verdanken, dass dieser Text ins Englische übersetzt wurde. Śrīla Bhaktisiddhānta Sarasvatī Gosvāmī (1874-1937), ein großer *vaiṣṇava*-Heiliger und Gelehrter, gründete seine Mission, die Gaudiya Math, um die Verbreitung der Lehren Caitanyas in ganz Indien, und auch in anderen Ländern, voranzutreiben. Der vorliegende Band ist eine Übersetzung der im Jahre 1932 von der Gaudiya Maṭh veröffentlichten englischen Erstausgabe. Es war auch Bhaktisiddhānta Sarasvatī, der den Gründer und spirituellen Meister der Hare-Kṛṣṇa-Bewegung, seinen geliebten Schüler Śrīla A.C. Bhaktivedanta Swami Prabhupāda, veranlasste, im Jahre 1965 in den Westen zu reisen, um allen Menschen der Welt die Botschaft des Kṛṣṇa-Bewusstseins zu überbringen.

In der vorliegenden Ausgabe findet sich der ursprüngliche Devanāgarī-Text für jeden einzelnen Vers der *Brahma-saṁhitā*, gefolgt von einer Transliteration in lateinischen Buchstaben und einer Wort-für-Wort-Übersetzung. Anschließend folgt die Übersetzung der Verse und Erläuterungen. Schließlich wurden noch ein Glossar, ein Index und einige Farbtafeln hinzugefügt, um dem Leser das Studium der Lektüre zu erleichtern. Die indische Ausgabe der *Brahma-saṁhitā* beinhaltete auch den originalen Sanskritkommentar Jīva Gosvāmīs, doch wurde dieser in der vorliegenden Ausgabe weggelassen, um den Umfang des Buches nicht zu verdoppeln.

Im Kommentar zum 28. Vers heißt es: »Śrīmān Mahāprabhu lehrte Seine Lieblingsschüler diese Hymne, da sie alle transzendentalen Wahrheiten der *vaiṣṇava*-Philosophie in vollem Umfang enthält. Wir bitten unsere Leser, Brahmās Hymne täglich zu studieren und dabei zu versuchen, mit Sorgfalt und Aufmerksamkeit in ihren tiefen Sinn einzudringen.«

Śrīla Prabhupāda hatte eine besondere Vorliebe für die Gebete Brahmās an Śrī Kṛṣṇa (*govindam ādi-puruṣaṁ tam ahaṁ bhajāmi*). Es gibt viele Tonaufnahmen, die bezeugen, mit welch offenkundiger starker Hingabe Prabhupāda diese Gebete zu singen pflegte. Die Herausgeber schließen sich dem Kommentator an und laden alle Leser ein, in täglicher Meditation tief in den lieblichen transzendentalen Ozean von Brahmās Hymnen einzutauchen.

Śubhānanda Dāsa

ANMERKUNGEN

[1] Nach Aussage der *Purāṇas* wird der materielle Kosmos in einem ewigen Kreislauf wiederholt erschaffen und vernichtet. Demnach ist der Vorgang der Schöpfung nicht eine einmalige Angelegenheit.

[2] Sobald das materielle Universum und seine Bestandteile von Śrī Viṣṇu hervorgebracht worden sind, besteht Brahmās Rolle im Schöpfungsakt darin, die Vielzahl von Spezies hervorzubringen, damit diese von den unzähligen Seelen *(jīvas)* genutzt werden können – in Übereinstimmung mit deren *karma*-Handlungen, die von ihnen während früherer Existenzen begangen wurden.

Einleitung

Mit einer materialistisch geprägten Einstellung kann man sich trotz aller Bemühungen unmöglich dem transzendentalen Autokraten nähern, der ewiglich die gefallenen, bedingten Seelen dazu einlädt, sich durch Hingabe, d. h. in einer ewig-dienenden Haltung, Seiner Gegenwart zu erfreuen. Die Attraktionen der Erscheinungswelt verführen fühlende Wesen oftmals dazu, die Mannigfaltigkeit in ihr genießen zu wollen, die im Gegensatz zum undifferenzierten Monismus steht. Die Neigung der Menschen, vorübergehenden mentalen Spekulationen nachzuhängen, ist stark ausgeprägt – auch wenn es darum geht, sich über einen Sachverhalt zu unterrichten, der jenseits des empirischen Bereichs oder ihrer Erfahrungen liegt. Der esoterische Aspekt veranlasst sie oftmals dazu, das Immanente in ihrer äußerlichen Inspizierung vergänglicher und wandelbarer Dingeb zu suchen. Dieser Impuls bewegt sie schließlich dazu, das Immanente als eine unbestimmte, unpersönliche Wesenheit zu definieren, von der sich kein Schimmer entdecken lässt, selbst wenn man mithilfe seiner Sinnesorgane Himmel und Erde in Bewegung setzen würde.

Die Zeilen dieses Buches werden solch verwirrten Seelen auf ihrem Weg zur Persönlichkeit des Immanenten, die jenseits ihres sinnlichen Wahrnehmungsvermögens liegt, sicherlich helfen. Bereits die erste Strophe dieses Werkes wird ihre voreingenommenen Konzeptionen revolutionieren, sobald ihnen nämlich die Bezeichnung des Absoluten als »Kṛṣṇa« präsentiert wird. Ihr spekulatives Gemüt würde natürlich eher dazu neigen, einen anderen eigenschaftsbedingten Namen zur Bezeichnung des unbekannten Objekts vorzuschlagen. Sie werden es vorziehen, Ihn aufgrund ihrer Erfahrung als »Schöpfer des Universums« oder »das Wesen jenseits aller Phänomene« zu betiteln, das weit entfernt ist von jedem Bezug auf irgendein Objekt der Natur und keinerlei Wandlung unterliegt. Sie werden darauf drängen, dass die ursprüngliche Quelle keine konkrete Bezeichnung erhalten solle, es sei denn eine, die auf ein unsichtbares, unhörbares, unberührbares, geruchloses und unerkennbares Etwas weist. Trotzdem werden sie sich nicht davon abhalten lassen, mithilfe ihres dürftigen Erfahrungsschatzes über dieses Etwas Betrachtungen anzustellen.

Der ernsthafte Sucher wird in der Regel das Studium der Werke anerkannter Gelehrter bevorzugen, anstatt sich mit inkompatiblen, unbeholfen dargestellten Fantasievorstellungen zu beschäftigen. Wenn ein urteilender Mensch die verschiedenen Namen vergleicht, die von den unterschiedlichen Denkrichtungen der Menschheit präsentiert werden, wird er sich für eine Namensgebung entscheiden, die seinen begrenzten, spezifischen Wünschen am weitesten entgegenkommt. Die sklavische Denkweise eines solchen Individuums wird in Behauptungen resultieren, die dann vom anderen Teil der Menschheit zweifelsohne als Kränkung empfunden werden, und man wird ihn auffordern, seine Entscheidung zu begründen.

Um aus dieser verfahrenen Situation einen Ausweg zu finden, würden die Hymnen des anerkannten Schöpfers aller Phänomene eine große Hilfe in der Frage der Nomenklatur darstellen. Sie bieten einen Namen an, der ausreichende Kraft besitzt, um alle Einbildungen zu vertreiben, welche die Menschen sich durch ihre klägliche Ausbeute aus ihrer Erfahrung mit den Phänomenen dieser Welt zurechtlegen.

Die erste Hymne wird die Oberhoheit der Absoluten Wahrheit etablieren, solange Ihre Basis nicht von den Gewehrkugeln

»keine Zeit«, »Unwissenheit« und »Unbehagen« zerschossen wird oder wenn diese Absolute Wahrheit nur als Ursache betrachtet wird, statt als primärer Ursprung anerkannt zu werden.

Man wird erfreut sein, das Ziel seiner entschlossenen Suche als den Höchsten Herrn par excellence, Śrī Kṛṣṇa, zu erkennen, der sich in Seinem ewig-gegenwärtigen, allglückseligen, alldurchdringenden, vollkommenen Wissen als die ursprüngliche Quelle aller primären Ursachen der endlosen, anfangslosen Zeit verkörpert hat und alle Lebewesen, sowohl im weltlichen als auch im transzendentalen Bereich, mit allem Notwendigen versorgt.

Die folgenden Zeilen werden die verschiedenen Aspekte des Absoluten bestimmen, die nichts anderes als Emanationen des höchsten Ursprungs Kṛṣṇa sind, des wahrhaft liebenswerten Wesens unter allen Wesen. Überdies weist die Bedeutung des Namens auf die Ebene der ununterbrochenen, endlosen, transzendentalen Freude hin, und der Name selbst ist der Ursprung der beiden Komponenten, die als »wirkende Ursache« und »materielle Ursache« bezeichnet werden. Schon der transzendentale Name »Kṛṣṇa« an sich ist als die Verkörperung aller transzendentalen, ewigen *rasas*[1] bekannt. Er ist auch der Ursprung aller überschatteten Konzeptionen »unterbrochener« *rasas*, die sich in der Geisteshaltung beseelter Lebewesen finden und die von Schriftstellern und Rhetorikern erfolgreich dargestellt werden, um unseren weltlichen Mutmaßungen Nahrung zu geben.

Die Verse der *Brahma-saṁhitā* werfen ein umfassendes Licht auf den Ursprung phänomenaler und noumenaler Konzepte. Die Hymnen der inkarnierten Urkraft widerlegen in vollendeter Form die monotheistischen Spekulationen verschiedener Schulen, die sich damit beschäftigen, eine äußere Hülle esoterischer Vorstellungen zu präsentieren – ohne jeden Bezug zum wahren, ewigen Aspekt der transzendentalen, unwandelbaren und unvergänglichen Manifestation des Immanenten. Die

Hymnen befassen sich auch mit verschiedenen Teilaspekten der Persönlichkeit des Absoluten, die sich beträchtlich von der Auffassung der Genießer unserer Welt der Phänomene unterscheidet.

Eine nähere Untersuchung dieses Buches und eine Vergleichsstudie mit allen herrschenden Denksystemen und Auffassungen wird allen Erleichterung und Erleuchtung schenken – dem Materialisten, dem überzeugten Atheisten, dem Agnostiker, dem Skeptiker, dem Naturalisten, dem Pantheisten und auch dem Panentheisten –, die sich trotz ihrer spekulativen Kraftakte in der Regel alle nur mit Wissen befassen, das auf drei Dimensionen beschränkt ist.

Das vorliegende Buch ist nur das fünfte Kapitel der Hymnen Brahmās, die eigentlich in 100 Kapiteln niedergeschrieben wurden. Der Höchste Herr Śrī Caitanya entdeckte dieses Kapitel im Ādi-Keśava-Tempel in Tiruvattar, einem Dorf im indischen Distrikt Travancore, und nahm es mit sich – zur Bestärkung aller Gott liebenden und insbesondere Kṛṣṇa liebenden Menschen dieser bedingten Welt. Dieses Buch ist in vieler Hinsicht mit einem anderen literarischen Werk, dem *Śrīmad-Bhāgavatam*, vergleichbar. Obwohl das *Bhāgavatam* eher dem Pantheon der *Purāṇas* zugeordnet wird, verkündet es den gleichen Grundgedanken wie dieses *Pañcarātra*[2].

Diejenigen, die sich Gott hingegeben haben, sollten daran denken, dass diese beiden Bücher sich auf den gleichen Kṛṣṇa beziehen, der die Quelle aller transzendentalen und weltlichen Wesenheiten ist und sich in vollständiger Vielfalt offenbart.

Unebenheiten von der Natur geringschätziger Aussagen sind auf die begrenzte Welt beschränkt, wohingegen in der Transzendenz solche »Eckigkeiten« nicht vorkommen können, da die Transzendenz einen Winkel von 180° bildet und damit von allen »Winkelunstimmigkeiten« frei ist.

Der Herausgeber ist von Dankbarkeit erfüllt, wenn er die bereits vorhandenen Veröffentlichungen betrachtet. Ṭhākura

Bhaktivinoda schrieb in bengalischer Sprache eine ausführliche Erläuterung zur Konzeption des sublimsten Ursprungs aller Lebewesen, und einer seiner hingegebenen Anhänger hat sein Werk ins Englische übertragen, damit es einer breiteren Leserschaft zugänglich wird. Die Erläuterungen und Übersetzungen gehen letztlich zurück auf die Abhandlungen Śrīla Jīva Gosvāmīs, der ein Zeitgenosse und Anhänger des Höchsten Herrn Śrī Kṛṣṇa Caitanya war.

Auch den emotionalen Bedürfnissen wird genügend Rechnung getragen, was vor allem diejenigen beim aufmerksamen Studium dieses Werkes feststellen werden, die ein Interesse an rein theistischen Errungenschaften haben. Von Vertretern materialistischer Betrachtungsweisen wird oft das Argument vorgebracht, der engstirnige Standpunkt des Theismus mit seiner Darstellung transzendentaler Einheit in Vielfalt stehe in offenem Widerspruch zu den ethischen Erwägungen unserer begrenzten Welt. Aber wir distanzieren uns von solchen irrtümlichen Betrachtungen, wenn wir einen vielversprechenden Einblick in die manifestierte Transzendenz erhalten, die alle geschichtsbezogenen und allegorischen Bemühungen überflüssig macht. Unsere Begierden nach Genuss sollten insgesamt eine andere Richtung nehmen, sobald wir über das transzendentale Lebewesen nachdenken, dem wir leider alle Unzulänglichkeiten und Begrenzungen der materiellen Natur aufgezwungen haben. Wir bitten daher unsere interessierten Leser, der Wichtigkeit der in Kṛṣṇa offenkundigen Transzendenz mit Freude besondere Aufmerksamkeit zu schenken.

Wir hielten es für notwendig, dieses kleine Buch zum Nutzen der Englisch sprechenden Menschen zu veröffentlichen, die sich für den Gipfel transzendentaler Wahrheiten in ihren sich manifestierenden Phasen interessieren. Das Thema, das in den Versen dieses Textes zum Ausdruck kommt, unterscheidet sich erheblich von den gewöhnlichen Anhäufungen poetischer weltlicher Literatur, die sich auf die begrenzten Bedürfnisse der

Sinne beschränken. Dieses Buch wurde vor etwa vier Jahrhunderten im Süden Indiens entdeckt und wird nun, nach langer Zeit, in demselben Land wieder ans Licht gebracht – so wie die Göttin des Ganges durch eine Opfergabe ihres eigenen Wassers verehrt wird.

Siddhānta Sarasvatī

Śrī Gaudiya Math
Kalkutta, 1. August 1932

ANMERKUNGEN

[1] *Rasa* – hier: individuelle Erfahrung von Gott.

[2] Als Teile der vedischen Literatur enthalten die *Purāṇas* hauptsächlich lehrreiche Geschichten und historische Erzählungen, während man im *Pañcarātra*-Teil der Veden in erster Linie Anleitungen zur Verehrung Gottes und Gebete vorfindet. Die Grenzen sind jedoch fließend. So enthält auch das wichtigste der *Purāṇas*, das hier erwähnte *Śrīmad-Bhāgavatam*, im Rahmen seiner geschichtlichen Erzählungen zahlreiche Gebete und direkte Anleitungen zur Gottesverehrung. Und die Gebete der *Brahma-saṁhitā* wiederum enthalten Aussagen zur Geschichte der kosmischen Schöpfung, die mit denen des *Śrīmad-Bhāgavatam* übereinstimmen.

Śrī Brahma-saṁhitā

VERS 1

ईश्वरः परमः कृष्णः सच्चिदानन्दविग्रहः ।
अनादिरादिर्गोविन्दः सर्वकारणकारणम् ॥

īśvaraḥ paramaḥ kṛṣṇaḥ
sac-cid-ānanda-vigrahaḥ
anādir ādir govindaḥ
sarva-kāraṇa-kāraṇam

īśvaraḥ – Herrscher; *paramaḥ* – der höchste; *kṛṣṇaḥ* – Śrī Kṛṣṇa; *sat* – bestehend aus ewigem Dasein; *cit* – aus absolutem Wissen; *ānanda* – und aus absoluter Glückseligkeit; *vigrahaḥ* – dessen Gestalt; *anādiḥ* – ohne Anfang; *ādiḥ* – der Ursprung; *govindaḥ* – Śrī Govinda; *sarva-kāraṇa-kāraṇam* – die Ursache aller Ursachen.

Kṛṣṇa, den man als Govinda kennt, ist die höchste Gottheit. Er hat einen ewigen, glückseligen, spirituellen Körper. Er ist der Ursprung aller Dinge. Er selbst hat keinen Ursprung, und Er ist die erste Ursache aller Ursachen.

Kṛṣṇa, der einen ewigen Namen, eine ewige Gestalt, ewige Eigenschaften und ewige Spiele hat, ist das erhabene höchste Wesen. Schon der Name – Kṛṣṇa – deutet auf Seine durch allanziehende Liebe gekennzeichnete Natur hin und ist der ewige Name des Höchsten Herrn. Kṛṣṇa, dessen schöner, himmelblau getönter ewiger Körper mit der Intensität ewiglich bestehenden Wissens erstrahlt, hält eine Flöte in den Händen. Obwohl Er der höchste Herrscher ist, behält Er – durch Seine unbegreifliche, alldurchdringende spirituelle Energie – die bezaubernde Gestalt eines Jünglings von mittlerer Größe bei, ausgestattet mit transzendentalen Sinnen. Zeitlose Allgegenwart, unermessliches Wissen und berauschende Glückseligkeit sind harmonisch in Ihm vereint.

Der in der Welt manifestierte Teil Seines Selbst ist als der alldurchdringende Paramātmā (die Überseele), Īśvara (der übergeordnete Herr) oder Viṣṇu (der Allversorgende) bekannt. Wenngleich Seine transzendentalen Sinne und Eigenschaften kraft Seiner unfassbaren Energie voneinander getrennt existieren, sind sie in Seiner unvergleichlich schönen spirituellen Gestalt perfekt miteinander verbunden. Diese liebliche spirituelle Gestalt ist mit Kṛṣṇa identisch, und das spirituelle Wesen Kṛṣṇa ist mit Seiner Gestalt identisch.

Śrī Kṛṣṇas *vigraha* (Gestalt) ist die personifizierte Essenz von Ewigkeit *(sat)*, Bewusstsein *(cit)* und Glückseligkeit *(ānanda)*. Das unpersönliche Brahman, das nicht mehr ist als ein verschwommener Abglanz von bewusster Glückseligkeit, ist nur die körperliche Ausstrahlung von Śrī Kṛṣṇas *sac-cid-ānanda-vigraha*, und auch der Paramātmā, der im Herzen aller Lebewesen weilt und als kosmischer Zeuge fungiert, ist bloß eine Teil-Emanation jener höchsten absoluten Wahrheit, Śrī Kṛṣṇa.

Kṛṣṇa, wie Er in Seinen vielfältigen Spielen in Seiner wahren Gestalt sichtbar wird – unter anderem als Besitzer transzendentaler Kühe, Oberhaupt der Kuhhirten, Geliebter der Milchmägde, Herrscher des irdischen Reiches Gokula[1] und

Verehrungsobjekt der transzendentalen, in Goloka[2] wohnenden Schönheiten –, ist Govinda. Er ist die Ursache aller Ursachen, d. h. sowohl der prädominierenden als auch der prädominierten Kräfte des Universums. Der Blick Seines projizierten fragmentarischen Teils im heiligen Wasser allen Ursprungs, also der Blick der persönlichen Überseele (Paramātmā), bringt eine sekundäre Energie hervor – die [materielle] Natur, die unser materielles Universum erschafft. Die individuellen Seelen wiederum gehen aus der marginalen Energie der Überseele hervor, ähnlich wie die Sonnenstrahlen von der Sonne ausgehen.

Dieses Buch ist eine Abhandlung über Kṛṣṇa, und so beginnt die Präambel mit dem Chanten Seines Namens.

VERS 2

सहस्रपत्रकमलं गोकुलाख्यं महत्पदम् ।
तत्कर्णिकारं तद्धाम तदनन्तांशसम्भवम् ॥

sahasra-patra-kamalaṁ
gokulākhyaṁ mahat padam
tat karṇikāraṁ tad-dhāma
tad-anantāṁśa-sambhavam

sahasra-patra – tausend Blütenblätter besitzend; *kamalam* – ein Lotos; *gokula-ākhyam* – als Gokula bekannt; *mahat padam* – das höchstvortreffliche Reich; *tat* – von diesem (Lotos); *karṇikāram* – der Blütenstempel; *tat* – von Ihm (Kṛṣṇa); *dhāma* – das Reich; *tat* – dieses (Gokula); *ananta* – von Seinem Aspekt der Unbegrenztheit, Balarāma; *aṁśa* – von einem Teil; *sambhavam* – hervorgebracht.

[Der spirituelle Ort der transzendentalen Spiele Kṛṣṇas wird im zweiten Vers beschrieben.] Das als Gokula be-

kannte, höchstvortreffliche Reich Kṛṣṇas hat Tausende von Blütenblättern und eine Blütenkrone wie die eines Lotos, hervorgewachsen aus einem Teil von Kṛṣṇas Aspekt der Unbegrenztheit, wobei der Blütenstempel das eigentliche Reich Kṛṣṇas ist.

Gokula ist – wie Goloka – nicht eine durch Schöpfung entstandene irdische Region, sondern vielmehr die Entfaltung der unbegrenzten Energie Kṛṣṇas und Seiner zur Vervielfachung ermächtigten Emanation von ungebundenem Charakter. Baladeva ist der Hauptträger dieser Energie. Das transzendentale Wesen Baladevas hat zwei Aspekte, nämlich die unendliche spirituelle Schöpfung und den unendlichen Raum für die Unterbringung lebloser, stofflicher Dinge. Das auf nur einen Viertelkreis beschränkte materielle Universum wird noch an geeigneter Stelle behandelt werden. Die sich auf drei Viertelkreise ausdehnende, unendliche transzendentale Region des allmächtigen, klagenfreien, unvergänglichen und unbegreiflichen grenzenlosen Lichtkranzes ist das Reich absolut spiritueller, majestätischer Blattbildung.

Diese höchst majestätische Ausdehnung offenbart den manifestierten edlen und reichhaltigen Aspekt der weitläufigeren grenzenlosen Region oder größeren Sphäre, die gänzlich jenseits des Bereichs der materiellen Natur erstrahlt und sich am anderen Ufer des Virajā[3] befindet – umgeben vom Strahlenkranz des Brahman, der unterschiedslosen Entität. Diese majestätische Kraft der grenzenlosen spirituellen Natur fließt vom oberen Teil der leuchtenden Sphäre in das unermesslich bezaubernde Gokula bzw. ewig existierende Goloka, das durch die farbenfrohe Entfaltung dieses Lichterglanzes in unbeschreiblicher Schönheit erstrahlt.

Manche Weise bezeichnen diese Region als das Reich des Höchsten, das Reich Nārāyaṇas, der ursprünglichen Quelle alles Seins. Folglich ist Gokula, das mit Goloka identisch ist, die höchste Ebene aller Existenz. Je nach seiner höheren (transzendentalen) oder niederen (weltlichen) Lage erstrahlt diese Sphäre entweder als Goloka oder als Gokula.

Śrī Sanātana Gosvāmī teilt uns in seinem *Bṛhad-bhāgavatāmṛta*, das die definitive Essenz aller Lehrbücher darstellt, Folgendes mit: »Kṛṣṇa offenbart Seine Spiele hier in diesem Land so, wie Er es in Goloka zu tun pflegt. Der Unterschied zwischen den beiden Ebenen liegt nur in ihrer als hoch oder niedrig verstandenen Lage.« Hieraus geht demnach hervor, dass Kṛṣṇa in Goloka genauso auftritt wie im Gokula der irdischen Sphäre. Es besteht praktisch kein Unterschied zwischen Gokula und Goloka, außer dass alles, was in der Form von Goloka im höheren Bereich existiert, in Gokula auf der irdischen Ebene sichtbar wird, wenn Kṛṣṇa dort Seine vielgestaltigen Taten und Spiele zeigt.

Śrī Jīva Gosvāmī erörtert das gleiche Thema im *Bhagavat-sandarbha*, einem seiner sechs *Sandarbhas* (Abhandlungen), um die Ebene Golokas zu definieren: »Vṛndāvana ist das ewige Reich Kṛṣṇas, und Goloka und Vṛndāvana sind identisch. Obwohl beide identisch sind, hat Kṛṣṇas unbegreifliche Energie Goloka zum Zenit des spirituellen Reichs gemacht und das Gokula der Provinz Mathurā – obgleich es auch eine Manifestation der drei Viertelkreise umfassenden *vibhūti* (der lenkenden Herrlichkeit) ist – zu einem Teil der weltlichen Ebene.«

Mit unserer dürftigen menschlichen Denkkraft können wir unmöglich begreifen, wie das drei Viertelkreise umfassende Reich, das jenseits des menschlichen Erkenntnisvermögens liegt, in diesem nur einen Viertelkreis einnehmenden, begrenzten, niederen, materiellen Universum untergebracht werden kann. Gokula ist aber ein spirituelles Land, und deshalb ist seine uns entgegenkommende Lage im Bereich von materiellem Raum und materieller Zeit in keiner Weise eingeschränkt, sondern unbegrenzt manifestiert, und zwar mit all seinen grenzenlosen Eigenschaften. Bedingte Seelen neigen jedoch dazu, sich mittels ihrer armseligen Sinne eine materielle Vorstellung von Gokula zu machen, um es auf die Ebene ihres Intellekts herabzuziehen.

Obwohl unsere Sicht, wenn wir zur Sonne emporblicken, von einer Wolke behindert sein mag, und obwohl diese winzige Wolke die Sonne selbst niemals wirklich bedecken kann, vermittelt uns unsere getrübte Sicht dennoch den Eindruck, die Sonne sei von der Wolke verdeckt. Ähnlich betrachten die bedingten Seelen, deren Intelligenz, Sinne und Schlussfolgerungen bedeckt sind, Gokula als ein Stück messbares Land.

Gokula ist auch von Goloka aus sichtbar, welches ewig ist. Auch das ist ein Mysterium. Und wir können die höchste Seligkeit erlangen, wenn wir die Suche nach unserem ewigen Selbst mit Erfolg abgeschlossen haben. Die Entdeckung des wahren Selbst ist von Erfolg gekrönt, wenn der den bedingten Seelen eigene Schleier grob- und feinstofflicher Körper durch Kṛṣṇas unabhängigen Willen entfernt wird. Jedoch scheint Goloka in unseren Augen so lange von Gokula verschieden zu sein, bis wir mit Erfolg unverfälschte Gotteshingabe entwickeln. Die transzendentale Ebene grenzenloser spiritueller Offenbarung, die Tausende von lotosähnlichen Blütenblättern und -kronen hat, ist Gokula, das ewige Reich Kṛṣṇas.

VERS 3

कर्णिकारं महद्यन्त्रं षट्कोणं वज्रकीलकम् ।
षडङ्गषट्पदीस्थानं प्रकृत्या पुरुषेण च ॥
प्रेमानन्दमहानन्दरसेनावस्थितं हि यत् ।
ज्योतीरूपेण मनुना कामबीजेन सङ्गतम् ॥

karṇikāraṁ mahad yantraṁ
ṣaṭ-koṇaṁ vajra-kīlakam
ṣaḍ-aṅga-ṣaṭ-padī-sthānaṁ
prakṛtyā puruṣeṇa ca

premānanda-mahānanda
rasenāvasthitaṁ hi yat
jyotī-rūpeṇa manunā
kāma-bījena saṅgatam

karṇikāram – der Blütenstempel; *mahat* – großes; *yantram* – Diagramm; *ṣaṭ-koṇam* – ein Hexagon (Sechseck); *vajra* – wie ein Diamant; *kīlakam* – der Grundpfeiler; *ṣaṭ-aṅga-ṣaṭ-padī* – des in sechs Teile gegliederten achtzehnsilbigen *mantra*; *sthānam* – der Ort der Manifestation; *prakṛtyā* – zusammen mit dem prädominierten Aspekt des Absoluten; *puruṣeṇa* – zusammen mit dem prädominierenden Aspekt des Absoluten; *ca* – auch; *prema-ānanda* – der Glückseligkeit der Gottesliebe; *mahā-ānanda* – der unermesslichen transzendentalen Glückseligkeit; *rasena* – mit dem *rasa* (reifen Geschmack); *avasthitam* – sich befindend; *hi* – gewiss; *yat* – das; *jyotiḥ-rūpeṇa* – transzendental; *manunā* – mit dem *mantra*; *kāma-bījena* – mit dem *kāma-bīja (klīṁ)*; *saṅgatam* – verbunden.

Der Blütenstempel im Innern jenes transzendentalen Lotos ist das Reich, in dem Kṛṣṇa weilt. Es ist ein hexagonales Diagramm, die Stätte des innewohnenden prädominierten und prädominierenden Aspekts des Absoluten. Gleich einem Diamanten steht dort im Zentrum die alles stützende Gestalt des selbstleuchtenden Kṛṣṇa als die transzendentale Quelle aller Kräfte. Der aus achtzehn transzendentalen Silben bestehende heilige Name hat dic Form eines in sechs Abschnitte unterteilten Hexagons.

Die transzendentalen Spiele *[līlās]* Kṛṣṇas sind von zweierlei Art: manifestiert und unmanifestiert. Die Spiele in Vṛndāvana, die den Augen Sterblicher sichtbar sind, gehören zur manifestierten *līlā* Śrī Kṛṣṇas, und diejenigen, die nicht so einfach sichtbar sind, werden als die unmanifestierte *līlā* Kṛṣṇas bezeichnet.

Die unmanifestierte *līlā* ist ewig in Goloka sichtbar, und wenn Kṛṣṇa es wünscht, ist die gleiche *līlā* auch menschlichen Augen in Gokula sichtbar. Śrī Jīva Gosvāmī Prabhu sagt in seinem *Kṛṣṇa-sandarbha*: »Die unmanifestierten Spiele kommen in der manifestierten *kṛṣṇa-līlā* zum Ausdruck, und unter *goloka-līlā* versteht man die unmanifestierten Spiele Kṛṣṇas, so wie sie von der weltlichen Ebene aus gesehen werden.«

Dies bestätigt auch Śrī Rūpa in seinem *Laghu-Bhāgavatāmṛta*, wo es heißt, dass Goloka der höhere transzendentale Aspekt Gokulas ist. Somit kann Goloka, obwohl mit Gokula identisch, als die von Pracht und Herrlichkeit erfüllte Manifestation Gokulas verstanden werden. Die ewigen Spiele Śrī Kṛṣṇas sind allerdings in Gokula nicht sichtbar, sondern nur in Goloka. Goloka ist die transzendentale, majestätische Manifestation Gokulas. Dass die unmanifestierten Spiele Kṛṣṇas den bedingten Seelen sichtbar werden, geschieht auf zweierlei Art, nämlich 1) durch *mantra*-Verehrung (unhörbar rezitierte, befreiende, das Selbst hingebende, transzendentale Lautschwingungen) und 2) spontanes Hervorströmen der im Herzen wohnenden spirituellen Liebe zu Kṛṣṇa.

Śrī Jīva Gosvāmī hat uns gelehrt, dass die ständige Verehrung durch den [aus achtzehn transzendentalen Silben bestehenden] *mantra* möglich ist, wenn sie in einer geeigneten Umgebung stattfindet und sich die Meditation auf nur eine *līlā* beschränkt. Die meditative Manifestation Golokas ist die *līlā*, der man sich mit der Verehrung Kṛṣṇas durch den *mantra* widmet. Wir dürfen jedoch nicht vergessen, dass die transzendentalen Spiele Kṛṣṇas, die auf verschiedenen Ebenen und in verschiedenen Gemütsstimmungen stattfinden, in sich selbst vollkommen und mannigfaltig sind; deshalb kommt es zu *svā-rasikī*, zu einem spontanen Hervorströmen der im Herzen wohnenden spirituellen Liebe zu Kṛṣṇa.

Der vorliegende Vers birgt eine zweifache Bedeutung. Eine ist, dass in der *līlā*, die durch den achtzehnsilbigen *mantra* verehrt wird, die in dem *mantra* enthaltenen transzendentalen Wörter, wenn unterschiedlich angeordnet, nur eine *līlā* Śrī Kṛṣṇas sichtbar werden lassen – so zum Beispiel in *klīṁ kṛṣṇāya govindāya gopījana-vallabhāya svāhā*. Dies ist ein hexagonaler *mantra*, der aus sechs transzendentalen Wörtern besteht, nämlich 1) *kṛṣṇāya*, 2) *govindāya*, 3) *gopījana*, 4) *vallabhāya*, 5) *svā* und 6) *hā*. Diese sechs transzendentalen Wörter, nebeneinander aufgereiht, bilden den *mantra*.

Dieses hexagonale, gewaltige transzendentale Diagramm *(yantra)* ist folgendermaßen aufgebaut: Der Hauptsame, *klīṁ*, bildet den zentralen Dreh- und Angelpunkt des *yantra*. Jeder, der sich solch ein Diagramm einprägt und seine Gedanken auf eine spirituelle Entität dieser Art konzentriert, kann – wie Candradhvaja es einst tat – das kognitive Prinzip erkennen. Das Wort *svā* ist ein Hinweis auf *kṣetrajña*, also jemanden, der mit seinem inneren Selbst vertraut ist, während das Wort *hā* auf die transzendentale Natur hinweist. Diese Bedeutung des *mantra* wird auch im *Śrī Hari-bhakti-vilāsa* bestätigt.

Die zweite, allgemeine Bedeutung lautet, dass jemand, der den Wunsch hegt, an den vertraulichen Spielen Kṛṣṇas teilzunehmen, Kṛṣṇa transzendentalen Dienst darbringen muss, während er gleichzeitig mit Hingabe gepaartes Wissen über Ihn kultiviert, und zwar über: 1) *kṛṣṇa-svarūpa* – das eigentliche Wesen Kṛṣṇas; 2) *kṛṣṇasya cin-maya-vraja-līlā-vilāsa-svarūpa* – die wahre Natur der transzendentalen Spiele Kṛṣṇas in Vraja; 3) *tat-parikara-gopījana-svarūpa* – die wahre Natur Seiner spirituellen Gefährten in Vraja, nämlich der spirituellen Kuhhirten und Milchmägde; 4) *tad-vallabha* – die wahre Natur der Selbstergebung an Kṛṣṇa, für die die spirituellen Milchmägde von Vraja das Vorbild sind; 5) *śuddha-jīvasya cid-(jñāna)-svarūpa* – die wahre Natur des spirituellen Wissens über die unverfälschte individuelle Seele und 6) *cit-prakṛtir arthāt kṛṣṇa-sevā-svabhāva* – das wahre Wesen von Kṛṣṇas transzendentalem Dienst, welches darin besteht, dass die innere Beziehung zu Ihm hergestellt wird, sobald reine Selbsterkenntnis erwacht. Dies bedeutet, dass *rasa* nichts anderes ist, als dem zentralen Zufluchtsort, Śrī Kṛṣṇa, dem prädominierenden Aspekt des Absoluten, mit unserem Ich transzendentalen Dienst darzubringen, wobei dieses Ich als spirituelle Magd der prädominierten Hälfte des Absoluten Ganzen[4] in reiner Hingabe und völliger Ergebenheit dient. Die Teilnahme an der *līlā* in Goloka oder Gokula ist während des Stadiums der Fortentwicklung liebender Hingabe auf die meditative Verehrung durch den *mantra* beschränkt. Auf der Stufe der Vollkommenheit manifestieren sich die *līlās* dann als uneingeschränkte transzendentale Glückseligkeit. Das ist die wahre Natur Golokas bzw. Gokulas, die im weiteren Verlauf noch näher erläutert werden wird. Die Worte *jyotī-rūpeṇa manunā* im obigen Vers besagen, dass die transzendentale Bedeutung in diesem *mantra* zum Ausdruck kommt. Mithilfe dieses *mantra* kann jeder, der den transzendentalen Wunsch nach Liebe zu Kṛṣṇa verspürt und dann Dienst zu Kṛṣṇa hinzufügt, in ewiger Liebe zu Kṛṣṇa verankert werden. Solche ewigen *līlās* sind in Goloka für immer sichtbar.

VERS 4

तत्किञ्जल्कं तदंशानां तत्पत्राणि श्रियामपि ॥

tat-kiñjalkaṁ tad-aṁśānāṁ
tat-patrāṇi śriyām api

tat – jenes (Lotos); *kiñjalkam* – die Blütenblätter; *tat-aṁśānām* – von Seinen (Kṛṣṇas) fragmentarischen Teilen; *tat* – jenes (Lotos); *patrāṇi* – die Blätter; *śriyām* – von den *gopīs* (angeführt von Śrīmatī Rādhārāṇī); *api* – auch.

Der Blütenstempel Gokulas, jenes ewigen Reiches, ist die hexagonale Residenz Kṛṣṇas. Die Blütenblätter sind die

Wohnorte der Gopīs, die als integrale Teile Kṛṣṇas Ihm voller Liebe hingegeben und an Essenz ähnlich sind. Diese Blütenblätter gleichen unzähligen Wänden und erstrahlen in einzigartiger Herrlichkeit. Die ausgebreiteten Blätter des Lotos sind das gartenähnliche Dhāma, das spirituelle Reich Śrī Rādhikās, die Kṛṣṇas Liebste ist.

Das transzendentale Gokula hat die Form eines Lotos. Die ewige Welt gleicht einem hexagonalen Diagramm, in dessen Mitte sich die Wesenheiten Śrī Rādhā-Kṛṣṇa befinden, die dort in der Form eines aus achtzehn transzendentalen Silben bestehenden *mantra* erscheinen. Rādhā-Kṛṣṇa sind umgeben von Ihren direkten, von der *cit*-Energie manifestierten persönlichen Emanationen. Śrī Rādhā-Kṛṣṇa ist die urerste Ursache, der Same selbst. In der *Gopāla-tāpanī Upaniṣad* heißt es: »*Oṁkāra* steht für den allmächtigen Gopāla und Seine Kraft, und *klīṁ* ist das Gleiche wie *oṁkāra.*« Somit steht der *kāma-bīja*, d.h. die urerste Ursache allumfassender Liebe, für die Wesenheiten Śrī Rādhā-Kṛṣṇa.

VERS 5

चतुरस्रं तत्परितः श्वेतद्वीपाख्यमद्भुतम् ।
चतुरस्रं चतुर्मूर्तेश्चतुर्धाम चतुष्कृतम् ॥
चतुर्भिः पुरुषार्थैश्च चतुर्भिर्हेतुभिर्वृतम् ।
शूलैर्दशभिरानद्धमूर्ध्वाधो दिग्विदिक्ष्वपि ॥
अष्टभिर्निधिभिर्जुष्टमष्टभिः सिद्धिभिस्तथा ।
मनुरूपैश्च दशभिर्दिक्पालैः परितो वृतम् ॥

catur-asraṁ tat-paritaḥ
śvetadvīpākhyam adbhutam
catur-asraṁ catur-mūrteś
catur-dhāma catuṣ-kṛtam

caturbhiḥ puruṣārthaiś ca
caturbhir hetubhir vṛtam
śūlair daśabhir ānaddham
ūrdhvādho dig-vidikṣv api

aṣṭabhir nidhibhir juṣṭam
aṣṭabhiḥ siddhibis tathā
manu-rūpaiś ca daśabhir
dik-pālaiḥ parito vṛtam

śyāmair gauraiś ca raktaiś ca
śuklaiś ca pārṣadarṣabhaiḥ
śobhitaṁ śaktibhis tābhir
adbhutābhiḥ samantataḥ

catuḥ-asram – quadratischer Ort; *tat* – jenes (Gokula); *paritaḥ* – umgebend; *śveta-dvīpa* – Śvetadvīpa (die weiße Insel); *ākhyam* – genannt; *adbhutam* – mysteriös; *catuḥ-asram* – quadratisch; *catuḥ-mūrteḥ* – der vier primären Emanationen (Vāsudeva, Saṅkarṣaṇa, Pradyumna und Aniruddha); *catuḥ-dhāma* – aus vier Reichen bestehend; *catuḥ-kṛtam* – in vier Gebiete unterteilt; *caturbhiḥ* – von den vier; *puruṣa-arthaiḥ* – menschlichen Bedürfnissen; *ca* – und; *caturbhiḥ* – von den vier; *hetubhiḥ* – Ursachen, den Grundlagen der Errungenschaft; *vṛtam* – umschlossen; *śūlaiḥ* – mit Dreizacken; *daśabhiḥ* – zehn; *ānaddham* – fixiert; *ūrdhva-adhaḥ* – nach oben und nach unten (Scheitelpunkt und Fußpunkt); *dik* – (in) den Richtungen (Norden, Süden, Osten und Westen); *vidikṣu* – und in den dazwischen liegenden Richtungen (Nordosten, Südosten, Südwesten und Nordwesten); *api* – auch; *aṣṭabhiḥ* – mit den acht; *nidhibhiḥ* – Edelsteinen; *juṣṭam* – ausgestattet; *aṣṭabhiḥ* – mit den acht; *siddhibhiḥ* – mystischen Vollkommenheiten (*aṇimā, laghimā, prāpti, prākāmya, mahimā, īśitva, vaśitva und kāmāvasāyitā)*; *tathā* – auch; *manu-rūpaiḥ* – in der Form von *mantras*; *ca* – und; *daśabhiḥ* – von zehn; *dik-pālaiḥ* – Beschützern der Richtungen; *paritaḥ* – von allen Seiten; *vṛtam* – umgeben;

śyāmaiḥ – blau; *gauraiḥ* – gelb; *ca* – und; *raktaiḥ* – rot; *ca* – und; *śuklaiḥ* – weiß; *ca* – auch; *pārṣada-ṛṣabhaiḥ* – mit den besten Gefährten; *śobhitam* – leuchtend; *śaktibhiḥ* – mit Kräften; *tābhiḥ* – jene; *adbhutābhiḥ* – außerordentlich; *samantataḥ* – auf allen Seiten.

[Dieser Vers beschreibt den Außenbereich Gokulas.] Gokula ist von einer mystischen, quadratischen Region namens Śvetadvīpa umgeben, die sich in alle vier Himmelsrichtungen erstreckt. Śvetadvīpa ist in vier Gebiete unterteilt. Jedes dieser Gebiete ist einer Himmelsrichtung und einer von vier Gottheiten zugeordnet: Vāsudeva, Saṅkarṣaṇa, Pradyumna und Aniruddha. Die vier Gebiete sind von den vier menschlichen Bedürfnissen eingehüllt – Frömmigkeit, Reichtum, Leidenschaft und Befreiung – sowie von den vier Veden, nämlich Ṛg, Sāma, Yajur und Atharva, die aus Mantras bestehen und die Grundlage zum Erreichen der vier Arten weltlicher Bedürfnisse bilden. Zehn Dreizacke sind in den zehn Himmelsrichtungen aufgestellt, einschließlich Scheitelpunkt und Fußpunkt. Die acht Himmelsrichtungen sind mit acht Edelsteinen geschmückt: Mahāpadma, Padma, Śaṅkha, Makara, Kacchapa, Mukunda, Kunda und Nīla. Es gibt zehn Schutzherren (Dik-pālas), die die zehn Richtungen in Form von Mantras bewachen. Gefährten des Herrn, die blau, gelb, rot und weiß aussehen, sowie außerordentliche Kräfte, die Namen wie Vimalā tragen, erstrahlen auf allen Seiten.

Gokula ist vornehmlich der Sitz transzendentaler Liebe und Hingabe. Folglich sind die Yamunā, Śrī Govardhana, Śrī Rādhā-kuṇḍa usw. des irdischen Vraja-maṇḍala in Gokula gelegen. Allerdings ist dort auch alle Pracht und Herrlichkeit Vaikuṇṭhas manifestiert und erstreckt sich in alle Richtungen. Die vier

Emanationen des Herrn, die mit dem Spiel der schöpferischen Manifestation betraut sind, residieren dort, jeder in Seinem eigenen Reich. *Paravyoma*, d.h. Vaikuṇṭha, verdankt seine Ausdehnung der Entfaltungskraft dieser vier Gottheiten. Die Erlösung, bei der man nach Vaikuṇṭha erhoben wird, sowie die weltlichen Ziele Frömmigkeit, Reichtum und Leidenschaft haben in Gokula in ihrer ursprünglichen Samenform einen ihnen zugeteilten Ort. Auch die Veden sind dort gegenwärtig und singen das Lied des Herrn von Gokula.[5]

In den zehn Himmelsrichtungen stehen zehn Dreizacke, um diejenigen abzuwehren und zu enttäuschen, die sich, ohne Kṛṣṇas Gnade erlangt zu haben, durch Meditation in Goloka Eintritt verschaffen wollen. Selbstgefällige Menschen, die diese Region auf dem Pfad des *yoga* (der Meditation) und des *jñāna* (des empirischen Wissens) zu erreichen versuchen, scheitern bei ihren Bemühungen, weil sie von den zehn Dreizacken durchbohrt werden. Selbstauslöschung *[nirvāṇa]* findet im Brahman *[brahma-dhāma]* statt und bildet die äußere Umhüllung Golokas in der Form von Dreizacken. *Śūla* bedeutet »Dreizack«, und die drei materiellen Eigenschaften[6] sowie die dreifache Unterteilung der Zeit[7] repräsentieren diesen Dreizack. *Aṣṭāṅga-yogīs* (Asketen), die sich im achtstufigen *yoga* üben, streben nach der undifferenzierten Befreiung [im unpersönlichen Brahman], doch wenn sie versuchen, sich Goloka zu nähern, stürzen sie kopfüber in die Abgründe der Enttäuschung, da sie von diesen in zehn Richtungen stehenden Dreizacken durchbohrt und entzwei geschnitten werden.

Jene, die sich Goloka auf dem Wege der mit Vorstellungen von majestätischer Pracht vermischten Hingabe nähern, lassen sich beim Anblick der acht Vollkommenheiten (*aṇimā* usw.) und prachtvoller Objekte (wie dem *mahāpadma*) vom Zauber Vaikuṇṭhas, der äußeren Umhüllung Śrī Golokas, betören. Diejenigen, deren Intelligenz weniger entwickelt ist, fallen wieder in die siebenfache Welt[8] zurück, wo sie in die Gewalt der zehn

Schutzherren (der zehn Richtungen) geraten, die dort in Form von *mantras* Wache halten.

Auf diese Weise bleibt Goloka unerkennbar und unzugänglich. Es sind nur die transzendentalen Formen Gottes, die Verkünder der göttlichen Botschaft für die verschiedenen Zeitalter, die dort immer bereit sind, den sich nähernden Geweihten, die auf dem Weg reiner hingebungsvoller Liebe Einlass in das Reich Golokas ersuchen, Ihre Gunst zu gewähren. Diese transzendentalen Formen Gottes sind von Dienern umgeben, die Ihrem jeweiligen Wesen entsprechen. Ihre Residenz ist Śvetadvīpa in Goloka. Deshalb erwähnt Śrīla Ṭhākura Vṛndāvana, die Inkarnation Vyāsas für die *caitanya-līlā*, in seiner Beschreibung, dass Navadvīpa ebenfalls als Śvetadvīpa bezeichnet wird. In diesem Śvetadvīpa finden die abschließenden Teile der Spiele von Gokula ewiglich als die Spiele von Navadvīpa statt. Folglich sind die Regionen Navadvīpa und Vraja sowie das Reich Goloka ein und dieselbe unteilbare Entität; der Unterschied liegt nur in der dort zum Ausdruck kommenden unendlichen Vielfalt von Gefühlen, die der facettenreichen Natur ihrer hingebungsvollen Liebe entsprechen. Hinter all diesem steht ein tief verborgenes Prinzip, das nur die größten Seelen, die auf der höchsten Stufe transzendentaler Liebe stehen, durch die direkte Gnade Kṛṣṇas erkennen können.

Die Wahrheit ist diese: In unserer materiellen Welt gibt es vierzehn Sphären[9], die stufenweise, von oben nach unten, angeordnet sind. Menschen, die mit Frau und Kindern leben und nach den freudespendenden Früchten ihrer Werke trachten, bewegen sich innerhalb der Grenzen der drei Welten Bhūḥ, Bhuvaḥ und Svaḥ auf- und abwärts. Sich in strenger Entsagung übende *brahmacārīs*[10] und Asketen sowie Gelehrte, die sich mit hypothetischen Wahrheiten befassen – also all diejenigen, die eine neutrale Haltung einnehmen und keine fruchtbringenden Werke verrichten, mit dem Bestreben, von allen weltlichen Wünschen frei zu werden –, bewegen sich innerhalb der Grenzen der Welten Mahaḥ, Janaḥ, Tapaḥ und Satya auf- und abwärts. Über diesen Welten liegt das Reich des vierköpfigen Brahmā, worüber sich das grenzenlose Vaikuṇṭha-Reich Viṣṇus befindet, der als Kṣīrodakaśāyī auf dem Milchozean ruht. *Paramahaṁsa-sannyāsīs* und die von Śrī Hari getöteten Dämonen gehen, nachdem sie die Virajā überquert und somit die vierzehn Welten hinter sich gelassen haben, in das leuchtende Reich des Brahman ein und erlangen so *nirvāṇa* – die vorübergehende Auslöschung ihres zeitweiligen Egos. Aber der von Wissen angetriebene Gottgeweihte *(jñāna-bhakta)*, der von einer hingebungsvollen Neigung angeregte Gottgeweihte *(śuddha-bhakta)*, der mit liebevoller Hingabe durchdrungene Gottgeweihte *(prema-bhakta)*, der von reiner Liebe erfüllte Gottgeweihte *(premapara-bhakta)* und der von überwältigender Liebe beseelte Gottgeweihte *(premātura-bhakta)*, die alle dem majestätischen Aspekt Gottes dienen, gelangen nach Vaikuṇṭha, in das transzendentale Reich Śrī Nārāyaṇas.

Allein jene Geweihten, die von nichts anderem als Liebe erfüllt sind und dem Beispiel der spirituellen Milchmägde von Vraja folgen, gelangen nach Goloka. Die verschiedenen Aufenthaltsorte der Geweihten in Goloka, die sich nach den jeweiligen Unterschieden in der Natur ihres *rasa*, ihres reifen Geschmacks, richten, werden durch Kṛṣṇas unbegreifliche Energie arrangiert. *Śuddha-bhaktas*, die den Geweihten von Vraja folgen, und solche, die den reinen Gottgeweihten von Navadvīpa folgen, kommen jeweils in die Reiche von Kṛṣṇa und Gaura. Jene, die sowohl für Vraja als auch für Navadvīpa eine Vorliebe haben, erfahren die Freuden des Dienstes gleichzeitig im Reich Kṛṣṇas und im Reich Gauras.

Śrī Jīva Gosvāmī schreibt in seinem Werk *Gopāla-campū*: »Das höchste transzendentale Reich wird Goloka genannt, denn es ist das Reich von *go*, transzendentalen Kühen, und *gopa*, transzendentalen Kuhhirten. Es ist der Ort der *rasa*-Spiele des absoluten Śrī Kṛṣṇa. Dieses Reich wird auch Śvetadvīpa genannt, denn es kommen dort einige jener *rasas* zur Entfaltung, die unbegreifliche, aus der unberührten Reinheit dieses höchsten Reiches entstandene Manifestationen sind. Beide – sowohl das höchste Goloka als auch das höchste Śvetadvīpa – sind unteilbar das Reich Goloka.«

Im Wesentlichen bedeutet dies, dass Goloka ewig als Śvetadvīpa manifestiert ist, weil Kṛṣṇa die Freuden des *rasa*-Genusses in Seinen Spielen in Vraja nicht in vollem Umfang kosten kann. Kṛṣṇa nimmt die Gefühlswelt und Ausstrahlung Seiner prädominierten Hälfte, Śrī Rādhikā, an und schafft dort eine ewige *līlā*, in deren Mittelpunkt der Genuss von *kṛṣṇa-rasa* steht.

Um die folgenden Freuden zu erfahren und zu kosten – 1) das Wesen und Ausmaß von Śrī Rādhās Liebe, 2) die Natur der wunderbaren Süße Seiner Liebe, an der Śrī Rādhikā Geschmack findet, und 3) die Natur der exquisiten Freude, die Śrī Rādhā empfindet, wenn Sie die Süße Seiner Liebe kostet –, erschien Śrī Kṛṣṇacandra aus dem Leib Śrī Śacīdevīs, ähnlich wie der Mond aus dem Ozean emporzusteigen scheint.

Hier wird das vertrauliche Anliegen Śrī Jīva Gosvāmī Prabhus deutlich. Auch in den Veden heißt es: »Ich werde euch ein Geheimnis enthüllen! In Navadvīpa am Ganges, in jenem Reich, das mit Goloka identisch ist, enthüllt Gauracandra in dieser irdischen Welt den Pfad reiner, unverfälschter Hingabe. Er ist Govinda; Er ist die Verkörperung reinen Bewusstseins in einer zweiarmigen Gestalt; Er ist die Seele aller Seelen, die größte Persönlichkeit, der große meditative *sannyāsī*, und Er steht über den drei materiellen Erscheinungsweisen. Er ist der eine und einzige Gott. Er ist der Ursprung aller Formen, die höchste Seele und der Höchste Herr, der mit gelber, roter, blauer und weißer Hautfarbe erscheint. Er ist die direkte Verkörperung reinen Bewusstseins, erfüllt von spiritueller *(cit)* Kraft. Er ist die Verkörperung des idealen Gottgeweihten. Er ist es, der Hingabe gewährt und allein durch Hingabe erkannt wird. Der gleiche

Gauracandra, der niemand anders ist als Kṛṣṇa selbst, offenbart sich – um den *rasa* der Spiele Rādhā-Kṛṣṇas in Goloka zu kosten – im ewigen Reich Navadvīpa, das mit Goloka identisch ist.«

All diese Wahrheiten gehen auch deutlich aus vedischen Erklärungen wie *āsan varṇās trayaḥ, kṛṣṇa-varnaṁ tviṣākṛṣṇam, yadā paśyaḥ paśyate rukma-varṇam, mahān prabhur vai* und vielen anderen Aussagen der theistischen Schriften hervor. So wie Śrī Kṛṣṇa mithilfe von Yogamāyā, der Urenergie des Höchsten Herrn, im irdischen Gokula geboren wurde, so manifestiert Er mit ihrer Hilfe auf der irdischen Ebene die *līlā* Seiner Geburt im Leib Śacīdevīs in Navadvīpa. Dies sind die absoluten Wahrheiten spiritueller Wissenschaft und nicht die Ergebnisse phantasievoller Spekulationen im Bann der illusionierenden Energie Gottes.

VERS 6

एवं ज्योतिर्मयो देवः सदानन्दः परात्परः ।
आत्मारामस्य तस्यास्ति प्रकृत्या न समागमः ॥

evaṁ jyotir-mayo devaḥ
sad-ānandaḥ parāt paraḥ
ātmārāmasya tasyāsti
prakṛtyā na samāgamaḥ

evam – somit; *jyotiḥ-mayaḥ* – transzendental; *devaḥ* – der Herr; *sat-ānandaḥ* – das eigene Selbst ewiger Ekstasen; *parāt paraḥ* – der Gebieter aller Gebieter; *ātma-ārāmasya* – die Freuden des transzendentalen Reiches genießend; *tasya* – von Ihm; *asti* – es gibt; *prakṛtyā* – mit der materiellen Energie; *na* – nicht; *samāgamaḥ* – Gemeinschaft.

Der Herr von Gokula ist die transzendentale höchste Gottheit, die Verkörperung ewiger Ekstasen. Er ist der

Gebieter aller Gebieter, stets darin vertieft, die Freuden des transzendentalen Reiches zu genießen. Er hat keinen Umgang mit der materiellen Energie.

Kṛṣṇas einzigartige innere Energie, die spirituell ist und als Kṛṣṇas persönliche Kraft wirkt, hat Seine Spiele von Goloka bzw. Gokula manifestiert. Durch ihre Gnade können individuelle Seelen, die Bestandteile der marginalen Energie sind, sogar zu diesen Spielen Zugang finden. Die illusionierende Energie, die vom Wesen her das verzerrte Spiegelbild der spirituellen *(cit)* Energie ist, befindet sich auf der anderen Seite des Virajā-Flusses, der das Brahma-dhāma umgibt, indem er als äußere Umrandung Golokas die Grenze von Mahā-Vaikuṇṭha bildet. Da Goloka von allem Weltlichen absolut unberührt bleibt, schämt sich die illusionierende Energie, die weit davon entfernt ist, mit Kṛṣṇa Kontakt zu haben, in Seinem Blickfeld zu erscheinen.

VERS 7

माययारममाणस्य न वियोगस्तया सह ।
आत्मना रमया रेमे त्यक्तकालं सिसृक्षया ॥

māyayāramamāṇasya
na viyogas tayā saha
ātmanā ramayā reme
tyakta-kālaṁ sisṛkṣayā

māyayā – mit der illusionierenden Energie; *aramamāṇasya* – von Ihm, der niemals Umgang hat; *na* – nicht; *viyogaḥ* – vollständige Trennung; *tayā* – ihre; *saha* – von; *ātmanā* – mit Seiner eigenen; *ramayā* – spirituellen Kraft, Ramā; *reme* – hat Umgang; *tyakta-kālam* – indem Er die Zeit-Energie durch Seinen Blick aussendet; *sisṛkṣayā* – mit dem Wunsch zu erschaffen.

Kṛṣṇa verkehrt niemals mit Seiner illusionierenden Energie. Dennoch ist sie nicht gänzlich von der Absoluten Wahrheit abgeschnitten. Wenn Er den Wunsch hat, die materielle Welt zu erschaffen, ist das Liebesspiel mit Seiner eigenen spirituellen (cit) Kraft Ramā, bei dem Er Seinen Blick auf die täuschende Energie wirft und dabei Seine Zeit-Energie aussendet, eine mitwirkende Tätigkeit.

Die illusionierende Energie hat keinen direkten Kontakt mit Kṛṣṇa; sie ist nur indirekt mit Ihm verbunden. Viṣṇu – der im Ozean aller Ursachen liegende erste Ursprung, jener vollständige Teil Mahā-Saṅkarṣaṇas, welcher in Mahā-Vaikuṇṭha, dem Bereich von Kṛṣṇas eigenen, erweiterten transzendentalen Spielen, residiert – wirft Seinen Blick auf die illusionierende Energie. Doch selbst wenn Er Seinen Blick auf Māyā wirft, hat Er keinen Kontakt mit ihr, weil dann die spirituelle *(cit)* Kraft Ramā, als Seine lautere, treu ergebene Energie, die Funktion Seines Blickes erfüllt.

Die täuschende Energie, als Dienstmagd der spirituellen *(cit)* Kraft Ramā, dient dem manifestierten vollständigen Teil Gottes, der mit Ramā vereinigt ist, wobei die Zeit-Energie die Tatkraft und Mittlerrolle Ramās repräsentiert; als Folge dieses Vorgangs existiert das Phänomen der Maskulinität, das heißt der Schöpfungskraft.

VERS 8

नियतिः सा रमा देवी तत्प्रिया तद्वशं तदा ।
तल्लिङ्गं भगवान् शम्भुर्ज्योतीरूपः सनातनः ।
या योनिः सापरा शक्तिः कामो बीजं महद्धरेः ॥

niyatiḥ sā ramā devī
tat-priyā tad-vaśaṁ tadā

tal-liṅgaṁ bhagavān śambhur
jyotī-rūpaḥ sanātanaḥ
yā yoniḥ sāparā śaktiḥ
kāmo bījaṁ mahad dhareḥ

niyatiḥ – die Reglerin; *sā* – sie; *ramā* – die spirituelle Kraft; *devī* – die Göttin; *tat* – von Ihm; *priyā* – Geliebte; *tat* – von Ihm; *vaśam* – unter der Herrschaft; *tadā* – dann (zur Zeit der Schöpfung); *tat* – von Ihm; *liṅgam* – das männliche Symbol bzw. das manifestierte Emblem; *bhagavān* – Reichtümer besitzend; *śambhuḥ* – Śambhu; *jyotiḥ-rūpaḥ* – Lichtgestalt; *sanātanaḥ* – ewige; *yā* – welche; *yoniḥ* – das Symbol weltlicher weiblicher Produktivität; *sā* – jene; *aparā* – nicht absolute; *śaktiḥ* – Energie; *kāmaḥ* – der Wunsch; *bījam* – der Same; *mahat* – verzerrtes Erkenntnisvermögen; *hareḥ* – des Höchsten Herrn.

[Hier wird der indirekte Kontakt des Höchsten Herrn mit Māyā beschrieben.] Ramā-devī, die spirituelle (cit) Kraft, die geliebte Gefährtin des Höchsten Herrn, ist die Reglerin aller Wesen. Der göttliche, vollständige Teil Kṛṣṇas erschafft die materielle Welt. Bei der Schöpfung erscheint ein göttlicher Lichtring, der vom Wesen her Kṛṣṇas persönliche Teil-Emanation [Svāṁśa] ist. Diese Lichterscheinung ist der göttliche Śambhu, das männliche Symbol bzw. das manifestierte Emblem des Höchsten Herrn, und sein Licht ist die dämmrige Widerspiegelung des höchsten, ewigen Strahlenglanzes. Dieses männliche Symbol ist jene Teil-Emanation des Höchsten, die als Erzeuger der materiellen Welt fungiert und der höchsten Reglerin [Niyati] untergeordnet ist. Die empfangende Kraft in der materiellen Schöpfung tritt aus der höchsten Reglerin hervor. Diese Empfängniskraft ist Māyā, die begrenzte, nicht absolute [aparā] Kraft, das Symbol weltlich-weiblicher Fruchtbarkeit. Die Vereinigung dieser beiden

bringt das verzerrte Erkenntnisvermögen [Mahat-tattva] hervor, den Abglanz des Samens des im Höchsten Herrn vorhandenen Schöpfungswunsches.

Der vom Schöpfungswunsch erfüllte Saṅkarṣaṇa ist jene persönliche Teil-Emanation Kṛṣṇas, die die Initiative ergreift, welche zur Geburt der materiellen Welt führt. Während Er als der urerste *puruṣa-avatāra* im Wasser aller Ursachen liegt, wirft Er Seinen Blick auf Māyā (die begrenzte Energie). Dieser Blick ist die ursprüngliche Ursache der materiellen Schöpfung.

Śambhu, das männliche Symbol materieller Zeugungskraft, ist der dämmrige Lichtring der reflektierten Ausstrahlung jenes Blicks. Es ist jenes Symbol, das mit dem Zeugungsorgan Māyās – des Schattens Ramās, der göttlichen Energie – in Berührung tritt. Die erste Erscheinungsphase des von Mahā-Viṣṇu geschaffenen weltlichen Begehrens wird als das samenhafte *mahat*-Prinzip bzw. als verzerrtes Erkenntnisvermögen bezeichnet. Es ist dieses Prinzip, das mit dem geistigen, zur Zeugung reifen Prinzip identisch ist. Dem liegt das Verständnis zugrunde, dass es der Wille des *puruṣa* ist, der durch die Anwendung der instrumentalen und materiellen Prinzipien die Schöpfung veranlasst. Das instrumentale Prinzip ist Māyā, das weibliche Zeugungsorgan. Das materielle Prinzip ist Śambhu, das männliche Zeugungsorgan.

Mahā-Viṣṇu ist der *puruṣa*, die dominierende göttliche Person, deren Wille geschieht. Das *pradhāna*, das Urprinzip aller materiellen Substanz, ist das materielle Prinzip. Die Natur, die das empfangende Prinzip *(ādhāra)* verkörpert, ist *māyā*. Das Prinzip des verkörperten Willens, der den Verkehr der beiden herbeiführt, ist die dominierende göttliche Person *(puruṣa)*, die persönliche Teil-Emanation Kṛṣṇas, die die materielle Welt hervorbringt. Alle drei zusammen bilden die Grundfaktoren der kosmischen Schöpfung.

Der Same liebevollen schöpferischen Wunsches in Goloka ist die Verkörperung reinen Bewusstseins. Der Same sexueller

Begierde in der materiellen Welt kommt von Kālī und ähnlichen Göttinnen, die nur Schatten der spirituellen Kraft sind. Der erstgenannte Same ist, obgleich er den Prototyp des letzteren darstellt, weit von diesem entfernt. Der Same weltlichen sexuellen Verlangens ist die in der materiellen Welt sichtbare verzerrte Spiegelung des Samens des ursprünglichen kreativen Verlangens. Wie Śambhu in dieser Welt erscheint, wird im zehnten und fünfzehnten Vers beschrieben.

VERS 9

लिङ्गयोन्यात्मिका जाता इमा माहेश्वरीप्रजाः ॥

liṅga-yony-ātmikā jātā
imā māheśvarī-prajāḥ

liṅga – von den weltlichen männlichen Zeugungsorganen; *yoni* – und von den weltlichen weiblichen Zeugungsorganen; *ātmikāḥ* – als die Verkörperung; *jātāḥ* – geboren; *imāḥ* – diese; *māheśvarī* – von der Gefährtin des großen Herrn der materiellen Welt; *prajāḥ* – die Nachkommen.

Alle Nachkommen der Gefährtin des großen Herrn der materiellen Welt [Maheśvara] sind Verkörperungen von Liṅga [dem männlichen Prinzip] und Yoni [dem weiblichen Prinzip].

Die volle, alle vier Viertelkreise umfassende Ausbreitung des Höchsten Herrn zeugt von Seiner majestätischen Prachtentfaltung. Davon bilden die sich über drei Viertelkreise erstreckenden Sphären, die frei von Klagen, Vergänglichkeit und Furcht sind, die mannigfaltige Herrlichkeit von Vaikuṇṭha und Goloka. Im vergänglichen Bereich *māyās* sind die materiellen Universen, zusammen mit Wesen wie *devas* [Halbgötter] und

Menschen, nichts anderes als großartige Manifestationen der vielfältigen Pracht der begrenzten Energie. Sie alle sind durch *liṅga* (das männliche Geschlechtsteil) und *yoni* (das weibliche Geschlechtsteil) hervorgebracht worden, mit anderen Worten: durch die Kombination des instrumentalen und des materiellen Prinzips.

Auch nach wissenschaftlicher Erkenntnis beruht alles in unserer Welt auf sexueller Vereinigung. Bäume, Pflanzen und sogar empfindungslose Wesen sind Produkte der Vereinigung des Männlichen und Weiblichen. In diesem Zusammenhang ist es von besonderer Bedeutung, dass gemeinhin als anstößig empfundene Ausdrücke wie *liṅga* und *yoni* in der Beschreibung fundamentaler wissenschaftlicher Prinzipien als überaus hilfreich gelten und sich einen festen Platz im akademischen Wortschatz erobert haben. Natürlich hat »Anstößigkeit« im Rahmen der externen Gepflogenheiten einer Gesellschaft auch ihren Sinn. Aber die Wissenschaft, insbesondere die höchste Wissenschaft, kann nicht aus Rücksicht auf gesellschaftsbedingte Sitten die Wahrheit verschleiern. Um deshalb den Samen weltlicher sexueller Begierde, das Grundprinzip dieser Erscheinungswelt, verständlich zu machen, ist die Verwendung genau dieser Ausdrücke unerlässlich. Sie sind hier aber im übertragenen Sinne zu verstehen und beziehen sich auf die männliche Energie, d.h. die prädominierende aktive Kraft, und die weibliche Energie, d.h. die prädominierte aktive Kraft.

VERS 10

शक्तिमान् पुरुषः सोऽयं लिङ्गरूपी महेश्वरः ।
तस्मिन्नाविरभूल्लिङ्गे महाविष्णुर्जगत्पतिः ॥

śaktimān puruṣaḥ so 'yaṁ
liṅga-rūpī maheśvaraḥ

tasminn āvirabhūl liṅge
mahā-viṣṇur jagat-patiḥ

śaktimān – mit seiner weiblichen Gefährtin vereinigt; *puruṣaḥ* – Person; *saḥ* – er; *ayam* – dieser; *liṅga-rūpī* – in der Form des männlichen Zeugungsorgans; *mahā-īśvaraḥ* – Śambhu, der Herr dieser materiellen Welt; *tasmin* – in jener; *āvirabhūt* – manifestiert; *liṅge* – im manifestierten Sinnbild; *mahā-viṣṇuḥ* – Mahā-Viṣṇu; *jagat-patiḥ* – der Herr der Welt.

Die das materielle Kausalprinzip verkörpernde Person, der mächtige Herr dieser materiellen Welt – Śambhu [Maheśvara] –, ist in Form des männlichen Zeugungsorgans mit seiner weiblichen Gefährtin – mit der das instrumentale Kausalprinzip verkörpernden begrenzten Energie [Māyā] –, vereinigt. Der Weltenherrscher Mahā-Viṣṇu erscheint in ihm durch Seinen subjektiven Teil in Form Seines Blickes.

In der durch majestätische spirituelle Pracht gekennzeichneten Region der transzendentalen Welt *(paravyoma)* residiert Śrī Nārāyaṇa, der von Śrī Kṛṣṇa nicht verschieden ist. Mahā-Saṅkarṣaṇa, das genaue Ebenbild und die persönliche Emanation Śrī Nārāyaṇas, ist gleichzeitig eine vollständige Teil-Emanation der mit Schöpfungsaufgaben betrauten Verkörperung Śrī Kṛṣṇas[11]. Durch die Macht Seiner spirituellen Energie wirft eine vollständige Teil-Emanation Mahā-Saṅkarṣaṇas, die ewig im neutralen Virajā-Strom ruht[12] – der Grenzlinie zwischen den spirituellen und weltlichen Reichen –, bei der Schöpfung Seinen Blick auf die begrenzte Schattenenergie Māyā, die weit entfernt von Ihm ist.

Daraufhin vollzieht Śambhu – der Herr des Urprinzips aller primordialen materiellen Elemente *(pradhāna)*, der mit Rudra, dem dämmrigen Abglanz des göttlichen Blicks des Höchsten

Herrn, identisch ist –, Seinen Verkehr mit Māyā, dem instrumentalen weltlichen Kausalprinzip. Er kann jedoch nichts unabhängig von der Energie Mahā-Viṣṇus tun, der die direkte spirituelle Macht Kṛṣṇas repräsentiert. Folglich tritt das Prinzip des *mahat*[13], des verzerrten Erkenntnisvermögens, nur dann ins Dasein, wenn die vollständige Teil-Emanation Kṛṣṇas – nämlich der urerste göttliche *avatāra* Mahā-Viṣṇu (die persönliche Emanation Saṅkarṣaṇas, der wiederum eine persönliche Emanation Kṛṣṇas ist) –, die aktiven gemeinsamen Bemühungen von Māyā (Śivas *śakti*, d. h. Gefährtin) und *pradhāna* (das Hauptprinzip weltlicher Kausalität) mit Seiner Gunst segnet. Auf die Initiative Mahā-Viṣṇus hin erschafft die Gefährtin Śivas nach und nach das weltliche Ego *(ahaṅkāra)*, die fünf materiellen Elemente *(bhūtas)*, angefangen mit dem Raum (Äther), deren Merkmale *(tanmātras)* und die begrenzten Sinne der bedingten Seele *(jīva)*. Die integralen Partikel, die in Form von Strahlenbündeln von Mahā-Viṣṇu ausgehen, sind die individuellen Seelen *(jīvas)*. Dies wird in den nächsten Versen näher erläutert.

VERS 11

सहस्रशीर्षा पुरुषः सहस्राक्षः सहस्रपात् ।
सहस्रबाहुर्विश्वात्मा सहस्रांशः सहस्रसूः ॥

sahasra-śīrṣā puruṣaḥ
sahasrākṣaḥ sahasra-pāt
sahasra-bāhur viśvātmā
sahasrāṁśaḥ sahasra-sūḥ

sahasra-śīrṣā – Tausende von Häuptern besitzend; *puruṣaḥ* – Śrī Mahā-Viṣṇu, der erste *puruṣa-avatāra*; *sahasra-akṣaḥ* – Tausende von Augen besitzend; *sahasra-pāt* – Tausende von Beinen besitzend; *sahasra-bāhuḥ* – Tausende von Armen besitzend;

viśva-ātmā – die Überseele des Universums; *sahasra-aṁśaḥ* – die Quelle Tausender von *avatāras*; *sahasra-sūḥ* – der Schöpfer Tausender von individuellen Seelen.

Der Herr der materiellen Welt, Mahā-Viṣṇu, besitzt Tausende und Abertausende von Häuptern, Augen und Händen. Er ist die Quelle Tausender und Abertausender von Avatāras und persönlichen Emanationen. Er ist der Schöpfer Tausender und Abertausender von individuellen Seelen.

Mahā-Viṣṇu, den die Hymnen aller Veden verehren, besitzt eine unendliche Vielzahl von Sinnen und Kräften, und Er ist der urerste *avatāra-puruṣa*, der Ursprung aller *avatāras*.

VERS 12

नारायणः स भगवानापस्तस्मात्सनातनात् ।
आविरासीत्कारणार्णो निधिः सङ्कर्षणात्मकः ।
योगनिद्रां गतस्तस्मिन् सहस्रांशः स्वयं महान् ॥

nārāyaṇaḥ sa bhagavān
āpas tasmāt sanātanāt
avirasit kāraṇārṇo
nidhiḥ saṅkarṣaṇātmakaḥ
yoga-nidrāṁ gatas tasmin
sahasrāṁśaḥ svayaṁ mahān

nārāyaṇaḥ – Nārāyaṇa genannt; *saḥ* – jener; *bhagavān* – der Höchste Persönliche Gott, Mahā-Viṣṇu; *āpaḥ* – Wasser; *tasmāt* – von jener; *sanātanāt* – ewigen Person; *āvirāsit* – ist entsprungen; *kāraṇa-arṇaḥ* – der Ozean der Ursachen; *nidhiḥ* – ein weites Gewässer; *saṅkarṣaṇa-ātmakaḥ* – die persönliche Emanation

Saṅkarṣaṇas; *yoga-nidrām gataḥ* – im Zustand tiefen Schlummers; *tasmin* – in jenem (Wasser); *sahasra-aṁśaḥ* – mit Tausenden von Teilen; *svayam* – Ihn selbst; *mahān* – die Höchste Person.

Der gleiche Mahā-Viṣṇu ist in der materiellen Welt unter dem Namen Nārāyaṇa bekannt. Von dieser ewigen Person entsprang die ungeheure Wassermasse des spirituellen Ozeans der Ursachen. Der vollständige Teil des im Paravyoma weilenden Saṅkarṣaṇa, der erwähnte höchste Puruṣa mit Tausenden von vollständigen Emanationen, ruht im Zustand göttlichen Schlummers [Yoga-nidrā] auf dem Wasser des spirituellen Ozeans der Ursachen.

Yoga-nidrā (göttlicher Schlummer) ist als ekstatische Trance zu verstehen, die ihrem Wesen nach die Glückseligkeit der wahren essentiellen Persönlichkeit ist. Die zuvor erwähnte Ramā-devī ist *yoga-nidrā* in der Gestalt Yogamāyās.

VERS 13

तद्रोमबिलजालेषु बीजं सङ्कर्षणस्य च ।
हैमान्यण्डानि जातानि महाभूतावृतानि तु ॥

tad-roma-bila-jāleṣu
bījaṁ saṅkarṣaṇasya ca
haimāny aṇḍāni jātāni
mahā-bhūtāvṛtāni tu

tat – von Ihm (Mahā-Viṣṇu); *roma-bila-jāleṣu* – in den Poren der Haut; *bījam* – die Samen; *saṅkarṣaṇasya* – von Saṅkarṣaṇa; *ca* – und; *haimāni* – goldene; *aṇḍāni* – eiförmige Keimzellen; *jātāni* – geboren; *mahā-bhūta* – von den fünf großen [groben] Elementen; *āvṛtāni* – bedeckt; *tu* – gewiss.

Die spirituellen Samen Saṅkarṣaṇas, die in den Poren Mahā-Viṣṇus ruhen, werden als zahllose goldene, eiförmige Keimzellen geboren. Diese Keimzellen sind von den fünf groben Elementen umhüllt.

Der urerste göttliche *avatāra*, der im spirituellen Ozean der Ursachen liegt, ist so gewaltig, dass aus den Poren Seiner göttlichen Gestalt Myriaden von samenzellenartigen Universen hervorströmen. Diese unzähligen Universen sind verzerrte Spiegelbilder des unbegrenzten transzendentalen Reiches. Solange sie in Seiner göttlichen Gestalt ruhen, haben sie die Form goldener Eier und verkörpern das Prinzip spirituellen Abglanzes. Nichtsdestoweniger werden sie durch den schöpferischen Wunsch Mahā-Viṣṇus von den winzigen Partikeln der großen bzw. groben Elemente umhüllt, die Bestandteile der weltlichen instrumentalen und materiellen Kausalprinzipien sind. Wenn diese goldenen Samenzellen, die mit dem Ausatmen Mahā-Viṣṇus aus Ihm hervorgehen, in das grenzenlose Sammelbecken der begrenzten Energie (Māyā) eingehen, werden sie durch die unvermischten groben Elemente zum Wachsen gebracht.

VERS 14

प्रत्यण्डमेवमेकांशादेकांशाद्विशति स्वयम् ।
सहस्रमूर्धा विश्वात्मा महाविष्णुः सनातनः ॥

praty-aṇḍam evam ekāṁśād
ekāṁśād viśati svayam
sahasra-mūrdhā viśvātmā
mahā-viṣṇuḥ sanātanaḥ

prati – in jedes; *aṇḍam* – eiförmige Universum; *evam* – so; *eka-aṁśāt eka-aṁśāt* – als Seine eigenen, abgesonderten Teil-Emanationen; *viśati* – geht ein; *svayam* – persönlich; *sahasra-mūrdhā* – Tausende von Köpfen besitzend; *viśva-ātmā* – die Überseele des Universums; *mahā-viṣṇuḥ* – Mahā-Viṣṇu; *sanātanaḥ* – ewig.

Der gleiche Mahā-Viṣṇu geht in Form Seiner individuellen vollständigen Teile in jedes Universum ein. Diese in jedem Universum gegenwärtigen göttlichen Teile besitzen Seine ganze majestätische Machtfülle, da Sie Seine Emanationen sind. Sie sind die ewige universale Seele Mahā-Viṣṇu mit Tausenden und Abertausenden von Häuptern.

Mahā-Viṣṇu, der im spirituellen Ozean der Ursachen ruht, ist eine vollständige Teil-Emanation Mahā-Saṅkarṣaṇas, und Er ist es auch, der in Form Seiner vollständigen Teile persönlich in die materiellen Universen eintritt. Jedes dieser individuellen Teile repräsentiert den zweiten göttlichen *puruṣa* im Ozean der Empfängnis und ist in jeder Hinsicht mit Mahā-Viṣṇu identisch. Dieser Viṣṇu wird auch als »der im Innern weilende göttliche Führer aller Seelen« bezeichnet.

VERS 15

वामाङ्गादसृजद्विष्णुं दक्षिणाङ्गात्प्रजापतिम् ।
ज्योतिर्लिङ्गमयं शम्भुं कूर्चदेशादवासृजत् ॥

vāmāṅgād asṛjad viṣṇuṁ
dakṣiṇāṅgāt prajāpatim
jyotir-liṅga-mayaṁ śambhuṁ
kūrca-deśād avāsṛjat

vāma-aṅgāt – aus Seiner linken Körperhälfte; *asṛjat* – Er erschuf; *viṣṇum* – Śrī Viṣṇu; *dakṣiṇa-aṅgāt* – aus Seiner rechten Körperhälfte; *prajāpatim* – Hiraṇyagarbha Brahmā; *jyotiḥ-liṅga* –

die göttliche männliche Lichtgestalt; *mayam* – umfassend; *śambhum* – Śambhu; *kūrca-deśāt* – aus dem Raum zwischen Seinen beiden Augenbrauen; *avāsṛjat* – Er erschuf.

Der gleiche Mahā-Viṣṇu erschuf Viṣṇu aus Seiner linken Körperhälfte; Brahmā, den Urschöpfer, aus Seiner rechten Körperhälfte, und aus der Stelle zwischen Seinen beiden Augenbrauen ließ Er Śambhu, die göttliche männliche Lichtgestalt, hervortreten.

Der göttliche *puruṣa*, der im Milchozean liegt – derselbe, der alle individuellen Seelen lenkt –, ist Śrī Viṣṇu. Hiraṇyagarbha Brahmā, das Samenprinzip, ist eine Emanation des Höchsten Herrn und ist der urerste Schöpfer, der sich aber vom vierköpfigen Brahmā unterscheidet. Der gleiche Hiraṇyagarbha ist der Ursame der Schöpfungsenergie eines jeden Brahmā, der zu jeweils einem der unzähligen Universen gehört. Die göttliche männliche Lichtgestalt Śambhu ist eine vollständige Emanation seines Prototyps Śambhu, jenes Śambhu also, der das urerste, göttliche männliche Zeugungsorgan symbolisiert und dessen Wesen bereits beschrieben wurde.

Viṣṇu ist eine integrale Emanation Mahā-Viṣṇus. Folglich ist Er der große Herrscher aller anderen Herrscher. Der Stammvater (Brahmā) und Śambhu sind abgesonderte Teile Mahā-Viṣṇus. Sie sind somit Götter mit bestimmten, ihnen übertragenen Aufgaben. Da Viṣṇus eigene Kraft sich auf der linken Seite Gottes befindet, erscheint Er aus der linken Hüfte Mahā-Viṣṇus, aus der reinen Essenz Seiner spirituellen *(cit)* Kraft. Viṣṇu, Gott selbst, ist die lenkende Überseele im Innern jeder individuellen Seele. Er ist jener Aspekt Gottes, den die Veden als daumengroß beschreiben. Er ist der Versorger. Die *karmīs* (die Elevationisten[14]) verehren Ihn als Nārāyaṇa, den Herrn aller Opferungen; und das Ziel der *yogīs* ist es, ihre Identität durch meditative Trance mit Ihm in Seiner Form als Paramātmā zu verschmelzen.

VERS 16

अहङ्कारात्मकं विश्वं तस्मादेतद्व्यजायत ॥

ahaṅkārātmakaṁ viśvaṁ
tasmād etad vyajāyata

ahaṅkāra – das weltliche Ego-Prinzip; *ātmakam* – beherbergend; *viśvam* – Universum; *tasmāt* – von jenem (Śambhu); *etat* – dies; *vyajāyata* – ist entsprungen.

Die Funktion Śambhus in Beziehung zu den Jīvas besteht darin, als Ursprung für das Universum des weltlichen Ego-Prinzips zu dienen.

Das Grundprinzip [reiner Existenz] ist der Höchste Herr selbst, der die Verkörperung des Daseinsprinzips aller Wesen ist, die von trennendem Ego-Gefühl frei sind. In unserer materiellen Welt ist das Erscheinen individueller Wesen als abgesonderte Ego-Symbole die begrenzte und verzerrte Spiegelung der reinen spirituellen Existenz. Als Repräsentation der urersten männlichen, göttlichen Zeugungsfunktion Śambhu vereinigt sich diese Spiegelung mit dem beherbergenden Prinzip, dem weltlichen weiblichen Organ, das seinerseits eine verzerrte Spiegelung der spirituellen *(cit)* Kraft Ramā-devī ist. In dieser Funktion ist Śambhu nichts anderes als das reine materielle Kausalprinzip, das die elementalen Bausteine zur Schöpfung beisteuert. Wenn dann im Laufe der fortschreitenden Evolution der materiellen Schöpfung jedes einzelne Universum manifestiert wird, erscheint aus dem Śambhu-Prinzip die Persönlichkeit Rudra. Obwohl Śambhu aus der Stelle zwischen den beiden Augenbrauen Viṣṇus geboren ist, verkörpert er unter allen Umständen das weltliche Ego-Prinzip.

Die unzähligen *jīvas*, die als spirituelle Partikel in Form von gleißenden Lichtstrahlen aus der Überseele hervorgehen, haben keine Beziehung zur materiellen Welt, sofern sie sich als ewige Diener des Höchsten Herrn erkennen. In diesem Fall werden sie in das Vaikuṇṭha-Reich aufgenommen. Wenn sie aber ihre wahre Identität vergessen und den Wunsch haben, Māyā zu beherrschen, dringt das egoistische Śambhu-Prinzip in ihr Wesen ein und veranlasst sie, sich als getrennte Genießer weltlicher Objekte zu betrachten. Somit ist Śambhu das urerste Prinzip des durch das Ego gekennzeichneten materiellen Universums und des pervertierten Ego-Bewusstseins in den *jīvas*, das sie veranlasst, sich mit ihren begrenzten materiellen Körpern zu identifizieren.

VERS 17

अथ तैस्त्रिविधैर्वेशैर्लीलामुद्वहतः किल ।
योगनिद्रा भगवती तस्य श्रीरिव सङ्गता ॥

atha tais tri-vidhair veśair
līlām udvahataḥ kila
yoga-nidrā bhagavatī
tasya śrīr iva saṅgatā

atha – daraufhin; *taiḥ* – mit jenen; *tri-vidhaiḥ* – dreifältigen; *veśaiḥ* – Formen; *līlām* – Spiele; *udvahataḥ* – fortführend; *kila* – in der Tat; *yoga-nidrā* – Yoganidrā; *bhagavatī* – voll ekstatischer Trance ewiger Glückseligkeit; *tasya* – von Ihm; *śrīḥ* – die Glücksgöttin; *iva* – wie; *saṅgatā* – vereinigte sich.

Daraufhin geht derselbe große, persönliche Gott in den drei Formen Viṣṇu, Prajāpati und Śambhu in das materielle Universum ein und beginnt mit dem Spiel der Erhaltung, Schöpfung und Vernichtung der Welt. Dieses

Spiel beschränkt sich auf die materielle Sphäre. Da die materielle Sphäre eine Verzerrung ist, zieht es der mit Mahā-Viṣṇu identische Höchste Herr vor, sich mit der Göttin Yoganidrā zu vereinigen, der Verkörperung Seiner eigenen, von der ekstatischen Trance ewiger Glückseligkeit erfüllten spirituellen (cit) Kraft, die mit Seiner göttlichen Persönlichkeit harmoniert.

Die abgesonderten Teile der Göttlichkeit, nämlich Prajāpati und Śambhu, die sich beide als von der göttlichen Essenz getrennte Wesen verstehen, vergnügen sich mit ihren jeweiligen nichtspirituellen *(acit)* Gefährtinnen, nämlich Sāvitrī-devī und Umā-devī, den verzerrten Spiegelbildern der spirituellen *(cit)* Kraft. Der Höchste Herr Viṣṇu ist der einzige Gebieter der spirituellen *(cit)* Kraft, die Ramā oder auch Lakṣmī heißt.

VERS 18

सिसृक्षायां ततो नाभेस्तस्य पद्मं विनिर्ययौ ।
तन्नालं हेमनलिनं ब्रह्मणो लोकमद्भुतम् ॥

sisṛkṣāyāṁ tato nābhes
tasya padmaṁ viniryayau
tan-nālaṁ hema-nalinaṁ
brahmaṇo lokam adbhutam

sisṛkṣāyām – als es den Willen gab, zu erschaffen; *tataḥ* – daraufhin; *nābheḥ* – aus dem Nabel; *tasya* – von Ihm; *padmam* – ein Lotos; *viniryayau* – kam hervor; *tat-nālam* – dessen Stiel; *hema-nalinam* – wie ein goldener Lotos; *brahmaṇaḥ* – Brahmās; *lokam* – das Reich; *adbhutam* – wunderbar.

Wenn der im Milchozean liegende Viṣṇu den Wunsch hat, das Universum zu erschaffen, wächst aus Seinem Nabel

ein goldener Lotos. Zusammen mit dem Stiel bildet dieser goldene Lotos das Reich Brahmās und wird Brahmaloka oder auch Satyaloka genannt.

»Gold« symbolisiert hier den dämmrigen Abglanz reiner Erkenntnis.

VERS 19

तत्त्वानि पूर्वरूढानि कारणानि परस्परम् ।
समवायाप्रयोगाच्च विभिन्नानि पृथक्पृथक् ॥
चिच्छक्त्या सज्जमानोऽथ भगवानादिपूरुषः ।
योजयन्मायया देवो योगनिद्रामकल्पयत् ॥

tattvāni pūrva-rūḍhāni
kāraṇāni parasparam
samavāyāprayogāc ca
vibhinnāni pṛthak pṛthak

cic-chaktyā sajjamāno 'tha
bhagavān ādi-pūruṣaḥ
yojayan māyayā devo
yoga-nidrām akalpayat

tattvāni – Elemente; *pūrva-rūḍhāni* – vormals erschaffen; *kāraṇāni* – Ursachen; *parasparam* – gegenseitig; *samavāya* – vom Vorgang der Konglomeration; *aprayogāt* – von der Nichtanwendung; *ca* – und; *vibhinnāni* – getrennt; *pṛthak pṛthak* – voneinander; *cit-śaktyā* – mit Seiner spirituellen Kraft; *sajjamānah* – zusammen; *atha* – dann; *bhagavān* – der Höchste Persönliche Gott; *ādi-pūruṣaḥ* – die ururerste Gottheit; *yojayan* – veranlassend, sich zu verbinden; *māyayā*– mit Māyā; *devaḥ* – der Herr; *yoga-nidrām* – Yoganidrā; *akalpayat* – Er vereinigte sich mit.

Vor ihrer Zusammenballung, in ihrem werdenden Zustand, existierten die Hauptelemente ursprünglich in getrennter Form. Die Ursache ihrer gesonderten Existenz lag in der noch nicht erfolgten Anwendung des Zusammenballungsvorgangs. Der göttliche Mahā-Viṣṇu, die am Anfang existierende Gottheit, brachte Māyā mit Seiner spirituellen (cit) Energie zusammen und setzte sie so in Bewegung. Indem Er hiermit das Zusammenballungsprinzip in Gang setzte, brachte Er die voneinander getrennten Elemente dazu, sich miteinander zu verbinden. Daraufhin vereinigte Er sich mit Yoganidrā auf dem Wege Seiner ewigen Romanze mit Seiner spirituellen (cit) Energie.

Mayādhyakṣeṇa prakṛtiḥ sūyate sa-carācaram: »Die materielle Energie *(prakṛti)* gebärt unter Meiner Führung das Universum beseelter und unbeseelter Wesen.« Dieser *śloka* der *Gītā* bedeutet, dass *māyā*, die verzerrte Spiegelung der spirituellen *(cit)* Kraft, anfangs inaktiv war und dass sich ihre für die materielle Ursache verantwortliche Ausweitung der Materie ebenfalls in einem abgetrennten und verzerrten Zustand befand. Nach Kṛṣṇas Willen wird diese Welt als das Ergebnis der Vereinigung der instrumentalen und materiellen Kausalprinzipien *māyās* manifestiert. Trotzdem bleibt der Höchste Herr selbst nur mit Seiner *cit*-Energie Yoganidrā vereinigt. Die Wörter *yoganidrā* und *yogamāyā* weisen darauf hin, dass es das Wesen der *cit*-Kraft ist, die Absolute Wahrheit zu offenbaren, wohingegen es das Wesen ihres verzerrten Spiegelbilds *(māyā)* ist, alles mit der Finsternis der Unwissenheit zu umhüllen. Wenn Kṛṣṇa den Wunsch hat, etwas innerhalb der weltlichen, von Unwissenheit umhüllten Sphäre zu manifestieren, bewirkt Er dies durch die Verbindung Seiner spirituellen Energie mit Seiner inaktiven, aspirituellen Energie. Diese Verbindung bezeichnet man als *yogamāyā.*

Der Begriff *yogamāyā* hat eine doppelte Bedeutung: einmal mit einem transzendentalen und einmal einem weltlichen, leblosen Aspekt. Kṛṣṇa selbst, Seine persönlichen Emanationen und jene *jīvas*, die Seine unvermischten abgesonderten Partikel sind, erfahren in der durch die oben genannte Verbindung hervorgerufenen Manifestation den transzendentalen Aspekt, während die bedingten Seelen den materiellen, leblosen Aspekt erfahren. Die äußere Umhüllung transzendentalen Wissens in den bewussten Tätigkeiten der bedingten Seelen trägt die Bezeichnung *yoganidrā* und wird ebenfalls durch die *cit*-Energie des Herrn hervorgerufen. Dieses Prinzip wird im Folgenden noch ausführlicher behandelt.

VERS 20

योजयित्वा तु तान्येव प्रविवेश स्वयं गुहाम् ।
गुहां प्रविष्टे तस्मिंस्तु जीवात्मा प्रतिबुध्यते ॥

yojayitvā tu tāny eva
praviveśa svayaṁ guhām
guhāṁ praviṣṭe tasmiṁs tu
jīvātmā pratibudhyate

yojayitvā – nach der Zusammenballung; *tu* – dann; *tāni* – sie; *eva* – gewiss; *praviveśa* – Er ging ein; *svayam* – selbst; *guhām* – die verborgene Höhlung; *guhām* – die verborgene Höhlung; *praviṣṭe* – nachdem Er eingegangen war; *tasmin* – in deren Innerem; *tu* – daraufhin; *jīva-ātmā* – die *jīvas*; *pratibudhyate* – wurden erweckt.

Indem Er die getrennten Elemente zusammenballte, manifestierte Er die unzähligen materiellen Universen und ging dann selber in den innersten Bereich eines jeden erweiterten Konglomerats (Viraḍ-vigraha) ein. Zu dieser Zeit wurden die Jīvas erweckt, die während des Kataklysmus im Schlummerzustand gelegen hatten.

Das Wort *guhā* (verborgene Höhlung) wird in den *śāstras* verschieden interpretiert. In einigen Teilen werden die nichtmanifestierten Spiele des Herrn *guhā* genannt, an anderer Stelle wird der Ruheort der allen individuellen Seelen innewohnenden Überseele als *guhā* bezeichnet. An vielen Stellen werden auch die innersten Bereiche des Herzens eines jeden Individuums *guhā* genannt. Hauptsächlich geht es darum, dass ein dem Blick gewöhnlicher Menschen verborgener Ort als *guhā* bezeichnet wird. Jene *jīvas*, die während der vorangegangenen Ära des Universums nach dem gewaltigen Kataklysmus am Ende von Brahmās Leben in Hari eingegangen waren, erschienen, je nach ihren früheren fruchtbringenden Wünschen, erneut in dieser Welt.

VERS 21

स नित्यो नित्यसम्बन्धः प्रकृतिश्च परैव सा ॥

sa nityo nitya-sambandhaḥ
prakṛtiś ca paraiva sā

saḥ – jene *(jīva)*; *nityaḥ* – ewig; *nitya-sambandhaḥ* – eine ewige Beziehung habend; *prakṛtiḥ* – Kraft; *ca* – und; *parā* – spirituell; *eva* – gewiss; *sā* – jener.

Der Jīva ist ewig und ist für alle Ewigkeit und ohne Anfang durch die Bande ewiger Verwandtschaft mit dem Höchsten Herrn verbunden. Die Seele ist transzendentale, spirituelle Kraft.

Wie die Sonne ewig mit ihren Strahlen verbunden ist, so ist der transzendentale Höchste Herr ewig mit den *jīvas* verbunden. Die *jīvas* sind unendlich kleine Partikel Seiner spirituellen Ausstrahlung, und daher sind sie nicht vergänglich wie materielle Dinge. Als Teilchen der leuchtenden Strahlen Gottes besitzen sie in winzigem Ausmaß die Eigenschaften der Göttlichkeit. Folglich sind die *jīvas* mit den Prinzipien Wissen, Wissender, Ego-Gefühl, Genießer, Meditierender und Handelnder identisch. Kṛṣṇa ist der alldurchdringende, sich allseits ausdehnende Höchste Herr, wohingegen die *jīvas* als Seine atomischen Partikel von anderer Natur sind. Ihre ewige Beziehung besteht darin, dass der Höchste Herr der ewige Gebieter ist und die *jīvas* Seine ewigen Diener sind. Auch in Bezug auf die liebliche *rasa*-Eigenschaft des Herrn erfüllen die *jīvas* die erforderlichen Voraussetzungen. *Apareyam itas tv anyāṁ prakṛtiṁ viddhi me parām.* Durch diesen Vers der *Gītā* verkündet der Herr, dass die *jīvas* Seine transzendentale Energie sind. Alle Eigenschaften der unvermischten Seele stehen über den acht Eigenschaften bzw. Elementen (Ego usw.) Seiner *acit*-Energie. Deshalb steht die *jīva*-Energie, obgleich von der Größe her sehr klein, dennoch über der *acit*-Energie *(māyā)*.

Die *jīva*-Energie wird auch als *taṭasthā* oder marginale Energie bezeichnet, da sie sich auf der Trennlinie zwischen den Sphären der spirituellen und materiellen Kräfte befindet. Aufgrund seiner Winzigkeit ist der *jīva* für den Einfluss der materiellen Energie anfällig. Doch solange er Kṛṣṇa, dem Herrn *māyās*, ergeben bleibt, ist er dem Einfluss *māyās* nicht ausgeliefert. Die weltlichen Leiden – Geburt und Wiedergeburt – sind die Begleitumstände des gefesselten Zustands von Seelen, die sich seit anfangsloser Zeit in der Gewalt der illusionierenden Energie befinden.

VERS 22

एवं सर्वात्मसम्बन्धं नाभ्यां पद्मं हरेरभूत् ।
तत्र ब्रह्माभवद्भूयश्चतुर्वेदी चतुर्मुखः ॥

evaṁ sarvātma-sambandhaṁ
nābhyāṁ padmaṁ harer abhūt
tatra brahmābhavad bhūyaś
catur-vedī catur-mukhaḥ

evam – somit; *sarva-ātma* – mit allen Seelen, *sambandham* – verbunden; *nābhyām* – aus dem Nabel; *padmam* – ein Lotos; *hareḥ* – Viṣṇus; *abhūt* – entsprungen; *tatra* – dort; *brahmā* – Brahmā; *abhavat* – wurde geboren; *bhūyaḥ* – wiederum; *catuḥ-vedī* – gelehrt in den vier Veden; *catuḥ-mukhaḥ* – mit vier Gesichtern.

Der göttliche Lotos, der dem tiefen Bauchnabel Viṣṇus entspringt, hat durch spirituelle Bande eine enge Verbindung mit allen Seelen und ist der Ursprung des viergesichtigen Brahmā, der die vier Veden kennt.

Die gleiche transzendentale Lotosblume, die der göttlichen Person entspross, die in den verborgenen Innenraum (das Universum) eingegangen war, ist die höhere Ebene der Ansammlung aller individuellen Seelen. Der viergesichtige Brahmā, das Urbild des egobezogenen Genusses, hat seinen Ursprung im Prototyp-Brahmā, in Hiraṇyagarbha. Hiraṇyagarbha ist das weltliche Samenprinzip und betrachtet die Ansammlung aller weltlichen Entitäten (der *jīvas*) als seinen eigenen, rechtmäßigen Körper. Der viergesichtige Brahmā ist eine ermächtigte Autorität. Der gottähnliche Status, der Brahmā verliehen wurde, sowie seine Stellung als abgesonderter Teil Kṛṣṇas sind in diesem Vers ebenfalls erkennbar.

VERS 23

सञ्जातो भगवच्छक्त्या तत्कालं किल चोदितः ।
सिसृक्षायां मतिं चक्रे पूर्वसंस्कारसंस्कृतः ।
ददर्श केवलं ध्वान्तं नान्यत्किमपि सर्वतः ॥

sañjāto bhagavac-cchaktyā
tat-kālaṁ kilo coditaḥ

sisṛkṣāyām matiṁ cakre
pūrva-saṁskāra-saṁskṛtaḥ
dadarśa kevalaṁ dhvāntaṁ
nānyat kim api sarvataḥ

sañjataḥ – nach der Geburt; *bhagavat-śaktyā* – durch die göttliche Energie; *tat-kālam* – zu jener Zeit; *kila* – in der Tat; *coditaḥ* – geführt; *sisṛkṣāyām* – zum Schöpfungsakt; *matim* – seinen Geist; *cakre* – wandte; *pūrva-saṁskāra-saṁskṛtaḥ* – unter dem Impuls früherer Eindrücke; *dadarśa* – er sah; *kevalam* – nur; *dhvāntam* – Dunkelheit; *na* – nichts; *anyat* – anderes; *kim api* – irgendetwas; *sarvataḥ* – in allen Richtungen.

Als Brahmā aus dem Lotos hervorkam, wandte er seinen Geist unter dem Impuls früherer Eindrücke – von der göttlichen Energie gelenkt – dem Akt der Schöpfung zu. Aber wohin er auch blickte, er sah nichts als Dunkelheit.

Brahmās Schöpfungsimpuls stammt einzig und allein aus seinen früheren Eindrücken. Alle *jīvas* entwickeln ihre Wesensart im Einklang mit aus früheren Geburten stammenden Eindrücken, und erst danach können sie tätig werden. Dies wird als »das Ungesehene« (das Ergebnis früherer Handlungen) bezeichnet. Dieser natürliche Antrieb der *jīvas* entsteht je nach der Art der Handlungen, die sie im vorangegangenen *kalpa* ausgeführt haben. Einige qualifizierte *jīvas* erreichen auf diese Weise sogar die Stellung Brahmās.

VERS 24

उवाच पुरतस्तस्मै तस्य दिव्या सरस्वती ।
कामकृष्णाय गोविन्द हे गोपीजन इत्यपि ।
वल्लभाय प्रिया वह्नेर्मन्त्रं ते दास्यति प्रियम् ॥

uvāca puratas tasmai
tasya divyā sarasvatī
kāma-kṛṣṇāya govinda
he gopī-jana ity api
vallabhāya priyā vahner
mantraṁ te dāsyati priyam

uvāca – sagte; *purataḥ* – vor; *tasmai* – zu Ihm; *tasya* – von Ihm (dem Höchsten Herrn); *divyā* – göttlich; *sarasvatī* – die Göttin der Gelehrsamkeit; *kāma* – der *kāma-bīja (klīṁ)*; *kṛṣṇāya* – zu Kṛṣṇa; *govinda* – *govindāya*, zu Govinda; *he* – o; *gopī-jana* – von den *gopīs*; *iti* – somit; *api* – auch; *vallabhāya* – dem Geliebten; *priya vahneḥ* – die Gemahlin Agnis, Svāhā (das Wort *svāhā* wird während der Darbringung von Opfergaben ausgesprochen); *mantram* – *mantra*; *te* – dir; *dāsyati* – wird geben; *priyam* – den Herzenswunsch.

Daraufhin wandte sich Sarasvatī, die Göttin der Gelehrsamkeit und die göttliche Gefährtin des Höchsten Herrn, an Brahmā, der in allen Richtungen nur Finsternis sah, und sprach: »O Brahmā, dieser Mantra – klīṁ kṛṣṇāya govindāya gopī-jana-vallabhāya svāhā – wird dir gewiss deinen Herzenswunsch erfüllen.«

Der aus achtzehn göttlichen Silben bestehende *mantra*, eingeleitet durch den *kāma-bīja*, ist von einzigartiger Vortrefflichkeit. Er hat zwei Aspekte. Er bringt die reine Seele dazu, dem allanziehenden Śrī Kṛṣṇa, dem Herrn Gokulas, und den göttlichen Milchmägden nachzufolgen. Das ist der Gipfelpunkt der spirituellen Neigung der *jīvas*. Wenn der Gottgeweihte von allen Arten weltlicher Begierden frei und dem Herrn zu dienen gewillt ist, erlangt er die Erfüllung seines Herzenswunsches: Liebe zu Kṛṣṇa. Aber auch dem Gottgeweihten, dessen Neigung noch nicht unvermischt ist, erfüllt dieser höchstvortreffliche *mantra* seinen innigsten Wunsch. Der transzendentale *kāma-bīja* wohnt dem in Goloka befindlichen göttlichen Lotos inne, und der in weltlichen Angelegenheiten verzerrt gespiegelte *kāma-bīja* erfüllt alle Arten von Wünschen in der irdischen Welt.

VERS 25

तपस्त्वं तप एतेन तव सिद्धिर्भविष्यति ॥

tapas tvaṁ tapa etena
tava siddhir bhaviṣyati

tapaḥ – spirituelle Enthaltung; *tvam* – du; *tapa* – übe; *etena* – durch dieses; *tava* – deine; *siddhiḥ* – Erfüllung; *bhaviṣyati* – wird sein.

»O Brahmā, stelle mithilfe dieses Mantra eine Verbindung zum Spirituellen her – dann werden all deine Wünsche in Erfüllung gehen.«

Der Sinn ist eindeutig.

VERS 26

अथ तेपे स सुचिरं प्रीणन् गोविन्दमव्ययम् ।
श्वेतद्वीपपतिं कृष्णं गोलोकस्थं परात्परम् ॥
प्रकृत्या गुणरूपिण्या रूपिण्या पर्युपासितम् ।
सहस्रदलसम्पन्ने कोटिकिञ्जल्कबृंहिते ॥
भूमिश्चिन्तामणिस्तत्र कर्णिकारे महासने ।
समासीनं चिदानन्दं ज्योतीरूपं सनातनम् ॥
शब्दब्रह्ममयं वेणुं वादयन्तं मुखाम्बुजे ।
विलासिनीगणवृतं स्वैः स्वैरंशैरभिष्टुतम् ॥

atha tepe sa su-ciraṁ
prīṇan govindam avyayam
śvetadvīpa-patiṁ kṛṣṇaṁ
goloka-sthaṁ parāt param

prakṛtyā guṇa-rūpiṇyā
rūpiṇyā paryupāsitam
sahasra-dala-sampanne
koṭi-kiñjalka-bṛṁhite

bhūmiś cintāmaṇis tatra
karṇikāre mahāsane
samāsīnaṁ cid-ānandaṁ
jyotī-rūpaṁ sanātanam

śabda-brahma-mayaṁ veṇuṁ
vādayantaṁ mukhāmbuje
vilāsinī-gaṇa-vṛtaṁ
svaiḥ svair aṁśair abhiṣṭutam

atha – dann; *tepe* – nahm Entbehrungen auf sich; *saḥ* – er (Brahmā); *su-ciram* – für lange Zeit; *prīṇan* – erfreute; *govindam* – Govinda; *avyayam* – den Unvergänglichen; *śvetadvīpa-patim* – den Herrn von Śvetadvīpa; *kṛṣṇam* – Kṛṣṇa; *goloka-stham* – den in Goloka Weilenden; *parāt param* – den Größten von allen; *prakṛtyā* – von der äußeren Energie; *guṇa-rūpiṇyā* – alle weltlichen Eigenschaften verkörpernd; *rūpiṇyā* – eine Gestalt besitzend; *paryupāsitam* – von außen verehrt; *sahasra-dala-sampanne* – auf einem Lotos mit tausend Blütenblättern; *koṭi-kiñjalka* – durch Millionen von Staubfäden; *bṛṁhite* – vergrößert; *bhūmiḥ* – das Land; *cintāmaṇiḥ* – magischer Wunschstein; *tatra* – dort; *karṇikāre* – auf dem Blütenstempel; *mahā-āsane* – auf einem prächtigen Thron; *samāsīnam* – sitzend; *cit-ānandam* – die Gestalt transzendentaler Glückseligkeit; *jyotiḥ-rūpam* – die Form strahlenden Lichts; *sanātanam* – ewig; *śabda-brahma* –

göttlichen Klang; *mayam* – beinhaltend; *veṇum* – die Flöte; *vādayantam* – spielend; *mukha-ambuje* – an Seinem Lotosmund; *vilāsinī-gaṇa* – von den *gopīs*; *vṛtam* – umgeben; *svaiḥ svaiḥ* – die jeweils eigene; *aṁśaiḥ* – von persönlichen Teilen; *abhiṣṭutam* – verehrt.

Lange Zeit nahm Brahmā Entbehrungen auf sich, um Govinda, Kṛṣṇa in Goloka, den Herrn von Śvetadvīpa, zu erfreuen. Seine Meditation lautete wie folgt: »Im transzendentalen Land von Goloka steht ein göttlicher Lotos mit tausend Blütenblättern, der durch Millionen von Staubfäden noch an Umfang zunimmt. Auf seinem Blütenstempel steht ein prachtvoller göttlicher Thron, auf dem Śrī Kṛṣṇa, die Gestalt ewigen Lichts und transzendentaler Glückseligkeit, sitzt und mit Seinem Lotosmund Seine göttliche, von spirituellen Tönen erfüllte Flöte spielt. Ihn verehren Seine liebevollen Milchmägde und deren persönliche Emanationen sowie Seine äußere Energie [die draußen bleibt], die alle weltlichen Eigenschaften verkörpert.«

Obwohl Māyā, die niedere Energie Kṛṣṇas, die in der Form Durgās und anderer nichtspiritueller Kräfte die drei materiellen Erscheinungsweisen *sattva, rajas* und *tamas* verkörpert, mit aktiven weltlichen Wünschen behaftet ist, befindet sich das Objekt ihrer Meditation auf der transzendentalen Ebene, denn sie verehrt den Höchsten Herrn Śrī Kṛṣṇa.

Solange jemand auch nur die geringste Spur weltlichen Verlangens im Herzen trägt, ist es das Verehrungsobjekt Māyādevīs (Durgās), das solch ein Mensch verehren muss. Sein Herzenswunsch geht also durch die Verehrung des Objekts der Verehrung Māyādevīs, und nicht durch die Verehrung Māyādevīs selbst, in Erfüllung. Diese Schlussfolgerung steht in Übereinstimmung mit dem Vers *akāmaḥ sarva-kāmo vā mokṣa-kāma udāra-dhīḥ/ tivreṇa bhakti-yogena yajeta puruṣaṁ param.* Die Bedeutung dieses *Bhāgavatam-śloka* ist, dass andere Götter, als Manifestationen des Höchsten Herrn, zwar vielartige spezifische Segnungen gewähren mögen, doch sollte der einsichtige Mensch den allmächtigen Höchsten Herrn, den Spender alles Guten, mit unverfälschter Hingabe verehren, und nicht jene weltlichen gabenspendenden Gottheiten.

Dementsprechend meditierte Brahmā über Kṛṣṇa in Goloka, das Ziel der Verehrung Māyādevīs, die ihre Verehrung jedoch aus einiger Entfernung darbringt. Wahre Hingabe ist unverfälschte hingebungsvolle Tätigkeit, die von allen weltlichen Wünschen frei ist. Die Hingabe Brahmās und anderer ist nicht unvermischte Hingabe. Aber es gibt selbst bei Gotteshingabe, die zur Erfüllung selbstischer Wünsche praktiziert wird, eine Stufe unverfälschter Neigungen. Dies wird in den abschließenden fünf *ślokas* dieses Werkes ausführlich beschrieben. Für gefallene Seelen ist dies die leichteste Methode göttlichen Dienstes, bevor sie Selbstverwirklichung erlangen.

VERS 27

अथ वेणुनिनादस्य त्रयीमूर्तिमयी गतिः ।
स्फुरन्ती प्रविवेशाशु मुखाब्जानि स्वयम्भुवः ॥
गायत्रीं गायतस्तस्मादधिगत्य सरोजजः ।
संस्कृतश्चादिगुरुणा द्विजतामगमत्ततः ॥

atha veṇu-ninādasya
trayī-mūrti-mayī gatiḥ
sphurantī praviveśāśu
mukhābjāni svayambhuvaḥ

gāyatrīṁ gāyatas tasmād
adhigatya saroja-jaḥ

saṁskṛtaś cādi-guruṇā
dvijatām agamat tataḥ

atha – daraufhin; *veṇu-ninādasya* – vom Klang der Flöte; *trayī-mūrti-mayī* – die Mutter der drei Veden; *gatiḥ* – das Mittel (*gāyatrī*); *sphurantī* – manifestiert werdend; *praviveśa* – ging ein; *āśu* – schnell; *mukha-abjāni* – die Lotosgesichter; *svayambhuvaḥ* – von Brahmā; *gāyatrīm* – Gāyatrī; *gāyataḥ* – erklingend; *tasmāt* – von Ihm (Śrī Kṛṣṇa); *adhigatya* – empfangen habend; *saroja-jaḥ* – der Lotosgeborene (Brahmā); *saṁskṛtaḥ* – eingeweiht; *ca* – und; *ādi-guruṇā* – vom urersten Lehrer; *dvijatām* – den Status des Zweimalgeborenen; *agamat* – erlangte; *tataḥ* – danach.

Alsdann ging Gāyatrī, die Mutter der Veden, die durch den transzendentalen Klang von Śrī Kṛṣṇas Flöte übertragen wurde und sich so manifestierte, durch die acht Ohren des aus sich selbst geborenen Brahmā in dessen Lotosmund ein. Nachdem der lotosgeborene Brahmā auf diese Weise den aus dem Flötenlied Śrī Kṛṣṇas hervorgegangenen Gāyatrī-mantra empfangen hatte, erlangte er den Status des Zweimalgeborenen, da er vom höchsten, urersten Lehrer, Gott selbst, eingeweiht worden war.

Der Klang von Kṛṣṇas Flöte ist voller transzendentaler Glückseligkeit und enthält daher den Archetyp aller Veden. *Gāyatrī* ist ein vedisches Versmaß und besteht aus einer kurzen Meditation und einem Gebet. Der höchste aller *gāyatrī-mantras* ist die *kāma-gāyatrī*, denn das in ihr enthaltene Meditationsgebet handelt von den vollkommenen, transzendentalen spielerischen Taten Kṛṣṇas, die in keinem anderen *gāyatrī-mantra* zu finden sind. Der *gāyatrī-mantra*, der auf den achtzehnsilbigen *mantra* folgt, heißt *kāma-gāyatrī* und lautet *klīṁ kāma-devāya vidmahe puṣpa-bāṇāya dhīmahi tan no 'naṅgaḥ pracodayāt.* In diesem *gāyatrī-mantra* wird auf die transzendentalen Spiele Śrī

Gopījana-vallabhas hingewiesen, die man zu Gesicht bekommt, nachdem man in der Meditation die Vollendung erreicht und durch Gebet den transzendentalen Liebesgott erlangt hat. In der spirituellen Welt gibt es keine bessere Art der Bemühung, um die überaus vortreffliche, *rasa*-benetzte Liebe zu erlangen.

Sobald die *gāyatrī* in die Ohren Brahmās eintrat, wurde dieser in den Stand des Zweimalgeborenen erhoben und begann den *gāyatrī-mantra* zu chanten. Jeder, der die gleiche *gāyatrī* auf authentische Weise empfängt, hat seine spirituelle Wiedergeburt erlangt. Der Status eines Zweimalgeborenen, den die gefesselten Seelen in der materiellen Welt gemäß ihrer weltlichen Natur und Herkunft erreichen können, ist weitaus niedriger zu bewerten als der des Zweimalgeborenen, dem Einlass in die transzendentale Welt gewährt wird; denn für den *jīva* ist die Erlangung transzendentaler Geburt durch spirituelle Initiation die höchste aller Auszeichnungen, da die Seele so befähigt wird, in das transzendentale Reich einzutreten.

VERS 28

त्रय्या प्रबुद्धोऽथ विधिर्विज्ञाततत्त्वसागरः ।
तुष्टाव वेदसारेण स्तोत्रेणानेन केशवम् ॥

trayyā prabuddho 'tha vidhir
vijñāta-tattva-sāgaraḥ
tuṣṭāva veda-sāreṇa
stotreṇānena keśavam

trayyā – von der Verkörperung der drei Veden; *prabuddhaḥ* – erleuchtet; *atha* – daraufhin; *vidhiḥ* – Brahmā; *vijñāta* – vertraut mit; *tattva-sāgaraḥ* – dem Ozean der Wahrheit; *tuṣṭāva* – verehrte; *veda-sāreṇa* – der die Essenz aller Veden ist; *stotreṇa* – mit der Hymne; *anena* – diesen; *keśavam* – Śrī Kṛṣṇa.

Erleuchtet durch die Erinnerung an diese Gāyatrī, die die drei Veden verkörpert, wurde Brahmā mit der Weite des Ozeans der Wahrheit vertraut. Und so verehrte er Śrī Kṛṣṇa, die Essenz aller Veden, mit der folgenden Hymne.

Brahmā dachte bei sich: »Durch die Besinnung auf die *kāma-gāyatrī* ist mir offenbart worden, dass ich eine ewige Dienerin Kṛṣṇas bin.« So wurde Brahmā dank seines forschenden Selbst-Bewusstseins mit dem Ozean der Wahrheit vertraut, wenngleich ihm nicht alle Mysterien in Bezug auf die Stellung einer Dienerin Kṛṣṇas offenbart wurden. Jedoch wurden ihm alle Wahrheiten der Veden enthüllt, und diese Essenz der Veden befähigte ihn, dem Höchsten Herrn Śrī Kṛṣṇa die nachfolgende Hymne darzubringen.

Śrīmān Mahāprabhu lehrte Seine Lieblingsschüler diese Hymne, da sie alle transzendentalen Wahrheiten der *vaiṣṇava*-Philosophie in vollem Umfang enthält. Wir bitten unsere Leser, Brahmās Hymne täglich zu studieren und dabei zu versuchen, mit Sorgfalt und Aufmerksamkeit in ihren tiefen Sinn einzudringen.

VERS 29

चिन्तामणिप्रकरसद्मसु कल्पवृक्ष-
लक्षावृतेषु सुरभीरभिपालयन्तम् ।
लक्ष्मीसहस्रशतसम्भ्रमसेव्यमानं
गोविन्दमादिपुरुषं तमहं भजामि ॥

cintāmaṇi-prakara-sadmasu kalpa-vṛkṣa-
lakṣāvṛteṣu surabhīr abhipālayantam
lakṣmī-sahasra-śata-sambhrama-sevyamānaṁ
govindam ādi-puruṣaṁ tam ahaṁ bhajāmi

cintāmaṇi – Wunschstein; *prakara* – Anhäufungen von; *sadmasu* – in Reichen; *kalpa-vṛkṣa* – von Wunschbäumen; *lakṣa* – von Millionen; *āvṛteṣu* – umgeben; *surabhīḥ* – Surabhi-Kühe; *abhipālayantam* – hütend; *lakṣmī* – von Glücksgöttinnen; *sahasra* – von Tausenden; *śata* – von Hunderten; *sambhrama* – mit großer Achtung; *sevyamānam* – bedient; *govindam* – Govinda; *ādi-puruṣam* – die ursprüngliche Person; *tam* – Ihn; *aham* – ich; *bhajāmi* – verehre.

Ich verehre Govinda, den urersten Herrn, den ersten Vorfahren, der – umgeben von Millionen Wunschbäumen in Reichen aus spirituellen Edelsteinen – Kühe hütet, die alle Wünsche erfüllen, und dem Hunderttausende von Lakṣmīs bzw. Gopīs mit großer Achtung und Zuneigung ohne Unterlass dienen.

Mit dem Wort *cintāmaṇi* ist »transzendentaler Edelstein« gemeint. So wie *māyā* das materielle Universum aus den fünf Grundelementen erschafft, so hat die spirituelle *(cit)* Energie die spirituelle Welt aus transzendentalen Edelsteinen erschaffen. Der *cintāmaṇi*, der für das Reich des Höchsten Herrn von Goloka als Baumaterial dient, ist weitaus seltener und anmutiger als der Stein der Weisen.

Gewöhnliche Wunschbäume tragen nur Früchte wie Frömmigkeit, Reichtum, Erfüllung von Begehren und Befreiung, aber die Wunschbäume im Reich Kṛṣṇas geben unzählige Früchte in Form von mannigfaltiger göttlicher Liebe.

Kāma-dhenus (wunscherfüllende Kühe) geben Milch, wenn sie gemolken werden, doch den *kāma-dhenus* von Goloka entströmen wahre Ozeane von Milch in Form einer Liebesfontäne, die transzendentale Glückseligkeit versprüht, welche alle reinen Gottgeweihten von Hunger und Durst befreit.

Die Wörter *lakṣa* und *sahasra-śata* weisen auf eine unendliche Anzahl hin. Das Wort *sambhrama* wird hier im Sinne von *sādara* verwendet und bedeutet daher »von Liebe erfüllt«. Das Wort *lakṣmī* steht hier für *gopī*. *Ādi-puruṣa* bedeutet »Er, der urerste Herr«.

VERS 30

वेणुं क्वणन्तमरविन्ददलायताक्षं
बर्हावतंसमसिताम्बुदसुन्दराङ्गम् ।
कन्दर्पकोटिकमनीयविशेषशोभं
गोविन्दमादिपुरुषं तमहं भजामि ॥

veṇuṁ kvaṇantam aravinda-dalāyatākṣaṁ
barhāvataṁsam asitāmbuda-sundarāṅgam
kandarpa-koṭi-kamanīya-viśeṣa-śobhaṁ
govindam ādi-puruṣaṁ tam ahaṁ bhajāmi

venum – die Flöte; *kvaṇantam* – spielend; *aravinda-dala* – (wie) die Blütenblätter des Lotos; *āyata* – blühend; *akṣam* – dessen Augen; *barha* – eine Pfauenfeder; *avataṁsam* – dessen Kopfschmuck; *asita-ambuda* – (gefärbt mit der Tönung) blauer Wolken; *sundara* – schön; *aṅgam* – dessen Gestalt; *kandarpa* – von Liebesgöttern; *koṭi* – Millionen; *kamanīya* – bezaubernd; *viśeṣa* – einzigartig; *śobham* – dessen Lieblichkeit; *govindam* – Govinda; *ādi-puruṣam* – die ursprüngliche Person; *tam* – Ihn; *aham* – ich; *bhajāmi* – verehre.

Ich verehre Govinda, den urersten Herrn, den meisterhaften Flötenspieler, dessen Augen den Blütenblättern eines blühenden Lotos gleichen, dessen Haupt von einer Pfauenfeder geschmückt ist, dessen anmutige Gestalt den Farbton blauer Wolken hat und dessen einzigartige Lieblichkeit Millionen von Liebesgöttern betört.

Hier finden wir eine Beschreibung der unvergleichlichen Schönheit Kṛṣṇas, des höchsten Herrn von Goloka. Kṛṣṇa, dessen Bewusstsein alldurchdringend ist, hat Seine eigene spirituelle Gestalt. Die Gestalt Kṛṣṇas ist kein Phantasiegebilde, das nach der Betrachtung der schönen Dinge dieser Welt in der Vorstellungskraft entstanden ist. Hier wird beschrieben, was Brahmā in der ekstatischen Trance reiner Hingabe sah. Kṛṣṇa widmet sich Seinem Flötenspiel. Diese Flöte wirkt durch ihren lieblichen melodischen Klang auf die Herzen aller Lebewesen anziehend.

Ähnlich wie die Blütenblätter einer Lotosblume einen herzerfrischenden Anblick bieten, so bringen die beiden schönen Augen Kṛṣṇas, die das Erscheinen unserer spirituellen Sicht ermöglichen, die unendliche Pracht und Lieblichkeit Seines mondgleichen Antlitzes noch mehr zur Geltung. Die Pfauenfeder, die Kṛṣṇas Kopf ziert, ist ein weiteres Emblem Seiner spirituellen Schönheit. Und ebenso wie die Anhäufung blauer Wolken einen besonders wohltuenden und angenehmen Anblick bietet, so ist auch Kṛṣṇas dunkelblaue Hauttönung eine Augenweide. Die Schönheit und Lieblichkeit Kṛṣṇas ist weitaus betörender als die des Liebesgottes, auch wenn dessen Liebreiz millionenfach zunähme.

VERS 31

आलोलचन्द्रकलसद्वनमाल्यवंशी-
रत्नाङ्गदं प्रणयकेलिकलाविलासम् ।
श्यामं त्रिभङ्गललितं नियतप्रकाशं
गोविन्दमादिपुरुषं तमहं भजामि ॥

ālola-candraka-lasad-vana-mālya-vaṁśī-
ratnāṅgadaṁ praṇaya-keli-kalā-vilāsam
śyāmaṁ tri-bhaṅga-lalitaṁ niyata-prakāśaṁ
govindam ādi-puruṣaṁ tam ahaṁ bhajāmi

ālola – schwingend; *candraka* – mit mondhaften Pfauenfederaugen; *lasat* – geschmückt; *vana-mālya* – eine Blumenkette; *vaṁśī* – Flöte; *ratna-aṅgadam* – mit Juwelen besetzt; *praṇaya* – der Liebe; *keli-kalā* – in Spielen; *vilāsam* – der sich immer erfreut; *śyāmam* – Śyāmasundara; *tri-bhaṅga* – an drei Stellen gebogen; *lalitam* – anmutig; *niyata* – ewig; *prakāśam* – manifestiert; *govindam* – Govinda; *ādi-puruṣam* – die ursprüngliche Person; *tam* – Ihn; *aham* – ich; *bhajāmi* – verehre.

Ich verehre Govinda, den urersten Herrn, um dessen Hals eine mit mondhaften Pfauenfederaugen behängte Blumenkette schwingt, dessen Hände eine Flöte und Juwelen schmücken, der sich immerfort in Spielen der Liebe vergnügt und dessen anmutige, dreifach geschwungene Śyāmasundara-Gestalt ewig sichtbar ist.

In dem mit *cintāmaṇi-prakara* beginnenden *śloka* (Vers 29) wurden das transzendentale Reich und der spirituelle Name Govindas beschrieben; in dem mit *veṇuṁ kvaṇantam* beginnenden *śloka* (Vers 30) finden wir eine Beschreibung der ewigen, lieblichen Gestalt Govindas, und im vorliegenden *śloka* geht es um Govindas Spiele der Liebe, welche die vierundsechzig erlesenen Eigenschaften verkörpern. Alle spirituellen Begebenheiten, von denen im Zusammenhang mit der ekstatischen Geschmacksqualität *(rasa)* berichtet wird, sind in den transzendentalen Liebesspielen Govindas enthalten.

VERS 32

अङ्गानि यस्य सकलेन्द्रियवृत्तिमन्ति
पश्यन्ति पान्ति कलयन्ति चिरं जगन्ति ।
आनन्दचिन्मयसदुज्ज्वलविग्रहस्य
गोविन्दमादिपुरुषं तमहं भजामि ॥

aṅgāni yasya sakalendriya-vṛtti-manti
paśyanti pānti kalayanti ciraṁ jaganti
ānanda-cinmaya-sad-ujjvala-vigrahasya
govindam ādi-puruṣaṁ tam ahaṁ bhajāmi

aṅgāni – Gliedmaßen; *yasya* – dessen; *sakala-indriya* – von allen Organen; *vṛtti-manti* – die Funktionen erfüllend; *paśyanti* – sehen; *pānti* – erhalten; *kalayanti* – manifestieren; *ciram* – ewig; *jaganti* – die Universen; *ānanda* – Glückseligkeit; *cit* – Wahrheit; *maya* – voller; *sat* – substanzielle Wirklichkeit; *ujjvala* – voll strahlender Pracht; *vigrahasya* – dessen Gestalt; *govindam* – Govinda; *ādi-puruṣam* – die ursprüngliche Person; *tam* – Ihn; *aham* – ich; *bhajāmi* – verehre.

Ich verehre Govinda, den urersten Herrn, dessen transzendentale Gestalt voller Glückseligkeit, Wahrheit und Wirklichkeit ist und daher in herrlichster Pracht erstrahlt. Jedes der Glieder dieser transzendentalen Gestalt erfüllt die vollständigen Funktionen aller Organe und sieht, erhält und manifestiert ewiglich die unendlichen Universen sowohl die spirituellen und als auch die materiellen.

Weil an weltliches Wissen gekettete Menschen an spirituellen Dingen wenig Geschmack finden, kommen in ihnen schwere Zweifel auf, wenn sie eine Beschreibung der Spiele Kṛṣṇas hören. Sie glauben, die Wahrheit *(tattva)* in Bezug auf Kṛṣṇa sei nichts weiter als das Hirngespinst einiger Gelehrter, beruhend auf ihrer Erfahrung mit den in der materiellen Welt herrschenden Prinzipien.

Um diesen schädlichen Zweifel zu beseitigen, versucht Brahmā in diesem und den drei folgenden *ślokas*, nachdem er auf rationale Art und Weise zwischen der spirituellen und der materiellen Natur unterschieden hat, das Verständnis der reinen *kṛṣṇa-līlā* zu vermitteln – ein Verständnis, das ihm durch seine unvermischte ekstatische Trance zuteil geworden war. Brahmā möchte hier klarlegen, dass die Gestalt Kṛṣṇas vollkommene Existenz, vollkommenes Wissen und vollkommene Glückseligkeit ist, wohingegen alle weltlichen Erfahrungen mit offenkundiger Unwissenheit behaftet sind. Und obgleich zwischen beiden ein deutlicher Unterschied besteht, lautet die fundamentale Wahrheit, dass die spirituelle Natur die absolute Quelle ist und daher Verschiedenartigkeit und Vielfalt in ihr allzeit gegenwärtig sind. Durch diese beiden Prinzipien werden das transzendentale Reich, die Gestalt, der Name, die Eigenschaften und die Spiele Kṛṣṇas geprägt. Nur jemand, der reines spirituelles Wissen besitzt und von jeglicher Beziehung zu *māyā* frei ist, kann Kṛṣṇas Spiele der Liebe überhaupt wertschätzen. Das transzendentale Reich – der Ort, an dem Kṛṣṇas Spiele stattfinden –, das von der *cit*-Energie ausgeht und aus *cintāmaṇi* (dem transzendentalen Stein der Weisen) besteht sowie Kṛṣṇas Gestalt sind spirituell. So wie *māyā* das verzerrte Spiegelbild der spirituellen Energie ist, so ist auch die von *māyā* (Unwissenheit) geschaffene Vielfalt eine verzerrte Spiegelung der spirituellen Mannigfaltigkeit.

In der materiellen Welt ist demnach nur eine gewisse Ähnlichkeit mit der spirituellen Mannigfaltigkeit wahrzunehmen. Trotz dieser Ähnlichkeit sind die beiden voneinander völlig verschieden. Das ungesunde Wesen der Materie ist ihr Nachteil; im spirituellen Reich indessen gibt es eine Vielfalt, die von jedem Defekt und jeglicher Verunreinigung frei ist. Die Seele und der Körper Kṛṣṇas sind identisch, wohingegen der Körper und die Seele gefallener Geschöpfe nicht das Gleiche sind. In der spirituellen Sphäre gibt es nicht, wie in dieser Welt, den Unterschied zwischen Körper und Seele, den Gliedmaßen und ihrem Besitzer oder den Eigenschaften und dem sie besitzenden Objekt. Bei den bedingten Seelen jedoch sind solche Unterschiede Realität. Kṛṣṇa besitzt zwar ebenfalls Gliedmaßen, doch jedes von Kṛṣṇas Gliedern ist gleichzeitig Er selbst. Kṛṣṇa kann mit jedem einzelnen Seiner Körperteile das volle Spektrum göttlich-spiritueller Funktionen erfüllen. Somit ist Er ein unteilbares Ganzes und ein vollkommenes transzendentales Wesen.

Sowohl die *jīva*-Seele als auch Kṛṣṇa sind transzendental. In diesem Sinne gehören sie zur gleichen Kategorie. Aber sie unterscheiden sich insofern, als in der *jīva*-Seele die transzendentalen Eigenschaften in unendlich winzigem Maße existieren, während sie in Kṛṣṇa in Vollendung zu finden sind. Diese Eigenschaften manifestieren sich aber in ihrer Winzigkeit nur dann in reiner Form, wenn die *jīva*-Seele ihren unverfälschten spirituellen Status erlangt. Die *jīva*-Seele kommt ihrer absoluten Identität am nächsten, wenn durch Kṛṣṇas Gnade die spirituelle Kraft der *hlādinī-śakti* in ihr erscheint. Dennoch bleibt Kṛṣṇa das Objekt universaler Verehrung, da Er gewisse einzigartige Eigenschaften besitzt. Diese unvergleichlichen Eigenschaften, vier an der Zahl, sind nicht einmal in Nārāyaṇa, dem Herrn von Vaikuṇṭha, in den urersten *puruṣa-avatāras* oder in den höchsten Göttern wie Śiva zu finden, geschweige denn in den *jīvas*.

VERS 33

अद्वैतमच्युतमनादिमनन्तरूपम्
आद्यं पुराणपुरुषं नवयौवनं च ।
वेदेषु दुर्लभमदुर्लभमात्मभक्तौ
गोविन्दमादिपुरुषं तमहं भजामि ॥

advaitam acyutam anādim ananta-rūpam
ādyaṁ purāṇa-puruṣaṁ nava-yauvanaṁ ca
vedeṣu durlabham adurlabham ātma-bhaktau
govindam ādi-puruṣaṁ tam ahaṁ bhajāmi

advaitam – ohne einen Zweiten (nichtdual); *acyutam* – ohne Verfall; *anādim* – ohne Anfang; *ananta-rūpam* – dessen Form unendlich ist oder der unzählige Formen besitzt; *ādyam* – der Anfang; *purāṇa-puruṣam* – die älteste Person; *nava-yauvanam* – ein Jüngling in voller Blüte; *ca* – auch; *vedeṣu* – durch die Veden; *durlabham* – unzugänglich; *adurlabham* – nicht schwer zu erreichen; *ātma-bhaktau* – durch die reine Hingabe der Seele; *govindam* – Govinda; *ādi-puruṣam* – die ursprüngliche Person; *tam* – Ihn; *aham* – ich; *bhajāmi* – verehre.

Ich verehre Govinda, den urersten Herrn, der den Veden nicht zugänglich ist, den aber die Seele durch reine, unverfälschte Hingabe erreichen kann. Er ist nichtdual, nicht dem Verfall unterworfen und ohne Anfang, und Seine Form ist unendlich. Er ist der Anfang und der ewige Puruṣa. Trotz alledem ist Er eine Person und besitzt die Schönheit blühender Jugend.

Advaita bedeutet »die unteilbare Wahrheit, die absolutes Wissen ist«. Obwohl das unendliche Brahman von Kṛṣṇa in Form Seiner Ausstrahlung ausgeht und obwohl der in allen Herzen wohnende Gott (Paramātmā) Seine Teil-Emanation ist, bleibt Kṛṣṇa immer die eine und unteilbare Person. *Acyuta* bedeutet, dass Er – obgleich Myriaden von *avatāras* als persönliche Emanationen und Millionen von *jīvas* als abgesonderte spirituelle Partikel von Ihm ausgehen – dennoch als das unteilbare, höchst vollkommene Ganze unverändert bleibt. Obwohl Kṛṣṇa in Seinen Spielen scheinbar geboren wird, hat Er keinen Anfang. Obwohl Er nach dem Spiel Seines Erscheinens in dieser Welt wieder verschwindet, ist Er doch ewig. Obwohl Er ohne Ursprung ist, wird Er geboren, wenn Er hier erscheint, und obwohl Er in Essenz ewig ist, ist Er doch eine Person in der vollsten Blüte der Jugend.

Zusammenfassend kann man sagen, dass Seine mannigfaltigen Eigenschaften zwar scheinbar widersprüchlich sind, aber aufgrund Seiner unvorstellbaren Kraft dennoch miteinander harmonisieren. Das ist es, was mit *cid-dharma* (transzendentaler

Natur) im Unterschied zur Materie gemeint ist. Seine anmutige, dreifach geschwungene, eine Flöte haltende Gestalt ist von ewiger, blühender Jugend und steht über aller Unzulänglichkeit, die im begrenzten Gefüge von Zeit und Raum zu finden ist.

Im transzendentalen Reich gibt es weder Vergangenheit noch Zukunft, sondern nur unbeeinträchtigte und unveränderliche Gegenwart. In der Transzendenz besteht kein Unterschied zwischen dem Objekt und seinen Eigenschaften, und es gibt nicht die Art von Identität, die man im begrenzten, weltlichen Bereich findet. Folglich existieren jene Eigenschaften, die im Licht weltlicher, durch Zeit und Raum begrenzter Vorstellung widersprüchlich erscheinen, im spirituellen Reich in heiterer und wohlwollender Harmonie.

Wie kann der *jīva* jene beispiellose Daseinsform begreifen? Der begrenzte Intellekt des *jīva* ist immer durch den Einfluss von Zeit und Raum verunreinigt und deshalb nicht in der Lage, diese Beschränkung abzuschütteln. Wenn also die Kraft kognitiver Fähigkeit zur Erkenntnis des Transzendentalen nicht ausreicht, was dann? Die Antwort Brahmās lautet, dass die transzendentale, absolute Region jenseits der Reichweite der Veden liegt. Die Veden haben ihren Ursprung in Klang, und Klang entspringt dem weltlichen Äther. Die Veden können uns demnach keinen direkten Einblick in die transzendentale Welt (Goloka) vermitteln. Nur wenn die Veden von der *cit*-Energie durchdrungen werden, sind sie dazu imstande, sich mit der Transzendenz zu befassen. Goloka offenbart sich jedoch jeder *jīva*-Seele, die unter den Einfluss der spirituellen kognitiven Energie in Verbindung mit der Essenz ekstatischer Energie[15] gelangt. Die ekstatische Fähigkeit der Hingabe ist grenzenlos, und sie ist mit unverfälschtem transzendentalem Wissen angereichert. Dieses Wissen offenbart das *goloka-tattva* (die wahre Natur der höchsten Transzendenz), wenn es mit Hingabe im Einklang steht; es erhebt aber keinen getrennten Anspruch, sondern dient nur als Stütze unvermischter Hingabe.

Śrīla Bhaktisiddhānta Sarasvatī Ṭhākura

Der Pilger, der die *Brahma-saṁhitā* dem Vergessen entriss, war kein gewöhnlicher Wallfahrer, und seine Pilgerreise war nicht dem Brauch entsprechend der eigenen Läuterung gewidmet – sondern der Läuterung der Welt. Es war Śrī Kṛṣṇa Caitanya Mahāprabhu – Heiliger, Mystiker, religiöser Reformator und vollständige Inkarnation des Höchsten Herrn Śrī Kṛṣṇa, der zur Erlösung aller Seelen zu Beginn der Neuzeit erschien. Śrī Caitanya entdeckte diese Schrift auf einer Wanderung durch Südindien, während derer Er Seine Botschaft der Liebe zu Kṛṣṇa predigte und *saṅkīrtana*, das gemeinsame Singen der heiligen Namen Gottes, verbreitete.

Wenn der im Milchozean liegende Viṣṇu den Wunsch hat, das Universum zu erschaffen, wachst aus Seinem Nabel ein goldener Lotos. Zusammen mit dem Stiel bildet dieser goldene Lotos das Reich Brahmās und wird Brahmaloka oder auch Satyaloka genannt. (Vers 18)

Der göttliche Lotos, der dem tiefen Bauchnabel Viṣṇus entspringt, hat durch spirituelle Bande eine enge Verbindung mit allen Seelen und ist der Ursprung des viergesichtigen Brahmā, der die vier Veden kennt. (Vers 22)

Alsdann ging Gāyatrī, die Mutter der Veden, die durch den transzendentalen Klang von Śrī Kṛṣṇas Flöte übertragen wurde und sich so manifestierte, durch die acht Ohren des aus sich selbst geborenen Brahmā in dessen Lotosmund ein. Nachdem der lotosgeborene Brahmā auf diese Weise den aus dem Flötenlied Śrī Kṛṣṇas hervorgegangenen *gāyatrī-mantra* empfangen hatte, erlangte er den Status des Zweimalgeborenen, da er vom höchsten, urersten Lehrer, Gott selbst, eingeweiht worden war. (Vers 27)

Brahmā und die anderen Herrscher der aus den Haarporen Mahā-Viṣṇus hervorströmenden materiellen Welten leben so lange, wie das Ausatmen Mahā-Viṣṇus dauert. Ich verehre den urersten Herrn, Govinda, von dem Mahā-Viṣṇu der Teil eines Teils ist. (Vers 48)

Das als Gokula bekannte, höchstvortreffliche Reich Kṛṣṇas hat Tausende von Blütenblättern und eine Blütenkrone wie die eines Lotos, hervorgewachsen aus einem Teil von Krsnas Aspekt der Unbegrenztheit, wobei der Blütenstempel das eigentliche Reich Kṛṣṇas ist. (Vers 2)

Der Blütenstempel Gokulas, jenes ewigen Reiches, ist die hexagonale Residenz Kṛṣṇas. Die Blütenblätter sind die Wohnorte der *gopīs,* die als integrale Teile Kṛṣṇas Ihm voller Liebe hingegeben und an Essenz ähnlich sind. Diese Blütenblätter gleichen unzähligen Wänden und erstrahlen in einzigartiger Herrlichkeit. Die ausgebreiteten Blätter des Lotos sind das gartenähnliche *dhāma*, das spirituelle Reich Śrī Rādhikās, die Kṛṣṇas Liebste ist. (Vers 4)

Ich verehre Govinda, den urersten Herrn, der zusammen mit Rādhā in Seinem persönlichen Reich Goloka residiert. Rādhā, die Seine ekstatische Energie verkörpert, gleicht Seiner spirituellen Gestalt und ist mit vierundsechzig Kunstfertigkeiten ausgestattet. Die beiden sind umgeben von Rādhās Vertrauten [den *sakhīs*], die Emanationen Ihrer transzendentalen Gestalt sind und von Govindas ewig-glückseligem, spirituellem *rasa* durchdrungen und belebt werden. (Vers 37)

Im ehemaligen südindischen Fürstentum Travancore (heute zum Bundesstaat Kerala gehörig) befindet sich der Ādi-Keśava-Tempel, wo Śrī Caitanya Mahāprabhu die *Brahma-saṁhitā* entdeckte.

VERS 34

पन्थास्तु कोटीशतवत्सरसम्प्रगम्यो
वायोरथापि मनसो मुनिपुङ्गवानाम् ।
सोऽप्यस्ति यत्प्रपदसीम्न्यविचिन्त्यतत्त्वे
गोविन्दमादिपुरुषं तमहं भजामि ॥

panthās tu koṭī-śata-vatsara-sampragamyo
vāyor athāpi manaso muni-puṅgavānām
so 'py asti yat-prapada-sīmny avicintya-tattve
govindam ādi-puruṣaṁ tam ahaṁ bhajāmi

panthāḥ – die Pfade; *tu* – aber; *koṭi-śata* – Tausende von Millionen; *vatsara* – von Jahren; *sampragamyaḥ* – sich erstreckend über; *vāyoḥ* – vom Wind; *atha api* – oder; *manasaḥ* – vom Geist; *muni-puṅgavānām* – von den führenden *jñānīs*; *saḥ* – jener (Pfad); *api* – nur; *asti* – ist; *yat* – von dessen; *prapada* – vom Zeh; *sīmni* – zur Spitze; *avicintya-tattve* – jenseits materieller Vorstellungskraft; *govindam* – Govinda; *ādi-puruṣam* – die ursprüngliche Person; *tam* – Ihn; *aham* – ich; *bhajāmi* – verehre.

Ich verehre Govinda, den urersten Herrn, dem sich die Yogīs, die nach der Transzendenz streben und durch Prāṇāyāma ihren Atem zu beherrschen versuchen, nur bis zu den Zehenspitzen Seiner Lotosfüße nähern können, ebenso wie die Jñānīs, die versuchen, das undifferenzierte Brahman zu finden, indem sie sich Tausende von Millionen von Jahren in der Eliminierung des Weltlichen üben.

Die Lotosfüße Govindas kann man nur durch unverfälschte Hingabe erreichen. *Kaivalya* (die Erkenntnis des unveränderlichen Zustands), den die *aṣṭāṅga-yogīs* erlangen, indem sie sich Tausende von Millionen von Jahren in Versenkung üben, und der

Zustand des Verschmelzens mit der undifferenzierten, jenseits aller Begrenzungen liegenden Unpersönlichkeit Gottes, den die Nichtdualisten nach einer ähnlich langen Zeitdauer erreichen, während der sie zwischen dem Spirituellen und Nichtspirituellen unterscheiden und die Dinge der begrenzten Sphäre nacheinander durch die Formel »Nicht dies, nicht das« eliminieren, stellen lediglich die Außenbereiche der Lotosfüße Kṛṣṇas dar, und nicht die Lotosfüße selbst. Mit anderen Worten, *kaivalya*, die Verschmelzung mit dem Brahman, ist die Trennlinie zwischen der Welt der Begrenzung und der transzendentalen Welt. Denn solange wir diese beiden Konzeptionen nicht überwinden, können wir von der Vielfalt der transzendentalen Sphäre keinen Geschmack bekommen. Diese Zustände sind nichts weiter als die Abwesenheit von aus Liebe zu weltlichen Dingen entstehendem Leid, aber nicht wirkliche Freude oder Glückseligkeit. Auch wenn die Abwesenheit von Leid als ein Stück Glück verstanden wird, so ist dieses Stück doch sehr klein und ohne Bestand. Es genügt nicht, den Zustand der Materialität zu vernichten; der wirkliche Gewinn des *jīva* ist sein ewiges Dasein im selbstverwirklichten Zustand. Dieser kann allein durch die Gnade unverfälschter Hingabe erlangt werden, die ihrem Wesen nach *cit* (transzendental) ist. Abstraktes, nichtssagendes Spekulieren ist hier nutzlos.

VERS 35

एकोऽप्यसौ रचयितुं जगदण्डकोटिं
यच्छक्तिरस्ति जगदण्डचया यदन्तः ।
अण्डान्तरस्थपरमाणुचयान्तरस्थं
गोविन्दमादिपुरुषं तमहं भजामि ॥

eko 'py asau racayituṁ jagad-aṇḍa-koṭiṁ
yac-chaktir asti jagad-aṇḍa-cayā yad-antaḥ

aṇḍāntara-stha-paramāṇu-cayāntara-sthaṁ
govindam ādi-puruṣaṁ tam ahaṁ bhajāmi

ekaḥ – einer; *api* – obgleich; *asau* – Er; *racayitum* – zu schaffen; *jagat-aṇḍa* – von Universen; *koṭim* – Millionen; *yat* – dessen; *śaktiḥ* – Kraft; *asti* – es gibt; *jagat-aṇḍa-cayāḥ* – alle Universen; *yat-antaḥ* – in welchem; *aṇḍa-antara-stha* – die über das Universum verstreut sind; *parama-aṇu-caya* – die Atome; *antara-stham* – im Innern befindlich; *govindam* – Govinda; *ādi-puruṣaṁ* – die ursprüngliche Person; *tam* – Ihn; *aham* – ich; *bhajāmi* – verehre.

Er ist ein nichtduales Wesen, da zwischen der Energie und ihrem Besitzer kein Unterschied besteht. Bei Seinem Schöpfungswerk von Millionen von Welten bleibt Seine Energie untrennbar mit Ihm verbunden. Alle Universen existieren in Ihm, und Er ist in Seiner ganzen Fülle in jedem einzelnen der überall im Universum verstreuten Atome zur selben Zeit gegenwärtig. Solcherart ist der urerste Herr, den ich bewundere und verehre.

Kṛṣṇa ist das höchste aller Wesen. In Ihm befindet sich eine Entität, die *cit* (spirituell) genannt wird und die sich vom Prinzip der Begrenzung [der materiellen Natur] unterscheidet. Durch Seine unbegreifliche Macht kann Er nach Belieben zahllose Universen erschaffen. Alle weltlichen Universen verdanken ihren Ursprung der Umwandlung Seiner äußeren Energie. Sein Reich jedoch befindet sich jenseits menschlicher Vorstellung, da alle Welten – die begrenzten und die spirituellen *(cit)* – in Ihm existieren und Er gleichzeitig in Seiner ganzen Fülle und Gesamtheit in allen Atomen in allen Welten gegenwärtig ist. Allgegenwart ist nur ein lokaler Aspekt der Pracht und Herrlichkeit Kṛṣṇas, des Herrn aller Dinge. Obwohl Er alldurchdringend ist, macht Seine allgegenwärtige Existenz in mittelgroßer

Gestalt Seine jenseits des menschlichen Begriffsvermögens liegende spirituelle Herrschaft aus. Dieses Argument spricht für die Lehre des gleichzeitigen, unbegreiflichen Verschieden- und Nichtverschiedenseins und bringt die verunreinigende Māyāvāda-Doktrin sowie andere verwandte Thesen zu Fall.

VERS 36

यद्भावभावितधियो मनुजास्तथैव
सम्प्राप्य रूपमहिमासनयानभूषाः ।
सूक्तैर्यमेव निगमप्रथितैः स्तुवन्ति
गोविन्दमादिपुरुषं तमहं भजामि ॥

yad-bhāva-bhāvita-dhiyo manujās tathaiva
samprāpya rūpa-mahimāsana-yāna-bhūṣāḥ
sūktair yam eva nigama-prathitaiḥ stuvanti
govindam ādi-puruṣaṁ tam ahaṁ bhajāmi

yat – für den; *bhāva* – von Hingabe; *bhāvita* – sind erfüllt; *dhiyaḥ* – deren Herzen; *manujāḥ* – Menschen; *tathā eva* – ebenso; *samprāpya* – erreicht habend; *rūpa* – Schönheit; *mahima* – Größe; *āsana* – Throne; *yāna* – Fahrzeuge; *bhūṣāḥ* – und Schmuckstücke; *sūktaiḥ* – von vedischen Hymnen; *yam* – wen; *eva* – gewiss; *nigama* – von den Veden; *prathitaiḥ* – erzählt; *stuvanti* – bringen Lobpreisungen dar; *govindam* – Govinda; *ādi-puruṣam* – die ursprüngliche Person; *tam* – Ihn; *aham* – ich; *bhajāmi* – verehre.

Ich verehre Govinda, den urersten Herrn, zu dessen Lobpreis von Hingabe erfüllte Menschen die von den Veden überlieferten Mantra-sūktas singen und so ihre ihnen angemessene Schönheit und Größe sowie die dazugehörenden Throne, Fahrzeuge und Schmuckstücke erlangen.

Bei der Erörterung von *rasa* begegnen wir fünf Arten von Hingabe oder Dienst: *śānta* (Passivität), *dāsya* (williger Dienst in Ehrfurcht); *sakhya* (Freundschaft), *vātsalya* (Elternliebe) und *śṛṅgāra* (Jugendliebe).

Gottgeweihte, die von den Vorstellungen ihres jeweiligen Dienstes durchdrungen sind, dienen Kṛṣṇa ewiglich und erreichen letzten Endes das Ziel ihrer entsprechenden Ideale. Sie erlangen die wahre, mit ihren jeweiligen *rasas* harmonierende Natur ihres Selbst und auch ihre glorreiche Stellung, Fahrzeuge, zu ihrem heiligen Dienst passende Sitze und transzendentale Schmuckstücke, welche die Schönheit ihrer wahren Natur noch steigern. Diejenigen, die *śānta-rasa* entwickelt haben, erreichen die Region des Brahman und Paramātmā, den Ort ewigen Friedens; jene, die *dāsya-rasa* entwickelt haben, kommen nach Vaikuṇṭha, in das spirituelle, majestätische Reich Nārāyaṇas, und die Geweihten in *sakhya-*, *vātsalya-* und *mādhurya-rasa* (jugendliche Liebe) erreichen Goloka-dhāma, Kṛṣṇas Reich, das über Vaikuṇṭha liegt. Sie alle verehren Kṛṣṇa mit den in den Veden beschriebenen *sūktas* und mit den Ingredienzien und Objekten, die zu den jeweiligen *rasas* in jenen Regionen gehören. Unter dem Einfluss der spirituellen Energie beschreiben die Veden in einigen Kapiteln die Spiele des Höchsten Herrn, und unter der Leitung dieser gleichen spirituellen Energie chanten die befreiten Seelen den Namen und besingen die Eigenschaften und Spiele des Höchsten Herrn.

VERS 37

आनन्दचिन्मयरसप्रतिभाविताभिस्
ताभिर्य एव निजरूपतया कलाभिः ।
गोलोक एव निवसत्यखिलात्मभूतो
गोविन्दमादिपुरुषं तमहं भजामि ॥

ānanda-cinmaya-rasa-pratibhāvitābhis
tābhir ya eva nija-rūpatayā kalābhiḥ
goloka eva nivasaty akhilātma-bhūto
govindam ādi-puruṣaṁ tam ahaṁ bhajāmi

ānanda – Glückseligkeit; *cit* – Wissen; *maya* – bestehend aus; *rasa* – reifer, saftiger Geschmack; *prati* – jede Sekunde; *bhāvitābhiḥ* – die durchdrungen sind von; *tābhiḥ* – mit denen; *yaḥ* – die; *eva* – gewiss; *nija-rūpatayā* – mit Seiner eigenen Gestalt; *kalābhiḥ* – die Teile von Teilen Seiner Freudenkraft sind; *goloke* – in Goloka Vṛndāvana; *eva* – gewiss; *nivasati* – residiert; *akhila-ātma* – als die Seele aller; *bhūtaḥ* – der existiert; *govindam* – Govinda; *ādi-puruṣaṁ* – die ursprüngliche Person; *tam* – Ihn; *aham* – ich; *bhajāmi* – verehre.

Ich verehre Govinda, den urersten Herrn, der zusammen mit Rādhā in Seinem persönlichen Reich Goloka residiert. Rādhā, die Seine ekstatische Energie verkörpert, gleicht Seiner spirituellen Gestalt und ist mit vierundsechzig Kunstfertigkeiten ausgestattet. Beide sind umgeben von Rādhās Vertrauten [den Sakhīs], die Emanationen Ihrer transzendentalen Gestalt sind und von ewig-glückseligem, spirituellem Rasa durchdrungen und belebt werden.

Obwohl der Absolute Herr und Seine Energie eine Einheit bilden, existieren Sie dennoch ewig als getrennte Wesen – als Rādhā und Kṛṣṇa. Sowohl in der ekstatischen Energie, Rādhā, als auch im transzendentalen Herrn, Kṛṣṇa, existiert *śṛṅgāra-rasa* (romantische Liebe), deren Qualität jenseits unseres menschlichen Vorstellungsvermögens liegt. Der *vibhāva* (die Ursache) jenes *rasa* (köstliche Eigenschaft) ist zweifach, nämlich *ālambana* (Stütze) und *uddīpana* (Stimulierung). Von diesen beiden teilt sich *ālambana* wiederum in zwei Kategorien auf, nämlich *āśraya* (das Reservoir) und *viṣaya* (das Objekt). Mit *āśraya* sind

Rādhikā und die Ermanationen Ihrer persönlichen Gestalt gemeint, und *viṣaya* bedeutet Kṛṣṇa selbst. Kṛṣṇa ist Govinda, der Herr von Goloka. Die *gopīs* sind die Ebenbild-*āśrayas* jenes *rasa*. Mit ihnen erfreut sich Kṛṣṇa in Goloka Seiner ewigen Spiele. *Nija-rūpatayā* bedeutet »mit den von der ekstatischen Energie manifestierten Merkmalen«.

Die 64 in den schönen Künsten zu findenden Tätigkeiten sind folgende:

1) *Gīta* – die Kunst des Singens; 2) *vādya* – die Kunst des Musizierens; 3) *nṛtya* – die Kunst des Tanzens; 4) *nāṭya* – die Kunst des Theaterspielens; 5) *ālekhya* – die Kunst des Malens; 6) *viśeṣakacchedya* – die Kunst des Schminkens von Gesicht und Körper mit farbigen Pasten und Kosmetika; 7) *taṇḍula-kusuma-bali-vikāra* – die Kunst der Zubereitung von Opfergaben aus Reiskörnern und Blumen; 8) *puṣpāstaraṇa* – die Kunst, eine Bettdecke aus Blumen zu fertigen; 9) *daśana-vasanāṅga-rāga* – die Kunst, Mittel zur Reinigung von Zähnen und Gewändern und zur Körperbemalung zu verwenden; 10) *maṇi-bhūmikā-karma* – die Kunst, den Boden mit Edelsteinen zu schmücken; 11) *śayyā-racana* – die Kunst, das Bett zu machen; 12) *udaka-vādya* – die Kunst, auf mit Wasser gefüllten Gefäßen zu musizieren; 13) *udaka-ghāta* – die Kunst, mit Wasser zu spritzen; 14) *citra-yoga* – die Kunst, Farben zu mischen und zu benutzen; 15) *mālya-grathana-vikalpa* – die Kunst, Blumengebinde zusammenzustellen; 16) *śekharāpīḍa-yojana* – die Kunst, Kopfschmuck passend aufzusetzen; 17) *nepathya-yoga* – die Kunst, sich im Ankleideraum richtig anzuziehen; 18) *karṇapātra-bhaṅga* – die Kunst, das Ohrläppchen zu schmücken; 19) *sugandha-yukti* – die Kunst, Duftstoffe richtig zu verwenden; 20) *bhūṣaṇa-yojana* – die Kunst, Schmuckstücke anzubringen oder einzufassen; 21) *aindra-jāla* – die Kunst des Jonglierens; 22) *kaucumāra* – die Kunst des Dekorierens; 23) *hasta-lāghava* – die Kunst, Taschenspielertricks anzuwenden; 24) *citra-śākāpūpa-bhakṣya-vikāra-kriyā* – die Kunst, eine Vielzahl von Salaten, Broten, Kuchen

und köstlichen Speisen zuzubereiten; 25) *pānaka-rasa-rāgāsava-yojana* – die Kunst, köstliche Getränke herzustellen und einen Trunk rot zu färben; 26) *sūci-vāya-karma* – die Kunst des Nähens und Webens; 27) *sūtra-krīḍā* – die Kunst, mit Fäden zu spielen; 28) *vīṇā-ḍamuraka-vādya* – die Kunst, auf der Vina und einer kleinen, x-förmigen Trommel zu spielen; 29a) *prahelika* – die Kunst, sich Rätsel auszudenken und zu lösen; 29b) *pratimālā* – die Kunst, Verse zu wiederholen oder als Gedächtnistest oder Geschicklichkeitsübung Verse nacheinander aufzusagen; 30) *durvacaka-yoga* – die Kunst, mit der Sprache so umzugehen, dass andere kaum eine Antwort finden; 31) *pustaka-vācana* – die Kunst, Bücher vorzutragen; 32) *nāṭikākhyāyikā-darśana* – die Kunst, kurze Sketche und Anekdoten aufzuführen; 33) *kāvya-samasyā-pūraṇa* – die Kunst, rätselhafte Verse zu entschlüsseln; 34) *paṭṭikā-vetra-bāṇa-vikalpa* – die Kunst, Entwürfe für Schild, Bogen und Pfeile herzustellen; 35) *tarku-karma* – die Kunst, mit der Spindel zu spinnen; 36) *takṣaṇa* – die Kunst, Holz zu bearbeiten; 37) *vāstu-vidyā* – die Kunst der technischen Konstruktion; 38) *raupya-ratna-parīkṣā* – die Kunst der Prüfung von Silber und Edelsteinen; 39) *dhātu-vāda* – die Kunst der Metallkunde; 40) *maṇi-rāga-jñāna* – die Kunst, Edelsteine zu färben; 41) *ākara-jñāna* – die Kunst der Mineralogie; 42) *vṛkṣāyur-veda-yoga* – die Kunst der Kräuterheilkunde; 43) *meṣa-kukkuṭa-lāvaka-yuddha-vidhi* – die Kunst, die Kampfweise von Schafen, Hähnen und Vögeln zu kennen; 44) *śuka-śārikā-prapālana (pralāpana)* – die Kunst, Papageien zu halten bzw. Papageienmännchen und -weibchen das Sprechen beizubringen; 45) *utsādana* – die Kunst, jemand mit Duftölen zu heilen oder zu reinigen; 46) *keśa-mārjana-kauśala* – die Kunst des Frisierens; 47) *akṣara-muṣṭikā-kathana* – die Kunst, sich anhand von Buchstaben und Zeichensprache zu verständigen; 48) *mlecchita-kutarka-vikalpa* – die Kunst barbarischer oder fremdartiger Spitzfindigkeit; 49) *deśa-bhāṣā-jñāna* – die Kunst, Provinzdialekte zu kennen; 50) *puṣpa-śakaṭikā-nirmiti-jñāna* – die Kunst, Prophezeiungen durch himmlische Stimmen zu erkennen oder auch die Kunst, aus Blumen Spielzeugkutschen herzustellen; 51) *yantra-mātṛkā* – die Kunst der Mechanik; 52) *dhāraṇa-matṛkā* – die Kunst, Amulette zu verwenden; 53) *saṁvācya* – die Kunst, Gespräche zu führen; 54) *mānasī kāvya-kriyā* – die Kunst, aus dem Stegreif Verse zu ersinnen; 55) *kriyā-vikalpa* – die Kunst, sich ein literarisches Werk oder ein medizinisches Heilmittel auszudenken; 56) *chalitaka-yoga* – die Kunst, nach dem Erbauer benannte Heiligtümer zu errichten; 57) *abhidhāna-koṣa-cchando-jñāna* – die Kunst der Anwendung von Lexikographie und Versmaßen; 58) *vastra-gopana* – die Kunst, sich zu verkleiden; 59) *dyūta-viśeṣa* – die Kunst der Kenntnis besonderer Glücksspiele; 60) *ākarṣa-krīḍā* – die Kunst, mit Würfeln und Magneten zu spielen; 61) *bālaka-krīḍanaka* – die Kunst, Kinderspielzeug zu benutzen; 62) *vaināyikī vidyā* – die Kunst, Disziplin durchzusetzen; 63) *vaijayikī vidyā* – die Kunst, siegreich zu sein, und 64) *vaitālikī vidyā* – die Kunst, seinen Herrn bei der Morgendämmerung mit Musik zu wecken.

Alle diese Künste sind in ihren jeweiligen ewigen Formen in Goloka als Bestandteile von *rasa* stets sichtbar, während sie in der weltlichen Sphäre von der spirituellen *(cit)* Energie, Yogamāyā, uneingeschränkt in den Spielen von Vraja offenbart werden. Śrī Rūpa sagt daher: *sadānantaiḥ ... santi tāḥ* – Kṛṣṇa ist in Seiner ganzen Schönheit und mit Seinen unbegrenzten Spielen für immer in Goloka zu sehen, und manchmal wird eine Variante dieser Spiele auf der weltlichen Ebene sichtbar. Śrī Hari, der Höchste Herr, entfaltet hier auch Spiele wie Seine Geburt, in Begleitung Seiner Gefährten. Die göttliche spielerische Kraft erfüllt, im Einklang mit Kṛṣṇas Willen, die Herzen Seiner Gefährten mit geeigneten spirituellen Empfindungen.

Jene Spiele, die sich auf der weltlichen Ebene manifestieren, sind Seine »sichtbaren« Spiele. Genau die gleichen Spiele existieren aber auch in ihrer nichtsichtbaren Form in Goloka, jenseits der Reichweite weltlichen Wissens. In Seinen sichtbaren Spielen hält sich Kṛṣṇa in Gokula, Mathurā und Dvārakā auf. Spiele, die an diesen drei Orten nicht wahrgenommen werden, sind an ihren äquivalenten Orten in Goloka Vṛndāvana sichtbar.

Aus diesen Schlussfolgerungen wird deutlich, dass zwischen den sichtbaren und den nichtsichtbaren Spielen kein wesentlicher Unterschied besteht. Der Apostel Jīva Gosvāmī bemerkt in seinem Kommentar zu diesem *śloka* wie auch in seinen Ausführungen zum *Ujjvala-nīlamaṇi* und im *Kṛṣṇa-sandarbha:* »Die sichtbaren Spiele Kṛṣṇas sind eine Schöpfung Seiner *cit* (spirituellen) Energie. Da sie einen Bezug zu weltlichen Geschehnissen haben, zeigen sie gewisse Merkmale, die durch den Einfluss der begrenzenden Kraft *(māyā)* als wirklich erscheinen; jedoch können diese nicht in der transzendentalen Realität existieren. Die Vernichtung von Dämonen, illegitime Liebesbeziehungen, Seine Geburt und so weiter sind Beispiele dieser Eigentümlichkeit. Die *gopīs* sind die Emanationen der ekstatischen Energie Kṛṣṇas und sind daher Teil Seines eigenen Wesens. Wie kann also von einer illegitimen Beziehung die Rede sein? Die Situation der *gopīs* als heimliche Geliebte, die man in Kṛṣṇas sichtbaren Spielen findet, ist nichts weiter als das weltliche Spiegelbild der transzendentalen Realität.«

Die verborgene Bedeutung, die den Worten Śrī Jīva Gosvāmīs zugrunde liegt, wird, sobald sie ans Licht gebracht wird, im Leser keinerlei Zweifel zurücklassen. Śrī Jīva Gosvāmī ist unser Prediger der transzendentalen Wahrheit. Er ist ein treuer Nachfolger Śrī Rūpas und Sanātanas. Überdies ist Śrī Jīva in den Spielen Kṛṣṇas eine der *mañjarīs*[16]. Er ist also mit allen Aspekten der transzendentalen Realität vertraut.

Manche Menschen sind jedoch nicht imstande, den Sinngehalt seiner Ausführungen zu verstehen; sie interpretieren seine Worte auf ihre Weise und verschwenden ihre Zeit mit nutzlosen Kontroversen. Śrī Rūpa und Sanātana erklären, dass zwischen den sichtbaren und nichtsichtbaren *līlās* kein wirklicher und wesentlicher Unterschied besteht; der einzige Unterschied liegt darin, dass die eine *līlā* in der weltlichen Sphäre offenbart wird, die andere hingegen nicht. Bei der überweltlichen Manifestation existiert absolute Reinheit im Betrachter und im Betrachteten.

Wer durch besonderes Glück die Gunst Kṛṣṇas empfängt, kann sich von allen weltlichen Fesseln und Beziehungen frei machen und in die transzendentale Region eingehen. Und wenn solch ein Mensch noch während seiner *sādhana*-Zeit die Vielfalt der *rasas* wirklich zu kosten vermochte, kann er einen Einblick in die vollkommene und absolut reine *līlā* von Goloka erhalten und den damit verbundenen Geschmack erfahren. Doch solch empfängliche Naturen sind nur selten zu finden. Auch jemand, der im weltlichen Bereich lebt, kann durch die Gnade Kṛṣṇas den Geschmack des *cid-rasa* kosten, wenn er seinen hingebungsvollen Dienst vervollkommnet. Ein solcher Mensch kann die Spiele von Goloka sehen, so wie sie in der diesseitigen *līlā* von Gokula manifestiert werden.

Es besteht zweifellos ein Unterschied zwischen diesen beiden Gruppen qualifizierter Wahrheitssucher.[17] Solange jemand die absolut transzendentale Stufe noch nicht erreicht hat, muss seine Sicht der Spiele von Goloka durch seine noch anhaltenden Unzulänglichkeiten eingeschränkt sein. Die Vision der transzendentalen Realität variiert also je nach dem Grad der Selbstverwirklichung. Die Vision Golokas muss ebenfalls dementsprechend unterschiedlich geartet sein.

Allein jenen gefesselten Seelen, die zu sehr an weltlichen Dingen hängen, fehlt das hingebungsvolle Sehvermögen. Einige von ihnen haben sich von den vielfältigen Formen der illusionierenden Energie umgarnen lassen, während andere unter dem Einfluss zentrifugalen Wissens nach Selbstauslöschung streben. Obwohl die in dieser Welt manifestierten Spiele des Höchsten Herrn vor ihren Augen stattfinden mögen, können solche Seelen nur ein materielles Verständnis dieser sichtbaren Spiele haben, da ihrer Sicht die transzendentale Realität fehlt. Folglich offenbart sich Goloka im proportionalen Verhältnis zur Eignung des Geweihten, die wiederum vom Grad seiner Selbstverwirklichung abhängt.

Das Grundprinzip ist so zu verstehen: Obwohl Gokula so heilig und frei von Unreinheit ist wie Goloka, wird es durch den Einfluss der *cit*-Energie, *yogamāyā*, auf der weltlichen Ebene manifestiert. In den sichtbaren und nichtsichtbaren Angelegenheiten transzendentaler Regionen gibt es keinerlei Unreinheit, Verschmutzung oder Unvollkommenheit, wie man sie in der Welt der Begrenzung finden kann; es besteht nur ein Unterschied in der Erkenntnis, die sich ihrerseits nach der Selbstverwirklichung der Sucher nach dem Absoluten richtet. Unreinheit, Unnatürlichkeit, fremde Elemente, Illusion, Unwissenheit, Unheiligkeit, völlige Unzulänglichkeit, Bedeutungslosigkeit und Grobheit – alle diese Dinge gehören zu den Augen, dem Intellekt, dem Geist und dem Ego der bedingten Seelen, die von der materiellen Natur zum Narren gehalten werden; sie haben nichts mit der essenziellen Natur der Transzendenz zu tun. Je mehr man von diesen Verunstaltungen frei ist, desto mehr ist man in der Lage, das unverunreingte Absolute zu erkennen. Die von den Schriften offenbarte Wahrheit ist frei von Unreinheit. Doch die Erkenntnisse der Wissenssucher in Bezug auf diese Realitäten sind, je nach dem Grad ihrer individuellen Verwirklichung, entweder mit Makel behaftet oder frei von Makel.

Die zuvor aufgezählten 64 Künste existieren in Wirklichkeit nur in Goloka ohne jede Einschränkung. Unnatürlichkeit, Bedeutungslosigkeit und Grobheit findet man in diesen Künsten je nach dem Grad der Selbstverwirklichung derjenigen, die nach dem Wissen vom Absoluten streben. Wie den Worten Śrīla Rūpas und Śrīla Sanātanas zu entnehmen ist, existieren alle Spiele, die in Gokula sichtbar waren, in aller Reinheit und frei von allen Spuren der Begrenzung in Goloka. Nach den gleichen Maßstäben und logischen Schlussfolgerungen existiert somit auch die transzendentale autokratische Beziehung als Liebhaber und Geliebte in Goloka in unbegreiflicher Reinheit.

Alle Manifestationen der *cit*-Energie, *yogamāyā*, sind rein. Da es sich bei der oben erwähnten Beziehung zwischen Liebhaber und Geliebter um eine Schöpfung *yogamāyās* handelt, ist diese Beziehung notwendigerweise frei von aller Verunreinigung und gehört zur absoluten Realität.

Halten wir einen Augenblick inne, um darüber nachzudenken, was die absolute Realität eigentlich ist. Śrī Rūpa Gosvāmī sagt *pūrvokta- … sārataḥ*. Im Hinblick auf diese *ślokas* hat Śrīpāda Jīva Gosvāmī nach reiflicher Überlegung die transzendentale Liebesbeziehung als *vibhrama-vilāsa* definiert – als etwas, das offensichtlich verschieden von dem ist, was es zu sein scheint, ebenso wie die durch *yogamāyā* ermöglichten Spiele des Geborenwerdens usw. nicht das sind, was sie zu sein scheinen.

Durch die Erklärung *tathāpi … vraja-vanitānām* hat Śrīla Jīva Gosvāmī seine tiefgründige Schlussfolgerung zum Ausdruck gebracht. Durch scheinbaren Irrtum *(vibhrama-vilāsa)* verursachte, von Freude erfüllte Spiele werden in den Schlusserklärungen Rūpas und Sanātanas ebenfalls als Täuschungsmanöver *yogamāyas* bestätigt. Da aber Śrīpāda Jīva Gosvāmī die Identität Golokas mit Gokula etabliert hat, muss davon ausgegangen werden, dass allen Spielen Gokulas eine transzendentale Realität zugrunde liegt.

Als Ehemann bezeichnet man jemanden, der sich durch Heirat an ein Mädchen bindet, während ein Liebhaber den Moralkodex verletzt, um durch Liebesbezeugungen die Frau eines anderen für sich zu gewinnen, getrieben von dem Gefühl, dass ihre Liebe für ihn das Ein und Alles ist.

In Goloka gibt es so etwas wie eine eheliche Beziehung überhaupt nicht. Folglich gibt es dort auch keine Ehegatten, die zu einer solchen Beziehung gehören könnten. Und da die *gopīs*, die selbständige, wirkliche Wesen sind, an niemanden durch Heirat gebunden sind, können sie auch nicht in wilder Ehe leben. In Goloka kann es daher keine Gegensätze in Form von *svakīya* (ehelichen) und *parakīya* (ehebrecherischen) Beziehungen geben. Bei den sichtbaren Spielen auf der weltlichen Ebene gibt es den Ehebund. Aber Kṛṣṇa steht über den Gesetzen der materiellen Welt. Deshalb ist die Existenz der Ehe im Kreis der allumfassenden Liebe eine Schöpfung *yogamāyās*. Kṛṣṇa genießt den einer Liebschaft gleichenden transzendentalen *rasa*, indem Er die durch den Ehebund gesetzten Grenzen überschreitet. Jedoch ist auch dieses Spiel, nämlich die Grenzen der von *yogamāyā* etablierten, scheinbaren Moralgesetze zu durchbrechen, nur auf der weltlichen Ebene für jenes Auge sichtbar, das vom weltlichen Schleier umhüllt ist; in Wirklichkeit gibt es keine derartige Frivolität in den Spielen Kṛṣṇas. Der *rasa* der geheimen Liebesbeziehung ist ohne Zweifel die Essenz aller *rasas*. Würde man sagen, dieser *rasa* existiere in Goloka nicht, so käme dies einer beträchtlichen Herabsetzung Golokas gleich. Es entspricht nicht den Tatsachen, dass es im höchst vortrefflichen Reich von Goloka keinen höchst natürlichen Genuss von *rasa* gibt. Kṛṣṇa, der Ursprung aller *avatāras*, genießt diesen *rasa* auf *eine* Weise in Goloka und auf *andere* Weise in Gokula. Obgleich deshalb für den weltlichen Betrachter die Grenzen der legitimen Ehebeziehung durch die Form der Liebschaft überschritten werden, muss der wahre Charakter dieser Beziehung in irgendeiner Form auch in Goloka vorhanden sein.

Ātmārāmo 'py arīramat (Bhāg. 10.29.42), *ātmany avaruddha-sauratah̤ (Bhāg.* 10.33.25), *reme vraja-sundarībhir yathārbhakah̤ sva-pratibimba-vibhramah̤ (Bhāg.* 10.33.16) und andere Texte der offenbarten Schriften machen deutlich, dass die Freude am eigenen Selbst die essenzielle, unverkennbare Eigenschaft Kṛṣṇas ist. Kṛṣṇa veranlasst in Seinem majestätischen *cit*-Reich die Sichtbarwerdung Seiner eigenen *cit*-Energie als Lakṣmī und erfreut sich ihrer Gesellschaft als Seine Ehegefährtin. Da dort das Gefühl ehelicher Gemeinschaft überwiegt, entfaltet sich der *rasa* in natürlicher Form nur bis zur Beziehung des Dienens *(dāsya-rasa)*. Doch in Goloka teilt Kṛṣṇa Seine *cit*-Energie in Tausende von *gopīs* auf und vergnügt sich mit ihnen ewig in transzendentalen Spielen der Liebe, bei denen Besitzgefühle völlig in Vergessenheit geraten. Solange das Gefühl vorherrscht, jemanden zu besitzen, kann sich der *rasa* der extremen Unzugänglichkeit nicht entfalten. Die *gopīs* haben daher, seit Ewigkeit, das natürliche innewohnende Gefühl, die Ehefrauen anderer zu sein. Kṛṣṇa erwidert dieses Gefühl, indem Er die Rolle des Liebhabers spielt und den *rāsa*-Tanz und andere Liebesspiele mithilfe der Flöte, Seines geliebten Busenfreundes, durchführt. Goloka ist der transzendentale Sitz ewig-selbstverwirklichten *rasas*, der jenseits aller beschränkten Vorstellungen liegt. Deshalb existiert der *rasa* der geheimen Liebesbeziehung auch in Goloka, und zwar als eine auf Gefühlen beruhende Gemütsverfassung.

Im Reich von Vaikuṇṭha wiederum ist die Natur des Prinzips majestätischer Erhabenheit derart, dass es dort keinen *rasa* elterlicher Zuneigung zum Ursprung aller *avatāras* gibt. Doch in Goloka, dem Sitz der höchst exquisiten Köstlichkeit, gibt es die ursprüngliche, ichbezogene, vom Gefühl geleitete Vorstellung ebendieses *rasa*. Nanda und Yaśodā sind dort gegenwärtig, aber es findet keine Geburt statt. Und da es ohne Geburt keine wirkliche Elternschaft geben kann, beruht Nandas und Yaśodās elterliche Zuneigung in Goloka auf ihren persönlichen Gefühlen. Dies wird in Versen zum Ausdruck gebracht wie: *jayati jana-nivāso devakī-janma-vādaḥ* … Diese ihnen eigenen Gefühle sind jedoch ewig und dienen als Nährboden des *rasa*.

Wenn im *rasa* romantischer Liebe die entsprechenden persönlichen Gefühle wilder Ehe und Liebhaberschaft ebenfalls nur ewige Empfindungen sind, gibt es an ihnen nichts auszusetzen, und sie stehen auch nicht im Widerspruch zu den offenbarten Schriften. Wenn diese beiden in Goloka vorhandenen transzendentalen Entitäten in Vraja sichtbar werden, sind sie für den in der Welt der Phänomene verwurzelten, weltlichen Betrachter etwas augenfälliger, aber das ist auch der einzige Unterschied. Im *rasa* elterlicher Zuneigung werden die Gefühle Nandas und Yaśodās, Eltern zu sein, in Spielen wie der Geburt Kṛṣṇas sichtbarer, während sich im romantischen *rasa* die entsprechenden Gefühle wilder Ehe bei den jeweiligen *gopīs* in Form ihrer Eheschließungen mit Abhimanyu, Govardhana und anderen Kuhhirten zeigen. In Wirklichkeit aber gibt es weder in Goloka noch in Gokula so etwas wie Ehemänner der *gopīs*. Aus diesem Grund erklären die *śāstras*, dass es zwischen den *gopīs* und ihren Ehemännern zu keinem sexuellen Kontakt kommt.

Aus dem gleichen Grund schreibt auch Śrī Rūpa, der anerkannte Lehrer des *rasa*-Prinzips, dass es im transzendentalen Liebes-*rasa* zweierlei Helden gibt, den Ehemann und den Geliebten: *patiś copapatiś ceti prabhedāv iha viśrutāv iti*. Śrī Jīva bestätigt in seinem Kommentar zu diesem *śloka* Kṛṣṇas ewige Beziehung als Geliebter in Goloka und Gokula, sowie dessen Beziehung als Ehegatte in Vaikuṇṭha und Dvārakā *(patiḥ puravanitānāṁ dvitīyo vraja-vanitānām)*. Der Herr von Goloka und der Herr von Gokula verkörpern den Charakter des Liebhabers in vollendeter Form. Kṛṣṇa geht über den Zustand der Freude an Seinem eigenen Selbst absichtlich hinaus, wenn Er den Wunsch hegt, sich mit der Ehefrau eines anderen zu vereinigen. Das Bewusstsein, die Frau eines anderen zu sein, ist nichts weiter als eine auf Gefühlen beruhende Vorstellung der *gopīs*. In Wirklichkeit haben sie keine unabhängig und gesondert existierenden Ehemänner; dennoch führen ihre ihnen ganz eigenen Empfindungen dazu, sich als Frauen zu fühlen, die mit anderen verheiratet sind. Alle Merkmale, wie das »Verlangen, das den Geliebten dazu treibt, die Grenzen der Moral zu überschreiten«, sind am Ort der allumfassenden Köstlichkeit ewig vorhanden. In Vraja (Gokula) offenbaren sich die gleichen Dinge bis zu einem gewissen Ausmaß in einer Form, die für Menschen mit weltlicher Sichtweise eher wahrnehmbar ist.

In Goloka gibt es also einen unbegreiflichen gleichzeitigen Unterschied und Nichtunterschied zwischen den *rasas*, die der geheimen Liebesbeziehung und der Ehebeziehung entsprechen. Es lässt sich mit gleichem Recht sagen, dass in Goloka zwischen den beiden kein Unterschied besteht und dass ein solcher Unterschied besteht. Die Essenz der Liebhaberbeziehung besteht darin, dass es bei ihr keinen Besitzanspruch mehr gibt, und dieses nachlassende Besitzgefühl führt dazu, dass sich Kṛṣṇa mit Seiner persönlichen *cit*-Energie als Liebhaber außerhalb der gültigen Ehebindung vergnügt. Sowohl die Liebhaber- als auch die Ehebeziehung existieren dort als ein und derselbe *rasa*, der aber beide Spielarten in sich vereint. In Gokula ist es im Grunde der gleiche *rasa* – mit dem Unterschied, dass bei auf der weltlichen Ebene lebenden Betrachtern ein anderer Eindruck entsteht. In Govinda, dem Helden von Goloka, findet man sowohl die Beziehung als Ehegatte wie auch die Beziehung als Liebhaber, doch beide liegen jenseits von fromm und unfromm und haben nichts mit Lasterhaftigkeit zu tun. Ebenso verhält es sich auch mit dem Helden von Gokula, obgleich der Einfluss *yogamāyās* einen anderen Eindruck vermittelt.

Jemand mag mit Nachdruck die Ansicht vertreten, alles von *yogamāyā* Geschaffene sei die höchste Wahrheit, da es sich um eine Schöpfung der *cit*-Energie handle, und deshalb sei auch die sogenannte Liebhaberbeziehung wahr und echt. Die Antwort hierauf lautet, dass es beim Kosten von *rasa* sehr wohl eine Gefühlsregung geben mag, die einem sentimentalen Egoismus äußerlich zu ähneln scheint und doch von jeder Art von Vergehen frei ist, weil sie ihre Grundlage in der Absoluten Wahrheit hat. Doch der ungesunde Eindruck, der durch die weltliche Betrachtungsweise entsteht, ist anstößig und kann deshalb im reinen *cit*-Reich nicht existieren. Tatsache ist, dass Śrīpāda Jīva Gosvāmī zur wahren Schlussfolgerung gekommen ist; gleichzeitig aber ist der Befund der anderen Seite unbegreiflicherweise ebenfalls wahr. Es sind die zu nichts führenden empirischen Streitereien um das Ehefrauendasein und die wilde Ehe, die falsch und von nichtssagenden Scheinargumenten geplagt sind.

Wenn man die Kommentare Śrīpāda Jīva Gosvāmīs und der Gegenseite ohne Vorurteile analysiert, wird man eine aus echten Zweifeln entstandene Protesthaltung nicht aufrechterhalten können. Was immer die unverfälschten Geweihten des Höchsten Herrn sagen, ist wahr und von jeder Inbetrachtziehung abträglicher Pros und Kontras unabhängig. Dennoch ist in ihren verbalen Kontroversen ein Mysterium enthalten. Diejenigen, deren Urteil auf weltlichen Überlegungen beruht und die aufgrund ihres eigenen Mangels an unverfälschter Hingabe nicht in der Lage sind, in den Geist der allliebenden Kontroversen unter reinen *vaiṣṇavas* einzudringen, neigen dazu, den Geweihten ihre eigenen Unzulänglichkeiten der Parteilichkeit und widersprüchlichen Ansichten zuzuschreiben. Der große Gottgeweihte Śrīpāda Viśvanātha Cakravartī hat achtungsvoll und vorbehaltlos alles akzeptiert, was Śrīpāda Sanātana Gosvāmī schlüssig in seinem *Vaiṣṇava-toṣanī* mit Bezug auf den Kommentar zum *śloka* des *Rāsa-pañcādhyāyī* – *gopīnāṁ tat-patīnāṁ ca* … – geschrieben hat.

Immer wenn hinsichtlich der reinen kognitiven Spiele, wie der *līlās* in Goloka, ein Streit entsteht, täten wir gut daran, uns an den wertvollen Rat zu erinnern, der von den heiligen Lippen Śrīmān Mahāprabhus und Seiner Gefährten, der Gosvāmīs, kam, dass nämlich die Absolute Wahrheit, der Persönliche Gott, stets durch spirituelle Vielfalt charakterisiert ist, welche die Vielfalt weltlicher Phänomene transzendiert. Er ist *niemals* ohne Eigenschaften. Der göttliche *rasa*, dessen Lieblichkeit auf den mannigfachen Formen der vier Bestandteile *vibhāva, anubhāva, sāttvika* und *vyabhicārī* beruht, ist in Goloka und Vaikuṇṭha ewig zu finden. Dieser *rasa* Golokas manifestiert sich zum Segen der Gottgeweihten durch die Macht *yogamāyās* auf der weltlichen Ebene als *vraja-rasa*. Man kann davon ausgehen, dass alles, was im *gokula-rasa* zu beobachten ist, auch im *goloka-rasa* in klarer und deutlicher Form sichtbar ist. Folglich existieren der Unterschied zwischen Liebschaft und Ehe, die mannigfaltigen *rasas* in den verschiedenen Geweihten, das Land, das Wasser, Flüsse, Berge, Säulengänge, Lauben, Kühe und so weiter – alle diese Merkmale Gokulas – auch in Goloka in entsprechender Form. Das Besondere ist, dass die weltlichen Auffassungen von Menschen, die transzendentale Entitäten nach materiellen Kriterien beurteilen, dort nicht existieren. Goloka manifestiert sich dem Gottgeweihten auf unterschiedliche Weise, und zwar je nach dem Grad seiner Erkenntnis der vielfältigen Spiele Vrajas, und es ist sehr schwer, ein definitives Kriterium festzulegen, das bestimmt, welche Teile dieser Spiele weltlich und welche unverunreinigt sind.

Je mehr das Auge der Hingabe mit Liebe gesalbt ist, desto mehr wird sich die transzendentale Sicht von selbst einstellen. Es erübrigt sich also, weiter hypothetischen Spekulationen nachzuhängen, die unsere spirituelle Wertschätzung ohnehin nicht vertiefen, denn das substanzielle Wissen über Goloka liegt jenseits unseres Begriffsvermögens. Der Versuch, dem Unbegreiflichen durch Denkmodelle näher zu kommen, gleicht dem Dreschen von Spreu – ein Unterfangen, das mit Sicherheit ein fruchtloses Ende haben wird. Es ist deshalb unsere Pflicht, den Versuch zu unternehmen, die Transzendenz durch die Kultivierung reiner Hingabe zu erfahren, und davon Abstand zu nehmen, alles ergründen zu wollen.

Jeder Weg, der die Vorstellung fördert, die Absolute Wahrheit sei eigenschaftslos, muss unter allen Umständen vermieden werden. Unverfälschter *parakīya-rasa*, frei von allen weltlichen Vorstellungen, ist ein höchst seltenes Gut. Es ist diese Beziehung, die in den Erzählungen von den Spielen Gokulas beschrieben wird. Gottgeweihte, die sich von ihrer reinen spontanen Liebe leiten lassen, sollten für ihre hingebungsvollen Bemühungen diese Erzählungen als Grundlage nehmen. Sie werden die natürliche, fundamentale Wahrheit erkennen, wenn sie die Stufe der Vollkommenheit erreichen. Angebliche hingebungsvolle Tätigkeiten, die das Wesen unzulässiger Liebesbeziehungen haben, wie sie von weltlich gesinnten, bedingten Seelen unterhalten werden, sind verbotene, unfromme Handlungen. Das Herz unseres *ācārya*

Śrīpāda Jīva Gosvāmī litt sehr angesichts solcher Praktiken, und dies veranlasste ihn, uns seine schlüssigen Erklärungen zum Thema zu vermitteln. Es ist die Pflicht eines reinen *vaiṣṇava*, den wahren Geist seiner Ausführungen zu akzeptieren. Es ist ein schweres Vergehen, den *ācārya* nicht zu achten und eine ihm widersprechende, andere Lehre einführen zu wollen.

VERS 38

प्रेमाञ्जनच्छुरितभक्तिविलोचनेन
सन्तः सदैव हृदयेषु विलोकयन्ति ।
यं श्यामसुन्दरमचिन्त्यगुणस्वरूपं
गोविन्दमादिपुरुषं तमहं भजामि ॥

premāñjana-cchurita-bhakti-vilocanena
santaḥ sadaiva hṛdayeṣu vilokayanti
yaṁ śyāmasundaram acintya-guṇa-svarūpaṁ
govindam ādi-puruṣaṁ tam ahaṁ bhajāmi

prema – der Liebe; *añjana* – mit der Salbe; *churita* – bestrichen; *bhakti* – der Hingabe; *vilocanena* – mit dem Auge; *santaḥ* – die reinen Geweihten; *sadā* – immer; *eva* – in der Tat; *hṛdayeṣu* – in ihren Herzen; *vilokayanti* – sehen; *yam* – wen; *śyāma* – dunkelblau; *sundaram* – schön; *acintya* – unbegreiflich; *guṇa* – mit Eigenschaften; *svarūpam* – dessen Natur ausgestattet ist; *govindam* – Govinda; *ādi-puruṣam* – die ursprüngliche Person; *tam* – Ihn; *aham* – ich; *bhajāmi* – verehre.

Ich verehre Govinda, den urersten Herrn, der Śyāmasundara, Kṛṣṇa selbst, ist und unzählige unbegreifliche Eigenschaften besitzt. Die reinen Gottgeweihten sehen Ihn im Innersten ihres Herzens mit dem Auge der Hingabe, das geschmückt ist mit dem Balsam der Liebe.

Die Śyāmasundara-Gestalt Śrī Kṛṣṇas ist Seine unbegreifliche, gleichzeitig persönliche und unpersönliche, in sich widersprüchliche Form. Wahre Gottgeweihte sehen diese Gestalt in ihrem geläuterten Herzen unter dem Einfluss hingebungsvoller Trance. Die Śyāma-Form ist von blauer Farbe, aber es ist nicht das in der materiellen Welt bekannte Blau, sondern eine transzendentale, facettenreiche Farbe, die in ewiger Glückseligkeit erstrahlt und für das sterbliche Auge nicht sichtbar ist. Wenn man einmal die Trance Vyāsadevas studiert, wie sie der Vers *bhakti-yogena manasi* [*Bhāg.* 1.7.4] beschreibt, so wird deutlich, dass die Form Śrī Kṛṣṇas die vollständige Persönlichkeit Gottes ist und nur im Herzen eines wahren Gottgeweihten sichtbar werden kann, dem einzig wahren Ort einer solchen Vision, die im Zustand der Trance unter dem Einfluss der Hingabe erscheint. Als Kṛṣṇa sich in Vraja offenbarte, sahen Ihn sowohl die Geweihten als auch die Nichtgeweihten mit ihren eigenen Augen, doch nur die Gottgeweihten wussten Ihn, der ewig in Vraja gegenwärtig ist, als den unersetzlichen, kostbaren Juwel ihres Herzens zu schätzen.

Auch heute noch sehen Ihn die Gottesdiener in Vraja in ihren mit Hingabe durchtränkten Herzen. Sie sehen Ihn nicht mit ihren gewöhnlichen Augen, sondern mit dem Auge der Hingabe, das nichts anderes ist als das Auge des reinen, unverfälschten, spirituellen Selbst der *jīva*-Seele. Die Gestalt Kṛṣṇas ist diesem Auge im Verhältnis zu dessen Läuterung durch gereifte Hingabe sichtbar. Wenn die Hingabe des Novizen die Stufe von *bhāva-bhakti* erreicht, wird das reine Auge dieses Geweihten durch die Gnade Kṛṣṇas mit dem Balsam der Liebe bestrichen, wodurch er in die Lage versetzt wird, Kṛṣṇa von Angesicht zu Angesicht zu sehen. Der Ausdruck »in ihrem Herzen« bedeutet, dass Kṛṣṇa in dem Maße sichtbar ist, wie die Herzen der Geweihten durch zunehmende Hingabe geläutert sind. Die wesentliche Botschaft dieses *śloka* besteht darin, dass die Form Kṛṣṇas, der bekannt ist als Śyāmasundara, Naṭavara (der beste Tänzer), Muralīdhara (der Flötenträger) und Tribhaṅga (derjenige mit der dreifach geschwungenen Gestalt), kein Trugbild, sondern transzendental ist und mit dem Auge der Seele des Geweihten in Trance gesehen werden kann.

VERS 39

रामादिमूर्तिषु कलानियमेन तिष्ठन्
नानावतारमकरोद्भुवनेषु किन्तु ।
कृष्णः स्वयं समभवत्परमः पुमान् यो
गोविन्दमादिपुरुषं तमहं भजामि ॥

rāmādi-mūrtiṣu kalā-niyamena tiṣṭhan
nānāvatāram akarod bhuvaneṣu kintu
kṛṣṇaḥ svayaṁ samabhavat paramaḥ pumān yo
govindam ādi-puruṣaṁ tam ahaṁ bhajāmi

rāma-ādi – die Inkarnation Śrī Rāmas usw.; *mūrtiṣu* – in verschiedenen Formen; *kalā-niyamena* – in aufeinanderfolgenden vollständigen Teilen; *tiṣṭhan* – existieren; *nānā* – verschiedene; *avatāram* – Inkarnationen; *akarot* – führte aus; *bhuvaneṣu* – in den Welten; *kintu* – aber; *kṛṣṇaḥ* – Śrī Kṛṣṇa; *svayam* – persönlich; *samabhavat* – erschien; *paramaḥ* – die höchste; *pumān* – Person; *yaḥ* – der; *govindam* – Govinda; *ādi-puruṣam* – die ursprüngliche Person; *tam* – Ihn; *aham* – ich; *bhajāmi* – verehre.

Ich verehre Govinda, den urersten Herrn, der persönlich als Kṛṣṇa erschien und die verschiedenen Avatāras, wie Rāma, Nṛsiṁha und Vāmana, in der Welt als Seine vollständigen Teile sichtbar werden ließ.

Kṛṣṇas vollständigen Teile kommen als *avatāras*, wie Rāma und andere, von Vaikuṇṭha in diese Welt, und Kṛṣṇa selbst kommt, zusammen mit Vraja, von Goloka auf unsere Erde. Der vertrauliche Sinn dieses Verses besteht darin, dass auch das Erscheinen Kṛṣṇa Caitanyas, der mit Kṛṣṇa identisch ist, eine unmittelbare Erscheinungsform des Persönlichen Gottes ist.

VERS 40

यस्य प्रभा प्रभवतो जगदण्डकोटि-
कोटिष्वशेषवसुधादिविभूतिभिन्नम् ।
तद् ब्रह्म निष्कलमनन्तमशेषभूतं
गोविन्दमादिपुरुषं तमहं भजामि ॥

yasya prabhā prabhavato jagad-aṇḍa-koṭi-
koṭiṣv aśeṣa-vasudhādi-vibhūti-bhinnam
tad brahma niṣkalam anantam aśeṣa-bhūtaṁ
govindam ādi-puruṣaṁ tam ahaṁ bhajāmi

yasya – dessen; *prabhā* – Ausstrahlung; *prabhavataḥ* – jemand, der unermessliche Macht besitzt; *jagat-aṇḍa* – von Universen; *koṭi-koṭiṣu* – in Millionen und Abermillionen; *aśeṣa* – unbegrenzt; *vasudhā-ādi* – mit Planeten und anderen Erscheinungsformen; *vibhūti* – mit Reichtümern; *bhinnam* – vielfältig in Erscheinung tretend; *tat* – das; *brahma* – Brahman; *niṣkalam* – ohne Teile; *anantam* – grenzenlos; *aśeṣa-bhūtam* – weil vollständig; *govindam* – Govinda; *ādi-puruṣam* – die ursprüngliche Person; *tam* – Ihn; *aham* – ich, *bhajāmi* – verehre.

Ich verehre Govinda, den urersten Herrn, dessen Ausstrahlung die Quelle des in den Upaniṣads beschriebenen undifferenzierten Brahman ist. Da diese Ausstrahlung von den unendlichen Reichtümern des materiellen Universums verschieden ist, wird sie als die unteilbare, unendliche, grenzenlose Wahrheit wahrgenommen.

Das von *māyā* erschaffene materielle Universum ist eine der unendlichen äußeren Erscheinungsformen, die Raum, Zeit und grobstoffliche Objekte beherbergen. Der unpersönliche Aspekt Gottes, das unterschiedslose Brahman, steht weit über diesem Prinzip der weltlichen Schöpfung. Aber selbst das unterschiedslose Brahman ist nur die äußere Ausstrahlung, die von der Umgrenzung des transzendentalen Vaikuṇṭha-Reiches ausgeht, welches einen Dreiviertelanteil der Herrlichkeit Govindas offenbart. Das unterschiedslose Brahman ist unteilbar. Daher ist es auch Eins ohne ein Zweites – die unendliche, nichtduale Entität.

VERS 41

माया हि यस्य जगदण्डशतानि सूते
त्रैगुण्यतद्विषयवेदवितायमाना ।
सत्त्वावलम्बिपरसत्त्वं विशुद्धसत्त्वं
गोविन्दमादिपुरुषं तमहं भजामि ॥

māyā hi yasya jagad-aṇḍa-śatāni sūte
traiguṇya-tad-viṣaya-veda-vitāyamānā
sattvāvalambi-para-sattvaṁ viśuddha-sattvaṁ
govindam ādi-puruṣaṁ tam ahaṁ bhajāmi

māyā – die äußere Energie; *hi* – in der Tat; *yasya* – von dem; *jagat-aṇḍa* – Universen; *śatāni* – Hunderte; *sūte* – bringt hervor; *trai-guṇya* – die drei weltlichen Eigenschaften verkörpernd; *tat* – von diesen; *viṣaya* – das Thema; *veda* – das vedische Wissen; *vitāyāmanā* – verbreitend; *sattva-avalambi* – die Stütze aller Existenz; *para-sattvam* – das höchste Wesen; *viśuddha-sattvam* – das absolute substanzielle Prinzip; *govindam* – Govinda; *ādi-puruṣam* – die ursprüngliche Person; *tam* – Ihn, *aham* – ich; *bhajāmi* – verehre.

Ich verehre Govinda, den urersten Herrn, der als das höchste Wesen in Seiner Eigenschaft als Erhalter aller Existenz das absolute substanzielle Prinzip ist und dessen äußere Energie die drei materiellen Eigenschaften Sattva, Rajas und Tamas verkörpert und das vedische Wissen hinsichtlich der materiellen Welt verbreitet.

Die aktive materielle Eigenschaft *rajas* [Leidenschaft] bringt die weltliche Schöpfung hervor. Die Eigenschaft *sattva* [Tugend], das weltliche Bewahrungsprinzip, steht zusammen mit *rajas* für die Erhaltung der so geschaffenen Wesen, und die Eigenschaft *tamas* [Unwissenheit] repräsentiert das Prinzip der Vernichtung. Das mit den drei materiellen Eigenschaften vermischte substanzielle Prinzip ist von weltlicher Natur, wohingegen die unvermischte Substanz transzendental ist. Ewiges Dasein ist die Grundeigenschaft des absoluten Wesens. Nur die Person, deren ureigene Gestalt in dieser Essenz weilt, ist von unverfälschter Natur, überweltlich und frei von allen materiellen Eigenschaften. Diese Person, der urerste Herr, ist kognitive Glückseligkeit. Es ist die irreführende Energie, die das von den drei weltlichen Eigenschaften[18] handelnde regulative Wissen (die Veden) konzipiert hat.

VERS 42

आनन्दचिन्मयरसात्मतया मनःसु
यः प्राणिनां प्रतिफलन् स्मरतामुपेत्य ।
लीलायितेन भुवनानि जयत्यजस्रं
गोविन्दमादिपुरुषं तमहं भजामि ॥

ānanda-cinmaya-rasātmatayā manaḥsu
yaḥ prāṇināṁ pratiphalan smaratām upetya
līlāyitena bhuvanāni jayaty ajasraṁ
govindam ādi-puruṣaṁ tam ahaṁ bhajāmi

ānanda – glückselig; *cit-maya* – kognitiv; *rasa* – von *rasa*; *ātma-tayā* – da Er das Wesen ist; *manaḥsu* – im Geist; *yaḥ* – Er, der; *prāṇinām* – von Lebewesen; *pratiphalan* – gespiegelt; *smaratām upetya* – sich erinnernd; *līlāyitena* – durch Spiele; *bhuvanāni* – die materielle Welt; *jayati* – dominiert triumphierend; *ajasram* – für immer; *govindam* – Govinda; *ādi-puruṣam* – die ursprüngliche Person; *tam* – Ihn; *aham* – ich; *bhajāmi* – verehre.

Ich verehre Govinda, den urersten Herrn, dessen Herrlichkeit ewig triumphierend die materielle Welt durch Seine aktiven Spiele beherrscht und der sich im Geist der sich an Ihn erinnernden Seelen als die transzendentale Verkörperung ewig-glückseligen, kognitiven Rasas widerspiegelt.

Nur diejenigen sind in echte Kṛṣṇa-Meditation vertieft, die sich – spirituellen Unterweisungen folgend – ständig an den Namen, die Gestalt, die Eigenschaften und die Spiele Kṛṣṇas erinnern, so wie Er im konjugalen *rasa* erscheint, in dem Seine Lieblichkeit den Gott weltlicher Liebe, den Eroberer aller weltlich gesinnten Herzen, besiegt. Kṛṣṇa, der sich fortwährend vielfältiger Spiele erfreut, erscheint mit Seinem Reich nur in dem reinen, empfänglichen Bewusstsein solcher Geweihten. Die Spiele dieses sichtbar gewordenen göttlichen Reiches triumphieren in jeder Hinsicht über alle Pracht und Schönheit der materiellen Welt.

VERS 43

गोलोकनाम्नि निजधाम्नि तले च तस्य
देवीमहेशहरिधामसु तेषु तेषु ।
ते ते प्रभावनिचया विहिताश्च येन
गोविन्दमादिपुरुषं तमहं भजामि ॥

goloka-nāmni nija-dhāmni tale ca tasya
devī-maheśa-hari-dhāmasu teṣu teṣu
te te prabhāva-nicayā vihitāś ca yena
govindam ādi-puruṣaṁ tam ahaṁ bhajāmi

goloka-nāmni – auf dem als Goloka Vṛndāvana bekannten Planeten; *nija-dhāmni* – das persönliche Reich des Höchsten Persönlichen Gottes; *tale* – darunter; *ca* – auch; *tasya* – davon; *devī* – der Göttin Durgā; *maheśa* – Śivas; *hari* – Nārāyaṇas; *dhāmasu* – auf den Planeten; *teṣu teṣu* – auf jedem einzelnen von ihnen; *te te* – die jeweiligen; *prabhāva-nicayāḥ* – Reichtümer; *vihitāḥ* – eingerichtet; *ca* – auch; *yena* – von dem; *govindam* – Govinda; *ādi-puruṣam* – die ursprüngliche Person; *tam* – Ihn; *aham* – ich; *bhajāmi* – verehre.

Ganz zuunterst befindet sich Devī-dhāma [die materielle Welt]; darüber liegt Maheśa-dhāma [das Reich Maheśas]; über Maheśa-dhāma befindet sich Hari-dhāma [das Reich Haris], und über all diesen Regionen liegt Kṛṣṇas persönliches Reich Goloka. Ich verehre den urersten Herrn, Govinda, der den Herrschern dieser auf verschiedenen Ebenen angeordneten Reiche ihre jeweilige Autorität verliehen hat.

Goloka-dhāma steht an höchster Stelle, über allen anderen Regionen. Brahmā, der zum höher gelegenen Goloka aufblickt, spricht über die anderen Reiche aus der Sicht seines eigenen Reiches: An unterster Stelle befindet sich das materielle Universum, genannt Devī-dhāma, das aus vierzehn Welten (Satyaloka usw.) besteht; über Devī-dhāma liegt Śiva-dhāma. Ein Teil Śiva-dhāmas, Mahākāla-dhāma genannt, ist in Dunkelheit gehüllt, während der andere Teil, Sadāśivaloka, in hellstem Licht erstrahlt. Über Sadāśivaloka befindet sich Hari-dhāma, das transzendentale Vaikuṇṭhaloka. Die Energie Devī-dhāmas, in der Form der Emanation *māyās*, und die Energie Śivalokas, die aus Zeit, Raum und Materie besteht, bilden die Kraft der von der schattenhaften Spiegelung des vollständigen Teils der Göttlichkeit durchdrungenen, abgesonderten Partikel[19]. Doch Hari-dhāma erstrahlt ewiglich in transzendentaler Pracht, und der unermessliche Glanz exquisiter Lieblichkeit dominiert alle anderen Arten der Herrlichkeit in Goloka. Der Höchste Herr, Govinda, hat durch Seinen direkten und indirekten Machteinfluss den Wirkungsbereich dieser Energien in jenen Regionen festgelegt.

VERS 44

सृष्टिस्थितिप्रलयसाधनशक्तिरेका
छायेव यस्य भुवनानि बिभर्ति दुर्गा ।
इच्छानुरूपमपि यस्य च चेष्टते सा
गोविन्दमादिपुरुषं तमहं भजामि ॥

sṛṣṭi-sthiti-pralaya-sādhana-śaktir ekā
chāyeva yasya bhuvanāni bibharti durgā
icchānurūpam api yasya ca ceṣṭate sā
govindam ādi-puruṣaṁ tam ahaṁ bhajāmi

sṛṣṭi – Schöpfung; *sthiti* – Erhaltung; *pralaya* – und Vernichtung; *sādhana* – die wirkende Kraft; *śaktiḥ* – Energie; *ekā* – eine; *chāyā* – der Schatten; *iva* – wie; *yasya* – von dem; *bhuvanāni* – die materielle Welt; *bibharti* – bewahrt; *durgā* – Durgā; *icchā* – der Wille; *anurūpam* – in Übereinstimmung mit; *api* – gewiss; *yasya* – von dem; *ca* – und; *ceṣṭate* – verhält sich; *sā* – sie; *govindam* – Govinda; *ādi-puruṣam* – die ursprüngliche Person; *tam* – Ihn; *aham* – ich; *bhajāmi* – verehre.

Die äußere Energie Māyā, die ihrem Wesen nach der Schatten der Cit-Energie ist, wird von allen Menschen

als Durgā verehrt, die erschaffende, erhaltende und vernichtende Bevollmächtigte der materiellen Welt. Ich verehre bewundernd den urersten Herrn Govinda, nach dessen Willen Durgā ihre Pflicht erfüllt.

(Hier wird die zuvor erwähnte, über Devī-dhāma herrschende Gottheit beschrieben.) Die Welt, von der aus Brahmā den Herrn von Goloka mit Hymnen verehrt, ist das aus vierzehn Planetensystemen bestehende Devī-dhāma, dessen vorherrschende Gottheit Durgā ist. Sie hat zehn Arme, welche die zehn verschiedenen fruchtbringenden Tätigkeiten repräsentieren. Sie reitet auf einem Löwen, der ihren Heldenmut symbolisiert, und als die Bezwingerin aller Laster zertritt sie Mahīṣāsura. Sie ist die Mutter von zwei Söhnen, Kārtikeya und Gaṇeśa, die für Schönheit und Erfolg stehen, und sie sitzt zwischen Lakṣmī und Sarasvatī, die weltlichen Reichtum und weltliches Wissen verkörpern. Sie verfügt über zwanzig Waffen, welche die vielfältigen frommen Werke darstellen, die in den Veden zur Überwindung von Lastern empfohlen werden. Sie hält eine Schlange in der Hand und repräsentiert damit die Schönheit der alles vernichtenden Zeit. Das ist Durgā, die in vielen verschiedenen Formen erscheint.

Durgā ist die Herrin des *durga*, was so viel wie »Gefängnis« bedeutet. Wenn die von der marginalen Energie *(taṭasthā śakti)* gezeugten *jīvas* Kṛṣṇas Dienst vergessen, werden sie in das Gefängnis der materiellen Welt, die Zitadelle Durgās, geworfen. Das Rad des *karma* dient an diesem Ort als Instrument zur Bestrafung. Durgās Aufgabe ist es, die verurteilten *jīvas* zu läutern, und so richtet sie sich ganz nach dem Willen Govindas und tut gewissenhaft ihre Pflicht. Wenn die eingekerkerten *jīvas* das Glück haben, selbstverwirklichten Seelen zu begegnen, die sie darauf aufmerksam machen, dass sie Govinda vergessen haben, und so ihre natürliche Neigung für den liebevollen Dienst Kṛṣṇas wecken, dann wird Durgā persönlich, durch den Willen Govindas, dazu ermächtigt, ihnen bei der Befreiung behilflich zu sein. Es sollte also jeder das aufrichtige Wohlwollen Durgās, der Gebieterin dieses Gefängnisses, zu gewinnen suchen, indem er sie mit selbstlosem Dienst für Kṛṣṇa gnädig stimmt. Die von Durgā in Form von Reichtum, Grundbesitz, Genesung von Krankheit, Ehefrau und Söhnen empfangenen Segnungen sollten als die irreführende Güte Durgās verstanden werden. Das weltliche Frohlocken – geboren aus den zehn großen Wissenszweigen *(daśa-mahā-vidyā)*, die von den zehn Göttinnen, den verschiedene Aspekten Durgās, repräsentiert werden – dient der Täuschung der gefangenen Seelen dieser Welt.

Der *jīva* ist ein atomisch-kleines spirituelles Teilchen Kṛṣṇas. Wenn er seinen Dienst für Kṛṣṇa vergisst, wird er sofort von der in dieser Welt wirkenden Anziehungskraft Māyās geblendet und in den Strudel weltlicher, fruchtbringender Tätigkeit *(karma)* geworfen. Māyā sperrt die Seele in einen grobstofflichen Körper, der aus den fünf materiellen Elementen[20], deren fünf Attributen[21] und den elf Sinnen[22] besteht und einem Gefängnisanzug gleicht. In diesem Strudel erlebt der *jīva* Glück und Leid, Himmel und Hölle. Innerhalb des grobstofflichen Körpers gibt es noch einen feinstofflichen Körper, der aus Geist, Intelligenz und Ego besteht. Mithilfe des feinstofflichen Körpers verlässt der *jīva* seinen grobstofflichen Körper und sucht Schutz in einem anderen. Von seinem feinstofflichen Körper, der voller Unwissenheit und übler Wünsche ist, kann sich der *jīva* nicht lösen, ohne Befreiung erlangt zu haben. Nach der Auflösung des feinstofflichen Körpers badet der *jīva* im Virajā und steigt auf nach Hari-dhāma.

Durgā geht all den erwähnten Pflichten im Einklang mit dem Willen Govindas nach. Eine weitere Beschreibung der Beziehung zwischen Durgā und den bedingten Seelen findet sich in dem *Bhāgavata-śloka »vilajjamānayā … durdhiyaḥ«*.[23]

Die bisherige Beschreibung Durgās bezieht sich auf die Durgā, die von den Menschen dieser materiellen Welt verehrt wird. Die spirituelle Durgā hingegen, die in dem *mantra* erwähnt wird, der das spirituelle Reich des Höchsten Herrn umhüllt, ist die ewige Dienerin Kṛṣṇas und somit die transzendentale Wirklichkeit, deren Schatten, die hiesige Durgā, in dieser weltlichen Region als ihre Dienerin auftritt (vgl. die Erläuterung zu Vers 3).

VERS 45

क्षीरं यथा दधि विकारविशेषयोगात्
सञ्जायते न हि ततः पृथगस्ति हेतोः ।
यः शम्भुतामपि तथा समुपैति कार्याद्
गोविन्दमादिपुरुषं तमहं भजामि ॥

kṣīraṁ yathā dadhi vikāra-viśeṣa-yogāt
sañjāyate na hi tataḥ pṛthag asti hetoḥ
yaḥ śambhutām api tathā samupaiti kāryād
govindam ādi-puruṣaṁ tam ahaṁ bhajāmi

kṣīraṁ – Milch; *yathā* – wie; *dadhi* – Joghurt; *vikāra-viśeṣa* – von einer besonderen Umwandlung; *yogāt* – durch die Anwendung; *sañjāyate* – wird umgewandelt in; *na* – nicht; *hi* – tatsächlich; *tataḥ* – von der Milch; *pṛthak* – getrennt; *asti* – ist; *hetoḥ* – welches die Ursache ist; *yaḥ* – wer; *śambhutām* – das Wesen Śivas; *api* – auch; *tathā* – somit; *samupaiti* – nimmt an; *kāryāt* – um eine bestimmte Aufgabe zu erfüllen; *govindam* – Govinda; *ādi-puruṣam* – die ursprüngliche Person; *tam* – Ihn; *aham* – ich; *bhajāmi* – verehre.

So wie Milch durch Säurebildung zu Joghurt wird, aber die Wirkung (Joghurt) mit ihrer Ursache (Milch) weder identisch noch von ihr verschieden ist, so wird der urerste Herr Govinda, den ich bewundernd verehre, auf dem Wege der Umwandlung zu Śambhu, um das Werk der Vernichtung zu vollbringen.

(Hier wird die wahre Natur Śambhus, der herrschenden Gottheit Maheśa-dhāmas, beschrieben.) Śambhu ist nicht ein zweiter, von Kṛṣṇa verschiedener höchster Gott. Wer solche Unterschiede macht, begeht ein schweres Vergehen gegen den Höchsten Herrn. Die Herrschergewalt Śambhus ist der Macht Govindas untergeordnet; dennoch sind die beiden nicht wirklich voneinander verschieden. Diese Tatsache verdeutlicht das Beispiel der Milch, die zu Joghurt wird, wenn man sie mit Säure behandelt; in ähnlicher Weise nimmt Gott eine untergeordnete Stellung ein, wenn Er durch die Hinzufügung eines bestimmten Wandlungselements eine andere Persönlichkeit annimmt. Diese Persönlichkeit besitzt jedoch keine unabhängige Handlungsfreiheit. Das besagte Wandlungsprinzip besteht aus einer Verbindung der abstumpfenden Eigenschaft der täuschenden Energie, der Unvollständigkeitseigenschaft der marginalen Energie und einem Hauch des ekstatisch-bewussten Prinzips der vollständigen spirituellen Energie. Dieses spezifisch abgewandelte Spiegelbild der persönlichen Emanation des göttlichen Prinzips ist Sadāśiva in der Form des strahlenden Männlichkeitssymbol Gottes, nämlich Śambhu, der seinerseits Rudradeva hervorbringt.

Govinda erscheint als *guṇa-avatāra* in der Form Śambhus, um als materielle Ursache die weltliche Schöpfung in Gang zu setzen, um dann durch die Vernichtung verschiedener *asuras* zu ihrer Erhaltung beizutragen und um mit eigener Hand schließlich die Zerstörung der Welt herbeizuführen. Dieser Śambhu ist ein abgesonderter Teil Govindas, durchdrungen vom Wesen Seines persönlichen vollständigen Teils. Er ist auch die Persönlichkeit des Zerstörungsprinzips in Form der Zeit, wie durch Zitate aus den Schriften zu ersehen ist, die im Kommentar[24] herangezogen werden. Verse des *Bhāgavatam*, wie z. B. *vaiṣṇavānāṁ yathā śambhuḥ*, wollen darauf hinweisen, dass Śambhu sich nach dem Willen Govindas richtet und zusammen mit seiner Gefährtin Durgā-devī durch seine ihm eigene Zeitenergie wirkt. Er lehrt in den verschiedenen *Tantra-śāstras*[25], die für *jīvas* auf unterschiedlichen Stufen des bedingten Daseins bestimmt sind, dass fromme Pflichten *(dharma)* die Voraussetzung zur Erlangung spirituellen Dienstes bilden. Dem Willen Govindas gehorsam, erhält und fördert Śambhu die Religion reiner Hingabe, indem er die Lehre der Illusion (Māyāvāda) und die spekulativen *āgama-śāstras* verbreitet[26]. Die fünfzig Eigenschaften der individuellen Seelen sind in Śambhu in weit größerem Ausmaß zu finden als in den *jīvas*, und zusätzlich sind in ihm fünf weitere Eigenschaften teilweise sichtbar, die für die *jīvas* unerreichbar sind. Folglich kann Śambhu nicht als *jīva* bezeichnet werden. Er ist der Herr der *jīvas*, aber vom Wesen her ist er ein abgesonderter Teil Govindas.

VERS 46

दीपार्चिरेव हि दशान्तरमभ्युपेत्य
दीपायते विवृतहेतुसमानधर्मा ।
यस्तादृगेव हि च विष्णुतया विभाति
गोविन्दमादिपुरुषं तमहं भजामि ॥

dīpārcir eva hi daśāntaram abhyupetya
dīpāyate vivṛta-hetu-samāna-dharmā
yas tādṛg eva hi ca viṣṇutayā vibhāti
govindam ādi-puruṣaṁ tam ahaṁ bhajāmi

dīpa-arciḥ – die Flamme einer Lampe; *eva* – wie; *hi* – gewiss; *daśā-antaram* – eine weitere Lampe; *abhyupetya* – sich erweiternd; *dipāyate* – erleuchtet; *vivṛta-hetu* – mit ihrer erweiterten Ursache; *samāna-dharmā* – gleich stark; *yaḥ* – wer; *tādṛk* – ebenso; *eva* – in der Tat; *hi* – gewiss; *ca* – auch; *viṣṇutayā* – durch Seine Emanation als Śrī Viṣṇu; *vibhāti* – erleuchtet; *govindam* – Govinda; *ādi-puruṣam* – die ursprüngliche Person; *tam* – Ihn; *aham* – ich; *bhajāmi* – verehre.

Wenn die Flamme einer Kerze auf andere Kerzen übertragen wird, so ist ihr Licht von gleicher Qualität – auch wenn die Flammen getrennt voneinander brennen. Ich verehre den urersten Herrn Govinda, der sich in derselben beweglichen Weise in Seinen vielfältigen Manifestationen gleichermaßen offenbart.

(Dieser Vers beschreibt die herrschenden Gottheiten Haridhāmas, wie Hari, Nārāyaṇa und Viṣṇu, die alle persönliche Teile Kṛṣṇas sind.) Die majestätische Emanation Kṛṣṇas ist Nārāyaṇa, der Herr von Vaikuṇṭha, dessen persönlicher Teil Kāraṇodakaśāyī Viṣṇu, der erste Ursprung, und dessen Teil wiederum Garbhodakaśāyī Viṣṇu ist. Kṣīrodakaśāyī Viṣṇu ist der persönliche Teil Garbhodakaśāyī Viṣṇus. Das Wort »Viṣṇu« deutet auf eine alldurchdringende, allgegenwärtige und allwissende Persönlichkeit hin.

Dieser *śloka* veranschaulicht das Wirken der persönlichen Teile Gottes anhand einer spezifischen Beschreibung der Natur Kṣīrodakaśāyī Viṣṇus. Die Persönlichkeit Viṣṇus, die Verkörperung der erhaltenden Eigenschaft *(sattva-guṇa)*, unterscheidet sich stark von der mit weltlichen Eigenschaften vermischten Persönlichkeit Śambhus. Viṣṇus eigene Persönlichkeit ist der Govindas sehr ähnlich. Beide bestehen aus dem unverfälschten substanziellen Prinzip. Vom Wesen her ist Viṣṇu als das erhaltende Kausalprinzip mit Govinda identisch. Die erhaltende Eigenschaft *(sattva-guṇa)*, die zu den drei Erscheinungsweisen der materiellen Natur gehört, ist unrein, da sie mit den Eigenschaften weltlicher Aktivität *(raja-guṇa)* und Trägheit *(tama-guṇa)* vermischt ist.

Brahmā ist ein abgesonderter, im Prinzip weltlicher *Aktivität* sichtbarer Teil Gottes, auch wenn er die funktionale Natur einer persönlichen Emanation Govindas hat, und Śambhu, der ebenfalls die funktionale Natur einer persönlichen Emanation Gottes hat, ist ein abgesonderter, im Prinzip weltlicher *Trägheit* sichtbarer Teil Gottes. Brahmā und Śambhu sind als abgesonderte Teile zu verstehen, weil alle Wesen, die in den beiden in der spirituellen Essenz nicht vorhandenen Prinzipien »weltliche Aktivität und Trägheit« sichtbar werden, eine Stellung in weiter Entfernung von Gott selbst oder Seinen Emanationen zugewiesen bekommen. Obwohl die weltliche erhaltende Eigenschaft vermischt ist, erscheint Viṣṇu, die für die weltliche erhaltende Eigenschaft zuständige Emanation Gottes, im unvermischt reinen erhaltenden Prinzip, das ein Bestandteil der weltlichen erhaltenden Eigenschaft ist. Somit ist Viṣṇu eine vollständige persönliche Emanation und gehört zur Kategorie der höheren *īśvaras*. Er ist der Herr der illusionierenden Energie, hat aber keinen Kontakt mit Ihr.

Viṣṇu ist Govindas persönliche Emanation und wirkt in Seinem Auftrag als die erste Ursache. Alle majestätischen Eigenschaften Govindas – insgesamt sechzig an der Zahl – sind in Seiner majestätischen Emanation Nārāyaṇa zu finden. Brahmā und Śiva sind mit weltlichen Eigenschaften vermischte Wesen. Obwohl auch Viṣṇu eine für eine weltliche Eigenschaft zuständige göttliche Erscheinung *(guṇa-avatāra)* ist, bleibt Er von den *guṇas* unberührt.

Das Erscheinen Nārāyaṇas in der Gestalt Mahā-Viṣṇus, das Erscheinen Mahā-Viṣṇus in der Gestalt Garbhodakaśāyīs und das Erscheinen Viṣṇus in der Gestalt Kṣīrodakaśāyīs sind Beispiele für das allgegenwärtige Wirken Gottes. Viṣṇu ist Gott selbst, und die anderen beiden *guṇa-avatāras* sowie alle anderen Gottheiten sind Wesen, deren Autorität Ihm untergeordnet ist. Von der persönlichen, majestätischen Emanation des höchsten, selbstleuchtenden Govinda erscheinen Kāraṇodakaśāyī, Garbhodakaśāyī, Kṣīrodakaśāyī und alle anderen von Ihm abgeleiteten persönlichen göttlichen Inkarnationen *(avatāras)* – wie Rāma – ähnlich übertragenen Flammen in verschiedenen Lampen. Sie alle erstrahlen durch das Wirken der spirituellen Energie Govindas.

VERS 47

यः कारणार्णवजले भजति स्म योग-
निद्रामनन्तजगदण्डसरोमकूपः ।
आधारशक्तिमवलम्ब्य परां स्वमूर्तिं
गोविन्दमादिपुरुषं तमहं भजामि ॥

yaḥ kāraṇārṇava-jale bhajati sma yoga-
nidrām ananta-jagad-aṇḍa-sa-roma-kūpaḥ
ādhāra-śaktim avalambya parāṁ sva-mūrtiṁ
govindam ādi-puruṣaṁ tam ahaṁ bhajāmi

yaḥ – derjenige, welcher; *kāraṇa-arṇava* – des Ozeans der Ursachen; *jale* – im Wasser; *bhajati* – genießt; *sma* – in der Tat; *yoga-nidrām* – schöpferischen Schlummer; *ananta* – unzählige; *jagat-aṇḍa* – Universen; *sa* – mit; *roma-kūpaḥ* – den Poren; *ādhāra-śaktim* – die alles beherbergende Energie; *avalambya* – annehmend; *parām* – gewaltige; *sva-mūrtim* – persönliche Gestalt; *govindam* – Govinda; *ādi-puruṣam* – die ursprüngliche Person; *tam* – Ihn; *aham* – ich; *bhajāmi* – verehre.

Ich verehre den urersten Herrn, Govinda, der in Seiner gewaltigen persönlichen Gestalt namens Śeṣa, welcher die alles beherbergende Energie in sich birgt, mit den unendlichen Welten in Seinen Haarporen im Ozean der Ursachen ruht und den Schlummer der Schöpfung [Yoga-nidrā] genießt.

(Hier wird das Wesen Anantas, der die Form von Mahā-Viṣṇus Ruhebett annimmt, beschrieben.) Ananta, das unendliche Ruhebett, auf dem Mahā-Viṣṇu liegt, ist eine besondere Erscheinungsform Gottes. Seine Name ist Śeṣa, und Er hat das Wesen eines Dieners Kṛṣṇas.

VERS 48

यस्यैकनिश्वसितकालमथावलम्ब्य
जीवन्ति लोमविलजा जगदण्डनाथाः ।
विष्णुर्महान् स इह यस्य कलाविशेषो
गोविन्दमादिपुरुषं तमहं भजामि ॥

yasyaika-niśvasita-kālam athāvalambya
jīvanti loma-vila-jā jagad-aṇḍa-nāthāḥ
viṣṇur mahān sa iha yasya kalā-viśeṣo
govindam ādi-puruṣaṁ tam ahaṁ bhajāmi

yasya – dessen; *eka* – ein; *niśvasita* – des Ausatmens; *kālam* – Zeit; *atha* – somit; *avalambya* – Zuflucht nehmend bei; *jīvanti* – leben; *loma-vila-jāḥ* – aus den Haarporen gewachsen; *jagat-aṇḍa-nāthāḥ* – die Herrscher der Universen (die Brahmās); *viṣṇuḥ mahān* – der Höchste Herr, Mahā-Viṣṇu; *saḥ* – jener; *iha* – hier; *yasya* – dessen; *kalā-viśeṣaḥ* – bestimmter vollständiger Teil (Emanation); *govindam* – Govinda; *ādi-puruṣam* – die ursprüngliche Person; *tam* – Ihn; *aham* – ich; *bhajāmi* – verehre.

Brahmā und die anderen Herrscher der aus den Haarporen Mahā-Viṣṇus hervorströmenden materiellen Welten leben so lange, wie das Ausatmen Mahā-Viṣṇus dauert. Ich verehre den urersten Herrn, Govinda, von dem Mahā-Viṣṇu der Teil eines Teils ist.

Hier wird die immense Herrlichkeit des *viṣṇu-tattva* beschrieben.

VERS 49

भास्वान् यथाश्मशकलेषु निजेषु तेजः
स्वीयं कियत्प्रकटयत्यपि तद्वदत्र ।

ब्रह्मा य एष जगदण्डविधानकर्ता
गोविन्दमादिपुरुषं तमहं भजामि ॥

bhāsvān yathāśma-śakaleṣu nijeṣu tejaḥ
svīyaṁ kiyat prakaṭayaty api tadvad atra
brahmā ya eṣa jagad-aṇḍa-vidhāna-kartā
govindam ādi-puruṣaṁ tam ahaṁ bhajāmi

bhāsvān – die strahlende Sonne; *yathā* – wie; *aśma-śakaleṣu* – in vielerlei kostbaren Steinen; *nijeṣu* – ihren; *tejaḥ* – Glanz; *svīyam* – ihren; *kiyat* – in gewissem Ausmaß; *prakaṭayati* – sichtbar werden lässt; *api* – auch; *tadvat* – in ähnlicher Weise; *atra* – hier; *brahmā* – Brahmā; *yaḥ* – der; *eṣaḥ* – er; *jagat-aṇḍa-vidhāna-kartā* – der Herrscher des Universums; *govindam* – Govinda; *ādi-puruṣam* – die ursprüngliche Person; *tam* – Ihn; *aham* – ich; *bhajāmi* – verehre.

Ich verehre den urersten Herrn, Govinda, der Seiner abgesonderten persönlichen Emanation Brahmā die Macht verleiht, die materielle Welt zu regeln, ebenso wie die Sonne einen Teil ihres Lichts in funkelnden Edelsteinen wie dem Sūryakānta sichtbar werden lässt.

Es gibt zwei Arten von Brahmās: In manchen *kalpas*, wenn einem geeigneten *jīva* die Kraft des Höchsten Herrn eingegeben wird, bekleidet dieser *jīva* das Amt Brahmās und erschafft das Universum. In den *kalpas*, in denen kein geeigneter *jīva* zur Verfügung steht und der Brahmā des vorherigen *kalpa* Befreiung erlangt hat, erschafft Kṛṣṇa durch einen Teil Seiner eigenen Kraft einen Brahmā, der seinem Wesen nach der *avatāra* (Erscheinung) Gottes im aktiven weltlichen Prinzip *(rajo-guṇa)* ist. Solch ein Brahmā ist den gewöhnlichen *jīvas* übergeordnet, ist aber nicht direkt der Höchste Herr. Die göttliche Natur ist in Śambhu in größerem Ausmaß vorhanden als in Brahmā. Mit dieser Feststellung soll im Wesentlichen zum Ausdruck gebracht werden, dass alle fünfzig Eigenschaften, die zu den *jīvas* gehören, in größerem Ausmaß in Brahmā vorhanden sind, der in geringerem Ausmaß fünf weitere Eigenschaften besitzt, die bei den *jīvas* nicht zu finden sind. Aber in Śambhu sind sowohl die fünfzig Eigenschaften der *jīvas* als auch die fünf zusätzlichen Eigenschaften Brahmās in noch größerem Ausmaß vorhanden als in Brahmā.

VERS 50

यत्पादपल्लवयुगं विनिधाय कुम्भ-
द्वन्द्वे प्रणामसमये स गणाधिराजः ।
विघ्नान् विहन्तुमलमस्य जगत्त्रयस्य
गोविन्दमादिपुरुषं तमहं भजामि ॥

yat-pāda-pallava-yugaṁ vinidhāya kumbha-
dvandve praṇāma-samaye sa gaṇādhirājaḥ
vighnān vihantum alam asya jagat-trayasya
govindam ādi-puruṣaṁ tam ahaṁ bhajāmi

yat – dessen; *pāda-pallava* – Lotosfüße; *yugam* – zwei; *vinidhāya* – gehalten; *kumbha-dvandve* – auf den beiden Höckern; *praṇāma-samaye* – zur Zeit der Erweisung von Ehrerbietung; *sah* – er; *gaṇa-adhirājaḥ* – Gaṇeśa; *vighnān* – Hindernisse; *vihantum* – zu vernichten; *alam* – fähig; *asya* – von diesen; *jagat-trayasya* – drei Welten; *govindam* – Govinda; *ādi-puruṣam* – die ursprüngliche Person; *tam* – Ihn; *aham* – ich; *bhajāmi* – verehre.

Ich verehre den urersten Herrn, Govinda, dessen Lotosfüße Gaṇeśa stets auf den beiden Höckern seines Elefantenkopfes hält, um Kraft zu schöpfen für seine Aufgabe, alle Hindernisse auf dem Pfad des Fortschritts der drei Welten zu beseitigen.

Gaṇeśa ist die Macht verliehen worden, alle Hindernisse auf dem Weg zu materiellem Wohlstand zu beseitigen, und so wird er von jenen Menschen verehrt, die alle zu seiner Verehrung erforderlichen Voraussetzungen erfüllen. Er gehört zu den fünf Gottheiten, die als weltliche Eigenschaften besitzende Formen des Brahman verehrt werden[27]. Gaṇeśa ist ein Gott, dem durch göttliche Eingebung Macht verliehen wird, und so verdankt er seine ganze Herrlichkeit ausschließlich der Gnade Govindas.

VERS 51

अग्निर्मही गगनमम्बु मरुद्दिशश्च
कालस्तथात्ममनसीति जगत्त्रयाणि ।
यस्माद्भवन्ति विभवन्ति विशन्ति यं च
गोविन्दमादिपुरुषं तमहं भजामि ॥

agnir mahī gaganam ambu marud diśaś ca
kālas tathātma-manasīti jagat-trayāṇi
yasmād bhavanti vibhavanti viśanti yaṁ ca
govindam ādi-puruṣaṁ tam ahaṁ bhajāmi

agniḥ – Feuer; *mahī* – Erde; *gaganam* – Äther; *ambu* – Wasser; *marut* – Luft; *diśaḥ* – Richtungen; *ca* – auch; *kālaḥ* – Zeit; *tathā* – wie auch; *ātma-manasi* – Seele und Geist; *iti* – somit; *jagat-trayāṇi* – die drei Welten; *yasmāt* – von dem; *bhavanti* – sie entstehen; *vibhavanti* – sie existieren; *viśanti* – sie gehen ein; *yam* – den; *ca* – und; *govindam* – Govinda; *ādi-puruṣam* – die ursprüngliche Person; *tam* – Ihn; *aham* – ich; *bhajāmi* – verehre.

Die drei Welten bestehen aus neun Elementen – Feuer, Erde, Äther, Wasser, Luft, Richtung, Zeit, Seele und Geist. Ich verehre den urersten Herrn, Govinda, in dem diese Welten ihren Ursprung haben, in dem sie existieren und

in den sie zur Zeit der kosmischen Vernichtung wieder eingehen.

In den drei Welten gibt es nichts außer den fünf Elementen, den zehn Himmelsrichtungen, der Zeit, der *jīva*-Seele und dem psychischen Prinzip, das mit dem aus Geist, Intelligenz und Ego bestehenden feinstofflichen Körper der bedingten Seelen verbunden ist. Die Elevationisten[28] *(karmīs)* übergeben ihre Opfergaben dem Feuer. Solche bedingten Seelen kennen nichts außer der wahrnehmbaren Welt der neun Elemente.

Der *jīva* ist die Seele, deren ekstatische Glückseligkeit die freudlosen Befreiungssuchenden *(jñānīs)* anstreben. Die beiden in der Sāṅkhya-Philosophie als *ātmā* und *prakṛti* beschriebenen Prinzipien sind in den oben erwähnten neun Elementen enthalten. Mit anderen Worten, alle von verschiedenen spekulativen Philosophen *(tattva-vādīs)* behandelten Prinzipien sind in diesen neun Elementen mit inbegriffen. Śrī Govinda ist die Quelle des Erscheinens, Bestehens und Vergehens all dieser Prinzipien.

VERS 52

यच्चक्षुरेष सविता सकलग्रहाणां
राजा समस्तसुरमूर्तिरशेषतेजाः ।
यस्याज्ञया भ्रमति सम्भृतकालचक्रो
गोविन्दमादिपुरुषं तमहं भजामि ॥

yac-cakṣur eṣa savitā sakala-grahāṇāṁ
rājā samasta-sura-mūrtir aśeṣa-tejāḥ
yasyājñayā bhramati sambhṛta-kāla-cakro
govindam ādi-puruṣaṁ tam ahaṁ bhajāmi

yat – von dem; *cakṣuḥ* – das Auge; *eṣaḥ* – die; *savitā* – Sonne; *sakala-grahāṇām* – aller Planeten; *rājā* – der König; *samasta-*

sura – von allen Halbgöttern; *mūrtiḥ* – das Ebenbild; *aśeṣa-tejāḥ* – voll unendlicher Ausstrahlung; *yasya* – auf dessen; *ājñayā* – Befehl; *brahmati* – macht seine Reise; *sambhṛta* – vollständig; *kāla-cakraḥ* – das Rad der Zeit; *govindam* – Govinda; *ādi-puruṣam* – die ursprüngliche Person; *tam* – Ihn; *aham* – ich; *bhajāmi* – verehre.

Die Sonne – der König aller Planeten, voll unendlicher Leuchtkraft und das Ebenbild der guten Seele – ist wie das Auge dieser Welt. Ich verehre den urersten Herrn, Govinda, auf dessen Befehl die Sonne ihre Reise antritt und das Rad der Zeit befährt.

Gewisse Vertreter der vedischen Religion verehren die Sonne als Brahman. Die Sonne [Sūrya] gehört zur Hierarchie der fünf Gottheiten.[29] Einige Menschen glauben, Wärme sei der Ursprung der Welt, und erklären daher die Sonne, die einzige Wärmequelle, zur Grundursache allen Seins. Ungeachtet der verschiedenen Argumente, die man gegen diese Ansicht vorbringen könnte, ist die Sonne letzten Endes nur die herrschende Gottheit einer einzigen Sphäre innerhalb der Gesamtmenge aller weltlichen thermischen Energie und ist damit ein Gott, der die ihm verliehene Autorität ausübt. Es ist eindeutig, dass der Sonnengott seinen Dienst und die damit verbundenen besonderen Aufgaben nur auf Befehl Govindas versieht.

VERS 53

धर्मोऽथ पापनिचयः श्रुतयस्तपांसि
ब्रह्मादिकीटपतगावधयश्च जीवाः ।
यद्दत्तमात्रविभवप्रकटप्रभावा
गोविन्दमादिपुरुषं तमहं भजामि ॥

dharmo 'tha pāpa-nicayaḥ śrutayas tapāṁsi
brahmādi-kīṭa-patagāvadhayaś ca jīvāḥ
yad-datta-mātra-vibhava-prakaṭa-prabhāvā
govindam ādi-puruṣaṁ tam ahaṁ bhajāmi

dharmaḥ – Tugenden; *atha* – auch; *pāpa-nicayaḥ* – alle Laster; *śrutayaḥ* – die Veden; *tapāṁsi* – Entbehrungen; *brahma-ādi* – angefangen mit Brahmā; *kīṭa-pataga* – Insekten; *avadhayaḥ* – bis hinab zu; *ca* – und; *jīvāḥ* – *jīvas*; *yat* – von dem; *datta* – verliehen; *mātra* – ausschließlich; *vibhava* – durch die Macht; *prakaṭa* – manifestierte; *prabhāvāḥ* – Energien; *govindam* – Govinda; *ādi-puruṣam* – die ursprüngliche Person; *tam* – Ihn; *aham* – ich; *bhajāmi* – verehre.

Ich verehre den urersten Herrn, Govinda, der den allen Tugenden, Lastern, Veden, religiösen Entbehrungen und jīvas innewohnenden Kräften Macht verleiht und sie so bewahrt – angefangen von den Kräften Brahmās bis hin zu denen des winzigsten Insekts.

Mit *dharma* [Tugend] sind jene Pflichten gemeint, die den verschiedenen *varṇas* und *āśramas* zugeordnet werden und die in den zwanzig *dharma-śāstras* beschrieben sind, welche sich auf die Autorität der Veden stützen. Von diesen beiden Kategorien bezieht sich *varṇa-dharma* auf jene Pflichten, die sich aus den unterschiedlichen Naturen der vier *varṇas* – *brāhmaṇa, kṣatriya, vaiśya* und *śūdra* – ergeben, während sich *āśrama-dharma* auf die Pflichten der verschiedenen *āśramas* bzw. Lebensstadien bezieht, also die Pflichten derer, die den vier Stufen – *brahmacarya, gṛhastha, vānaprastha* und *sannyāsa* – angehören. Alle unter den Menschen üblichen Tätigkeiten sind in dieser zweifachen Untergliederung berücksichtigt.

Sünde *[pāpa-nicayaḥ]* bedeutet Unwissenheit – die Wurzel aller Sünden und sündhaften Wünsche. Auch bezieht sich dieser

Begriff auf schwere Verbrechen und die damit verbundenen Sünden sowie auf gewöhnliche Laster, also auf jedes Verhalten, das keine Prinzipien kennt.

Zur Kategorie der *śrutis* gehören der *Ṛg*, *Sāma*, *Yajur* und *Atharva Veda* sowie die *Upaniṣads*, die als die Kronjuwelen der vedischen Schriften gelten.

Tapas [Entbehrung] bezieht sich auf alle regelmäßigen Übungen, die man mit dem Ziel erlernt, die eigentliche Funktion des Selbst zu erkennen. In vielen Fällen, wie z.B. in der als *pañca-tapa*[30] bekannten Übung, ist die Ausführung schwierig. Der achtstufige *yoga*-Pfad und mit Hingabe kultiviertes Wissen über das unterschiedslose Brahman gehören ebenfalls hierzu. Alle diese Übungen sind nichts weiter als verschiedene Aspekte im Kreislauf der fruchtbringenden Tätigkeiten der bedingten Seelen.

Die bedingten Seelen befinden sich auf einer Reise aufeinanderfolgender Geburten, die durch 8,4 Millionen verschiedene Arten von Zeugungsorganen zustande kommen. Die *jīvas* werden in verschiedene Arten von Wesen unterteilt, wie z.B. *devas*, *dānavas*, *rākṣasas*, *mānavas*, *nāgas*, *kinnaras* und *gandharvas*. Von Brahmā bis hinab zum winzigen Insekt gibt es eine unendliche Anzahl von Lebewesen. Sie bilden die Gesamtheit der bedingten Seelen – vom Range Brahmās bis zur Eintagsfliege –, und sie sind es, die dem sich drehenden Rad des *karma* seinen besonderen Charakter verleihen.

Jedes Lebewesen ist mit individuellen Kräften ausgestattet und hat auf einem bestimmten Gebiet besondere Fähigkeiten, doch ist es die Natur dieser Kräfte, in bedingten Seelen nicht voll entwickelt zu sein. Der Grad und die Art solcher Kräfte variieren je nach dem Ausmaß, in dem Śrī Govinda diese dem Individuum verleiht.

VERS 54

यस्त्विन्द्रगोपमथवेन्द्रमहो स्वकर्म-
बन्धानुरूपफलभाजनमातनोति ।
कर्माणि निर्दहति किन्तु च भक्तिभाजां
गोविन्दमादिपुरुषं तमहं भजामि ॥

yas tv indragopam athavendram aho sva-karma-
bandhānurūpa-phala-bhājanam ātanoti
karmāṇi nirdahati kintu ca bhakti-bhājāṁ
govindam ādi-puruṣaṁ tam ahaṁ bhajāmi

yaḥ – Er, der (Govinda); *tu* – aber; *indra-gopam* – bis zu dem kleinen rötlichen Insekt, das *indragopa* genannt wird; *atha vā* – oder sogar; *indram* – bis zu Indra, dem König des Himmels; *aho* – o; *sva-karma* – von den eigenen fruchtbringenden Tätigkeiten; *bandha* – Fesseln; *anurūpa* – entsprechend; *phala* – von Reaktionen; *bhājanam* – genießend oder erleidend; *ātanoti* – gewährt; *karmāṇi* – alle fruchtbringenden Werke und deren Reaktionen; *nirdahati* – vernichtet; *kintu* – aber; *ca* – auch; *bhakti-bhājām* – von Personen, die sich dem hingebungsvollen Dienst widmen; *govindam* – Govinda; *ādi-puruṣam* – die ursprüngliche Person; *tam* – Ihn; *aham* – ich; *bhajāmi* – verehre.

Ich verehre den urersten Herrn, Govinda, der alle fruchtbringenden Werke derer, die Ihm mit Hingabe dienen, bis an die Wurzeln verbrennt, und der an alle, die auf dem Pfad fruchtbringenden Tuns wandeln, die Früchte ihrer Handlungen im Einklang mit der Kette ihrer früher vollbrachten Werke gerecht verteilt. Dabei wird das winzige Insekt, das den Namen Indragopa trägt, nicht weniger bedacht als Indra, der König der Devas.

Gott ist neutral und veranlasst die gefallenen Seelen, entsprechend den in ihren früheren Geburten vollbrachten Werken zu handeln und die Früchte ihrer Bemühungen zu genießen. Aber aus Seiner großen Barmherzigkeit mit denen, die sich Ihm weihen, beseitigt Er durch das Feuer der Prüfung die Wurzeln allen *karmas:* Unwissenheit und üble Wünsche. Zwar hat *karma* keinen Anfang, aber es ist dennoch vergänglich.

Das *karma* derjenigen, die mit der Hoffnung auf den Genuss der Früchte ihrer Arbeit tätig sind, ist beständig und endlos und wird niemals vernichtet. *Sannyāsa* ist ebenfalls eine Art von *karma*, nämlich das *karma* eines *āśrama*, und bereitet Kṛṣṇa keine Freude, wenn es Befreiung, d. h. das Einswerden mit dem Höchsten, zum Ziel hat. Folglich ernten auch *sannyāsīs* die Früchte ihres *karma*, und selbst wenn sie keine eigenen Interessen verfolgen, so endet ihr *karma* dennoch in *ātma-mamatā*, Freude am eigenen Selbst.

Diejenigen aber, die reine Gottgeweihte sind, dienen Kṛṣṇa fortwährend, indem sie Seine Sinne erfreuen. Sie haben alle mit *karma* und *jñāna* verbundenen Bestrebungen aufgegeben und sind frei von allen Wünschen, außer dem Wunsch, Kṛṣṇa zu dienen. Kṛṣṇa hat das *karma* solcher Geweihten, ihre Wünsche nach fruchtbringendem Tun und jede Unwissenheit vollständig vernichtet. Dass Kṛṣṇa, der eigentlich neutral ist, sich so sehr um Seine Geweihten kümmert, gibt Anlass zu großer Verwunderung.

VERS 55

यं क्रोधकामसहजप्रणयादिभीति-
वात्सल्यमोहगुरुगौरवसेव्यभावैः ।
सञ्चिन्त्य तस्य सदृशीं तनुमापुरेते
गोविन्दमादिपुरुषं तमहं भजामि ॥

yaṁ krodha-kāma-sahaja-praṇayādi-bhīti-
vātsalya-moha-guru-gaurava-sevya-bhāvaiḥ
sañcintya tasya sadṛśīṁ tanum āpur ete
govindam ādi-puruṣaṁ tam ahaṁ bhajāmi

yam – über den; *krodha* – Zorn; *kāma* – romantische Leidenschaft; *sahaja-praṇaya* – natürliche freundschaftliche Liebe; *ādi* – und so weiter; *bhīti* – Furcht; *vātsalya* – elterliche Zuneigung; *moha* – Täuschung; *guru-gaurava* – Achtung; *sevya-bhāvaiḥ* – und mit der Haltung willigen Dienstes; *sañcintya* – meditierend; *tasya* – von jenem; *sadṛśim* – angemessen; *tanum* – körperliche Gestalt; *āpuḥ* – erlangten; *ete* – diese Personen; *govindam* – Govinda; *ādi-puruṣam* – die ursprüngliche Person; *tam* – Ihn; *aham* – ich; *bhajāmi* – verehre.

Ich verehre den urersten Herrn, Govinda. Diejenigen, die über Ihn mit verschiedenen Gefühlen meditieren – mit Zorn, leidenschaftlicher Liebe, natürlicher freundschaftlicher Zuneigung, Furcht, elterlicher Liebe, Verwirrung, Ehrfurcht und willigem Dienst –, erlangen körperliche Formen, die der Natur ihrer Kontemplation entsprechen.

Bhakti wird in zwei Kategorien unterteilt: 1) Hingabe nach Vorschriften und 2) Hingabe aus natürlicher Zuneigung. Die erste Art von *bhakti* wird erweckt, indem man mit einer Spur von Vertrauensglauben den Regeln der *śāstras* und den Lehren der Meister folgt. Solche *bhakti* zeichnet sich dadurch aus, dass man sich ergeben an die in den Schriften niedergelegten Weisungen hält. Über diese Stufe der Hingabe kann man nicht hinauskommen, solange kein natürliches Gefühl der Zuneigung erwacht. Wenn jemand Kṛṣṇa aus natürlicher Neigung liebt, so spricht man von *rāga*, was nichts anderes ist als der starke Wunsch zu dienen, der später zu *bhāva* wird, d.h. zu echtem Gefühl. Wenn *bhāva* erwacht, wird der Geweihte zum Empfänger von Kṛṣṇas Barmherzigkeit. Es dauert in der Regel recht lange, bis man diese Stufe erreicht.

Hingabe aus natürlicher Zuneigung ist höher einzustufen als Hingabe nach den Anweisungen der Schriften; sie entwickelt sich bald zu verwirklichter Hingabe und wirkt auf Kṛṣṇa anziehend. Die verschiedenen Formen solcher Hingabe werden in diesem *śloka* beschrieben: *śānta-bhāva*, eine passive Haltung voller Achtung vor der höhergestellten Person; *dāsya-bhāva*, eine dienende Haltung voller Bereitschaft, die Anordnungen der verehrten Person auszuführen; *sakhya-bhāva*, natürliche freundschaftliche Zuneigung; *vātsalya-bhāva*, elterliche Liebe, und *mādhurya-bhāva*, konjugale Liebe. All diese Formen der Hingabe gehören zur Kategorie der spontanen Zuneigung.

Zorn, Furcht und Verwirrung – obwohl spontan – sind nicht Hingabe im eigentlichen Sinne, weil sie der Bezugsperson nicht freundlich, sondern feindlich gesinnt sind. Zorn findet man bei *asuras* wie Śiśupāla, Furcht bei Kaṁsa und Verwirrung bei den *paṇḍitas* (Gelehrten) der pantheistischen Schule. Diese Gefühle sind durch vollständige Selbstvergessenheit und Identifizierung mit dem unterschiedslosen Brahman gekennzeichnet, doch da die Haltung gegenüber dem Objekt der Hingabe nicht wohlwollend ist, gibt es in ihnen keine *bhakti*.

Unter den Gefühlen *śānta, dāsya, sakhya, vātsalya* und *mādhurya* wird *śānta*, obwohl *rāga* dort nur verschwommen und latent existiert, dennoch als *bhakti* bewertet, weil ein gewisses Wohlwollen vorhanden ist. In den vier anderen Emotionsarten gibt es eine wahre Flut von *rāga*. In der *Gītā* verspricht Kṛṣṇa: *ye yathā māṁ prapadyante tāṁs tathaiva bhajāmy aham.* »Ich belohne jeden gemäß seiner Hingabe.« Hieraus kann man schließen, dass diejenigen, die von Gefühlen der Furcht, des Zorns und der Verwirrung beherrscht werden, *sāyujya-mukti* (Verschmelzen mit dem Absoluten) erreichen. Die *śāntas* erlangen eine körperliche Form, die dazu geeignet und geneigt ist, über das Brahman und den Paramātmā zu meditieren. Die Geweihten in *dāsya-* und *sakhya-bhāva* bekommen einen Körper, der sich je nach Eignungsgrad durch männliche oder weibliche Wesensmerkmale auszeichnet. Die *vātsalya*-Gruppe von Verehrern erlangt eine körperliche Form, die väterlichen oder mütterlichen Gefühlen entspricht. Die innigen Geliebten Kṛṣṇas erlangen die reine Form einer *gopī*, einer spirituellen Milchmagd in Vraja.

VERS 56

श्रियः कान्ताः कान्तः परमपुरुषः कल्पतरवो
द्रुमा भूमिश्चिन्तामणिगणमयी तोयममृतम् ।
कथा गानं नाट्यं गमनमपि वंशी प्रियसखी
चिदानन्दं ज्योतिः परमपि तदास्वाद्यमपि च ॥
स यत्र क्षीराब्धिः स्रवति सुरभीभ्यश्च सुमहान्
निमेषार्धाख्यो वा व्रजति न हि यत्रापि समयः ।
भजे श्वेतद्वीपं तमहमिह गोलोकमिति यं
विदन्तस्ते सन्तः क्षितिविरलचाराः कतिपये ॥

śriyaḥ kāntāḥ kāntaḥ parama-puruṣaḥ kalpa-taravo
drumā bhūmiś cintāmaṇi-gaṇa-mayī toyam amṛtam
kathā gānaṁ nāṭyaṁ gamanam api vaṁśī priya-sakhī
cid-ānandaṁ jyotiḥ param api tad āsvādyam api ca

sa yatra kṣīrābdhiḥ sravati surabhībhyaś ca su-mahān
nimeṣārdhākhyo vā vrajati na hi yatrāpi samayaḥ
bhaje śvetadvīpaṁ tam aham iha golokam iti yaṁ
vidantas te santaḥ kṣiti-virala-cārāḥ katipaye

śriyaḥ – Lakṣmīs oder Glücksgöttinnen; *kāntāḥ* – liebevolle Gefährtinnen; *kāntaḥ* – der Genießer, Liebhaber; *parama-puruṣaḥ* – der Höchste Persönliche Gott; *kalpa-taravaḥ* – Wunschbäume;

drumāḥ – alle Bäume; *bhūmiḥ* – das Land; *cintāmaṇi-gaṇa-mayī* – aus den transzendentalen Edelsteinen *cintāmaṇi* erbaut; *toyam* – das Wasser; *amṛtam* – Nektar; *kathā* – Sprache; *gānam* – Gesang; *nāṭyam* – Tanz; *gamanam* – Schritt; *api* – auch; *vaṁśi* – die Flöte; *priya-sakhī* – ständige Begleiterin; *cit-ānandam* – transzendentale Glückseligkeit; *jyotiḥ* – Ausstrahlung; *param* – die höchste; *api* – auch; *tat* – jenes; *āsvādyam* – überall wahrgenommen; *api ca* – auch; *saḥ* – jenes; *yatra* – wo; *kṣīra-abdhiḥ* – Milchozean; *sravati* – fließt; *surabhībhyaḥ* – von *surabhi*-Kühen; *ca* – und; *sumahān* – sehr groß; *nimeṣa-ardha* – einen halben Augenblick; *ākhyaḥ* – genannt; *vā*- oder; *vrajati* – vergeht; *na* – nicht; *hi* – gewiss; *yatra* – wo; *api* – sogar; *samayaḥ* – Zeit; *bhaje* – ich verehre; *śveta-dvīpam* – Śvetadvīpa; *tam* – jenes; *aham* – ich; *iha* – hier; *golokam* – Goloka; *iti* – somit; *yam* – welches; *vidantaḥ* – kennen; *te* – sie; *santaḥ* – selbstverwirklichte Seelen; *kṣiti* – in dieser Welt; *virala* – selten; *cārāḥ* – gehend; *katipaye* – wenige.

Ich verehre Śvetadvīpa, jenen transzendentalen Ort, wo die Lakṣmīs, als liebevolle Gefährtinnen, in ihrer unverfälschten spirituellen Essenz dem Höchsten Herrn Kṛṣṇa als ihrem einzigen Liebhaber in inniger Liebe dienen; wo jeder Baum ein transzendentaler Wunschbaum ist; wo der Boden aus Cintāmaṇi-Juwelen besteht; wo alles Wasser Nektar, jedes Wort ein Gesang, jeder Schritt ein Tanz, die Flöte die liebste Begleiterin und das Licht voller transzendentaler Glückseligkeit ist; wo die höchsten spirituellen Wesenheiten alle genussreich und köstlich sind; wo unzählige Milchkühe ständig transzendentale Milchmeere vergießen und wo die transzendentale Zeit ewig ist – nur Gegenwart, ohne Vergangenheit oder Zukunft – und deshalb nicht einmal für einen halben Augenblick dem Phänomen des Vergehens unterliegt. Dieses Reich, Goloka, ist nur einigen wenigen selbstverwirklichten Seelen in dieser Welt bekannt.

Jene Region, welche die *jīvas* durch die beste Darbringung ihres *rasa-bhajana* erreichen können, ist – obwohl absolut transzendental – nicht ohne Vielfalt. Der undifferenzierte Bereich [das Brahman] ist durch Zorn, Furcht und Verwirrung zugänglich, doch Goloka, das transzendentale Reich über Vaikuṇṭha, wird von den Gottgeweihten je nach dem *rasa* ihres jeweiligen Dienstes erreicht. Goloka ist in Wirklichkeit Śvetadvīpa, »die weiße Insel«, da diese Region außerordentlich rein ist. Diejenigen, die in dieser Welt den höchsten *rasa* in der Form reiner Hingabe entwickeln, da sie die Realität Śvetadvīpas auf der Erde in Gokula, Vṛndāvana und Navadvīpa erkennen, bezeichnen Śvetadvīpa als »Goloka«.

Im transzendentalen Reich Goloka sind alle zum reinen kognitiven Prinzip gehörenden Wesen in ihrer höchsten Schönheit für immer sichtbar: der Liebhaber und Seine Geliebten, Bäume und Schlingpflanzen, Berge, Flüsse und Wälder, Wasser, Worte, Bewegung, Flötenmusik, Sonne und Mond, Gekostetes und Geschmack (die unvorstellbaren Wunder der 64 ästhetischen Künste), Milchkühe, die nektargleiche Milch vergießen, und transzendentale, ewig existierende Zeit.

Hinweise auf Goloka finden sich an vielen Stellen in den Veden und anderen *śāstras,* wie den *Purāṇas, Tantras* usw. In der *Chāndogya Upaniṣad* heißt es: *brūyād yāvan vā ayam ākāśas tāvan eṣa antar hṛda ākāśa ubhe asmin dyāvā-pṛthivī antar eva sa māhite. ubhāv agniś ca vāyuś ca sūrya-candramasāv ubhau vidyun nakṣatrāṇi yac cāsyehāsti yac ca nāsti sarvaṁ tad asmin samāhitam iti.* Kurz zusammengefasst besagt dieses Zitat, dass in Goloka alle Vielfalt der materiellen Welt und darüber hinaus noch eine viel größere Vielfalt als in der materiellen Welt zu finden sind. Die in der transzendentalen Welt existierende Vielfalt hat einen einzigen, zentralen Bezugspunkt, während dies in der materiellen Welt nicht der Fall ist, was Freude und Leid zur Folge hat. Die zentrumsbezogene Vielfalt Golokas ist unverfälscht rein und voller transzendentaler, bewusster Freude. Die personifizierten

Veden und jene *sādhus*, die sich in Gotteshingabe üben, wie sie in den Veden beschrieben wird, können mithilfe ihrer durch Hingabe aktivierten individuellen, kognitiven Befähigung das göttliche Reich erblicken, und durch die Macht der Gnade Kṛṣṇas werden sie befähigt, sich auf der Stufe der Ebene der Genüsse Kṛṣṇas zu bewegen, da ihre winzige kognitive Fähigkeit die Qualität der Unendlichkeit erreicht hat.

Die in dem obigen Vers enthaltene Aussage *param api tad āsvādyam api ca* (sogar der Höchste, der ebenfalls trotzdem das Genussobjekt ist) hat eine verborgene Bedeutung. Die Worte *param api* weisen darauf hin, dass in allen transzendentalen glückseligen Prinzipien Śrī Kṛṣṇa die einzige Absolute Wahrheit ist, und *tad āsvādyam api* bedeutet »Sein Genussobjekt«. Die Herrlichkeit der Liebe, die Rādhā für Kṛṣṇa empfindet; die Köstlichkeit *(rasa)* Kṛṣṇas, die von Rādhā erfahren wird, und die Glückseligkeit, deren sich Rādhā im Verlauf einer solchen Erfahrung bewusst ist – wenn diese drei *bhāvas* (emotionale Entitäten[31]) alle für den Genuss Kṛṣṇas zur Verfügung stehen, nimmt Er die Persönlichkeit Śrī Gaurasundaras an. Daraus setzt sich auch die transzendentale Glückseligkeit des von Śrī Gaurasundara manifestierten köstlichen liebevollen Dienstes zusammen. Diese ewig existierende Glückseligkeit ist nur in Śvetadvīpa zu finden.

VERS 57

अथोवाच महाविष्णुर्भगवन्तं प्रजापतिम् ।
ब्रह्मन्महत्त्वविज्ञाने प्रजासर्गे च चेन्मतिः ।
पञ्चश्लोकीमिमां विद्यां वत्स दत्तां निबोध मे ॥

athovāca mahā-viṣṇur
bhagavantaṁ prajāpatim

brahman mahattva-vijñāne
prajā-sarge ca cen matiḥ
pañca-ślokīm imāṁ vidyāṁ
vatsa dattāṁ nibodha me

atha – daraufhin; *uvāca* – sagte; *mahā-viṣṇuḥ* – der Höchste Herr; *bhagavantam* – zu dem glorreichen; *prajāpatim* – Brahmā; *brahman* – o Brahmā; *mahattva* – von der Herrlichkeit (Gottes); *vijñāne* – in wirklichem Wissen; *prajā-sarge* – bei der Zeugung von Nachkommenschaft; *ca* – und; *cet* – wenn; *matiḥ* – die Neigung; *pañca-ślokīm* – fünf Verse; *imām* – diese; *vidyām* – Wissenschaft; *vatsa* – o Mein Lieber; *dattām* – gegeben; *nibodha* – höre; *me* – von Mir.

Nachdem der Höchste Herr Śrī Kṛṣṇa diese Hymnen, die die Essenz der Wahrheit sind, vernommen hatte, sagte Er zu Brahmā: »Mein lieber Brahmā, wenn du die Neigung verspürst, Nachkommen zu zeugen, nachdem Du jetzt mit dem wahren Wissen über die Herrlichkeit Gottes gesegnet worden bist, so höre von Mir die in den folgenden fünf Versen dargelegte Wissenschaft.«

Der Höchste Herr war erfreut, als Brahmā – angespornt von dem Wunsch, die materielle Welt zu erschaffen – voller Erwartung die Namen »Kṛṣṇa« und »Govinda« chantete, welche die Gestalt des Herrn, Seine Eigenschaften und Seine Spiele zum Ausdruck bringen. Kṛṣṇa erklärte Brahmā dann, wie reine, unverfälschte Hingabe von Seelen praktiziert werden kann, die weltlichen Pflichten nachgehen: indem sie diese nämlich mit dem Wunsch verbinden, die Weisungen des Höchsten Herrn zu erfüllen. Er sagte: »Absolutes Wissen ist Wissen über die Herrlichkeit Gottes. Wenn du, ausgestattet mit solchem Wissen, Nachkommen zeugen willst, so höre Mir aufmerksam zu, wie Ich in den folgenden fünf Versen die Wissenschaft der Hingabe beschreibe.«

(Als Nächstes wird beschrieben, wie man *bhakti* praktizieren kann, indem man weltliche Pflichten im Einklang mit den Anordnungen des Höchsten Herrn erfüllt.)

VERS 58

प्रबुद्धे ज्ञानभक्तिभ्यामात्मन्यानन्दचिन्मयी ।
उदेत्यनुत्तमा भक्तिर्भगवत्प्रेमलक्षणा ॥

prabuddhe jñāna-bhaktibhyām
ātmany ānanda-cin-mayī
udety anuttamā bhaktir
bhagavat-prema-lakṣaṇā

prabuddhe – wenn angeregt; *jñāna* – durch Erkenntnis oder Wissen; *bhaktibhyām* – und durch hingebungsvollen Dienst; *ātmani* – in der reinen spirituellen Seele; *ānanda-cit-mayī* – voller Wissen und Glückseligkeit; *udeti* – wird erweckt; *anuttamā* – höchst vortreffliche; *bhaktiḥ* – Hingabe; *bhagavat* – für Kṛṣṇa; *prema* – durch Liebe; *lakṣaṇā* – charakterisiert.

Wenn reine spirituelle Erfahrung durch Wissen und Dienen [Bhakti] angeregt wird, erwacht durch Gottesliebe gekennzeichnete, exquisite und unverfälschte Hingabe an Kṛṣṇa, den Geliebten aller Seelen.

Wirkliches Wissen ist nichts anderes als Wissen über unsere Beziehung zum Absoluten. Wirkliches Wissen ist identisch mit Wissen über die essenzielle Natur des Beseelten *(cit)*, des Unbeseelten *(acit)* und Kṛṣṇa sowie über ihre gegenseitige Beziehung. Hier ist nicht mentales Spekulieren gemeint, denn dieses steht im Widerspruch zu Dienst *(bhakti)*. Wissen, das nur die ersten sieben der zehn Grundprinzipien *(daśa-mūla)* umfasst, ist Wissen über unsere Beziehung zu Kṛṣṇa. Die essenzielle Natur spirituellen Handelns *(abhidheya)*, das durch die Wissenschaft der Hingabe gelehrt wird – nämlich über Kṛṣṇa zu hören, zu chanten und zu meditieren, Seinen heiligen Füßen zu dienen, Ihn nach Ritualen zu verehren, Ihm Ehrerbietungen zu erweisen, Ihm einfache Dienste zu leisten, mit Ihm Freundschaft zu schließen und sich Ihm vorbehaltlos zu ergeben[32] –, ist mit der aktiven Suche nach Kṛṣṇa identisch. All dies wird im *Bhakti-rasāmṛta-sindhu* ausführlich beschrieben. Durch Gottesliebe gekennzeichnete Hingabe *(bhakti)* erscheint, wenn sie durch solches Wissen und praktisches Handeln erweckt wird. Solche Hingabe ist die höchste Form von *bhakti* und nichts anderes als das Endziel aller spirituellen Bemühungen der individuellen *jīva*-Seele.

VERS 59

प्रमाणैस्तत्सदाचारैस्तदभ्यासैर्निरन्तरम् ।
बोधयनात्मनात्मानं भक्तिमप्युत्तमां लभेत् ॥

pramāṇais tat-sad-ācārais
tad-abhyāsair nirantaram
bodhayan ātmanātmānaṁ
bhaktim apy uttamāṁ labhet

pramāṇaiḥ – durch Beweisführung aus den Schriften; *tat* – von ihnen; *sat-ācāraiḥ* – durch einen frommen Lebenswandel; *tat* – von ihnen; *abhyāsaiḥ* – durch Praxis; *nirantaram* – ständige; *bodhayan* – erwachend; *ātmanā* – durch die eigene Intelligenz; *ātmānam* – das Selbst; *bhaktim* – Hingabe; *api* – gewiss; *uttamām* – die höchste; *labhet* – man kann erreichen.

Höchste Hingabe wird in kleinen Schritten erreicht, indem man sich ständig um Selbstverwirklichung bemüht, und

zwar mithilfe der Aussage der Schriften, eines frommen Lebenswandels und Ausdauer in der Praxis.

Aussage der Schriften: Werke der *bhakti*-Literatur, wie das *Śrīmad-Bhāgavatam*, die Veden, die *Purāṇas*, die *Gītā* und so weiter.

Frommer Lebenswandel: das Verhalten frommer Menschen *(sādhus)*, die reine Gottgeweihte sind, und das Verhalten frommer Menschen, die durch spontane Liebe gekennzeichnete Gotteshingabe besitzen.

Praxis: die zehn Grundprinzipien *(daśa-mūla)* aus den *śāstras* lernen, nach den Vorschriften der *śāstras* den Namen Haris empfangen, der den Namen, die Form, die Eigenschaften und die Taten des Göttlichen verkörpert, und sich im Chanten des Namens üben, indem man ihm Tag und Nacht dient. Damit ist gemeint, die *śāstras* zu studieren und die Gesellschaft von *sādhus* zu suchen. Die zehn Vergehen gegen den heiligen Namen lassen nach, wenn man dem Namen Haris dient und gleichzeitig frommes Verhalten praktiziert. Solches Praktizieren bedeutet nichts anderes, als dem Beispiel von *sādhus* zu folgen, die dem Namen ohne Vergehen dienen. Durch Ausdauer in solcher Praxis erscheint durch Liebe gekennzeichnete Hingabe – als die Frucht spiritueller Bemühung – in der reinen Essenz der Seele.

VERS 60

यस्यः श्रेयस्करं नास्ति यया निर्वृतिमाप्नुयात् ।
या साधयति मामेव भक्तिं तामेव साधयेत् ॥

yasyāḥ śreyas-karaṁ nāsti
yayā nirvṛtim āpnuyāt
yā sādhayati mām eva
bhaktiṁ tām eva sādhayet

yasyāḥ – als welches; *śreyaḥ-karam* – höheres Wohlergehen; *na* – nicht; *asti* – es gibt; *yayā* – von welchen; *nirvṛtim* – höchste Glückseligkeit; *āpnuyāt* – man kann erlangen; *yā* – was; *sādhayati* – führt; *mām* – zu Mir; *eva* – gewiss; *bhaktim* – liebevolle Hingabe; *tām* – jenes; *eva* – tatsächlich; *sādhayet* – man soll ausführen.

Diese vorläufigen Übungen der Hingabe [Sādhana-bhakti] sind für die Entfaltung liebevoller Hingabe förderlich. Es gibt kein höheres Wohl als diese liebevolle Hingabe, die Hand in Hand mit der Erlangung des exklusiven Zustands höchster Glückseligkeit geht und zu Mir führen kann.

Für die *jīva*-Seele gibt es kein höheres Wohl als liebevolle Gotteshingabe, denn es ist diese Art von Hingabe, die den *jīvas* höchste Glückseligkeit schenkt. Die Lotosfüße Kṛṣṇas sind einzig und allein durch liebende Hingabe erreichbar. Nur jemand, der sich bei der Kultivierung der im vorherigen Vers genannten vorläufigen hingebungsvollen Tätigkeiten den vervollkommneten Zustand der Hingabe sehnsüchtig vor Augen hält, kann dieses Ziel aller Bemühungen erreichen. Niemand sonst kann es erlangen.

VERS 61

धर्मानन्यान् परित्यज्य मामेकं भज विश्वसन् ।
यादृशी यादृशी श्रद्धा सिद्धिर्भवति तादृशी ॥
कुर्वन्निरन्तरं कर्म लोकोऽयमनुवर्तते ।
तेनैव कर्मणा धायन्मां परां भक्तिमिच्छति ॥

dharmān anyān parityajya
mām ekaṁ bhaja viśvasan
yādṛśī yādṛśī śraddhā
siddhir bhavati tādṛśī

kurvan nirantaraṁ karma
loko 'yam anuvartate
tenaiva karmaṇā dhyāyan
māṁ parāṁ bhaktim icchati

dharmān – verdienstvolle Werke; *anyān* – andere; *parityajya* – aufgebend; *mām* – Mir; *ekam* – allein; *bhaja* – diene; *viśvasan* – mit Glauben; *yādṛśī yādṛśī* – so wie; *śraddhā* – Glaube; *siddhiḥ* – Vervollkommnung; *bhavati* – entsteht; *tādṛśī* – entsprechend; *kurvan* – vollziehend; *nirantaram* – unablässig; *karma* – Tätigkeiten; *lokaḥ ayam* – die Menschen dieser Welt; *anuvartate* – folgen; *tena* – durch jene; *eva* – tatsächlich; *karmaṇā* – Taten; *dhyāyan* – meditierend; *mām* – über Mich; *parām* – höchste; *bhaktim* – Hingabe; *icchati* – man erlangt.

Gib alle verdienstvollen Werke [Dharma] auf, und diene Mir mit Glauben. Vervollkommnung hängt von der Natur des Glaubens ab. Die Menschen dieser Welt suchen unablässig nach Idealen und handeln dementsprechend. Wenn sie durch ihre Werke über Mich meditieren, werden sie durch Liebe gekennzeichnete Hingabe in Form von höchstem Dienst erlangen.

Durch unverfälschte Hingabe gekennzeichneter *dharma* (zielgerichtetes Handeln gemäß der eigenen Bestimmung) ist der wahre *dharma* aller *jīvas*. Alle anderen Arten von *dharma* sind externe Tätigkeiten. Diese exoterischen und esoterischen *dharmas* sind vielfältig: undifferenziertes Wissen über das Brahman, das auf die Auslöschung der Individualität abzielt; der *aṣṭāṅga-yoga-dharma*, dessen Ziel der Zustand reiner Existenz *(kaivalya)* ist; atheistische fruchtbringende Rituale, die materiellen Genuss zum Ziel haben; *jñāna-yoga-dharma*, das Bestreben, Wissen mit fruchtbringender Tätigkeit zu verbinden, und das Ausüben trockener Askese.

[In diesem Vers sagt der Herr zu Brahmā:] »Befreie dich von all diesen *dharmas* und diene Mir mit in Glauben verwurzelter, reiner Hingabe. Exklusiver Glaube an Mich ist Vertrauen. Glaube in Form von Vertrauen reift durch den Vorgang allmählicher Läuterung zu Beständigkeit *(niṣṭhā)*, Geschmackfinden *(ruci)*, emotionaler Bindung *(āsakti)* und echtem Gefühl *(bhāva)*. Je transparenter der Glaube, desto stärker der Grad der Verwirklichung.«

Nun mag man fragen: »Wie wird für die Erhaltung und Ausführung weltlicher Angelegenheiten gesorgt, wenn man sich ständig um die Vervollkommnung von *bhakti* bemüht? Und wie wird sich die Bemühung um die Vervollkommnung von *bhakti* gestalten, wenn der Körper vergeht, weil man sich nicht mehr um die Funktionen des Körpers und der Gesellschaft kümmert?«

Um solche tief verwurzelten Zweifel zu beseitigen, sagt der Höchste Herr: »Die Welt besteht fort, weil ständig bestimmte Tätigkeiten ausgeführt werden. Wenn du bei all diesen Tätigkeiten über Mich meditierst, wird die Eigenschaft zerstört, die den Eindruck vermittelt, diese Tätigkeiten seien von dir verrichtet worden. Sie werden dann die Natur Meines Dienstes *(bhakti)* annehmen.«

Das menschliche Leben zeichnet sich durch drei Arten von Tätigkeiten aus: körperliche, geistige und soziale. Zu den körperlichen Tätigkeiten gehören: essen, sitzen, gehen, ruhen, schlafen, den Körper reinigen, den Körper bekleiden, usw. Zu den geistigen Tätigkeiten zählen: denken, sich erinnern, einen Eindruck im Gedächtnis behalten, etwas bewusst wahrnehmen, Freude und Leid verspüren, usw. Unter sozialen Tätigkeiten versteht man das Heiraten, die Beziehung zwischen König und Untertan, brüderliches Verhalten, die Teilnahme an Opferhandlungen, das Darbringen von Opfergaben, das Graben von Brunnen und Teichen zum Nutzen der Menschen, die Pflege verwandtschaftlicher Beziehungen, die Pflege von Gastfreundschaft, korrektes bürgerliches Verhalten und gebührende Achtung gegenüber anderen Menschen. Wenn man diese Tätigkeiten zum eigenen

Nutzen ausführt, werden sie als *karma-kāṇḍa* bezeichnet; wenn ihnen der Wunsch zugrunde liegt, durch Wissen von jeglicher Aktivität frei zu werden, nennt man sie *jñāna-yoga* bzw. *karma-yoga*, und wenn man lernt, so zu handeln, dass sie dem Bemühen um die Erlangung von *bhakti* förderlich sind, nennt man sie *jñāna-bhakti-yoga*, unterstützende hingebungsvolle Tätigkeiten. Doch nur Handlungen, die auf dem Prinzip reiner Verehrung beruhen, werden mit Recht als *bhakti* bezeichnet.

[Der Herr sagt hierzu:] »Meditation über Mich findet in jeder Handlung statt, wenn man sich, während man sekundäre hingebungsvolle Tätigkeiten im Umgang mit den gottlosen Menschen dieser Welt ausführt, nach und nach in direkter *bhakti* übt. Dann wird der *jīva*, selbst wenn er weltlichen Tätigkeiten nachgeht, Mir gegenüber nicht gleichgültig.«

Das ist mit Innenschau – sich seinem wirklichen Selbst zuzuwenden – gemeint, wie man in der *Īśopaniṣad* (1) nachlesen kann:

īśāvāsyam idaṁ sarvaṁ
yat kiñca jagatyāṁ jagat
tena tyaktena bhuñjīthā
mā gṛdhaḥ kasya svid dhanam[33]

Der Kommentator erklärt in diesem Zusammenhang: *tena īśa-tyaktena visṛṣṭena*, womit er uns verdeutlicht, dass weltliche Tätigkeiten aufhören, solche zu sein, und sich in *bhakti* (Dienst für Gott) verwandeln, wenn man alles Empfangene als eine vom Höchsten Herrn gewährte Gunst akzeptiert. Das Ergebnis von *īśāvāsya* wird folgendermaßen beschrieben:

kurvann eveha karmāṇi
jijīviṣec chataṁ samāḥ
evaṁ tvayi nānyatheto 'sti
na karma lipyate nare

»Wenn man weltlichen Tätigkeiten auf die oben beschriebene Weise nachgeht, verstrickt man sich selbst nach Hunderten von Jahren weltlichen Lebens nicht in *karma.*« (*Īśopaniṣad* 2)

Jñānīs interpretieren diese beiden *mantras* als Aufforderung zur Entsagung der Früchte aller weltlichen Handlungen, doch vom *bhakti*-Standpunkt aus betrachtet bedeuten sie, dass man Kṛṣṇas Gunst *(prasāda)* erlangen kann, wenn man solche Tätigkeiten um Seinetwillen ausführt.

[Der Herr sagt:] »Diese Methode, die dem Pfad des *arcana*[34] entspricht, besteht darin, dass du deinen Pflichten in dieser Welt in dem Bewusstsein nachkommst, Gott durch die Erfüllung dieser Pflichten zu verehren.« Brahmā hegt in seinem Herzen den Wunsch, schöpferisch tätig zu werden. Wenn dieser Schöpfungswunsch mit dem Gedanken gepaart ist, der Weisung des Höchsten Herrn zu folgen, wird er zu einer unterstützenden spirituellen Funktion *(gauṇa-dharma)*, die das Wachstum der Neigung fördert, Gott zu dienen, weil diese Handlungsweise das Merkmal besitzt, dass man bei Gott Schutz sucht. Es war zweifellos angebracht, Brahmā in diesem Sinne zu belehren. Doch solche Unterweisungen erübrigen sich im Falle eines *jīva*, der echte spirituelle Hingabe *(bhāva)* erlangt hat und daher allem außer Kṛṣṇa spontan abgeneigt ist.

VERS 62

अहं हि विश्वस्य चराचरस्य
बीजं प्रधानं प्रकृतिः पुमांश्च ।
मयाहितं तेज इदं बिभर्षि
विधे विधेहि त्वमथो जगन्ति ॥

ahaṁ hi viśvasya carācarasya
bījaṁ pradhānaṁ prakṛtiḥ pumāṁś ca

mayāhitaṁ teja idaṁ bibharṣi
vidhe vidhehi tvam atho jaganti

aham – ich; *hi* – gewiss; *viśvasya* – der Welt; *cara-acarasya* – beseelter und unbeseelter Objekte; *bījam* – der Same; *pradhānam* – die Substanz der Materie; *prakṛtiḥ* – die materielle Ursache; *pumān* – der *puruṣa*; *ca* – und; *mayā* – von Mir; *āhitam* – ausgestattet; *tejaḥ* – feurige Energie; *idam* – dies; *bibharṣi* – du trägst; *vidhe* – o Brahmā; *vidhehi* – reguliere; *tvam* – du; *atha u* – jetzt; *jaganti* – die Welten.

»Höre, o Vidhi, Ich bin der Same, Ich bin das Grundprinzip dieser Welt beseelter und unbeseelter Objekte. Ich bin Pradhāna [die Substanz der Materie], Ich bin Prakṛti [die materielle Ursache], und Ich bin Puruṣa [die bewirkende Ursache]. Die feurige, zum Brahman gehörende Energie, die in dir wohnt, ist auch eine Meiner Gaben. Trage diese feurige Energie in dir, und ordne so diese Erscheinungswelt beseelter und unbeseelter Objekte.«

Manche Denker sind der Meinung, das undifferenzierte Brahman sei die endgültige Realität und nur durch Selbsttäuschung *(vivarta)* gebe es so etwas wie ein Unterschiede wahrnehmendes Bewusstsein. Andere meinen, das Begrenzungsprinzip *(māyā)* selbst sei die Erscheinungswelt, solange es sich begrenze, und werde wieder das Brahman, wenn es sich seiner Grenzenlosigkeit bewusst werde. Eine weitere Auffassung ist, das Brahman sei die Substanz und die Welt der Phänomene das Spiegelbild. Manche sagen auch, alles sei nur eine Illusion des *jīva*. Einige Philosophen denken, Gott sei ein Wesen für sich, der *jīva* sei ein weiteres Wesen für sich und die Erscheinungswelt existiere ebenfalls gesondert als eine ewig unabhängige Entität, obwohl sie ein einzigartiges Prinzip darstelle. Es gibt auch die Vorstellung, Gott sei das substanzielle Wesen und alle anderen Wesen, als Seine *cit-* und *acit-*Attribute, seien im Prinzip mit Ihm eins. Einige glauben, durch den Einfluss der unbegreiflichen Energie werde manchmal das monistische und manchmal das dualistische Prinzip als Wahrheit erkannt. Andere wiederum kommen zu der Schlussfolgerung, die Theorie eines monistischen Prinzips ohne jede Energie sei bedeutungslos; folglich ist ihrer Auffassung nach das Brahman die eine, ewig unverfälschte, mit reiner Energie ausgestattete Entität.

Diese Spekulationen haben ihren Ursprung in den Veden und stützen sich auf Aussagen des *Vedānta-sūtra*. Obwohl solche Spekulationen nicht der vollen Wahrheit entsprechen, ist doch ein gewisses Maß an Wahrheit in ihnen zu finden. Abgesehen von den antivedischen, spekulativen Philosophien – Sāṅkhya, Pātañjala, Nyāya, Vaiśeṣika und sogar dem Pūrva-mīmāṁsā (einer auf einem bestimmten Abschnitt der Veden basierenden Lehre, die ausschließlich fruchtbringende Werke empfiehlt) –, berufen sich alle oben genannten philosophischen Systeme auf den Vedānta als Grundlage.

[Folglich sagt der Herr zu Brahmā:] »Lass dich von all diesen Spekulationen nicht beirren. Du solltest gemeinsam mit deiner autorisierten Gemeinde (dem Śrī Brahma-sampradāya) das mit der Lehre des *acintya-bhedābheda*[35] identische höchste Prinzip akzeptieren. So wirst du die Qualifizierung erlangen, ein echter Geweihter zu werden. Das Grundprinzip lautet, dass die beseelte Welt aus *jīvas* und die unbeseelte Welt aus Materie besteht. Die *jīvas* sind von Meiner höheren *(parā)* Energie und die Welt der Phänomene von Meiner untergeordneten *(aparā)* Energie manifestiert worden. Ich bin die Ursache aller Ursachen. Mit anderen Worten, Ich beherrsche sie alle durch die Macht Meines Willens, obgleich Ich auch von den marginalen *(taṭasthā)* und materiellen *(acit)* Energien nicht wirklich verschieden bin. Durch die Umwandlung dieser unterschiedlichen Energien sind *pradhāna* (das substanzielle materielle Prinzip), *prakṛti* (die materielle Ursache) und *puruṣa* (die wirksame Ursache) entstanden. Folglich bin Ich, was die subjektive Natur aller Energie betrifft, *pradhāna*, *prakṛti* und *puruṣa*, doch als Besitzer aller Energie bin Ich von all diesen Kräften ewig verschieden. Dieses gleichzeitige Verschieden- und Nichtverschiedensein hat ebenfalls seinen Ursprung in Meiner unbegreiflichen Macht.

Möge daher die Entwicklung von Liebe zu Kṛṣṇa durch die Übung in reiner Hingabe – die möglich wird, wenn man sich der wahren Beziehung zwischen *jīva*, *jaḍa* (Materie) und Kṛṣṇa bewusst ist, und die auf dem Prinzip des unbegreiflichen gleichzeitigen Verschieden- und Nichtverschiedenseins gegründet ist – Meine Unterweisung sein, die in der Nachfolge spiritueller Meister und Schüler in deiner Gemeinde, dem Śrī Brahma-sampradāya, weitergereicht wird!«

ANMERKUNGEN

[1] Gokula – heiliger Ort in Indien, an dem Kṛṣṇa erschien.

[2] Goloka – Name für den innersten Bereich der spirituellen Welt, auch Kṛṣṇaloka genannt.

[3] Virajā – der »Fluss des Jenseits«, der die Trennlinie zwischen der materiellen und der spirituellen Ebene bildet.

[4] Kṛṣṇās innere Freudenkraft Śrīmatī Rādhārāṇī.

[5] *Klīṁ kṛṣṇāya govindāya gopījana-vallabhāya svāhā.*

[6] Tugend, Leidenschaft und Unwissenheit.

[7] Vergangenheit, Gegenwart und Zukunft.

[8] Die sieben unteren Planetensysteme. Unser Universum wird nach den *Purāṇas* in vierzehn Planeten- und Sternensysteme unterteilt, sieben untere und sieben obere. Die Erde befindet sich in der Mitte.

[9] Die vierzehn Sternen- und Planetensysteme unseres Universums.

[10] Im Zölibat lebende Mönche.

[11] Baladeva.

[12] Mahā-Viṣṇu.

[13] Das *mahat-tattva*, die unmanifestierte materielle Energie; als *mahat* wird hier auch die illusorische Geisteshaltung der bedingten Seele in der materiellen Welt bezeichnet, selbst ein unabhängiger Schöpfer zu sein.

[14] Menschen, die danach streben, sich zu erheben, d.h. eine bessere Position auf der Erde oder auf den himmlischen Planeten zu erlangen.

[15] *Hlādinī-śakti.*

[16] Vertraute Helferinnen Rādhārāṇīs.

[17] Hier wird zwischen denen unterschieden, die bereits ganz allen weltlichen Pflichten entsagt haben, und denen, die noch weltliche Pflichten erfüllen, aber ebenfalls im hingebungsvollen Dienst beschäftigt sind. In den letzten fünf Versen und Erläuterungen dieses Buches wird näher darauf eingegangen.

[18] Tugend, Leidenschaft, Unwissenheit.

[19] Mit anderen Worten, Durgā und Śiva sind die Kraftquelle für die Lebewesen, die sich von Gott getrennt haben und unter dem Bann *māyās*, der Illusion, stehen.

[20] Fünf Elemente = Erde, Wasser, Feuer, Luft und Äther (Raum).

[21] Fünf Attribute = mit den fünf Sinnen wahrnehmbare Eigenschaften der Materie in fünf unterschiedlichen Zustandsformen (greifbar, schmeckbar, sichtbar, fühlbar, hörbar).

[22] Elf Sinne = die fünf Sinnesorgane, die fünf Arbeitssinne (Hände, Füße usw.) und der Verstand.

[23] *Śrīmad-Bhāgavatam* 2.5.13: »Die verblendende Energie des Herrn wagt es nicht vorzutreten, denn sie schämt sich ihrer Stellung; doch diejenigen, die durch sie verwirrt sind, reden Unsinn, beherrscht von den Gedanken ›Ich bin es‹ und ›Es gehört mir‹.«

[24] Jīva Gosvāmīs Kommentar zur *Brahma-saṁhitā.*

[25] Ergänzende Teile der Veden, die sich mit religiösen Zeremonien befassen (*tantra* bedeutet Ritual).

[26] Indem Śiva die irreführende Lehre des Impersonalismus lehrte, sorgte er dafür, dass sich diese Auffassungen nicht mit der Kultur von *bhakti* vermischten, sondern als eigenständige Kulte gelehrt wurden.

[27] Hier bezieht sich der Autor auf die als *pañcopāsana* bekannte Verehrungsmethode, bei der Impersonalisten Viṣṇu, Śiva, Durgā, Sūrya und Gaṇeśa als Repräsentationen des Brahman verehren.

[28] Menschen, die nach einer besseren Stellung in der materiellen Welt streben, insbesondere durch Aufstieg zu den himmlischen Planeten.

[29] Hier bezieht sich der Autor erneut auf die fünf Gottheiten Viṣṇu, Śiva, Durgā, Sūrya und Gaṇeśa, die bei der *pañcopāsana*-Methode verehrt werden.

[30] Fünf Arten von Hitzeeinwirkung. Diese Praxis sieht vor, sich im Sommer in einen Kreis aus vier Feuern zu setzen, mit der sengenden Sonne von oben als fünftes Feuer.

[31] Intensive spirituelle Gemütsstimmungen der Liebe zu Kṛṣṇa.

[32] Die klassischen neun Vorgänge des hingebungsvollen Dienstes *(bhakti-yoga).*

[33] »Alles Belebte und Unbelebte im Universum wird von Gott beherrscht und ist Sein Eigentum. Der Mensch sollte daher nur das für sich beanspruchen, was er wirklich braucht und was als sein Anteil vorgesehen ist. Nach anderen Dingen sollte er nicht trachten, weiß er doch, wem sie gehören!«

[34] Die Verehrung der Bildgestalt Gottes im Tempel.

[35] Gleichzeitiges Eins- und Verschiedensein, das Konzept der *vaiṣṇava*-Philosophie in der Nachfolge Śrī Caitanyas, nach dem wir ewig mit Gott eins sind – als Seine spirituellen Teilchen –, aber gleichzeitig von Ihm verschieden sind, weil Er unbegrenzt und allmächtig ist, wir aber winzig und von Ihm abhängig. Deshalb können wir nie Gott werden, können uns aber mit Ihm durch *bhakti* (liebevollen Dienst) verbinden.

Anhang

Śrīla Bhaktisiddhānta Sarasvatī Ṭhākura

Śrīla Bhaktisiddhānta Sarasvatī Ṭhākura wurde in Jagannātha Purī, einem heiligen Pilgerort an der Ostküste Indiens, als Sohn Śrīla Bhaktivinoda Ṭhākuras, eines bedeutenden Kṛṣṇa-bewussten spirituellen Meisters in der Schülerfolge Śrī Caitanyas, geboren. Śrīla Bhaktivinoda widmete sich trotz seines Amtes als Magistrat unermüdlich der Wiederbelebung der Lehren Śrī Caitanyas in Indien, wo viele Menschen die Prinzipien des hingebungsvollen Dienstes für den Höchsten Herrn Śrī Kṛṣṇa vernachlässigt hatten. Er träumte von einer weltweiten Bewegung, die überall Kṛṣṇa-Bewusstsein verbreitet. Und er betete zum Herrn, ihm einen Sohn zu senden, der ihm helfen würde, diesen Traum zu verwirklichen.

Am 6. Februar 1874 erschien Śrīla Bhaktisiddhānta Sarasvatī auf dieser Welt in der heiligen Pilgerstadt Jagannātha Puri, wo Śrīla Bhaktivinoda Ṭhākura auch als Vorsteher des berühmten Jagannātha-Tempels diente. Man gab ihm den Namen Bimala Prasada. Schon im Alter von 7 Jahren hatte Bimala Prasada die *Bhagavad-gītā* mit ihren über 700 Sanskritversen auswendig gelernt und war imstande, erleuchtende Kommentare zu geben. Śrīla Bhaktivinoda Ṭhākura – der Autor vieler Bücher, Lieder, Gedichte und anderer Werke über die Philosophie des Kṛṣṇa-

Bewusstseins, unter anderem auch in englischer Sprache – unterwies seinen Sohn schon recht früh in der Druckerkunst und im Korrekturlesen.

Im Alter von 25 Jahren war Bimala Prasada weithin als bedeutender Gelehrter des Sanskrits, der Mathematik und der Astronomie bekannt. Für seine astronomische Abhandlung *Sūrya-siddhānta* ehrte man ihn, in Anerkennung seiner Gelehrsamkeit, mit dem Titel »Siddhānta Sarasvatī«. Im Jahre 1905 bat Siddhānta Sarasvatī, dem Rat seines Vaters folgend, Gaurakiśora Dāsa Bābājī um spirituelle Einweihung. Gaurakiśora Dāsa Bābājī konnte, obwohl er als Heiliger und großer Geweihter Śrī Kṛṣṇas bekannt war, weder lesen noch schreiben, doch er befand sich auf der höchsten Stufe der Gotteserkenntnis. Nachdem er seinen hochgebildeten Schüler mehrfach auf die Probe gestellt hatte, war er über dessen Demut und Enthaltsamkeit sehr erfreut und erteilte ihm seinen vollen Segen. Śrīla Gaurakiśora bat ihn »*die absolute Wahrheit zu predigen und alle anderen Bestrebungen hinter sich zu lassen*«. Siddhānta Sarasvatī unterstützte in den folgenden Jahren die Missionsarbeit seines Vaters nach besten Kräften.

Nach dem Verscheiden Śrīla Bhaktivinoda Ṭhākuras im Jahre 1914 übernahm Siddhānta Sarasvatī die Herausgabe der Zeitschrift seines Vaters, des *Sajjana-toṣaṇī*, und gründete die Bhagwat Press, um selber Kṛṣṇa-bewusste Schriften drucken zu können. Im Jahre 1918 trat Siddhānta Sarasvatī in den Lebensstand der Entsagung ein und war seitdem als Śrīla Bhaktisiddhānta Sarasvatī Gosvāmī Mahārāja bekannt. Um die Verbreitung des Kṛṣṇa-Bewusstseins in ganz Indien voranzutreiben, organisierte er die Gaudiya Math und gründete im Laufe der Jahre 64 Tempel. Das Hauptquartier seiner Mission, die Sree Chaitanya Gaudiya Math, befindet sich noch heute in Śrīdhāma Māyāpur, dem Geburtsort Śrī Caitanyas. Später schickte er auch einige Schüler zum Predigen nach Europa.

Śrīla Bhaktisiddhānta Sarasvatī passte die Tradition des

Kṛṣṇa-Bewusstseins den technologischen und gesellschaftlichen Bedingungen des 20. Jahrhunderts an. Er betrachtete die Druckerpresse als das wirksamste Mittel, Kṛṣṇa-Bewusstsein auf der ganzen Welt zu verbreiten, und er selbst war der Autor vieler wichtiger Übersetzungen, Kommentare und philosophischer Abhandlungen. Als erster spiritueller Meister erlaubte er seinen entsagten Predigern *(sannyāsīs)*, westliche Kleidung zu tragen und in motorisierten Fahrzeugen zu reisen, statt nur zu Fuß zu gehen.

Im Jahre 1922 kam es zu einer schicksalhaften Begegnung. Ein intelligenter junger Mann namens Abhay Charan De, der aus einer angesehenen *vaiṣṇava*-Familie stammte, besuchte Śrīla Bhaktisiddhānta im Tempel der Gaudiya Math in Kalkutta. Im Verlauf des Gesprächs bat Śrīla Bhaktisiddhānta seinen Besucher, die Botschaft des Kṛṣṇa-Bewusstseins in englischer Sprache in der westlichen Welt zu predigen. Als junger Familienvater sah sich Abhay nicht sogleich in der Lage, dem Wunsch Śrīla Bhaktisiddhāntas nachzukommen, doch wurde er ein aktiver Unterstützer der Gaudiya Math. Im Jahre 1933 wurde Abhay formell zum Schüler Śrīla Bhaktisiddhāntas, der ihm dem Namen »Abhaya Caranaravinda« gab.

In den dreißiger Jahren erfuhr die Mission Śrīla Bhaktisiddhantas einen großen Aufschwung, und es gelang ihm, die Bewegung Śrī Caitanyas Mahāprabhus wieder als führende Kraft im spirituellen Leben Indiens zu etablieren. Um das Fortbestehen seines Lebenswerks zu sichern, bat er seine Schüler, ein Gremium zu bilden, das die Predigtarbeit der Gaudiya Math nach seinem Dahinscheiden unter einem gemeinsamen Banner weiterführen sollte. Am 1. Januar 1937 verließ Śrīla Bhaktisiddhānta Sarasvatī diese Welt, doch leider hielten sich seine führenden Schüler nicht an seine Anweisung, und so zerfiel die Gaudiya Math nach und nach in viele unabhängige Organisationen.

Abhay Caranaravinda hielt sich am Rande des Geschehens, doch blieb der Wunsch Śrīla Bhaktisiddhānta Sarasvatīs, die

Bewegung für Kṛṣṇa-Bewusstsein zu einer weltweiten Bewegung zu machen, immer im Mittelpunkt seiner Bestrebungen. 1954 zog er sich aus dem Familien- und Berufsleben zurück, trat 1959 in den Lebensstand der Entsagung ein und erhielt den Titel Bhaktivedanta Swami Mahārāja. Sechs Jahre später, im September 1965, reiste er per Schiff in die Vereinigten Staaten, um die Philosophie des Kṛṣṇa-Bewusstseins in englischer Sprache zu predigen. Ein Jahr später gründete A. C. Bhaktivedanta Swami die Internationale Gesellschaft für Kṛṣṇa-Bewusstsein (ISKCON) und bildete bald darauf ein Gremium, das für die Missionsarbeit und Beaufsichtigung der Organisation verantwortlich sein sollte. Dieses Gremium leitet noch heute, nach dem Dahinscheiden seines Gründers im Jahre 1977, ISKCONs weltweite Missionstätigkeit. So lebt durch die aufrichtigen Bemühungen von His Divine Grace A. C. Bhaktivedanta Swami Prabhupāda und seinen Anhängern das Werk Śrīla Bhaktisiddhānta Sarasvatīs überall auf der Welt weiter.

Glossar

Ācārya – »jemand, der durch sein Beispiel lehrt«; ein echter spiritueller Meister.

Aniruddha – eine der vier ersten Emanationen des Höchsten Herrn.

Anubhāva – äußerliche Anzeichen der liebevollen Gefühle, die ein Gottgeweihter für Kṛṣṇa empfindet.

Arcana – der hingebungsvolle Vorgang, die Bildgestalt des Herrn zu verehren.

Aṣṭāṅga-yogīs – *Yogīs*, die sich in der aus acht Stufen bestehenden Meditation üben, angefangen mit Sitzstellungen und Atembeherrschung.

Asuras – Dämonen, gottlose Wesen.

Ātmā – das Selbst, die Seele.

Avatāra – eine Inkarnation Gottes.

Bhagavad-gītā – heiliges Buch, das die Unterweisungen Kṛṣṇas an Arjuna enthält; wurde vor 5000 Jahren auf dem Schlachtfeld von Kurukṣetra offenbart und umfasst die Essenz des spirituellen Lebens; ist ein Teil des Epos *Mahābhārata*.

Bhāgavatam, Śrīmad (auch *Bhāgavata Purāṇa*) – das wichtigste *Purāṇa*; der 18 000 Verse umfassende Kommentar Vyāsadevas zu seinem eigenen *Vedānta-sūtra*; lehrt reinen hingebungsvollen Dienst für Śrī Kṛṣṇa als die Essenz allen Wissens.

Bhakti – hingebungsvolle Gottesliebe.

Bhakti-rasāmṛta-sindhu – Rūpa Gosvāmīs berühmtes Werk über den hingebungsvollen Dienst (dtsch.: *Der Nektar der Hingabe*).

Bhaktivinoda Ṭhākura – (1838-1914) der »Urgroßvater« der Internationalen Gesellschaft für Kṛṣṇa-Bewusstsein; der Vater Śrīla Bhaktisiddhānta Sarasvatīs; der erste *vaiṣṇava-ācārya*, der Bücher und Gedichte über *bhakti* in englischer Sprache verfasst hat.

Bhāva-bhakti – ekstatische hingebungsvolle Gottesliebe.

Brahmā – das ersterschaffene Wesen, der sekundäre Schöpfer des materiellen Universums; zählt zu den Halbgöttern und ist zuständig für die Erscheinungsweise der Leidenschaft.

Brahmacarya – einer der vier *āśramas*; eine der Stufen des spirituellen Lebens; Leben als Studierender.

Brahmacārī – Studierender im Zölibat, der die vedischen Schriften unter der Anleitung eines spirituellen Meisters lernt.

Brahmā-dhāma – das *brahmajyoti*, die spirituelle Ausstrahlung, die vom transzendentalen Körper Śrī Kṛṣṇas ausgeht und die spirituelle Welt erleuchtet.

Brāhmaṇa – *siehe: Varṇa.*

Caitanya Mahāprabhu – (1486-1534), *avatāra* Kṛṣṇas, der in Bengalen erschien, um das Chanten der heiligen Namen des Herrn als den Vorgang der Gotteserkenntnis im gegenwärtigen Zeitalter des Kali einzuführen.

Chāndogya Upaniṣad – eine der 108 *Upaniṣads*, die zu den vedischen Schriften zählen.

Chanten – wiederholtes Beten oder Singen von *mantras.*

Cit-Energie – die Wissensenergie.

Devas – Halbgötter.

Durgā – die personifizierte materielle Energie des Herrn und die Gefährtin Śivas.

Dvārakā – indische Stadt an der Küste von Gujarat; einer der heiligen Orte, an denen Kṛṣṇas Spiele stattfanden.

Entität – Wesenheit, Seiendes.

Gaṇeśa – bedeutender Halbgott und Geweihter des Herrn; wird dargestellt mit einem Elefantenkopf und ist bekannt dafür, Hindernisse für das spirituelle und materielle Leben zu beseitigen.

Gaura(candra), Gaurasundara – Namen Śrī Caitanya Mahāprabhus.

Gītā – *siehe: Bhagavad-gītā.*

Gokula – Teil von Vṛndāvana; die Manifestation von Śrī Kṛṣṇas Reich auf der Erde.

Goloka/Goloka Vṛndāvana – der höchste spirituelle Planet, Śrī Kṛṣṇas ewiges persönliches Reich in Vaikuṇṭha.

Gopāla-tāpanī – eine der 108 *Upaniṣads.*

Gopījana-vallabha – ein Name Kṛṣṇas.

Gopīs – Śrī Kṛṣṇas vertraulichste ewige Dienerinnen.

Govardhana – ein berühmter, mit Kṛṣṇas Spielen verbundener Hügel in Vṛndāvana.

Gṛhastha – »Haushälter«; verheirateter Mann, der den vedischen Prinzipien des Familienlebens folgt; einer der vier *āśramas,* d.h. spirituellen Lebensstufen.

Guṇa-avatāras – Brahmā, Viṣṇu und Śiva; drei Gottheiten, die jeweils die Erscheinungsweise der Leidenschaft, der Tugend und der Unwissenheit beherrschen.

Hari – ein Name Kṛṣṇas.

Hari-bhakti-vilāsa – berühmtes Werk Sanātana Gosvāmīs, das wichtige Aspekte des hingebungsvollen Dienstes behandelt.

Īśopaniṣad – die wichtigste der 108 *Upaniṣads.*

Jñānī – jemand, der versucht, das Absolute durch empirisches spekulatives Wissens zu erreichen.

Kālī – die personifizierte materielle Energie des Herrn.
Kalpa – ein Tag in der Zeitrechnung Brahmās, d.h. 4 320 000 Jahre.
Kāma-bīja – die Silbe *klīṁ*, der »Same« des *kāma-gāyatrī-mantra.*
Kaṁsa – ein dämonischer König, der Kṛṣṇa als seinen Todfeind betrachtete.
Karma – 1) materielle fruchtbringende Handlungen gemäß den vedischen Vorschriften; 2) Handlungen, die immer eine materielle Reaktion, ob gut oder schlecht, nach sich ziehen und den Handelnden an den Kreislauf von Geburt und Tod binden; 3) Gesetz von Aktion und Reaktion.
Kṛṣṇa-sandarbha – eine Schrift von Jīva Gosvāmī, die Kṛṣṇas Stellung als Höchster Persönlicher Gott, der Ursprung aller Emanationen und Inkarnationen, erklärt.
Kṣatriya – *siehe: Varṇa.*

Mahāprabhu – *siehe:* Caitanya Mahāprabhu.
Mahā-Saṅkarṣaṇa – die erste Saṅkarṣaṇa-Emanation des Höchsten Herrn.
Mahā-Vaikuṇṭha – *siehe:* Vaikuṇṭha.
Maheśvara – ein Name Śivas.
Mahīṣāsura – ein Dämon in der Gestalt eines Büffels.
Mañjarīs – Helferinnen der *gopīs.*
Mantra-sūktas – vedische Hymnen.
Mathurā – heiliger Ort in Uttar Pradesh, Indien, an dem Śrī Kṛṣṇa vor 5000 Jahren erschien und in dessen Umgebung sich Vṛndāvana befindet.
Māyāvāda – die unpersönliche Auffassung vom Absoluten.
Navadvīpa – heilige Stadt in Nadia (Westbengalen), in der Śrī Caitanya Mahāprabhu erschien.

Niyati – Ramā-devī; »die Reglerin«, Name der Glücksgöttin, eine Emanation der Freudenkraft Kṛṣṇas.

Pañcarātra – Teile der Veden, die insbesondere Regeln zur Verehrung des Herrn und Gebete beschreiben.

Pañca-tapas – fünf Arten von Entsagung.

Paramahaṁsa – Ehrentitel für den höchsten Transzendentalisten, d. h. einen reinen Geweihten Śrī Kṛṣṇas.

Paravyoma – der spirituelle Himmel.

Pradhāna – die gesamte Substanz der Materie, im unmanifestierten Zustand.

Pradyumna – eine der vier Haupt-Emanationen des Höchsten Herrn.

Prajāpati – ein Name Brahmās.

Prāṇāyāma – Atemkontrolle als Mittel zum Fortschritt im *yoga*.

Purāṇas – die achtzehn Ergänzungsschriften zu den Veden, mit historischen Aufzeichnungen und philosophisch lehrreichen Erzählungen.

Puruṣa – der Höchste Herr in Seiner Eigenschaft als Höchster Herrscher und Genießer.

Puruṣa-avatāra – Emanation des Höchsten Herrn zur Schöpfung, Erhaltung und Vernichtung des Universums.

Rādhā-kuṇḍa – heiliger See im Gebiet von Vṛndāvana, Indien, der Kṛṣṇa überaus lieb ist.

Rajas/ rājo-guṇa – die Erscheinungsweise der Leidenschaft.

Rāma – 1) ein Name Śrī Kṛṣṇas: »die Quelle aller Freude«; 2) Śrī Rāmacandra, Kṛṣṇas Inkarnation als vollkommener König.

Rasa – »Wohlgeschmack, liebevolle Haltung«; Beziehung zwischen der reinen individuellen Seele und dem Höchsten Herrn. Es gibt fünf grundlegende *rasas*: *śānta-rasa* (neutrale Beziehung), *dāsya-rasa* (Beziehung als Diener), *sākhya-rasa* (freundschaftliche Beziehung), *vātsalya-rasa* (elterliche Beziehung), *mādhurya-rasa* (romantische Liebesbeziehung).

Rasa-bhajana – eine hohe Stufe der hingebungsvollen Verehrung des Herrn.

Rāsa-pañcādhyāyī – die fünf Kapitel des *Śrīmad-Bhāgavatam*, die Kṛṣṇas *rāsa*-Tanz beschreiben.

Rāsa-Tanz – der vertraulichste Teil der transzendentalen Spiele Kṛṣṇas in Vṛndāvana, bei denen Kṛṣṇa mit vielen *gopīs* gleichzeitig tanzte.

Rudra(deva) – eine Emanation Śivas.

Rūpa Gosvāmī – das Oberhaupt der sechs Gosvāmīs von Vṛndāvana, der vertraulichen Nachfolger Śrī Caitanya Mahāprabhus.

Saṅkarṣaṇa – eine der vier Haupt-Emanationen des Höchsten Herrn.

Sāṅkhya – 1) das analytische Unterscheiden zwischen spiritueller und materieller Natur; eine der vedischen Hauptphilosophien. 2) der Pfad des hingebungsvollen Dienstes nach Śrī Kapila, dem Sohn Devahūtis.

Sannyāsa – der Lebensstand der Entsagung; einer der vier *āśramas.*

Sannyāsī – ein Mann im Lebensstand der Entsagung.

Śāstra – Offenbarungsschrift.

Sattva-guṇa – die Erscheinungsweise der Tugend.

Sāttvika – die transzendentalen Symptome eines Gottgeweihten in ekstatischer Liebe zu Kṛṣṇa.

Śeṣa – eine transzendentale Form des Herrn als vielköpfige Schlange.

Śiva – Gottheit, die für die Erscheinungsweise der Unwissenheit und die Zerstörung des Universums zuständig ist. Ist als Sadāśiva eine indirekte Emanation des Höchsten Herrn und für den Bereich zuständig, der die materielle von der spirituellen Welt trennt.

Śloka – ein Vers der vedischen Schriften.

Śrī (Śrīla) – 1) lieblich, erhaben; 2) Herr, Herren; Anredeform für bedeutende spirituelle Persönlichkeiten.

Śrīmad-Bhāgavatam – *siehe: Bhāgavatam.*

Śūdra – *siehe: Varṇa.*

Sūktas – vedische Hymnen.

Tamas/ tamo-guṇa – die materielle Erscheinungsweise der Unwissenheit.

Tantra-śāstras – ein bestimmter Abschnitt der vedischen Schriften, der sich hauptsächlich mit rituellen Handlungen und vorgeschriebenen Verhaltensweisen beschäftigt.

Ṭhākura Bhaktivinoda – *siehe:* Bhaktivinoda Ṭhākura.

Ṭhākura Vṛndāvana – *siehe:* Vṛndāvana Dāsa Ṭhākura.

Ujjvala-nīlamaṇi – ein berühmtes, von Rūpa Gosvāmī verfasstes Buch.

Upaniṣads – 108 philosophische Abhandlungen, die in den Veden enthalten sind.

Vaikuṇṭha – die ewigen Planeten der spirituellen Welt.

Vaiṣṇava – ein Geweihter des Höchsten Herrn; Verehrer Viṣṇus oder Kṛṣṇas.

Vaiśya – *siehe: Varṇa.*

Vānaprastha – Lebensstand der Zurückgezogenheit; einer der vier *aśramas*, d.h. spirituellen Lebensstufen.

Varṇa – Unterteilung der vedischen Gesellschaft entsprechend den Tätigkeiten und Eigenschaften der Menschen: *brāhmaṇas* (Priester und Lehrer, die der Gesellschaft spirituelle Führung geben), *kṣatriyas* (unter den *brāhmaṇas* tätige Verwalter und Beschützer der Gesellschaft), *vaiśyas* (Kaufleute und Landwirte), *śūdras* (Arbeiter und Handwerker).

Vāsudeva – eine der vier Haupt-Emanationen des Höchsten Herrn.

Veden – die vier ursprünglichen vedischen Schriften (*Ṛg, Sāma, Yajur, Atharva*).

Vibhāva – besondere Art ekstatischen liebevollen Gefühls für Kṛṣṇa, das im Herzen eines Gottgeweihten entsteht.

Vraja – *siehe:* Vṛndāvana.

Vraja-maṇḍala – Vṛndāvana und Umgebung.

Vṛndāvana – 1) das Reich Śrī Kṛṣṇas in der spirituellen Welt, auch Goloka Vṛndāvana oder Kṛṣṇaloka genannt; 2) Gokula Vṛndāvana: die Stadt Vṛndāvana im Staat Uttar Pradesh in Indien, wo Kṛṣṇa vor 5000 Jahren erschien.

Vṛndāvana Dāsa Ṭhākura – der Autor des *Caitanya-bhāgavata*, einer Biographie Śrī Caitanya Mahāprabhus.

Vyabhicārī – vorübergehende Symptome ekstatischer Gottesliebe.

Vyāsa(deva) – die literarische Inkarnation Gottes; legte das bis vor 5000 Jahren mündlich überlieferte vedische Wissen in Form der vier Veden schriftlich nieder und verfasste die *Purāṇas*, das *Mahābhārata* und das *Vedānta-sūtra*.

Yamunā – heiliger Fluss in Indien, der durch das Gebiet von Vṛndāvana fließt.

Yoga – wörtl. »Verbindung«, eine Methode, sich mit dem Höchsten zu verbinden.

Yogamāyā – die personifizierte innere spirituelle Energie des Herrn.

Yogī – jemand, der sich im *yoga* übt.

Anleitung zur Aussprache des Sanskrits

VOKALE

अ a आ ā इ i ई ī उ u ऊ ū ऋ ṛ ॠ ṝ
ऌ ḷ ए e ऐ ai ओ o औ au

KONSONANTEN

Gutturale:	क ka	ख kha	ग ga	घ gha	ङ ṅa
Palatale:	च ca	छ cha	ज ja	झ jha	ञ ña
Retroflexe:	ट ṭa	ठ ṭha	ड ḍa	ढ ḍha	ण ṇa
Dentale:	त ta	थ tha	द da	ध dha	न na
Labiale:	प pa	फ pha	ब ba	भ bha	म ma
Halbvokale:	य ya	र ra	ल la	व va	
Zischlaute:	श śa	ष ṣa	स sa		
Hauchlaute:	ह ha	Anusvāra: ं ṁ		Visarga: ः ḥ	

ZAHLEN

० 0 १ 1 २ 2 ३ 3 ४ 4 ५ 5 ६ 6 ७ 7 ८ 8 ९ 9

Nach einem Konsonanten werden die Vokale wie folgt geschrieben:

ा ā ि i ी ī ु u ू ū ृ ṛ ॄ ṝ े e ै ai ो o ौ au

Zum Beispiel: क ka का kā कि ki की kī कु ku कू kū
कृ kṛ कॄ kṝ के ke कै kai को ko कै kau

Zwei oder mehr Konsonanten in Folge werden im Allgemeinen als sogenannte Ligaturen geschrieben, zum Beispiel:
kṣa ा **tra** द्रा

Der Vokal **a** ist automatisch in einem Konsonanten ohne Vokalzeichen mit eingeschlossen. Das Zeichen Virāma (्) deutet das Fehlen eines abschließenden Vokals an: क्

Die Vokale werden wie folgt ausgesprochen:

a – wie das **a** in hat
ā – wie das **a** in haben (doppelt so lang wie das kurze **a**)
ai – wie das **ei** in weise
au – wie das **au** in Haus
e – wie das **ay** in engl. **way**
i – wie das **i** in **ri**tten
ī – wie das **i** in Bibel (doppelt so lang wie das kurze **i**)
ḷ – wie **l** gefolgt von **ri**
o – wie das **o** in engl. go
ṛ – wie das **ri** in **ri**nnen
ṝ – wie das **rie** in **rie**seln
u – wie das **u** in Butter
ū – wie das **u** in Hut (doppelt so lang wie das kurze **u**)

Die Konsonanten werden wie folgt ausgesprochen:

Gutturale (Kehllaute)
k – wie in **k**ann
kh – wie in Ec**kh**art
g – wie in **g**eben
gh – wie in we**gh**olen
ṅ – wie in si**ng**en

Palatale
(die Zungenmitte wird gegen den Gaumen gepresst)
c – wie in **Tsch**eche
ch – wie im engl. Wort stau**nch-h**eart
j – wie in **Dsch**ungel
jh – wie im engl. Wort he**dgeh**og
ñ – wie in Ca**ny**on

Retroflexe
(die Zungenspitze wird gegen die vordere Region des harten Gaumens gepresst; die Wortbeispiele sind nur Annäherungen)
ṭ – wie in **t**önen
ṭh – wie in Sanf**th**eit
ḍ – wie in **d**ann
ḍh – wie in Sü**dh**älfte
ṇ – wie in **n**ähren

Dentale
(die Zungenspitze wird gegen die Zähne gepresst)
t – wie in **t**ief
th – wie in Sanf**th**eit
d – wie in **d**enken
dh – wie in Sü**dh**älfte
n – wie in **n**iedlich

Labiale
(Lippenlaute)
p – wie in **p**ressen
ph – wie im engl. Wort u**ph**ill
b – wie in **B**utter
bh – wie in Gro**bh**eit
m – wie in **M**ilch

Halbvokale
y – wie in **Y**oga
r – wie in **r**eden (Zungen-r)
l – wie in **l**ieben
v – wie in **V**ase

Zischlaute
ś – wie in sprechen
ṣ – wie in **sch**ön
s – wie in fasten

Hauchlaute
h – wie in **h**elfen

Visarga
ḥ – ein abschließender h-Laut: **aḥ** wird ausgesprochen wie **aha, iḥ** wie **ihi**

Anusvāra
ṁ – ein Nasallaut wie im franz. Wort bo**n**

Im Sanskrit gibt es weder starke Betonungen der Silben noch Pausen zwischen Wörtern in einer Zeile, sondern ein Fließen kurzer und langer Silben. Eine lange Silbe ist eine Silbe mit einem langen Vokal (**ā, ī, ū, e, ai, o, au**) oder eine Silbe mit einem kurzen Vokal, dem mehr als ein Konsonant folgt (auch *anusvāra* und *visarga*). Konsonanten mit nachfolgendem Hauchlaut (wie **kha** und **gha**) gelten als kurze Konsonanten.